海舟日記に見る

幕末維新のアメリカ留学

日銀総裁 富田鐵之助のアメリカ体験

Shuetsu Takahashi
髙橋秀悦 著

日本評論社

富田鐵之助（1835-1916）
（一橋大学附属図書館蔵『富田鐵之助アルバム』）

はしがき

「海舟日記」は、文久二（一八六二）年閏八月から明治三一（一八九八）年一二月までのほぼ四〇年にわたる勝海舟の日記である。海舟日記を読むと、時代の政治状況や海舟の人的ネットワークがよく分かる。まさに、幕末の政治史の貴重な資料、情報の宝庫である。

ほぼ四〇年に及ぶ海舟日記のうち、三〇年間は明治に入ってからのものである。廃藩置県の後は、日々の記述が次第に少なくなり、晩年は、「天気」と「訪問者の名前」にとどまることも珍しくない。とは言え、明治においても情報の宝庫であることに変わりはない。

幕末の一時期、海舟日記には坂本龍馬の名前が頻出し、海舟門下で第一の門人である印象を受ける。しかしながら、四〇年間を通して読むと、幕末維新の著名な人物よりも富田鐵之助、高木三郎、津田仙、杉田玄端、大久保一翁らの名前が頻繁に登場することに気づく。最多は、おそらく富田鐵之助である。これこそが、吉野俊彦のいう、二人の「美わしい師弟関係」を示す確たる証拠にもなる。

ところで、この富田鐵之助とは何者なのか？

慶応三年七月、勝海舟は、長男・小鹿の後見人として富田鐵之助（仙台藩）と高木三郎（庄内藩）の二人をつけて、アメリカ留学に送り出す。富田鐵之助は、奥羽越列藩同盟諸藩の出身でありながら、このときのアメリカ体験がかわれ、ニューヨーク副領事（事実上の初代領事）に登用される。後には日本銀行の初代副総裁（第二代総裁）や東京府知事にも任ぜられる。

しかしながら、富田の名前や業績はほとんど知られていない。ほぼ半世紀前に東洋経済新報社から出版された吉野俊彦の名著『忘れられた元日銀總裁――富田鐵之助傳』は、

「今日「富田鐵之助」という名前を知っている人は、殆んどないと思われる。もし知っている人があるとすれば、少数の日本経済の専門家、仙台における郷土史家、そして歴史に興味をもった一部の日本銀行員くらいのものに過ぎないであろう」

の書き出しから始まるが、まさにこの通りである。

吉野俊彦（一九一五～二〇〇五年）は、日本銀行の内国調査課長、調査局長、理事の経歴をもつ人であり、経済・金融分析で活躍する現代の「日銀エコノミストの草分け」でもある。日銀エコノミストとしての通常の経済分析に関する論文や一九五六年の『我が國の金融制度と金融政策』等の定評ある研究書の執筆はもとより、驚かされるのは、「軍医と小説家」という二足の草鞋を履いた森鷗外を私淑して、鷗外研究を始め、その専門家としても周知されていたことである。

吉野は、三〇年以上もの歳月をかけて富田鐵之助伝を執筆したが、その動機は、「日本銀行が今日まで歩んできた道は、日本経済の潮の流れを反映したもので、歴代の日本銀行の指導者達の業績を跡づけてみても、この大きな流れの外にはみでることはできないが、この流れの幅は実はそれほど狭いものではなく、指導者達のそれぞれの血統、出身地、教養、経歴、性格等によって、この流れに対処する日本銀行の態度は異なっている」（前掲書、三―四頁）と考えていたことによる。二〇一三年、日本銀行では第三〇代総裁白川方明から第三一代総裁黒田東彦へ交代し、二〇一八年には、黒田総裁が再任された。二〇一三年当時、「日本経済に対する現状認識やそれに伴って実施されるべき金融政策」についての二人の見解の違いが極めて大きく、この交代劇は世の注目の的となった。中央銀

行の独立性が叫ばれ、日銀の金融政策決定会合によって金融政策が決定されるといわれながらも、日本銀行の首脳人事には、国権の最高機関としての国会の同意を得て内閣が任命することが求められている。この意味で、日本銀行総裁のポストは政治的任命ポストであり、日銀総裁の指導によって、日本経済の潮の流れに対処する日本銀行の態度が変わる。この点は、現在でも、吉野の認識と大きな違いはない。

明治一五（一八八二）年六月、吉原重俊（大蔵少輔）、富田鐵之助（大蔵大書記官）らが「日本銀行創立委員」を命ぜられ、日本銀行の設立準備にあたった。日本銀行は、この年の一〇月、初代総裁・吉原重俊、副総裁・富田鐵之助の体制で発足した。しかしながら、吉原が病弱だったことから、富田が実際上の最高責任者となり日本銀行が運営され、また、明治二一（一八八八）年の吉原の病死後には、富田が第二代総裁に昇格していること等も考え合わせれば、富田が、日本銀行の礎石を築き、その方向性を定めたといっても過言ではない。つまり、最初の日銀DNAという点からも、富田鐵之助の生き方や対処の仕方を研究することは重要である。

さらに述べるならば、富田鐵之助は、日本銀行総裁を辞職した二年後の明治二四年には、東京府知事に任ぜられ、当時、神奈川県に属していた「三多摩（南多摩郡・北多摩郡・西多摩郡）」を東京府に併合するという極めて困難な事業を遂行している。東京府からすれば、「三多摩」は水源池確保のために必要であったが、当然、神奈川県や三多摩住民は反対の立場であった。ともかくも、この併合によって、東京都（府）と隣接県との境界域が、ほぼ現在のように決定されることから、この困難な併合を成功に導いた富田鐵之助の生き方や対処の仕方を探ることも重要になろう。

「富田鐵之助研究」は、三〇年の年月を要したこの吉野の研究に尽きる。しかしながら、吉野の研究においては、資料上の制約から、富田鐵之助の若き日の人格形成に大きく寄与したアメリカ留学生活、さらにはアメリカ人や日本人留学生との人的交流に関する分野の研究は手つかずのままであった。

本書は、この未開拓の分野、すなわち、海舟の終生の門人・富田鐵之助のアメリカ体験を考察することによって、富田鐵之助の若き日の人格形成に迫ろうとするものである。本書の大きな特徴は、海舟と富田の「美わしい師弟関係」に着目し、海舟の目（海舟日記）を通して幕末維新の海外留学政策の変化、アメリカ留学の状況、そして当然のことながら長男・小鹿や富田の留学の実相を見ている点にある。

これまで筆者は、大学では、経済学部において「マクロ経済学」や「経済原論」を講義する日常であった。歴史的研究については門外漢であり、しかも六〇歳半ばを過ぎてから関心をもったこともあり、専門家には極めて常識的な事柄から調べ始めなければならなかった。これには、当然のことながら、富田鐵之助研究とは直接的に関係しない、多くの歴史的・教養的・周辺的なことがらも含まれていた。本書は、こうしたバックグラウンドにも言及し、備忘録的にこれらを採録したことから、大分量となった。

本書は、本編四部から構成されている。第Ⅰ部では、海舟日記を通して、海舟の長男・小鹿と後見人として渡米した富田鐵之助や高木三郎の渡航までの状況を確認する。さらに、富田と高木は、戊辰戦争時に国元の戦況を心配し、小鹿の世話を横井左平太・大平兄弟（横井小楠の甥）に託して、緊急一時帰国する。こうしたことから、戊辰戦争時の仙台藩の状況を富田鐵之助の視点から探究する。

第Ⅱ部は、幕末維新のアメリカ留学費用について考察するとともに、海舟の尽力により、小鹿・富田・高木の三人が、明治政府から（第二陣として）学資を給付されたことから、海外留学に対する学資給付の政策的決定過程を考察する。

第Ⅲ部は、本書のコア部分である。富田鐵之助のアメリカにおける人的交流を中心に考察する。第一に、これまでの幕末維新の海外留学史研究は、日本から留学する立場からの考察が中心であったが、本書では、アメリカ・プロテスタンティズムの日本宣教活動を考察し、留学生を受け入れるアメリカ側の状況を確認するとともに、キリスト教会がアメリカ社会との最初の窓口となったことを確認する。第二に、小鹿・富田・高木は、横井兄弟、福井藩の日下部太郎、薩摩藩の吉田清成・畠山義成・松村淳蔵とともに、ニュージャージー州ニューブランズウィックに居住したことから、その交流の様子や別離を述べるとともに、戊辰戦争の一時帰国に際し、小鹿を託した横井兄弟と海舟との関係を確認する。第三に、富田とオランダ改革派教会のコーウィン牧師との関係，及び富田が学んだビジネス・カレッジの校長ホイットニーとの関係について論考する。第四に、明治政府の海外留学振興策によって、アメリカの日本人留学生が大幅に増えることから、この状況を把握するとともに、海舟日記からこれを確認する。最後に、富田は、「岩倉使節団」から「ニューヨーク領事心得」に任ぜられ、その留学生活が終わるが、これについて紹介する。

第Ⅳ部は、富田のアメリカ留学の成果について紹介する。富田は、朝敵とされた奥羽越の出にもかかわらず、ニューヨーク領事心得から副領事に昇格することから、最初に副領事としての業績を紹介する。明治五年に「学制（太政官第二一四号）」が公布され、日本の近代的学校制度が始まったが、翌年には「海外留学生規則」等を規定した「学制二編（文部省第三〇号）」が布達された。海外留学生規則は、伊藤博文岩倉使節団副使、寺島宗則特命全権公使、森有禮代理公使らから出された意見・提案を、文部省が検討・取捨選択し、成文化したものである。富田も、多数の意見・提案を行い、規則として採択されたのである。まさに、長期にわたりアメリカ留学生活を送った富田の経験が生かされたのである。第二の留学の成果は、杉田玄白の曾孫の杉田縫との結婚である。結婚式は、両人と仲人役の福澤諭吉と立合人の森有禮の四人が婚姻契約書に署名する形で行われた。これは、留学経験が富田の人的資産の形成に寄与したことによる波及効果とも言うべきものであろう。第三の成果は、一橋大学の前身の教育機関「商法講習所」は、種々の経緯から森有禮の私塾の形をとって設立されたが、富田は、その外国人教師として、富田自身が学んだビジネス・カレッジの校長ホイットニーを招いたことである。ホイットニーの来日がなければ、商法講習所は設立されることはなかったのである。

本書の出版にあたり、多数の方々より、ご支援・ご協力をいただきました。

初出論文の作成過程において、大童敬郎氏（元学校法人東北学院理事・法人事務局長）、水野沙織氏（仙台市博物館学芸員）、仁昌寺正一教授（東北学院大学経済学部）、Wilson A. Alley 教授（東北学院大学経済学部）、七海雅人教授（東北学院大学文学部）、斎藤善之教授（東北学院大学経営学部）、雲然祥子氏（東北学院大学大学院経済学研究科博士後期課程）及び仙台市博物館には、ご支援・ご協力をいただきました。厚く感謝申し上げます。

落合則子氏（東京都江戸東京博物館学芸員）、高木不二先生（大妻女子大学名誉教授）、富田和雄氏（富田家第一一代当主）、吉原重和氏（米欧亜回覧の会会員・日本銀行初代総裁吉原重俊の曽孫）、村井智恵氏（米欧亜回覧の会会員）には、初出論文に対して貴重かつ懇切なコメントと関連資料をご教示いただきました。Dr. Fernanda H. Perrone（ラトガース大学グリフィスコレクション・キュレーター）には、グリフィスコレクションに関し、種々のご教示をいただきました。今回、出版にあたり加筆・修正することができたこと、心より感謝申し上げます。

勝股康行氏（元七十七銀行頭取・会長、元日本銀行国庫局長・文書局長）、犬塚孝明先生（鹿児島純心女子大学名誉教授）には、包括的なコメントをいただきました。一橋大学附属図書館、山内れい氏（馬頭広重美術館学芸員）、大森徹氏（日本銀行金融研究所アーカイブ）、長澤信孝氏には、資料に関して種々のご協力をいただきました。感謝申し上げます。

最後に、本書の出版にあたり、いろいろとご配慮をいただいた株式会社日本評論社の小川敏明氏、岩元恵美氏に深く感謝申し上げます。

平成三〇年九月

高橋　秀悦

目次

海舟日記に見る幕末維新のアメリカ留学——日銀総裁　富田鐵之助のアメリカ体験

はしがき　i

第Ⅰ部　富田鐵之助のアメリカ留学と戊辰戦争

はじめに　3

第1章　海舟日記と富田鐵之助のアメリカ留学——5

1　海舟日記　5

2　氷解塾　6

3　富田鐵之助の渡米　10

4　緊急一時帰国と再渡米　17

第2章　戊辰戦争と仙台藩——31

1　海舟日記に見る仙台藩　31
2　但木成行招魂之碑　40
3　戊辰戦争後の仙台藩――『福翁自伝』と海舟日記　42
4　富田家の戊辰戦争　45
5　富田家のその後――ハリストス正教　46
6　むすび　48

第Ⅱ部　アメリカ留学の政治経済学

はじめに　55
第1章　海舟日記――58
第2章　アメリカ留学の経済学――64
1　海舟日記に見るメキシコ銀貨交換レート　64
2　海舟のアメリカへの留学費送金（メキシコ・ドル表示）　68
3　アメリカ留学費用（アメリカ・ドル表示）　73
4　メキシコ・ドルとアメリカ・ドル　76
5　アメリカの「金」ドルと「紙」ドル　78
6　むすび　82

第3章　学資給付の政治経済学　86
1　アメリカ海軍兵学校入学問題　87
2　最初のアメリカ留学生と学資給付の決定　91
3　小鹿・富田・高木の学資給付の決定　95
4　海舟日記と学資給付の決定　96
5　海軍兵学校留学生に対する奨学金増額とその余波　104
6　富田鐵之助のニューヨーク領事心得と海軍省の学資給付回答書　107
7　むすび　109

第Ⅲ部　アメリカ留学事始

はじめに　119
第1章　アメリカ・プロテスタンティズムと日本での宣教拡大活動　123
1　アメリカ・プロテスタンティズムと海外伝道　123
2　アメリカ・プロテスタント諸教会による拡大宣教活動　124
3　フルベッキ　127
第2章　ニュージャージー州ニューブランズウィック　135
1　ニューブランズウィック　135

2　緊急一時帰国までの交流ほか　141
3　横井兄弟の留学事始　145

第3章　ニュージャージー州ミルストーン――155
1　富田鐵之助の英語力　155
2　ミルストーン　158
3　コーウィン牧師　164
4　日本人留学生との別れ　170

第4章　海外留学推進政策と新たなアメリカ留学生――185
1　海外留学推進政策　185
2　新たなアメリカ留学生　186

第5章　ブライアント・ストラットン・アンド・ホイットニー・ビジネス・カレッジ――194
1　ビジネス・カレッジと鐵之助の英語力　194
2　ビジネス・カレッジのカリキュラム　198

第6章　海舟日記に見るアメリカ留学生――202
1　岩倉具視の子息の渡米　202
2　佐土原藩知事・島津忠寛の子息の渡米　205
3　白峰駿馬の再渡米　208
4　湯地定基の再渡米　210

5 グリーンバックの交換の効果 212
第7章 海舟日記に見る留学関連の国内状況――214
1 富田鐵之助に関連する国内状況と福澤諭吉 214
2 グリフィスの来日 217
3 グリフィスによる静岡学問所教師クラークの斡旋 220
4 静岡藩（県）からのアメリカ留学生 226
5 その後の横井左平太 235
第8章 岩倉使節団と官費留学規則取調――238
1 岩倉使節団の派遣 238
2 海舟日記 242
3 官費留学規則取調の任命と海外留学制度の整備 245
4 官費留学規則取調の人々 251
5 官費留学規則取調の人々――その後 256
6 補論――森有禮と富田鐵之助 260
第Ⅳ部 その後の富田鐵之助――副領事就任と結婚と商法講習所
はじめに 267

第1章　ニューヨーク領事館とワシントン公使館――269
1　外務省職制と官員録　269
2　富田鐵之助と高木三郎の外務省採用　273
3　森有禮の帰朝　279
4　「学制二編」と森有禮・富田鐵之助　286
5　ニューヨーク領事館　291
6　高木三郎と日米郵便交換条約　298
第2章　海舟日記――307
第3章　富田鐵之助の結婚――314
1　富田鐵之助の婚姻契約書　314
2　森有禮の婚姻契約書　319
3　富田鐵之助と杉田縫　322
4　福澤諭吉と富田鐵之助の関係　327
5　福澤諭吉と杉田家の関係　330
6　廉卿の友人たち――乙骨太郎乙・尺振八・津田仙と新島襄　341
7　結婚エピソード　345
第4章　商法講習所の誕生――355
1　商法講習所の胎動　355

2 商法講習所の誕生 362
3 森の心変わり 369
4 海舟日記——商法講習所関係 375

参考文献 385

人名索引／事項索引 411

初出一覧 412

第Ⅰ部

富田鐵之助のアメリカ留学と戊辰戦争

はじめに

本書の「はしがき」でも紹介したように、仙台藩の富田鐵之助《てつのすけ》は、慶応三年に勝海舟の長男・小鹿《ころく》の後見人として渡米する。奥羽越列藩同盟諸藩の出身でありながら、このときの留学経験がかわれ、明治五年にニューヨーク領事心得、翌明治六年にニューヨーク副領事（事実上の初代領事）に登用され、官途に就く。明治一五年には、日本銀行の初代副総裁に任ぜられ、病気がちな吉原重俊総裁に代わり事実上の総裁を務め、吉原の逝去後の明治二一年、第二代総裁となる。松方正義大蔵大臣との確執から、翌年、日本銀行総裁を辞職するも、明治二四年、東京府知事に任ぜられる。東京府知事として、三多摩地区（当時は神奈川県）を東京府に編入する等の行政手腕を発揮している。こうした経歴をもつ富田鐵之助であるが、吉野俊彦がその著『忘れられた元日銀總裁――富田鐵之助傳』（東洋経済新報社、一九七四年）の書き出しで述べているように、その名前や業績はほとんど知られていない。

この富田鐵之助に関する研究は、三〇年の年月を要した吉野俊彦のこの著にほぼ尽きると言ってよい(1)。

しかしながら、この吉野（一九七四）の研究においては、資料上の制約から、富田鐵之助のアメリカ留学生活やアメリカでの人的交流については、ほとんど手つかずのままであったし、また、富田が渡米した背景、さらには海舟が小鹿に託した留学にかける思い等についての考察は、ほとんどない。

この第Ⅰ部では、「海舟日記」を通して、富田鐵之助のアメリカ留学の事情や戊辰戦争時の一時緊急帰国の事情を考察するとともに、富田をアメリカに送り出した仙台藩の戊辰戦争後の状況と戊辰戦争に対する富田の見解等を紹介する。富田のアメリカ留学生活や人的交流については、第Ⅱ部以降で紹介する。

（1）吉野（一九七四）は、四八〇頁にも及ぶ大著であるが、このコア部分を的確、かつコンパクトに整理したものとして、田中生夫（一九七〇）と宮城（二〇〇五）を挙げることができる。田中生夫（一九七〇）は、まさしく「紹介」論文である。宮城（二〇〇五）は、これに加えて、明治三一（一八九八）年に「第七十七国立銀行」が国立銀行としての営業満期を迎え、私立銀行へ転換する際に果たした富田鐵之助の役割の重要性についていくつかの新しい知見を付加している。

商法講習所（一橋大学の前身）設立における富田鐵之助の役割に関しては、第Ⅳ部で詳述するが、『一橋大学百二十年史』『都史紀要8　商法講習所』、及び細谷（一九九〇）等も詳しい。

吉野（一九七四）は、富田鐵之助が設立に関与した仙台の「東華学校」（校長・新島襄）の重要性に着目し、武田（一九七二）の研究に言及している（二七〇頁）。しかしながら、この分野の先駆的研究としては、本多（一九六五）が、その後の本格的な研究として、本井（一九九二）、太田（二〇〇七）、田中智子（二〇一二）等が挙げられよう。また、概略については、髙橋（二〇一七）を参照のこと。

この一八八六（明治一九）年の宮城英学校設立（翌年、東華学校と改称）に先立って、一八八四年には芝麻布共立幼稚園の設置者のひとりとなっていることも注目に値する（『都史紀要14　東京の幼稚園』）。

「富田鐵之助研究」において、やや異彩なものとしては、一八七〇年代にニューヨーク副領事として日本の生糸の対米輸出に寄与したとする研究（大野（二〇一〇））や、東京府知事辞任後に富士紡績の設立の経緯に関わる研究（筒井（二〇一〇））等がある。

第1章　海舟日記と富田鐵之助のアメリカ留学

1　海舟日記

勝海舟の「日記」は、文久二（一八六二）年閏八月一七日の「於　御前、御軍艦奉行並被　仰付」に始まり、明治三一（一八九八）年一二月二六日の「叙爵仰せ付けられる。且、廿八日、御倍［陪］食仰せ付けられる」までのほぼ四〇年間にわたる克明な記録である。この日記は、幕末の政治史の貴重な資料であることはよく知られているが、江戸東京博物館版『海舟日記（一）』の「刊行によせて」にあるように、「従来の幕末史の枠を超えて、幕府・諸藩の領域をクロスオーバーして人物や情報の交換が広がっていることを教えてくれる」のである。本書の目的からすれば、幕末も当然のことながら、海舟を取り巻く明治という時代の政治状況のみならず、海舟の個人的人間関係についての情報の宝庫でもある。

海舟日記が、一般に公刊されたのは、明治四〇（一九〇七）年の梶梅太郎（海舟三男）・巖本善治編のものが最初であり、これが、『海舟全集　第九巻』（改造社版、昭和三年）に所収されることになる。その後四〇年を経て、勁草書房版（昭和四七～四八年）、講談社版（昭和五一年）が出版され、さらに平成の江戸東京博物館版（平成一四年～現在、継続中）に至っている。これらの出版にともなって、専門家の間では何をもって海舟日記かの根本的な議論があったが、本書では、講談社版と江戸東京博物館版での解釈に従い、現在、江戸東京博物館が所有している「日記」を海舟日記と考えることにする。戊辰戦争に関しては、日常的につけていた日記（慶応四年の日記）とは別に公開を目的に増補したものと考えられる「慶応四年戊辰日記」があり、講談社版の『勝海舟全集1　幕末日記』に収められている。勁草書房版の『勝海舟全集18～21』に収められた「海舟日記Ⅰ～Ⅳ」は、上の解釈からすると、通常の「海舟日記」「慶応四年戊辰日記」、及び改造社版で使われた「海舟日記抄」とが整理されないまま所収されていることになる。

本書では、上の解釈を踏まえ、文久二（一八六二）年閏八月から明治八（一八七五）年五月までは、東京都江戸東京博物館都市歴史研究室（編）『勝海舟関係資料　海舟日記（一）～（六）』に基本的に依拠し、明治八年五月から明治三一（一八九八）年一二月までは、勁草書房版の「海舟日記Ⅱ～Ⅳ」に依拠する。また、「慶応四年戊辰日記」については、講談社版の「幕末日記」に依拠することとする。

2　氷解塾

富田鐵之助は、天保六年一〇月一六日（一八三五年一二月五日）、仙台藩奉行（他藩の家老職に相当）・富田實保の四男として、仙台・良覚院丁《りょうがくいんちょう》に生まれた(1)。鐵之助だけが他の兄姉とは母が異なっていた（吉野（一九七四）一二頁）。生まれつき体質強健・頭脳明晰で神童の誉れ高かったが、勝気で我を通す性格であった（『仙臺先哲偉人録』三八五頁）。

富田鐵之助は、慶応三（一八六七）年七月、数え一六歳の勝海舟・長男の小鹿の監督・後見人として、高木三郎（庄内藩士、数え二七歳）とともに、アメリカ留学のために横浜を出航するが、当時、すでに数え三三歳になっていた（ここでは、富田の経歴の紹介を省略する。第Ⅳ部第3章「富田鐵之助の結婚」の「3⑴富田鐵之助のプロフィール」を参照のこと）。

この富田と海舟の関係は、文久三（一八六三）年七月二一日、富田が数え二九歳のとき、海舟の「氷解塾《ひょうかい》」に入塾したことに始まる[2]（『仙臺先哲偉人録』三八六頁）。

「海舟年譜」は、明治三八年に海舟の七回忌にあたり、富田が編纂したものであるが、その諸言には、

氷解塾ニ起臥シ　海舟先生ノ訓戒ニ接シタルハ四十餘年前ノ昔トナリヌ　又同學ノ諸士過般幽明其堺ヲ異ニス
就中坂本龍馬ノ毒手ニ斃レ……（五一一頁）

と記載されている（この年譜は、『海舟全集　第一〇巻』改造社版、昭和四年に所収されている）。

幕末の頃の富田鐵之助
（一橋大学附属図書館蔵『富田鐵之助アルバム』）

当時の氷解塾の塾長は、佐藤与之助（もともとは庄内藩士ながら、安政六（一八五九）年、軍艦操練所蘭書翻訳方に出役し、元治元（一八六四）年に幕臣（軍艦組）、慶応二（一八六六）年、大坂鉄砲奉行並）であり、塾生の総数は、およそ九〇名とされている。ちなみに、福澤諭吉は、安政四（一八五七）年に大坂の緒方塾（適塾）の塾長になっているが、このときの塾生数は八〇名とされていることから、ほぼ同規模の塾と推定される（河北（二〇〇六）四六頁）。

富田が入塾した頃の氷解塾の様子を海舟日記から見ると、

文久三（一八六三）年一月九日
御同人〈因州侯のこと〉之臣数輩我門に入ることを被談　昨日土州之者数輩我門に入る、龍馬子〈坂本龍馬〉と形勢之事を密議し、其志を助く
文久三（一八六三）年一〇月一六日
夜に入り、春嶽公より書を賜ハる、門生五人を入塾せしめんことを被　仰越

であった。海舟が「軍艦奉行並」に任じられたことに伴い、「門下生」が急増し始めた時期でもある。(3) 富田も、まさに、この時期に入塾したのである。

その反動もあってか、その二年後には、

元治元（一八六四）年八月一九日
塾中之掟を申渡す、近来紀伊家之者放蕩甚敷、殊に押貸等の所行あり、皆放逐、又越前家之者放蕩絶言語、たへて士之行なし
八月二五日　塾中之書生放蕩、戒之
九月一九日　此頃我塾中之者、姓名・出所御内紏ありと云

という状態になっているが、それにもかかわらず、海舟は、明石藩や久留米藩からも、多くの塾生を受け入れているのである（元治元（一八六四）年九月三日条と九月一三日条）。

前述のように、富田は、文久三（一八六三）年七月二一日に海舟の氷解塾に入塾したとされているが、この時期に富田に関する記載は、海舟日記にはまったく見当たらない。この時期、最も記載が多かったのは「坂本龍馬」であった。文久二（一八六二）年一二月二九日条の「同時坂下（本）龍馬来る、京師之事を聞く」から、元治元（一八六四）年八月一三日条の「坂本生従京地帰る、聞く、当節征長之説に繞み、薩ニも無策略」まで十数回に及ぶ。

富田の「海舟年譜」の諸言にも、「就中坂本龍馬ノ毒手ニ斃レ」とあるように、「坂本龍馬」の名を明記しており、この時期においては、まさに「坂本龍馬」が海舟の門弟の中で第一の門人であったのである。しかしながら、これ以後の「坂本龍馬」についての記述は、慶応二年二月一日条と慶応三年一二月六日条の二回にとどまる。前者は、「薩長同盟の成立と坂本龍馬」について、後者は、「近日雑文」という記載で始まる「坂本龍馬の刺殺の報」である。

海舟日記の中に、富田が後に最も関係する人物の記載があるので、ここで紹介しておく。それは、薩長同盟が成立した日（『勝海舟全集　別巻　来簡と資料』一〇〇九頁）と同じ日の条、すなわち、

慶応二（一八六六）年一月二一日

薩藩国元江出立之由にて退塾四人、種ヶ島・湯地・吉原・桐野四人

である。この記載は、元治二年二月一〇日条と一三日条と関連している。すなわち、

元治二（一八六五）年二月一〇日

薩藩四人入塾を乞ふ

二月一三日　薩藩四人入塾

である。この四人のうち、種子島《たねがしま》敬輔《けいすけ》、湯地《ゆち》定基《さだもと》、吉原重俊の三人は、薩摩に帰国後に、薩摩藩第二次留学生としてアメリカに留学する。いずれも、後にアメリカで「新島襄」とも関わりをもつ人たちである。

この中で湯地定基は、帰国後も、海舟を師として慕い、最後まで良い師弟関係を維持した（第Ⅲ部第6章の註1を参照のこと）。

また、吉原重俊は、富田とともに、維新後に似たようなコースを歩むことになる。まず、薩摩藩第一次留学生を経験した森有禮（アメリカ公使。当時の官名は、米国在勤少辨務使）のもとで、吉原はワシントン駐在の書記官、富

田はニューヨーク領事心得や副領事を務める。帰国後は、ともに外務省、大蔵省に勤務する経歴をもち、明治一五（一八八二）年六月二八日には、大蔵少輔・吉原重俊と大蔵大書記官・富田鐵之助が、ともに「日本銀行創立委員」に任じられる（『日本銀行百年史』二一七頁）。また、日本銀行設立の同年一〇月六日には、吉原が日本銀行初代総裁に、富田が初代副総裁（吉原が病気がちなために事実上の総裁）に任じられている（『日本銀行百年史』二二八頁）。さらに、明治二一（一八八八）年に吉原が病死すると、富田が第二代総裁に昇格しているのである。

吉野（一九七四）は、富田を研究し尽くしたと言っても過言ではないほどの研究書ではあるが、この書には、富田と吉原の最初の出会いについての記載は見られない。雑誌『太陽』第二〇巻第三号に掲載された竜城外史の「日本銀行論」の中の「慶應の末年に渡米し、吉原氏とは在米當時よりの友人であった」を引用しており、二人が明治五年頃からの知り合いであった可能性までは思い至っていない（第Ⅲ部を参照のこと）。しかも、この二人は、元治二年二月から慶応二年一月までの一年ほど、同時に氷解塾（富田が三年ほど先に入塾）にいた可能性があり、面識もあった可能性があるのである。当時の氷解塾では、海舟が直接に教授することは稀で、塾生が間口三間奥行四間ばかりの小塾舎に集まり相互に研鑽していたからである（『髙木三郎翁小傳』一一頁）。

海舟は、元治元（一八六四）年五月、軍艦奉行に昇進したが、薩摩藩四人の入塾直前の同年一一月に免職となり、一年半後の慶応二（一八六六）年五月に軍艦奉行に再任されるまでの間、「閉居門ヲ出デス」の状態にあった。海舟日記からは、意見・見解・覚書等の記載は消え、一日に一行のみを備忘録的に記載する日も多く見られるようになる。四人の薩摩藩士が氷解塾で学んだのは、まさしくこの時期であった。

3　富田鐵之助の渡米

海舟日記に富田の名が初めて記されるのは、慶応二（一八六六）年九月一九日条、すなわち、仙台藩両人来る、当節召に因て世子上京、内々事情聞合之為其先に下たれりと云、富田之手紙持参、当年は奥筋米作大抵三分、甚不作也と聞く

である（「仙台藩両人来る」の右脇には、「朽木五左衛門・玉蟲《たまむし》左太夫」の書き込みがある）。これ以後、富田に関する記載は、慶応四（一八六八）年一月までまったく見られないが、この間、富田にとっては、生涯を左右し、また、海舟との絆を深くする一大事が起こっていた。

慶応三年三月四日、在京の處江戸表に御用有之早速罷下る様御奉行但木土佐より申し渡され、同六日京都出立同一一日江戸に着く。……三月一三日、江戸藩邸に於いて若老より左の令達を受けた。

御軍艦奉行勝安芳守殿御子息此度為留學一兩年見詰を以て米利堅へ御越被成候御手前御借受……（『仙臺先哲偉人録』三八七頁）

である。これは、海舟の長男の小鹿（当時、一六歳）が一年ほどアメリカ留学をすることにともない、富田を借り受けたい旨の話があるので、仙台藩としても、富田に学資として年間に一〇〇〇両を給付することを決めた旨の令達であった。

ところが、海舟日記には、この間の事情もまったく記載されていない。留学については、ほとんどが小鹿に関するものである。まず、

慶応二（一八六六）年九月二六日

江戸にて英国江伝習十三・四人程命せられたり、小拙か悴兼て願置きしか、其試にも御達無之、況哉御選抜之事誰人も申者なしと云……

○　四郎［海舟の次男］危篤之事江戸より申来る

である。八月に幕府留学生の選抜が行われて、イギリスへ一三、一四人が派遣されることが決まった。海舟も、長男の小鹿と次男の四郎の留学を希望していたが、選から漏れたところに、四郎危篤の知らせが入ったのである。このため、海舟は、私費での小鹿の留学を幕府に願い出る。すなわち、

慶応二（一八六六）年一〇月二四日

小鹿米利堅江留学を願ふ、尤自分入用也

である。

この願いは、翌年に認められている。江戸東京博物館版『海舟日記（二）』の最後部分と『海舟日記（三）』の最初部分では、日付の重複記載が見受けられるが、記載内容は、別のものが多い。慶応三（一八六七）年二月二日条と二月三日条も食い違いが見られるが、ここでは、『海舟日記（二）』から

慶応三（一八六七）年二月三日

小鹿米利堅江留学願相済　近日長州之事、大行天皇［孝明天皇］崩御ニ於而、御解兵之議被　迎出

慶応三（一八六七）年二月一〇日

庄内松平権十郎来る、高木三郎小鹿同行之事談し承服、決心して此挙に倍（陪）従を乞ふ

の二つを採録しておく。すなわち、小鹿の留学が認められたので、小鹿の同行者として、まず氷解塾塾生の「高木三郎（庄内藩士）」を決めたのである。渡米後は、富田と高木は、ともに行動することになるが、前述のように、富田を同行者に決定した経緯については、海舟日記には記載がない。

この後、海舟は、小鹿の留学の準備に入る。すなわち、

慶応三（一八六七）年二月二二日
小鹿横浜語学江入塾相願、但米行前両三ヶ月也
三月二八日　小鹿米利堅江留学之節、御印章〈パスポート〉は其先願置、……
四月三日　御印章被下候ニ付、外国奉行江可談旨願書江御下取（ママ）御渡し
四月六日　御印章石野筑前［外国奉行］より受取
四月一一日　米之工司（公使）江小鹿留学之事頼ミ
四月一四日　米利堅工士（公使）より、留学之儀ニ付書翰差越す
五月一四日　太田より、亜米利人ワーシ忰留学之世話御心得候間、掛念不可致旨申越
七月一一日　小鹿美里堅国（アメリカ）江為留学遣すニ付、横浜迄出立

である。

そして、ついに七月二五日にコロラド号でアメリカに向けて出発する。勝海舟の長男・小鹿に、富田鐵之助と高木三郎が同行した。さらに仙台藩からは、通弁修業・富田の従者（幕府発行の渡航免状での身分は、「仙臺藩百姓」）の形をとって、高橋是清と鈴木知雄もコロラド号に乗船した。小鹿・富田・高木は「上等船室」、高橋・鈴木は「下等船室」であった。このときのエピソードは、『高橋是清自傳』が詳しいが（三四―三七頁）、小鹿は、明らかに私費留学であるので、『高橋是清自傳』の「勝小鹿、富田鐵之助、高木三郎の三氏には、それぞれの藩から學校に入つて勉強出来るだけの手當をくれる事」（三一頁）は、是清の勘違いである。(4) なお、海舟日記には、富田の従者である高橋是清と鈴木知雄の記載は、まったくない。

海舟日記では、この日について

慶応三（一八六七）年七月二五日

本日、金川（神奈川）よりコルラード〈コロラド号〉出帆、小鹿美里堅江行く、昨夜之便ニ而云、英（ママ）公司ガラルヲルスより頼まれたる由ニ而、小鹿華盛頓〈ワシントン〉迄同行すと聞く、依之万事大都合と成る

と記載している。ガラルヲルスは、海舟日記の脚注によれば、「J・G・ウォルシュ（アメリカ人貿易商、もと長崎領事）」である。この日について、海舟は、佐藤与之助宛の書状（八月一七日付）で、小鹿が、高木・富田とともに、飛脚船で米国に出発したこと、親として旅の安全と学問の成就を願っていることを伝えている（『勝海舟全集2 書簡と建言』九一頁）。

さらに、海舟は、小鹿が心配になってか、横浜に出張した際に、米国人ワルス（先に記載したワーシ。アメリカ人貿易商のT・ウォルシュ。J・G・ウォルシュの兄）を訪ねている。すなわち、

九月二九日

教頭為尋問、横浜江出張、ワルス氏を尋ぬ、同人云、小鹿事は、懇意家ポストン之住人ホスベルス氏江委細頼ミ遣し候旨話有之

である。

慶応三〜四年（明治元年）は、日本史に残る将軍慶喜の大政奉還や鳥羽伏見の戦い等があった。海舟も、慶応四年一月、海軍奉行並や陸軍総裁に任命され、政務・軍務に多忙を極めたが、小鹿の学資・生活費の手配も忘れはしない。小鹿に同行した富田・高木の分を合わせて二三〇〇両の為替の送金について、次のように記載している。すなわち、

慶応四（一八六八）年一月二九日

横浜ヲロス［T・ウォルシュ］方江、太田源三郎を介し為替金弐千三百両、小鹿・富田・高木三人分持せ遣す

（浜武・山田持参ス）

である。

慶応四（一八六八）年三月一三、一四日は、「勝海舟と西郷隆盛との会談」によって、江戸城の無血開城を決定した日であるが、海舟日記では、一三日については記載がなく、一四日についても、「西郷吉之助江面会、天下之大勢愚存書を送くる……」との記載にとどまっている。他方、後に公開を目的に増補したものと考えられる「慶応四年戊辰日記」（『勝海舟全集　1幕末日記』三三一－三六頁）では、一三日については「高輪薩州之藩邸に出張、西郷吉之助江面談す……」との記載をするとともに、一四日については、江戸開城の条件等にも詳細に記載している。すなわち、

同所に出張、西郷江面会す。諸有司之歎願書を渡す。

第一ケ条　隠居之上、水戸表江慎罷在候様仕度事。

第二ケ条　城明渡之儀は、……

である。

江戸城の無血開城には、三年前のアメリカ南北戦争とリンカーン暗殺、すなわち、

慶応元（一八六五）年閏五月三日

米利堅之合戦和睦ニ成、其後北方之大統領并次官等戯場にて南方余党之為に炮殺せられたりと云

が海舟の考え方に大きな影響を与えているともいわれているが、これについては海舟研究者にその妥当性の是非を委ねたい。

慶応四（一八六八）年四月一一日に江戸城の引き渡しは終わったものの、閏四月には奥羽列藩同盟が結成され、五月には上野彰義隊の戦いも起こった。海舟は、これらの動向を日記に記載するとともに、小鹿らとの書状のやり取りや仕送りについても記載している。すなわち、

慶応四（一八六八）年閏四月一五日
米教師江ハラヲ江頼ミ米国豚児［小鹿］江金差遣す
六月五日　柳屋江頼ミ米利堅小鹿方江差遣一封頼ミ候事
六月一九日　横浜貞次郎［本多貞次郎］より米国四月十一日出之書籍入箱□（虫損）届来ル、太童〈大童〉江富田之書状而已入る

である。

仙台市博物館には『大童家文書《おおわら》』が寄託されているが、この中には富田鐵之助から大童信太夫へ出された書簡も二〇通以上保管されている。富田の渡米直後のものとしては、「江戸（芝）愛宕下　仙臺藩中屋敷　大童信太夫」宛の封筒も三通残されている。六月一九日の条に記載された書状は、富田が三月一三日付で出した書状と思われる。[5]なお、この書状は、吉野（一九七四）の三九三—三九四頁にも採録されているが、慶応四年は、閏四月もあったことを勘案すると、実に、約四か月を要して届いたことになる。

書状については、さらに

六月二一日　貞次郎江頼ミ、米国江之書状一封頼ミ遣す、当廿八日頃船便と云
六月二六日　米国より閏四月八日附之一包、高木屋敷江届呉様申越す、林研海方より届来る
七月二日　米国より四月十二日出之書状到着　何礼之助方より差越

八月二三日　横浜米利堅一番之番頭松屋伊助より使あり、云、米国より便到る、家来可差越と云

と続く。また、小鹿への二回目の送金については、

八月二〇日　小鹿留学之手当金頼遣す、但白戸江詫（託）し御用達江預候約也

八月三〇日　米利江書状差出ス……桜井庄兵衛明朝出立、小鹿留学之手当百両来二月十日迄用立、別ニ家属手当金五拾両持参を頼む

と記載している。

『勝海舟全集　別巻　来簡と資料』には、「小鹿・(富田) 鉄之助・(高木) 三郎」宛の書状三通（慶応四年八月三〇日付、九月二五日付、明治三年八月二六日付）が採録されている（六一二―六一六頁）。宛名は、いずれも三名連名である。この八月三〇日の書状は、戊辰の戦乱の状況（海舟日記に記載された戦乱の状況）を、日記文から書状の文体に書き直して伝えたものである。残念ながら、この書状は、次で述べる事情により、富田と高木には届いていなかったのである。

4　緊急一時帰国と再渡米

慶応四（一八六八）年四月一一日に江戸城の引き渡しの後も内戦が続いたが、九月にはほぼ終結した。その間の状況については、海舟日記や慶応四年戊辰日記に詳細に記載されているが、ここでは最終項目のみの紹介にとどめる。すなわち、

慶応四（一八六八）年九月七日

当月三日、若山（松）落城、仙台伏罪、庄内江は西郷吉之助先鋒討入ると云

明治元（一八六八）年九月二〇日

御発輦廿日之旨、一両日前御布告

である。会津若松城の落城を受けて、公式には、九月八日に「慶応」から「明治」に改元とされているが、海舟日記からすると、改元の布告は二〇日の数日前ということになる。

日記の記載はないが、海舟は、九月二五日にも、「小鹿・鉄之助・三郎（三名連名）」宛の書状（『勝海舟全集　別巻来簡と資料』に採録）を出し、先の書状後の戦乱の様子、惨事、終結を伝えるとともに、末尾に「当九月改元、明治と相成、是より一代一度改元有之旨也」と結んでいる。

これ以後は、「富田と高木」も海舟日記への記載が増える。まず、

明治元（一八六八）年一一月一八日

此夜、米利堅より富田・高木両人帰国、々元之変動を聞て也、帰後ニ悔と云

である。

渡米直後の富田鐵之助から大童信太夫宛の書状のうち、慶応三年一一月九日と翌年一月三日（大童には、三月二二日に届く）の書状は、アメリカでの見聞と近況報告（本人の近況、サンフランシスコに滞在している（富田とともに渡米した）高橋是清・鈴木知雄の近況、（ともに仙台藩を脱藩し、すでにサンフランシスコ留学中の）大條清助・一條十二郎（十次郎）の消息）が主な内容となっているのに対して、慶応四（一八六八）年一月二六日（富田は、日付として「西暦二月一九日認」も併記している）と三月一一日のものは、極度に切迫した内容のものになっている（この二通は、吉野（一九七四）の三九〇―三九四頁に採録されている）。

一月二六日の書状では、まず、ニューヨークの新聞が（サンフランシスコからの電信として）日本国内の状況を詳細に報道した内容を日本語に直して復唱するかのように書き、続いて、国元の衰興に関わることなのでここに滞在することは不本意であるが、「勝若子（小鹿）」に随行しており軽々に進退を決めることもできないので、この点について「賢慮」願いたいこと、また、「勝若子」も同じ事情であるので、勝先生にも書状を出したこと、大童からの返信は、同封の別紙を「横浜夷人飛脚屋」から出せば、富田の知人の米国人に届くこと等を書き記している。

三月一一日の書状では、いずれからも返信がないので非常に失望したこと（「甚失望罷在候」）、サンフランシスコの大條清助からの手紙によれば、コロラド号でともに渡米した高橋是清と鈴木知雄（「高鈴ノ両児」）も帰国を望んでいるが、動揺しないように伝えたこと、どんなに倹約しても別紙の調べのように費用がかかるので、この二人には先に食費分だけでもいいので送ってもらいたい旨を書き記している。

慶応四（一八六八）年一月三日に、「合衆国ニーセルシー・ニーブリンスウヰキ（ニュージャージー州ニューブランズウィック）」から「江戸芝愛宕下　仙台藩中屋敷」の大童信太夫宛に出した書状が、三月二二日に届いたことからすれば、一月二六日の書状が届いたのは、もっと後ということになる（当時、日米間の定期船は年四回とされている）。したがって、緊急性があり至急の返信がほしい富田が、三月一一日の書状の中で、「何方よりも音信無之甚失望罷在候」と書いているが、大童や海舟にすれば、届いていない書状に返信ができないのは当然のことであろう。

このような状況のもと、富田と高木は、相談の上、小鹿の後見を横井小楠《しょうなん》の甥に託して帰国するのである（詳細は、第Ⅲ部を参照のこと）。横井のもとに坂本龍馬を使いに出していることからも分かるように、横井は勝が尊敬する人のひとりであった。すなわち、

文久四（一八六四）年二月一九日の上欄

横井先生へ龍馬子を遣る

元治元（一八六四）年四月六日
　龍馬を横井先生方江遣す

である。また、横井小楠の甥に関しては、この日の日記の上欄に、「横井先生之親族三人入門、同行す」と記している。海舟日記の脚注には、「小楠の甥左平太・大平および小楠の門下の岩男内蔵允の三名」とある。さらに

慶応二（一八六六）年四月一日
　肥後藩兼坂熊四郎・馬渕慎助来る、小楠之書翰持参、聞く、小楠之甥予か門横井左平太・（ママ）之両人、国
　侯命にて米国江留学、長崎より発船す

との記載をしているので、小鹿の後見を託した横井小楠の甥は、海舟門下の横井左平太とその弟の大平であることが分かる。この横井左平太については、三年後の

明治二（一八六九）年七月一三日
　横井左平太、当時沼川三郎、米国より帰国、悴之壱封相達ス、フランシスコよりニーヨルク之鉄道落成、米里
　三千里八日ニ達すと申越す

と記載されているが、正しくは、弟の「大平（沼川三郎）」が肺病のため帰国したのであった。

　富田の慶応四年一月三日の大童信太夫宛書状には、ボストンからニーブリンスウヰキ（ニューブランズウィック）に転居した旨とそこには横井平四郎（小楠）の子息二人がいる旨も記載されている。これを受けてか、『仙臺先哲偉人錄』では「小麓の介護を伊勢、沼川（兩人とも横井小楠の子）に依頼し」（三八八頁）とし、『髙木三郎翁小傳』では「協議の末當時ニウブルンヅウヰックに滞留せる横井平四郎（小楠）の甥伊勢氏に事情を具して小鹿氏を託

し」（二三頁）としており、「続き柄」について混乱が見られる。なお、前述の慶応二（一八六六）年四月一日の条については、『幕末日記』（講談社）にも、同文が所収されているが、その補注35（四〇九頁）には、名前が欠けているところは、「弟「大平」である。共に小楠の兄の子供」「形式的には、左平太が小楠養子で大平は養弟」「出発のときは完全な自費で、しかも幕府が留学承認の方針を出す前だから、密航同然だった」とあるので、四月一日条で海舟自身が記載した「続き柄」が最も正確ということになる。なお、横井の長男「時雄」（後に同志社第三代社長（総長））は、一時期、変名として「伊勢」を名乗っていることから、より一層の記述上の混乱が見られたのかもしれない。

さて、話を少し戻すと、富田と高木は、慶応四（一八六八）年六月二〇日にニューヨークからアラスカ号に乗船しパナマ経由で、七月一六日にサンフランシスコに着く（『仙臺先哲偉人錄』三八八頁）。『高橋是清自傳』には、是清がだまされて奴隷に売られたが、富田が一計を案じ救出したエピソードが載っている（六三―六五頁）。これは、富田のこの帰国のときのエピソードである。

サンフランシスコ出発は、ほぼ二か月後の九月一七日であったが、台風に遭い四六日目に香港に着き、さらに、香港からの便船によって一一月一七日に横浜に入港したものであった（吉野（一九七四）二三頁）。ところで、『仙臺先哲偉人錄』三八八頁では、横浜入港を一一月一九日としているが、先に紹介した海舟日記の一一月一八日の条「此夜、米利堅より富田・高木両人帰国、々元之変動を聞て也、帰後二悔と云」とは齟齬が起こる。

この一一月一八日の条は、このように簡潔な記載であるが、『仙臺先哲偉人錄』では、二人が海舟に帰国理由を説明すると、海舟は、大声で、君らは何のために帰ったのか、徳川の政治を続けることは「至愚迂濶」の極みである、君らを海外に出したのは外国との大事に備えるためである、軽々に帰国したことは私の考えではない、と諭したとされ、『勝海舟言行録』も、ほぼ同じ趣旨のことを述べている（六七―六八頁）。これについて、武田（一九七二）では、『仙臺先哲偉人錄』『桃生郡誌』『郷土人物伝』を比較考証し、ほぼ同様の内容であるとしながらも、『仙臺先哲偉人録』には、東北は人物が乏しく、世界の大勢を知らない、忠告するも理解ができない、君らを海外に出したのは東北の人材を補うためだと叱責された旨の記載がある点が異なっているとしている。

『仙臺先哲偉人録』では、一一月一九日横浜入港、二〇日海舟宅を訪問したとされている。その翌朝（二一日）、恐るおそる海舟宅を訪問したところ、海舟は不在であったが、侍女から「あまりにも激しく叱かり過ぎた」と思っていることを聞き、午後に改めて面会した。このときは、昨日とは打って変わった応対であり、幕府崩壊、江戸城引き渡し、今後の日本のとるべき方針等を話した後に、最後に、これからどうするのか、再渡米を望むとしても留学の費用は藩からは出ないと思うが、それについては心配しなくともよいから、熟考の上、返答せよと話があったという。そこで、二二日には、米国に再び渡航する決心を伝えたとされている。戊辰戦争時の仙台藩や最前線で戦った富田家の状況については、第2章以下で述べる。

上のような経緯や再渡航の決心については、海舟日記には一切記載がない。淡々と以後の事実が記載されているのみである。すなわち、

明治元（一八六八）年一二月一日
勘定所江、小鹿留学之金五百両東京江為替相頼む
一二月七日　為替金五百両受取
一二月八日　高木・富田横浜江行、御印章〈パスポート〉野口より受取
一二月一一日　高木米国行ニ付、五百両渡ス
一二月一二日の上欄　吉兵衛より大判二、甲州金弐、小判廿五枚受取、米国江遣す分也
〈日記本文の記載事項〉
仙台楽（額）兵隊長星恂太郎と云、富田世話いたし遣候者、太童［大童信太夫］を以て可説と聞く　富田鉄之助、

明日横浜江出立、米行再度之積也
一二月一九日　高木・富田本日出帆

となっている。

一二月八日条のパスポートの件は、『高木三郎翁小傳』では、やや異なる説明がなされている。すなわち、明治元年頃は奥羽諸藩の藩士へのパスポートの発給が困難であったことから、高木は、アメリカ教師ヘボンの使用人・三吉（武蔵国生まれ）として渡航の出願をし、一二月一七日に神奈川県裁判所から旅行免許を得ているのである（三三―三四頁）。

一二月一二日条の「星恂太郎」は、仙台藩の洋式軍隊である額兵隊長であるが、仙台藩降伏後は、部下とともに、箱館戦争に参戦していたのである。榴岡《つつじがおか》天満宮（仙台市宮城野区榴ヶ岡）には、明治二九年一二月に建立された「星恂太郎碑（榎本武揚題額・大槻文彦撰文）」が残されている（なお、碑文は、片平（一九七九）の二八三―二八四頁に採録されている）。この碑文によれば、攘夷派の「星」は、金成《かんなり》善左衛門らとともに、佐幕・開国派の「但木《ただき》土佐と大槻磐渓（文彦の父）」の「刺殺」を企てたが、磐渓から海外の動向を諭され、横浜で英国式兵学を学ぶこととなった。このとき、但木土佐を説得し、星の窮地を救ったのが、富田鐵之助であった。これが、海舟日記の「富田世話いたし遣候者」の内容である。その後、星は、横浜で英国式兵学を学びながら、アメリカ商人ヴァンリードの店で働いていた時期に、高橋是清も、横浜で英学修行（住み込みのボーイ）に出ていた。高橋の品行不良により米国留学から外されそうになったのを、「星恂太郎から大童信太夫宛」のとりなしの添書を書いてもらい、留学が実現しているのである（『高橋是清自傳』二九―三一頁）。なお、仙台藩とヴァンリードとの関係は、一八六四（元治元）年頃から始まったと見られ、一八六七（慶応三）年には、ライフル銃五二〇挺を購入している（『仙台市史 通史編5 近世3』五〇二―五〇三頁）。

このように、仙台藩では戊辰戦争は終結したものの箱館戦争の対応に追われる中、一二月一九日、富田と高木が横浜から出港したのである。その直後の書状の往来については、次の条の記載がある。すなわち、

明治二（一八六九）年二月二七日
定（貞）次郎、高木之手紙頼ミ遣す
四月二六日　米国より来状、駿河屋久兵衛持参、二月廿日高木・富田着ニ付一封并佐藤・金沢・岡田共々三封入手
四月二八日　高木三郎より佐藤并金沢・岡田江之書状、宅江遣ス

である。

この間、三月二一日条では、小鹿から海軍学を学びたいという旨の書状がきたので、政府に問い合わせたところ「ミニストル江一言御頼有之は入学出来」と返事があったこと、四月二〇日条では、横浜のワルスへ小鹿の学資として一〇〇〇両の為替を預けたことが記載されている。

より重要な条は、小鹿・富田・高木の三人の私費留学が官費留学に切り替わることを記した条である。この経緯を順に紹介しよう。そのきっかけは、

明治二（一八六九）年三月二〇日
海外江留学之者入費、従　朝廷御貯被下置旨ニ付、其主人より可願旨、加藤弘蔵［加藤弘之］より申来る
三月二四日　留学者之事ニ付願書差出ス

であった。翌二五日には、加藤弘之に会いこの件を頼んでいるが、結果は、残念ながら

四月一二日　留学入費之義願不叶

であった。

ところが事態が急展開し、二か月後には、

六月一三日　当月九日出関口之書状到来、外国留学之者入費弥　朝廷より被下置候旨也

六月二二日の上欄　去ル十八日忰并高木・富田共留学入費、六百弗宛被下置旨御達

となったのである。

六月二二日条は、吉野（一九七四）が、東京都政史料館（現在の東京都公文書館）の『東京府知事履歴書（富田鐵之助履歴）』に着目し、

其方儀亜米利加合衆國學校に於テ……一ケ年ニ付メキシカンドル六百枚爲學資被下候

と紹介しているが、まさしくこれに符合している。なお、吉野（一九七四）や『仙臺先哲偉人録』は、この文書の発令者を「外務卿」としているが、正しくは「外務省」である。

幕府が崩壊し、仙台藩と庄内藩も降伏する中での富田と高木の再渡米では、経済的に窮地に陥ることも予想されたが、官費が給付されることによって留学が確実に成就されることとなった（第Ⅱ部を参照のこと）。

ところで、海舟は、二人の再渡航に際し、「留学の費用は藩からは出ないと思うが、それについては心配しなくともよい」旨を述べたとされているが、（再渡航からほぼ一年半後の）後日談が海舟日記に記載されている。すなわち、

明治三（一八七〇）年八月二日

岡田斐雄［庄内藩士］、太童［大童信太夫］之事、留学之金子之事談す
八月八日　仙台藩林権少参事、冨田〈富田鐵之助〉之礼として来る
九月二五日　仙台・庄内江冨田・高木、学費立替之事催促申遣
閏一〇月一日の上欄　仙台より冨田之事問合返事遣す

である（八月二日条の海舟と庄内藩士・岡田斐雄が、大童信太夫の事を談じた件については、第2章第3節（明治三（一八七〇）年九月七日条）で詳述する。

明治三、四年の海舟日記には、金銭の出納の記載が数多く見られる。旧幕臣の経済的支援等に明け暮れ、海舟自身の台所事情も非常に逼迫していた。経済的窮乏に陥り、仙台藩と庄内藩に対して、二人に学費立て替え分を請求したものの、両藩ともに戊辰戦争の敗戦処理に精一杯で、海舟への返答は芳しくない。それでも、翌年には（高木の再渡米から二年以上過ぎてから）

明治四（一八七一）年三月二〇日
橋爪正一郎、大泉藩高木留学雑費立替之内　弐百両并岡田斐雄書状持参

であり、庄内藩（大泉藩に名称変更）は、高木の留学雑費のうち二〇〇両を返済しているのである。さらに、半年後には

九月一二日　仙台歟或者庄内江小子用立金之内受取遣可申と申談す
一〇月四日　人見・和田、庄内ゟ高木三郎留学取替金三百両返弁、直ニ榎本行蔵江用立

とあるように、庄内藩は、さらに三〇〇両を返済している。この点に関し、『勝海舟全集21　海舟日記Ⅳ　ほか』に

所収の「会計荒増」の明治四（一八七一）年一〇月四日の条（五七五頁）には、

三百両　榎本弘蔵へ借〈貸〉　自分金庄内より高木三郎留学立替金返る分

と記載されている。

これにより、庄内藩（大泉藩）からは、合わせて五〇〇両が返済されたことになる。この金額は、先に述べた明治元（一八六八）年一二月一一日条の「高木米国行ニ付、五百両渡ス」に対応する金額となっている。

しかしながら、海舟の返済請求にもかかわらず、海舟日記には仙台藩からの返済の様子は記載されてはいない。しかし、この七年後には、

明治一一（一八七八）年一二月二三日

富田鉄より、先年留学立替金、二百五十円預り置く。（勁草書房版）

の記載が出てくる。また、前述の「会計荒増」の同日の条にも（六〇九頁）、

富田鉄より二百五十円預り置く。先年留学立替金

との記載があることからすれば、富田の留学費用の立て替え金（高木と同額の五〇〇両と推察）のうち、仙台藩からの返済は半分で、海舟の台所の窮状を察した富田が自ら残りの二五〇円を返済したものと考えることができよう。

明治四（一八七一）年の貨幣条例によって、明治政府は、金本位制をとることとし、一円＝金一・五グラムとした。これにより、一円＝一両の日本国内での両と円の等価交換体制ができ上がり、また、偶然にも、一円＝一アメリカ・ドルとなったのである。したがって、当時としては（明治一一年でも）、物価変動や利子等を考慮に入れなければ、一円＝一両の換算は、当然のことであった。なお、両から円へ実際の移行の時期は、翌明治五年であるが、

海舟日記においても、しばらくの間、円と両の二つの記載が混在していることを付言しておく。

ところが、富田の二五〇円の返済からほぼひと月後のクララの日記（クララ・ホイットニー『クララの明治日記（下）』）には、

明治一二（一八七九）年一月二〇日

（富田さんの奥さんは）高木三郎氏の奥さんが嫌いなのだが、好きな日本人はほとんどいない。高木夫人は傲慢で……勝家を訪問した時も、……「ご機嫌よう」とか「始めまして」ということばを勝さんのほうで言われたのに対して、……返礼のことばも言わず、三郎氏のアメリカ行の費用を勝さんが出してお上になったお礼も言われなかった。もちろんこれは十年前のことだが、それだからお礼を言うのが礼儀というものだ。（六七頁）


という素直で辛辣な記載がある。クララは、後に海舟の四男の「（梶）梅太郎」の妻となる人物である。明治八（一八七五）年八月、クララが一四歳のときに、父ウィリアム・ホイットニーが東京の商業学校（後の商法講習所。一橋大学の前身）の教師に請われたために、一家で来日した。一家の世話役の中心が、富田鐵之助夫人の「縫」であったことを割り引いても、当時一八歳のクララは世情によく通じている。ただし、海舟日記の記載からすれば、高木の留学費用は、庄内藩が返済しているのに対して、富田の費用は、前年一二月まで未済であったのだが、クララの日記からすれば、富田夫人は庄内藩の完済までは知らなかったと思われるのである。

明治二（一八六九）年四月二八日以降も、書状の往来等の記載があるが、紹介を省略して先を急ぐことにしよう。

（1）仙台藩では、俸禄給付制ではなく、「地方（じかた）知行制」がとられていた。家臣の多くに知行地と呼ばれる土地を給付し、年貢を取り立てる権利を認めていた。特に、藩の「一門・一家・準一家・一族・宿老・着座」等の重臣は、藩務を務めるために仙台城下に屋敷を与えられるとともに、仙台藩内に知行地（城・要害拝領、所拝領、在所拝領等）を与えられていた。仙台藩では、他藩の家老職に相当する職を「奉行」と呼んでいたが、この奉行（江戸詰・国詰等、計六名）は、「宿老」「着座」格以上から選ばれていた。富田家は、「着座」格の家柄である。富田家の知行地は、小野（二〇〇〇石）にあった。この小野は、現在の宮城県東松島市小野のことであり、小野の「御館公園」の案内板や「小野館跡」の石柱には、その簡単な説明書きがある。本田（二〇〇三）は、城下絵図から、屋敷は、旧鳴瀬第一中学校敷地としている。なお、同校は、東日本大震災後に、旧鳴瀬第二中学校と統合され東松島市立鳴瀬未来中学校となった。その鳴瀬未来中学校も、平成二九年一二月に東松島市小野地区から野蒜地区に移転した。

（2）氷解塾の読みは、大口（二〇一三）の二三頁、五六頁による。

（3）以下では、江戸東京博物館版における本文記載の注記事項は（　）に、脚注の記載事項は［　］に、筆者の注記は〈　〉に記載する（ただし、脚注の記載事項［　］については、適宜、一部を省略している）。また、日記の日付は、「和暦」によるものであり、西暦の日付とは一致しない。元号を西暦に直す際には、本来、この点も考慮しなければならないが、ここでは、この点の修正を行っていないので、（特に年末年始の）西暦年号については、注意が必要である。

（4）高橋是清の伝記としては、『高橋是清傳』と『高橋是清自傳』が知られている。記載内容に重複があるが、ここでは、『高橋是清自傳』を引用した。なお、吉野（一九九七）によれば、「初版の刊行日付は昭和一一年二月九日で、二・二六事件の勃発により高橋が暗殺されるわずか一七日前であった。高橋の死は国民一般に深刻なショックを与えたため、その直前に公刊された『高橋是清自傳』は死後一躍当時のベストセラーとなり、……」（二六六―二六七頁）である。事実、東北学院大学図書館蔵（小田忠夫文庫）の『高橋是清自傳』は、比較的早い翌月の三月一四日のものであるが、「七五版」である。

（5）『高橋是清自傳』も、「仙臺中屋敷」（一〇頁）としているが、Smethurst（2007）の原著では、なぜか "the lower *yashiki*" (p.16)（日本語訳も「芝愛宕下の仙台藩の下屋敷」（九頁））となっている。一六七六（延宝四）年以降は、この「愛宕下屋敷」に仙台藩の上屋敷機能の一部が移され、江戸藩邸の中心となっていたのである（『藩報きずな』第15号による）。現在の「東京都港区西新橋（港区塩釜公園・鹽竈神社）」付近に置かれその敷地面積は一万坪を超えていたのである。なお、『高橋是清自傳』によれば、留守居役と物書役の役宅が三軒ずつと（高橋是清の養子先である）足軽小者らの住宅が六〇軒余りあったという（一三頁）。

第2章　戊辰戦争と仙台藩

1　海舟日記に見る仙台藩

富田は、日本国内の戦乱の報に接し、小鹿の世話を横井兄弟に託して、国元仙台藩の存亡を心配しながら、アメリカから帰国したのであった。そこで、海舟日記を中心に戊辰戦争前後の仙台藩を見ることにしよう。仙台藩についての最初の記載は、

慶応元（一八六五）年六月四日
此頃仙台侯［伊達慶邦（陸奥仙台藩主）］、御留守御警衛歟、多人数にて出府

である。また、個人としての最初の重要な記載は、

慶応二（一八六六）年四月二〇日
仙台藩岩渕喜英来る

である。これ以後、岩渕英喜は、海舟日記には何回か登場する（ここでの表記は、「喜英」であるが、後の記載では

「英喜」である）。岩渕（淵）については、『高橋是清自傳』では、是清が五歳のとき、躓いて転んで御三家の早駆けの馬蹄に踏まれたが運よく難を逃れたエピソードとともに、「後で、仙臺藩の馬の指南役岩淵英記（ママ）という人がそれを聞いて」という形で記述されている（一二頁）。また、この「岩淵英喜」は、逸見（一九八四）のまったくの別件を取り扱った論文において、「富田鉄之助の乳兄」とされている人物である（一七八頁）。

吉野（一九七四）は、「（鐵之助の）母は岩淵英七道貫の女で、鐵之助だけ他の兄姉と異なり母が別であった」（一二頁）としている。さらに、吉野が引用した富田日記（明治二一年三月一一日条）には、「岩淵兄ト亀井戸天神ヨリ臥龍梅を訪ヲ」（四一二頁）との記載も見られるのである。親戚の年長の者を「兄」と呼ぶこともあるが、小野寺（二〇〇七）は、明治二〇年代に内ケ崎作三郎[1]が旧制二高在学中に富田氏の同母兄岩淵廉氏の宅に寄寓していたことを指摘している（六九頁）。このもととなった資料は、内ケ崎（一九三四）の『文藝春秋』（昭和九年八月号）に掲載されたエッセー「緑陰閑話」である。原文を確認すると、話題の中心は後に言及する「新井常之進（奥邃《おうすい》）」である。確かに「私が仙臺二高在學七年のうち、約六年半は富田氏の同母兄岩淵廉氏の宅に寄寓してゐた。金成氏は岩淵氏の甥に當つて、ゐたので富田氏とも關係がついたことゝ思ふ」（二二四頁）という記述もあり、富田と後述の「金成善左衛門」との関係も示唆されていた。

『仙臺先哲偉人錄』では、富田が一〇歳のときに一家が仙台から在所の小野に移った際に、鐵之助が岩淵宅に寄寓したとあり、一七歳のとき、一家が仙台に戻ったことで、「馬術（八條流）を岩淵甚右衛門に」学んだとしている（三八五頁）。岩淵英喜、岩淵廉、富田の寄寓先の岩淵宅、馬術の岩淵甚右衛門の関係は不明であるが、少なくとも富田とは縁戚関係にあるように思えるのである。

海舟日記には、会津藩もしばしば登場するが、会津藩士としては、「山本覚馬」が何度か登場する。同志社を設立した新島襄の妻「八重」が覚馬の妹であることもあってか、「新島襄」も、明治一二年二月以降、海舟日記に登場する。

さて、仙台藩については、慶応二（一八六六）年七月二五日条の「奥州（二本松・三春・相馬・福島・仙台）の百姓一揆の件」の記載の後は、

慶応三（一八六七）年一一月一八日
仙台家老但木土佐来訪、艦之話有之

の記載があり、これに対する海舟の対応は、

慶応三（一八六七）年一一月二四日
軍艦組伝習本日より初む　松平大隅・酒井十之允江一封宛、但木土佐江為持遣す

であった。

仙台藩は、この年の七月末から八月初めにかけて、有事に備えてポルトガル商人から外国船を購入しているが、一一月には、仙台藩家老・但木《ただき》土佐が海舟を訪ね、軍艦購入の相談をしていたのである。海舟からアメリカ製蒸気船を紹介された仙台藩は、翌年一月に、オランダ商人から一二万ドルで購入したのであった（『仙台市史 通史編5 近世3』五〇〇、五〇一頁）。

海舟日記での「仙台藩家老・但木土佐」との面談の記載は、この箇所のみである。但木土佐は、明治二年に戊辰戦争の責任を一身に負って刑死するが、後述するように、明治二八年、富田の依頼により海舟は、「但木成行招魂之碑」の碑面を揮毫する。

慶応三（一八六七）年一〇月の大政奉還以降、一二月の王政復古、翌年一月の鳥羽伏見の戦い、三月の海舟・西郷会談、四月の江戸城引き渡し等があったが、奥羽では、一月に会津藩追討令が出されたことを受け、新たな展開が始まった。これを海舟日記で見ると、

慶応四（一八六八）年閏四月一二日　仙台岩渕英喜来る、国情且会津之事、奥羽同盟、仙台盟主之心得にて、会より申立ル三ヶ条　伏見暴挙之隊長之首差出、会主城外江慎居、城附之外上地之等也　官軍許容無之ニ於而は、仙台表之人数解兵可致決心之旨也　軍艦之事内話、太童信太夫近々右之事ニ付参府と云

閏四月一三日　岩渕英喜呼寄、会藩之趣意且仙台之国論等、益満〈益満休之助（薩摩藩士）〉ヲ以て参謀〈西郷隆盛〉江申立ル

である。この記載は、仙台藩では、閏四月九日、家老の但木土佐と坂英力が会津藩の歎願書を受け取り総督府に提出することを決めるとともに、奥羽列藩の家老らは「白石」に会したことをさしている（『仙臺藩戊辰史』を参照のこと）。

さらに、仙台藩関連の閏四月一五日条の記載に続いて

閏四月一九日　仙台大童国許より来る、会津之事情并歎願書等持参、参謀江内々相廻す

である。この日の記載は、「閏四月一一日、米沢侯自ら白石城に来て、仙台侯と会津降伏の要件を協議したこと、翌一二日には、仙台侯と米沢侯が九條総督に対して会津藩の歎願書を提出したこと」をさしている。このときには、三種類の歎願書、すなわち、「閏四月一一日付の仙台侯と米沢侯の連名の歎願書」、「閏四月付の会津歎願書」（西郷頼母・梶原平馬・一瀬要人の三家老連署）、「閏四月一一日付の奥羽各藩家老連署歎願書」（奥羽二四藩の家老連署。仙台藩、米沢藩、相馬藩の各藩は、家老二名が連署）が提出されている（これらの歎願書は、『仙臺藩戊辰史』に所収されている）。

大童信太夫が、仙台から江戸へ戻ったことによって、再び海舟との間で「艦」の話が始まる。すなわち、

閏四月二三日　大童江大江丸二万五千両、黒龍丸三万両ヲ以て御払渡之事談す、且大崎屋敷小子江譲る之談あり

閏四月二四日の上欄　黒龍三万両　大江弐万五千両　米ニ而　払代受取之積

〈日記本文の記載事項〉船御払之事、司農江談、承知之事

である。

黒龍丸は、海舟が軍艦奉行並のときに責任者を務めた神戸海軍操練所の練習艦であった。この件に関し、翌日の閏四月二五日（原資料では四月二五日付）に、海舟は大童信太夫宛に二通の書状を出し、「黒龍丸の修復の状況は横須賀に出向けば確認できること等」と「船の払い下げ代については幕府の勘定奉行も承知したこと等」を知らせている（『大童家文書』）。

こうして、仙台藩は、幕府から黒龍丸を三万両で購入し、飛龍丸を四か月間一四〇〇両で借り入れることになった大江丸《たいこうまる》は、仙台藩はすでに「幕府から借り受け中」であった（五〇二頁）。海舟日記に、「大江弐万五千両　米ニ而　払代受取之積」と記載されている（『仙台市史　通史編5　近世3』五〇一頁）。

この大江丸は、下関戦争に参戦したアメリカの武装商船ターキャン（アメリカのチャーター商船）を、幕府が下関戦争後に一一万ドルで購入し、改名した艦であった（『勝海舟全集10　海軍歴史Ⅲ』三〇〇頁）。元綱（二〇〇四）でも、大江丸は、幕府が仙台藩に貸与していた運送船とされている、しかも、榎本艦隊が、明治元年一一月に松島湾に碇泊していた大江丸を押収し、艦隊に加えたというのである（一一六頁）。しかも、箱館戦争後には、アメリカ人に売却され、アメリカ商船ペイホー号になるという数奇な運命をたどったのである（同上書、八七頁）。

閏四月二三日条の「大崎屋敷」は、「（仙台藩）下屋敷のひとつに大崎袖ヶ崎屋敷がある。今の東五反田三丁目にある清泉女子大学のところにあった」（宮城（二〇〇六））のである。

余談が長くなったので、本論に戻ると、閏四月二九日条や五月八日条にも、大童や松倉良輔（後に松倉恂と改名。

明治一一年、最初の仙台「区長」）の記載があるが、戦局は急展するので、これを紹介する。すなわち、

慶応四（一八六八）年五月九日
太童〈大童〉信太夫来る、屋敷譲受之証書遣す……彰義隊東台ニ多人数集り戦争之企あり……
五月一〇日　聞く、増上寺江銃隊屯集すと云
五月一四日　仙台にて長州之参謀（ママ）を暗殺之挙

である。長州の参謀は、「奥羽鎮撫総督府の下参謀」の「世良修蔵」のことである。世良は、先の会津歎願に対する強硬な態度をとり続け、密書の発覚や軍紀の乱れ・兵の乱暴狼藉等が引き金となり、仙台藩士によって福島城下で暗殺されたのである。これ以後、奥羽では、軍事的緊張が一層高まる。すなわち、

慶応四（一八六八）年六月二日
肥後藩竹添他両人、仙台より帰着来訪、同国憤発、諸家ニ喋して戦之気ありと云……宮島誠一郎［米沢藩士］来訪、仙台家老坂英力、米沢用人（ママ）等同船、会津之歎願をとりて　朝廷江懇願し奉り、名義を立て官軍と一戦せむと云、同盟諸侯之儀なり、其可否如何を聞かむと
六月三日　榎本和泉［武揚］、白戸石介、仙台・米沢之儀（議）論を助けて衆評せむと云、我見る所別ニあり、此大意を挙て答ふ、当今大事を成すは国之大にあらす、人之多きにあらす、唯人才に在り、今哉東国人才あるを聞かす

である。『仙臺藩戊辰史』では、五月二八日、仙台藩の坂時秀（坂英力）・笠原中務・太田盛ほか一名と米沢藩宮島誠一郎ほか一名が、「奥羽列藩家老連署歎願書」を携えて、海路で江戸に向かったけれども、上野での戦争の後であり、品川から上陸できない状況であったことから、太田盛・宮島誠一郎ほか一名が京（京師）に行き歎願書を奉

呈したと記している。『仙臺藩戊辰史』に所収の歎願書には、二六藩二七名の家老の名前が記載されている（ただし、日付は空白）。しかしながら、上に紹介した海舟日記では、仙台藩の坂英力らと船に乗り、四日後に江戸に着いた米沢藩士・宮島誠一郎が、海舟を訪問し、会津歎願の件、名分を立てての官軍との戦いの件、諸侯の動き等を尋ねているのである。

六月七日には、西郷隆盛が奥州に向けて出発するが、仙台藩・米沢藩から新政府に提出する歎願書が、海舟の目にとまることになる。すなわち、

六月一一日　仙藩笠原中務・米藩宮島誠一郎・仙太田盛来る、奥羽陪臣歎願書持参一見、内甚不敬之文体故、点削〈添削〉いたし遣不可燃と云(2)

六月一三日　大童信太夫来訪

六月一六日　宮島誠一郎上京、主人之意を達せむとする之説あり、添書点削

である。

さらに、六月二一日条は、仙台藩では、さらなる戦闘体制に入ったとする記載である（既述のように、この日の条にはアメリカへの書状を頼んだ件も記載されている）。すなわち、

仙台江種紙交易として外国船三隻計行く、或は大炮・小銃ニ換ゆ、官吏知て不咎

であるが、二か月後の結果は、

八月二四日　仙台は近く伏罪之状顕せり、兵弱くして官兵是をあなとる、米・庄は各官兵御差向、格別はけしき戦無し、唯々勇猛死を期して戦ふ者は会藩人而已と云

九月一日　奥州此程迄は弱かりしか、阿隈川（阿武隈川）近傍迄ニ押詰甚強しと云

である。

九月五日条では、八月二一日から二七日までの会津での戊辰戦争の状況を詳細に記載した後、

米沢は伏罪、仙台を説得すへき旨、若不聞時は一手を以て討入らむと云と

と記載している。そして、九月七日条では、先に紹介したように、

当月三日、若山（松）落城、仙台伏罪、庄内江は西郷吉之助先鋒討入ると云

である。

戊辰戦争の終結により、幕府の行く末（九月二日条）や先に述べた明治への改元（九月二〇日条）が決まる。後者は、すでに紹介したので、ここでは前者を挙げておく。すなわち、

九月二日　小拙願立之内二ヶ条、所謂清水十一万石并駿州近傍にて七拾万石、奥州為替地御渡可有之御内決有之

である。

すでに述べたように、慶応四年一月に会津藩追討令が出されたが、会津藩に同情した奥羽越の諸藩は、会津藩周旋の方針をとる。ところが、奥羽鎮撫総督府下参謀（会津藩担当）・世良修蔵（長州藩）による会津征伐強行論の展開、下参謀（庄内藩担当）・大山格之助宛密書の発覚、軍紀の乱れ・兵の乱暴狼藉等に起因する数々の憎悪等により、閏四月二〇日、福島城下で世良暗殺事件が起こる。この事件を境に事態は急転する。閏四月二〇日、仙台藩や米沢

藩が中心となり、奥羽二五藩の列藩同盟が結成され、五月六日には、北越六藩も加わり、奥羽越列藩同盟が結成される。(3) ほぼ一〇日後の五月一五日、江戸では、上野の彰義隊が敗れ戦闘も終わったが、奥羽越では、海舟日記で見たように、六月から戦いが始まったのである。

勝海舟研究の第一人者の松浦玲によれば、海舟は、「江戸には勝算があったが、政治的判断によって、戦わずに無血開城に持込んだが、これに対して、東北には勝算がなく、政治的判断が入る余地もなく、戦ってはならない」との考えであったとされる（松浦（二〇一〇）三九七頁）。

戊辰戦争は、まさに海舟の考え通りに展開したのであった。（彰義隊等を除き）数々の挑発に乗らず戦闘を上手に回避した幕府と、交渉相手の言葉を真摯に捉え挑発に乗せられ戦いを余儀なくされた奥羽越列藩ということになろうか。あるいは、次のようにも考えられようか。冒頭で紹介したように「薩藩四人入塾」に象徴されるように、海舟と薩摩藩との間にはある種の信頼関係があり、さらには、こうした人間関係は、海舟ばかりではなく、幕府と朝廷、幕府官僚と薩摩藩各層との間にもあり、重層的に信頼関係が醸成されていた。これに対して、奥羽越列藩は、幕府の歓心を得ることに苦心し、西南雄藩との信頼関係の構築をおろそかにしたということになろうか。

ところで、先に述べたように、こうした状況に至ることを心配して、仙台藩の富田と庄内藩の高木は、海舟の長男の小鹿を横井小楠の甥二人に託し、慶応四（一八六八）年六月二〇日にニューヨークを出発し、サンフランシスコを経由して（七月一六日着、九月一七日出発）、台風に遭いながらも、同年の明治元（一八六八）年一一月一八日に帰国する。しかしながら、戊辰戦争も終結しており、海舟に諭され一か月後の一二月一九日には、横浜から「チャイナ号」で再び渡米することになる（海舟日記及び『仙臺先哲偉人録』三八九頁による。ただし、『高木三郎翁小傳』三四頁では、一二月二〇日、横浜出航である）。

2　但木成行招魂之碑

富田の仙台藩は、戊辰戦争に敗れ伏罪し、その責任を奉行（他の藩の家老に相当する職）の但木土佐と坂英力の二人が、一身に負うこととなった。二人は、明治二（一八六九）年五月一九日に東京の仙台藩邸において斬死し、高輪・東禅寺に葬られたのである（但木土佐の墓所は、平成九年一〇月、土佐会有志により在所の宮城県黒川郡大和町の保福寺に移葬されている）。

この保福寺には、「但木土佐（成行）」の二十七回忌にあたり、「但木成行招魂之碑」が建立されている。富田の依頼により、勝海舟が碑面の題字を揮毫したものであるが、その「裏面」には、

嗚呼此舊仙臺藩老但木君招魂碑也戊辰之役君以宿老宰藩政及事平殉難于東京舊藩邸實明治二年五月十九日也距生文政元年五月二十日享年五十有二葬于高輪東禪寺先塋之側君諱成行幼名房五郎稱主馬後改土佐號七峯樵夫今茲廿八年正當廿七回忌辰君孫乙橘與其舊臣等謀建碑於舊采邑吉岡保福寺以招其魂海舟勝先生與君有舊則介余請其題字鐫諸碑面

明治二十八年五月十九日　　内弟　富田鐵之助誌

と誌されている。(4)

但木土佐の母は、「富田氏」の出である（「但木成行君履歴書」及び『黒川郡誌』四一一頁による）。富田家第五代当主・富田實績の四女で「おいく」という名であった（第一一代当主富田和雄氏による）。鐵之助の父で仙台藩奉行を務めた第六代当主・富田實保とは兄妹だったから、但木土佐と富田鐵之助は、歳の離れた従兄弟の関係にあった。(5)

『大童家文書』には、富田が大童信太夫に「但木成行招魂之碑」の碑文を相談する書状（八月一三日付）が残されている[6]。招魂之碑建立が明治二八年五月とされているので、前年の明治二七年八月一三日付と推定される書状である。すなわち、

さてご承知の七峰（但木土佐の在所の名所「七ツ森」のこと）建碑について文案を上げたところ、気に喰わぬと見えて、別に一文を申してきました。老兄（大童のこと）にも相談したということなのでご承知のことと思います。その中の「規畫梶決拾君」云々という文字には同意しかねます。また、「削士籍賜志」云々は、その通りではあるが、子孫として友人として招魂碑では避けるべきものです。

碑は、故人の徳を唱えるべきです。それで、別紙のように書き直しましたので、一読の上、お気づきの点があれば加筆の上、（土佐の孫の）乙橘に示して下さい。今回は、先方の文案も入れて手を加えました。少し略歴も入れましたので面白みがなくなりましたが、私は満足しています。

但木成行招魂之碑
碑面の題字は勝海舟、裏面撰文は富田鐵之助　（宮城県大和町保福寺境内）

というのが、その書状の大意である。

但木土佐自身は、「一人の学者の説を信じてこの悲境に陥った」と述懐したとされているが、この学者とは、仙台藩の儒学者「大槻磐渓」のことである（鵜飼（一九八三）二七八頁及び大島（二〇〇四）二九二頁）。大槻磐渓自身も、当初は、斬首者リストに入れられていたが、明治二（一八六九）年六月に

「終身禁錮」の刑を命じられ、明治四年四月には「謹慎御免」となっている。大島（二〇〇四）によれば、「明治六年一一月、但木土佐の東禅寺（芝高輪）の墓に詣でた磐渓の胸には、敗戦の断罪で生死を分けた彼への深い思いが強かった」（二九五頁）のである。なお、磐渓の子「文彦」は、最初の近代的な国語辞典である『言海』の編者として知られている。海舟日記の明治一七年六月二六、二九日条には、（文彦より）磐渓七回忌法要出席の要請があり出席したこと、明治二四（一八九一）年六月二三日条には、『言海』刊行の祝宴があり祝儀を出したことが記載されている。

3　戊辰戦争後の仙台藩――『福翁自伝』と海舟日記

仙台藩は、禄高六二万石から二八万石に減じられ、但木土佐と坂英力が戊辰戦争の責任を一身に負い、責任問題に決着がついたかのように思われたが、その後は、藩の強硬派が藩政を握ったこともあって、仙台藩の内部から戊辰戦争敗戦の責任追求が始まる。

福澤諭吉の『福翁自伝』の「雑記」の「痼癪」の条は、福澤諭吉と仙台藩江戸留守居役（仙台藩での正式名称は「公議使」）・大童信太夫の関係を紹介することを目的とした条であるが、

およそ当時仙台の書生で大童の家の飯を食わない者はなかろう。今の富田鉄之助をはじめ一人として世話にならない者はない。

という富田鐵之助と大童信太夫の紹介から始まっている。この後、すぐに戊辰戦争敗戦の責任問題が続く。すなわち、

ところが幕末の時勢段々切迫して、王政維新の際に仙台は佐幕論に加担して忽ち失敗して、その謀主は但木土佐という家老であると定まって、その人は腹を切ってしまったその後で、……その実は某主の某主がある、ソレは誰だというに大童信太夫、松倉良助の両人だとこういう訳けで、維新後その両人は仙台へ帰っていたところが……その時に松倉も大童も、居れば危ないから背戸口から駆け出して、東京まで逃げてきた、というのも両人ともモウちゃんと首を斬られる中に数えられていたその次第を、誰か告げてくれる者があって、……私は素より懇意だからその居所も知っていれば私の家にも来る。

である（『新訂　福翁自伝』二八八―二八九頁）。

明治政府は、戊辰戦争の責任問題について但木土佐・坂英力の斬死をもって決着していたが、仙台藩の内紛から強硬派が東京の軍務局に密訴する事態になったため、軍務局は、「もう一人の藩主の後見である伊達藤太郎を喚問、仙台騒擾のことを詰問」せざるを得なくなったのである（『宮城縣史2　近世史』七一一頁）。この結果、明治二（一八六九）年四月には、仙台藩から鎮撫使の久我大納言に対して、先に海舟日記にも登場した大童信太夫、松倉恂、太田盛、さらには前述の大槻磐渓、後述の星恂太郎、新井常之進、金成善左衛門らの責任が報告されるに至ったのである。そして、このとき、大童信太夫は、「黒川剛」と変名し、出奔するに至る（『大童家文書』には、黒川剛の出奔を伝える仙台藩の書状四通（明治二（一八六九）年四月二六日付と五月一九日付）が残されている）。

この状況のもと、福澤諭吉は、仙台藩主や仙台藩大参事と折衝するほか、薩摩藩公用人を通じて政府の内意を聞く等（「自訴により八〇日の禁錮」等）の活躍をする。『福翁自伝』には、このときの話が詳しく記述されているが、ここでは紹介を省く。ともあれ、「明治三年閏一〇月頃から、……福澤に因る救助活動」が行われたのである（河北（二〇〇六）二八五頁）。福澤から大童宛の書状（明治三（一八七〇）年閏一〇月一四日付。『福澤諭吉書簡集　第一巻』一八一―一八二頁）では、ここ数日、赦免許可の連絡が来ていないことを伝えるとともに、追伸では、「ひるニ罷出る候節、食料少し持参候積、ひるの御まんま少し御まち被下度奉願候。以上」と冗談めかした書き方をしている。ともあれ、福澤の助命運動により、翌四年には罪が許されるのである（河北（二〇〇六）二八五頁）。ただし、先の註6に記したように、家名再興が認められるのは、明治二三年二月になってからである。

大童の出奔については、福澤諭吉関係と異なり、海舟日記にはほとんど記載がない。出奔は、明治二年四月のことであるが、海舟がこれを初めて耳にするのは、明治三（一八七〇）年八月二日のことである。先に述べたように、

岡田斐雄［庄内藩士］、太童［大童信太夫］之事、留学之金子之事談す

である。東京への潜伏については、

明治三（一八七〇）年九月七日
大童信太夫、国許より探索いたすニ付潜伏すと云

であり、さらに、

九月二二日　仙台太童、松倉之事同人内話、召遣候様可然旨

と続く。この条の前には、「奥州官県江話、頼遣す」の書き込みがあることから、「奥州官県江話、召遣候様可然旨頼遣す」という趣旨になる。これからすれば、海舟は、大童と松倉が助命されることを見越して、二人の出仕を側面から支援（就職支援）していたことになる。

4　富田家の戊辰戦争

富田鐵之助の生家は、仙台藩では「着座（永代着座二番座）」の家柄であり、父・實保は、奉行（他の藩の家老に相当する職）を務めていた。鐵之助二二歳のときに、實保が逝去し、富田家は、鐵之助の兄・實行が継ぐ（すでに述べたように、鐵之助は實保の四男であった）。この兄の實行は、（仙台市の真福寺の墓碑によれば）慶応三年一月二六日に逝去しており、「戊辰戦争時の当主」は、兄・實行の子「小五郎實文」であった。仙台藩参政であった富田小五郎は、最前線の小名浜口防衛の大隊長を命じられた。小名浜（現在の福島県いわき市小名浜）は、奥羽越列藩同盟側からすれば太平洋側の境界であった。富田小五郎は、慶応四（一八六八）年六月二八日、歩兵一大隊を長崎丸・大江丸の二艦に分乗させ、小名浜に上陸し戦うも、洋式武装の薩摩兵の前に隊は総崩れとなり、小五郎自身も鉄砲で肩等を貫射され負傷した（『仙臺戊辰史』六〇一―六〇六頁及び『仙臺藩戊辰殉難小史』三三頁）。ジャーナリストの星（二〇一四）の表現を借りれば、戦況は厳しく、「富田隊無残」だった（三九頁）。戦いの最終局面で、小五郎は退却を命じ大江丸の船上に戻ったが、仙台藩の三十余人を乗せた最後の伝馬船が薩摩兵の銃撃を浴び、戦いが終わった。「富田は茫然自失、言葉もなく、船上に倒れ込んだ」（四一頁）のであった。ほぼ半世紀後の一九一二（明治四五）年には、この古戦場付近（現在のいわき市小名浜南富岡）に、伊達宗基題額・大槻文彦撰の「仙台藩戦死者之碑」が建立されたのである（碑文は、永山（二〇〇七）を参照のこと）。

富田鐵之助が、仙台藩の状況を心配し、海舟の長男の小鹿を横井小楠の甥二人に託し、ニューヨークを出発したのは、まさにこの激戦の直前（六月二〇日）であった。

九月の戊辰戦争の最終局面では、小五郎は、仙台城（青葉城）城南の「大年寺《だいねんじ》」に屯して仙台の守備についている（『仙臺戊辰史』七四二頁）。富田鐵之助は、ニューヨークからサンフランシスコを経由するルートをとったが、サンフランシスコを立ったのは、仙台藩が降伏してから半月もしない九月一七日のことであった。

明治二（一八六九）年四月、仙台藩から鎮撫使の久我大納言に対して報告された富田小五郎の責任は、「賊論（反政府軍論）を主張したこと」と「箱館に渡った仙台藩額兵隊長星恂太郎のもとに金成善左衛門（当時一八歳。金森の妹が星に嫁いでいるので義兄にあたる）を副長として派遣したこと」の二点であったが、六月二九日には、「箱館へ脱走した兵に糧米を送ったこと」により、「家跡没収・禁錮」となった（『仙臺戊辰史』九二六頁及び九五〇頁）。これにより、同日、石川大和に預けられ、明治四年四月に蟄居・謹慎の後、翌年一月に許されている（なお、坂田（二〇〇一）では、上の「家跡没収・禁錮」の処分宣告日が明治二年六月二八日であり、明治四年三月に「禁錮差免八〇日の閉門」としている（六四四—六四五頁））。

富田鐵之助と上の星恂太郎の関係は、先に海舟日記の明治元（一八六八）年一二月一二日条で説明した通りである。

金成善左衛門は、箱館戦争が終結した後、廃刀論の急先鋒で刺客に狙われていた森有禮の護衛を務めることになる。富田の従者の形をとって渡米し、明治元年一二月に、富田の再渡米と入れ替わるように帰国した高橋是清と鈴木知雄、さらに渡米直後の富田鐵之助から大童信太夫宛の書状に記載されている一條十二郎（後藤常）の三人は、帰国後に「新政府」からの追及を恐れ、サンフランシスコでの縁を頼りに、（薩摩藩の）森有禮の家に世話になっていた。「おそらく旧友一条十次郎（後藤常）」との関係から、金成が、森有禮の護衛を務めたと思われるのである（播本（一九九六）二一頁において紹介された林竹二の説）。

5　富田家のその後——ハリストス正教

この節では、「富田家のその後」として、先に述べた岩淵英喜や富田小五郎の子（富田一之進）のハリストス正教との関わりについてメモ的に付言する。

仙台藩では、先に述べた仙台藩額兵隊長星恂太郎に従って箱館に渡った藩士が二百数十名を超えた。箱館戦争の前後に、箱館でロシア正教（ハリストス正教会）[7]のニコライの思想的・宗教的影響を受けた藩士も多かった。なかでも、先に述べた金成善左衛門や新井常之進（奥邃《おうすい》）らがニコライに心服したこともあり、箱館戦争後は、（東京に拠点が移るまで）仙台が日本のハリストス正教会の布教の中心となった。明治五（一八七二）年二月一三日、宮城県[8]は、耶蘇教が広まり集会もたびたび開かれるのは好ましくないとして、高知県士族澤邊数馬や宮城県下の多数のハリストス正教徒（士族）の拘束・逮捕に踏み切ったのである。太政官定書「切支丹邪宗門之儀堅く御制禁」の高札が外され、布教が黙認される一年前のことだった（逸見（一九八四）一五四頁）。

これらの中には、冒頭で述べた「岩淵英喜　四四歳」や、「富田一之進　二一歳（富田鐵之助の甥・小五郎の子、長兄の孫）」の名も見られるのである。国立公文書館アジア歴史資料センターの「高知県士族沢辺数馬外数名宮城県下ニ於テ耶蘇教講談一件」には、宮城県から「正院（従来の太政官）」に提出された処分の伺いが収められている。外交問題にも発展しかねないことから、外務省（副島種臣外務卿）に回付されたのである[9]。この問題の中心人物は、高知県貫属士族澤邊数馬、宮城県貫属士族笹川定吉や高屋伸らであったが、これに連座した人物を丁寧に精査していくと

宮城縣貫属士族　戸長　岩渕英喜　壬申四十四歳
同　旧士族小五郎嫡子　冨田一之進　壬申二十一歳

の氏名が出てくる。岩淵（渕）英喜の拘束理由は、澤邊数馬の人名簿に記載されていたためであったが、事情聴取の結果、ハリストス正教信者ではなく、ロシア学を学びに一度だけ参加した者とみなされ、「注意」処分となっている（実際には、ハリストス正教の講究会が、川内追廻《かわうちおいまわし》旧御厩脇の岩淵英喜邸などでも順繰りに開かれたのである（逸見

（一九八四）一六六頁）。

富（冨）田一之進については、澤邊数馬のもとでロシア学を究めるために、講席にも出席していることを問われ、二月二〇日に「親類預」となっている。

この後の展開を、逸見（一九八四）と鈴江（二〇〇〇）によって整理すれば、次のようになる。外務省にとって仙台の事件は、条約改正交渉への波及が憂慮されるものであったことに加え、三月に箱館のロシア領事館附属教会に在住する（宮城県貫属士族の）津田徳之進ほか一名が逮捕され、ロシアの領事権の侵害（外交特権の侵害）が問題にされる事態にまで発展していたのである。こうした事態は「岩倉使節団」を率いて渡米中の岩倉具視にも、大原重見から報告（五月一五日付の書簡）されていたのである。富田鐵之助は、まさにこのとき、明治五（一八七二）年二月二日、岩倉具視《ともみ》からニューヨーク在留領事心得に任じられていたのである。

この件について、『仙台ハリストス正教会史』は、「澤邊らの捕縛はすぐに東京の聖ニコライに知らされ、救済の策がはかられ、外務省や朝野の名士に赦免を働きかけた」（三一頁）と記している。さらに、「旧仙台藩士黒川剛（大童信太夫）はこのような蛮行は国の恥辱であると太政官顧問フルベッキに訴えて大隈重信に忠告し、また小野は副島種臣を動かした(10)。宮城県参事塩谷良翰によって入獄者が次々に赦免され……最終的には、五月二八日、澤邊、高屋、笹川たちが出獄して事件は終了した」（三二頁）のである。これについては、『宮城縣史12　学問・宗教』にも、同じ趣旨の記載がある。

6　むすび

富田鐵之助は、戊辰戦争の直前に勝海舟の長男・小鹿の監督・後見人として渡米したものの、戊辰戦争時の仙台藩を思い、緊急一時帰国するが、海舟の助言により、再び、渡米し留学生活を送る。当時は、戊辰戦争時の国元の惨状と辛苦を直接に知る由もなかったが、次第に生家の富田家や同輩の辛苦を目の当たりにする。[11] 富田自身も、滞米中から官途に就き、河北《かほく》（奥羽越列藩同盟境界線の「白河の関」以北）の悲哀を感じ、西風（西南雄藩の圧力）にも耐える。この状況は、日本銀行総裁や東京府知事となるも変わらないが、藩閥政治に疑義をもち、筋を通すようになる。吉野（一九七四）によれば、「藩閥の犠牲者富田鐵之助」である（三四四頁）。日本銀行総裁のとき、横浜正金《しょうきん》銀行に対する外国為替買い取り資金の低利融資に関して、松方正義大蔵大臣との見解の相違が顕著になり、自分の見解を撤回せずに、任期途中で辞職する。また、東京府知事のとき、結果的には神奈川県からの三多摩の東京府編入を成し遂げるが、激しかった編入反対運動が収まったところで、神奈川県知事の辞職に続き、富田自身も辞職する。

他方、郷里に対しては、最大限の支援をする。郷里仙台の後進の教育を支援するために、旧仙台藩士を中心とした「仙台造士義会（後に東華義会と改称）」が組織されるが、富田は、その初代会長に推挙され、在京学生の支援や仙台の東華学校や東華女学校の設立に尽力する。また、上野から青森間の鉄道（現在の東北本線）を経営していた「日本鉄道株式会社」の国有化にも関与し、郷里の鉄道路線の維持を図り、さらには、日本銀行総裁経験者として、郷里仙台の「第七十七国立銀行」の私立銀行への転換も指導する。

（1）　内ケ崎は、大正デモクラシーで著名な吉野作造の旧制第二高等学校・東京帝国大学時代の二年先輩にあたり、吉野にも思想的影響を及ぼした人物として知られている（早稲田大学教授から衆議院議員となり、昭和一六年衆議院副議長）。なお、和泉（二〇〇八）によれば、内ケ崎と吉野他一名が、内ケ崎の旧制第二高等学校卒業を控えた一八

九八年七月三日、仙台浸礼基督教会（現在の仙台ホサナ教会）で洗礼を受けている。

(2) 原文では「す」が消され、その右側に「不」が記載されている。

(3) 慶応四年一月時には、陸奥・出羽に三十余藩、北越に十余藩が置かれていた。石高は、仙台藩六二万石、会津藩二八万石、秋田藩二〇万石余、盛岡藩二〇万石、米沢藩一八万石の順、また、北越では、高田藩一五万石、新発田藩一〇万石、長岡藩七万四〇〇〇石の順であった（栗原（二〇一五）一六―一七頁）。なお、戊辰戦争と奥羽越列藩については、星（一九九五）（二〇一四）、榎戸（二〇一〇）、栗原（二〇一五）（二〇一七）及び千葉（二〇一七）等を参照されたい。

(4) この碑は、風化が進んでいることから、基本的には『黒川郡誌』に採録された文面（三五〇頁）を採用し、碑文の判読可能な異体字については、異体字を使用した。

(5) 但木土佐の父・直行は、仙台藩一門の涌谷・伊達氏の出（第九代当主・伊達村常の次男）であった。但木家の家娘（善信院）との間に子はなく、没後に鐵之助の叔母「おいく」を後添えにした（墓碑は、当時の時代状況もあってか「但木直行継室 富田氏之墓」となっている）。但木家は、「宿老」格の一五〇〇石であり、（「地方知行制」を採用している仙台藩にあって）その在所は、現在の宮城県黒川郡大和町吉岡であった。磯田（二〇一二）の『無私の日本人』の舞台となったところでもあるが（古くは、『東遊雑記』にも登場するが）、吉岡は、但木家支配地と代官所支配地に分離されていた。なお、但木家・富田家系図については、榎戸（二〇一二）を参照のこと。

(6) 明治二年五月に、仙台藩邸で但木土佐の斬死を見守った甥の「但木良治」は、明治二七年四月一日に（二度目の）「黒川郡長」に任ぜられている。その在任中に、「但木成行招魂之碑」建立の話が進められたのである（橘（但木）良治は、明治一三年一一月から明治二二年一一月まで「黒川加美郡長」に任ぜられている。明治一六年七月に宗家の家名再興が許され（栗原（二〇一五）六八頁）、明治一六年一〇月に橘良治から本来の「但木良治」に戻っている（『黒川郡誌』三七八―三七九頁）。また、大童信太夫も、明治二四年七月から翌年一一月まで、「黒川加美郡長」に任ぜられている（『黒川郡誌』一六二頁）。なお、参照した文献の表現はいくぶん異なるが、但木土佐や坂英力など政府処分の者は、明治一六年に内務省より家名再興を許され、藩処分の松倉恂、大童信太夫、星恂太郎、新井常之進、金成善左衛門、太田盛らは、明治二二年二月に内務省より家名再興を許されたとされている（『仙臺戊辰史』九六六頁及び片平（一九七九）一九七頁）。明治二二（一八八九）年二月一一日、大日本帝国憲法の発布に合わせて、国事犯（政治犯）赦免の大赦令が出されているので、これに基づくものと思われる。なお、『福澤手帖』一〇五号に再録された「時事新報（明治二二年五月）」の記事によれば、大童について、この年の五月、「官その旧罪を特赦し、家名再興を許す」（三頁）としている。

(7) 「ハリストス正教」の名称は、「イイスス・ハリストス（イエス・キリストの意）」に因む。日本ハリストス正教会の主教区は、東京大主教区、東日本主教区（仙台市）、西日本主教区（京都市）となっている。日本ハリストス正教会の本部は、東京復活大聖堂（ニコライ堂）にある。

（８）宮城県は、明治四年七月の廃藩置県により「仙臺藩」から「仙臺縣」を経て、明治五年一月、「宮城縣」となる。県域は、現在とは異なる。

（９）この事件の根幹に関わる部分については、『宮城縣史12 学問・宗教』六二二―六二四頁にも採録されている。

（10）小野は、小野荘五郎のことであり、最初のハリストス正教の受洗者のひとりである。

（11）明治も三〇年代以降になると、戊辰戦争を記録に残す試みが始まる。一九〇二（明治三五）年の下飯坂秀治（編）の『仙臺藩戊辰史』や一九一一（明治四四）年の藤原相之助（著）の『仙臺戊辰史』がこれである。

エピソード的な話を書くと、『仙臺藩戊辰史』の冒頭には、榎本武揚の書「殺身成仁」が掲げられている。また、『仙臺戊辰史』の冒頭には「仙臺戊辰史引（鐵軒友部伸）」「文・極めて歐陽公に似て……（處士 鐵軒識）」が採録されている。富田鐵之助の号のひとつとして「鐵軒」も知られているが、『仙臺戊辰史引』の「鐵軒」は、友部鐵軒である。この点において、髙橋（二〇一四ａ）は修正が必要である。なお、日本銀行副総裁（一九九八～二〇〇三年）を務めた藤原作弥は、『仙臺戊辰史』の著者・藤原相之助の孫にあたる。

また、一九一五（大正四）年の作並清亮（編）の『東藩史稿』は、伊達家や仙台藩に関する歴史書であり、冒頭に富田鐵之助撰「東藩史稿叙」と大槻文彦撰「東藩史稿序」が載せられている。

第Ⅱ部　アメリカ留学の政治経済学

はじめに

海外留学を成就するには、学力はもとより、留学生活を支える経済的基盤も重要である。いつの時代でも、経済的基盤の有無が、留学の成否を左右するといっても過言ではない。公費であれ自費であれ、日本からの送金に頼る留学生活において支出可能な金額は、両国の貨幣制度や外国為替等の影響を大きく受ける。この第Ⅱ部の目的のひとつは、これらを重要な視点に据えて、海舟日記等に記載された送金額とアメリカでの受取額、さらにはアメリカ留学の費用について考察することにある。また、維新直後の明治政府から欧米留学生に対して学資給付が行われたことから、その政治的決定過程を論考することが、もうひとつの目的である。

第Ⅰ部で述べたように、慶応三（一八六七）年七月、海舟は、海舟門下の富田鐵之助（仙台藩士、当時三三歳）と高木三郎（庄内藩士、当時二八歳）を後見人として、長男・小鹿《ころく》（当時一六歳）をアメリカ留学に出す(1)。これに関して、富田鐵之助自身は、「慶應三年七月　師家勝安房守ノ請ニ依リ特ニ藩ヨリ同家へ貸ス處トナリ勝小鹿氏ニ随テ米國ニ留學ス」と記載している（『東京府知事履歴書（富田鐵之助履歴）』による）。

慶応三年にアメリカにおいて長期の留学生活を送っていたのは、幕府の渡航許可を受けずに出国した新島襄（一八六五年七月、アメリカ入国）、横井左平太・大平兄弟（一八六六年一一月、アメリカ入国）、薩摩藩第一次留学生（イギリス留学生）で渡英後にアメリカ留学した者（森有禮《ありのり》・畠山義成・吉田清成・松村淳蔵・長沢鼎《かなえ》。一八六五年、日本出国）及び薩摩藩第二次留学生（アメリカ留学生）の吉原重俊・湯地《ゆち》定基《さだもと》ほか（一八六六年、日本出国）であり、日本人留学生は、合わせて十数名であった。幕府は、慶応二（一八六六）年四月、海外渡航禁止令を撤廃し、同年一〇月から御印章（パスポート）の発給を始める。(2) アメリカへの公式留学は、日下部《くさかべ》太郎（福井藩）が最初である。日下部は、福井藩の公式留学生として三年間有効のパスポートを所持して、慶応三（一八六七）年二月に長崎を出発し、ジャワ経由で七月にニューヨークに到着している。(3) 冒頭で述べた小鹿・富田・高木の三人は、この同じ七月に日本を出発することになる。

彼らのアメリカでの留学生活については、比較的研究も進み（個別の経済事情も含め）、一般に周知の事項も少なくない。私費留学の新島襄、横井兄弟とも、経済的には極めて厳しく、新島は会衆派教会、横井兄弟はオランダ改革派教会の助力があってのアメリカ留学であった。また、薩摩藩第一・二次留学生は、幕末の混乱等もあって、薩摩藩からの経済的支援も途絶え、経済的に困窮した留学生活を送っていた。とりわけ、薩摩藩第一次留学生は、一時ハリス教団に入るなど特異な宗教的体験をしながらのアメリカ留学であった。日下部も、福井藩の公式留学生でありながらも、藩からの学資給付額は極めて少なく、実際上は、横井兄弟と同様に、オランダ改革派教会の助力を得てのアメリカ留学であった。これに対して、小鹿・富田・高木の三人は、幕末・明治初期の混乱期にもかかわらず、海舟の尽力・支援があり、経済的には、上で列挙した人々よりは恵まれた留学生活を送っている。

第Ⅱ部の構成は次の通りである。まず、第1章では、海舟日記に記載された小鹿・富田・高木のアメリカ留学に関する事項（渡航・送金・学資給付等）を紹介する。この第1章の海舟日記の記載事項をベースとして、第2章では「アメリカ留学の経済学」を、第3章では「学資給付の政治経済学」を論考する。特に、第2章の分析では、幕末期の日米の貨幣制度や外国為替等の視点が極めて重要になるので（これらの概説と経済データについては、髙橋（二〇一五a）を参照のこと）、第2章各節においては、この視点を踏まえて、海舟日記に見るメキシコ銀貨交換レート、海舟によるアメリカへの留学費送金（メキシコ・ドル表示）、アメリカ留学費用（アメリカ・ドル表示）、メキシコ・

ドルとアメリカ・ドル、アメリカの「金」ドルと「紙」ドルを、順に、論考していく。また、第3章では、明治政府のアメリカ留学生に対する学資給付の決定過程を明らかにするために、アメリカ海軍兵学校入学問題、最初のアメリカ留学生と学資給付の決定、小鹿・富田・高木の学資給付の決定、海舟日記と学資給付の決定、海軍兵学校留学生に対する奨学金増額等を、順に、論考していく。

(1) 年齢は、当時の慣習に従い、「数え歳」とした。
(2) 渡辺(一九七七)一六九—一七〇頁による。
(3) 高木(二〇〇六)による。

第1章　海舟日記

まず、議論の出発点として、「海舟日記」（『勝海舟関係資料 海舟日記（一）〜（六）』江戸東京博物館版）の記載事項を手短に紹介することから始めよう。

慶応二（一八六六）年八月に、幕府の英国派遣留学生の選抜試験が行われた。[1] 勝海舟は、以前から長男・小鹿の留学を願い出ていたものの、留学試験の実施すら知らされず、怒りがおさまらず、小鹿を私費で米国に留学させることを決意する。すなわち、

慶応二（一八六六）年九月二六日

江戸にて英国江伝習十三・四人程命せられたり、小拙か忰兼て願置きしか、其試にも御達無之、況哉御選抜之事誰人も申者なしと云是其上官我を忌憚て如斯、真可怒之甚敷也、若一朝出勤せは自分入用を以て留学成さしむも豈難からむ哉

慶応二（一八六六）年一〇月二四日

小鹿米利堅江留学を願ふ、尤自分入用也

である。

海舟は、翌年七月、門下の富田鐵之助・高木三郎の二人を後見人として、長男・小鹿をアメリカ留学に出す。

慶応三（一八六七）年七月二五日

本日、金川（神奈川）よりコルラード出帆、小鹿美里堅江行く

である。(2)

冒頭に述べた幕府の英国派遣留学生は、八〇名ほどの志願者から、川路太郎（勘堂）・中村敬輔（正直）・箕作大六（菊池大麓）をはじめ計一四名が選ばれ、慶応二（一八六六）年一〇月に、ロンドンに向け横浜を出港する。このときの「留学生の一人当たりの学費は一カ年一千両」（渡辺（一九七七）一七七頁）であった。また、これに先立つこと三年、文久三（一八六三）年五月の長州藩の英国留学生はほぼ一〇〇〇両（五人に対して五二〇〇両の支出）であった（前掲書一一二頁）。

小鹿の留学費用は、海舟の私費によるものであったが、小鹿の後見人としてアメリカ留学に同行した富田鐵之助には、仙台藩から学資金として（幕府留学生と同額の）一か年一〇〇〇両の支給が約束されていた（『仙臺先哲偉人録』三八七頁）。富田鐵之助自身の言葉を引用すれば、「慶應三年七月 師家勝安房守ノ請ニ依リ特ニ藩ヨリ同家へ貸ス處トナリ勝小鹿氏ニ随テ米國ニ留學ス」であり、学資金は仙台藩の負担ながら、身分は勝家家臣へ一時的な移籍という状態にあった。

高木三郎の学資についても、庄内藩から同様の約束が得られていたものと思われる。ただし、海舟日記には、高木の留学費用負担の記載はなく、

慶応三（一八六七）年二月一〇日

庄内松平権十郎来る、高木三郎小鹿同行之事談し承服、決心して此挙に倍（陪）従を乞ふ

の記載にとどまっている。

小鹿が私費留学に至るまでの海舟の心境や富田・高木が小鹿に同行するまでの経緯等もあって、海舟は、政務多忙の中、小鹿・富田・高木の三人に対して、明治政府からの学資給付が決まるまでの間、多額の送金をしている。すなわち、慶応四（一八六八）年一月三日、鳥羽伏見の戦いが始まり、海舟も「海軍奉行並（一月一七日）」や「陸軍総裁（一月二三日）」に任命され多忙な中、一月二九日、小鹿・富田・高木の三人に対して、（富田・高木の立て替え分を含めて）渡米後の最初の送金（二三〇〇両）を行う。

慶応四（一八六八）年一月二九日

横浜ヲロス方江、太田源三郎を介し為替金弐千三百両、小鹿・富田・高木三人分持せ遣す（浜武・山田持参ス）

である。ヲロスは、『海舟関係資料 海舟日記（三）』の脚注や解説によれば、横浜のアメリカ人貿易商のT・G・ウォルシュのことであり、弟のJ・G・ウォルシュ（アメリカ人貿易商、もと長崎領事）らと「ウォルシュ・ホール商会（亜米一商会）」を経営していた人物である。

次に海舟日記に留学費用の件が記載されるのは、

慶応四（一八六八）年八月三〇日

小鹿留学之手当百両　来二月十日迄用立

である。翌月の九月三日には、会津若松が落城し、戊辰戦争も最終局面を迎えていることから、その直前の記載である。

他方、佐幕派の仙台藩の富田鐵之助や庄内藩の高木三郎の二人は、鳥羽伏見の戦いに始まる日本国内の急変を憂慮し、小鹿の後見を横井小楠の甥二人（横井左平太・大平兄弟）に託して、明治元（一八六八）年一一月一八日に帰国するものの、海舟に諭され、一か月後の一二月一九日に横浜から再渡米する（詳細は、第Ⅰ部を参照のこと）。二人の再渡米の際、海舟は、幕府勘定所に依頼して為替五〇〇両を組み、高木三郎に渡している。すなわち、

明治元（一八六八）年一二月一日
勘定所江、小鹿留学之金五百両東京江為替相頼む
一二月七日　為替金五百両受取
一二月八日　高木・富田横浜江行、御印章〈パスポート〉野口より受取
一二月一一日　高木米国行ニ付、五百両渡ス

である。八月三〇日条に記載した一〇〇両に関しては、この日以降もまったく記載がないことから、この五〇〇両に含まれているものと推察されるのである。

最後の送金は、翌年四月の一〇〇〇両の送金である。すなわち、

明治二（一八六九）年四月二〇日
野村江頼ミ、横浜ワルス方江悴入用千両為替遣ス、甚太郎取次

である。

このように上の送金額の合計は、三八〇〇両になる（三人の二年分相当額と思われるが、留学費用としては、当然、これに渡航費や渡航時の所持金等を加算することが必要であろう）。

この一〇〇〇両送金の一か月前の明治二（一八六九）年三月には、政府（加藤弘之）から留学費用の支給に関する連絡があり、海舟は、給付の願いを出している。一度、不採用になったものの、六月には、小鹿・富田・高木の三人に対する学資給付が決まる。給付額は、一年に六〇〇メキシコ・ドルであった。すなわち、

明治二（一八六九）年六月一三日
当月九日出関口之書状到来、外国留学之者入費弥　朝廷より被下置候旨也
六月二二日の上欄に記載　去ル十八日悴并高木・富田共留学入費、六百弗宛被下置旨御達

である。これに関する富田側の資料は、先に引用した『東京府知事履歴書（富田鐵之助履歴）』の明治二（一八六九）年七月の欄の

一ヶ年ニ付メキシカンドル六百枚爲學資被下候

という記載である（詳細は、第3章第4節を参照）。

小鹿・富田・高木の三人に対する学資給付が決定した後は、海舟日記には、送金の記載は見られない。海舟は、戊辰戦争以降、旧幕臣の世話等で何かと多額の費用が必要だった。家計を切り詰めて小鹿の留学費用を貯えてきたが、小鹿に学資が給付され留学費用の心配がなくなったことから、これを旧幕臣のために遣ったからである（海舟の会計記録である「戊辰以来会計記」（『勝海舟全集22　秘録と随想』に所収）及び「会計荒増」（『勝海舟全集21』に所収）による）。

（1）『海舟関係資料　海舟日記（二）』の「解説」（二八九頁）による日付であるが、渡辺（一九七七）では、「四月」に開成所で選抜試験が行われたとしている（一七六頁）。
（2）第Ⅰ部で紹介したように、仙台藩は、富田の監督のもとに、通弁修行の名目で高橋是清（後の日本銀行総裁・大蔵

大臣・内閣総理大臣）と鈴木知雄（後の旧制第一高等学校教授・日本銀行出納局長）をこのコロラド号に乗船させ、サンフランシスコへ送り出している。

第2章　アメリカ留学の経済学

前章で紹介したように、幕末期の海外留学の費用は、一人一年千両といわれたように、多額の費用を要することから、海舟も、慶応四（一八六八）年一月二九日、小鹿・富田・高木の三人宛に二三〇〇両もの送金を行っている。しかし、幕末期の貨幣制度は、日米ともに複雑であり、これに外国為替も関係することから、海舟の留学費送金についての経済分析も、一見したよりも込み入ったものになるが、この章では、順に、解き明かしてみよう。

1　海舟日記に見るメキシコ銀貨交換レート

海外送金にともなう問題は、時代を問わず、為替レートである。海舟は、この二三〇〇両の送金に先立って、慶応三年一一月二八日条、一二月七日条、一二月一四日条、さらに慶応四年一月八日条の四回にわたって、洋銀と一分銀や金一両との交換比率を記載している。ここでは、軍艦組を指導している西洋教師（教師・士官・その他）への給料に関する一二月七日条と一月八日条を紹介する。すなわち、

慶応三年一二月七日（一八六八年一月一日）

西洋教師江十二月分給料相渡、洋銀弐千三百七拾壱弗七拾九セント五分　洋銀百枚ニ付三百十四一分　此金千八百六拾一両一分　一弗四拾七匁一分替　内先月預ケ置分弐百八拾七両弐分引

慶応四年一月八日

教師江給料相渡　洋銀弐千三百七拾壱弗七拾九セント五分　此壱分銀七千四百四拾七　百弗ニ付　金千八百六拾壱両三分　銀三百拾四替

である。

慶応三年一二月九日は、徳川幕府の廃絶と新政府の樹立が宣言され（「王政復古」）、翌月の一月三日、鳥羽伏見の戦いが始まった。その渦中での海舟日記の記載である。こうしたことからすれば、単なる西洋教師に対する給料支払いについての記載（公務に関係した記載）というよりは、前述（一月二九日）の小鹿・富田・高木への最初の送金（二三〇〇両）を念頭に置いた海舟の私的な重要メモと見たほうが適切であろう。

一般に、「洋銀」は、アメリカ、メキシコ、スペイン、香港等で鋳造された銀貨の総称である。この中で、アジアにおいて貿易決済用銀貨として圧倒的に流通していたのが「メキシコ・ドル銀貨」であり、当時の「世界通貨」の位置を占めていた。ここで、上の海舟の記載内容に忠実に従って、国内の金銀交換レートを計算し、さらに、メキシコ・ドル銀貨との交換レートを計算・整理すると、

(1)　金貨・銀貨公定レート　金一両＝四分＝「一分銀」四
(2)　通用銀公定レート　一両＝銀六〇匁、一分銀＝銀一五匁
(3)　為替レート1（メキシコ銀）一ドル＝「一分銀」三・一四
(4)　為替レート2（メキシコ銀）一ドル＝〇・七八五両（一両＝一・二七四ドル）
(5)　為替レート3（メキシコ銀）一ドル＝銀四七・一匁

となる。

海舟日記から導かれた⑴⑵式は、金・銀・銅の三貨体制をとる幕府の公定比価（公定レート）そのものである。すなわち、公定比価は、慶長一四（一六〇九）年に「金一両＝銀五〇匁＝永楽銭一〇〇〇文」の後、元禄一三（一七〇〇）年以降は、「金一両＝銀六〇匁＝銭四貫」に改められ（三上（一九八九）三六頁）、上の海舟日記もこの公定レートを前提に記載されている。銀貨は、もともとは「秤量《しょうりょう》貨幣」であった。すなわち、「丁銀《ちょうぎん》や豆板銀《まめいたぎん》」の形で鋳造され、商取引においては、銀を切り（切銀）、その「重さ」を測り、決済していたのである。ところが、明和二（一七六五）年以降は、銀は、「秤量銀貨」から「計数銀貨」に変わる。すなわち、幕府は、「五匁銀」と呼ばれる長方形の「銀貨」を発行する（三上（一九八九）四八頁）。これは、量目五匁（重さ一八・七五グラム）、品位（純度を千分比で表示）四六〇・〇（したがって、純銀量二一・三匁）の銀貨であった。この「五匁銀」一二個で一両（重さでは公定レートの六〇匁）であるが、純銀としては、二七・六匁にとどまる。金貨（小判）については、明和以前から貶質化が進められてきたが、これ以後は、銀貨も貶質化する[1]。

本来は、「計数金貨」である「（小判）一両」と「秤量銀貨」である「丁銀・豆板銀」との間の交換比率は、重さを示す「匁」で表示されていたが、これが「計数銀貨」に変わっても、交換レートには、「匁」が使われたのである。言い換えると、「計数銀貨」導入以降は、「匁」は金貨と銀貨の「相対価格」を表す指標（単位）として使われたのである。

ともあれ、上の⑴⑵式は、幕府が定めた公定比価（公定レート）であり、海舟は、これを念頭に置いて、慶応三年一二月七日と慶応四年一月八日の日記を記載していることが分かる。

他方、上の⑶〜⑸式については、徳川期（特に幕末期）の通貨体制の理解が不可欠である。日米和親条約（嘉永七年三月三日（一八五四年三月三一日））の調印直後の五月に、「（メキシコ銀）一ドル＝一分銀一、したがって一ドル＝〇・二五両」の交換レートでいったん合意したが、安政三年八月、初代駐日総領事としてハリスが着任すると、同種同量の原則を主張し、この内容が安政五年六月一九日（一八五八年七月二九日）に調印された日米修好通商条約第五条に盛り込まれる。この一年後に日米修好通商条約が効力を発し、実務上の交換レートは、「洋銀一＝一分銀三」（公定レートでは、「メキシコ銀一ドル＝一分銀三・一一（銀四六・六五匁）」）となるが、日米修好通商条約発効一年後の万延元年五月一三日（一八六〇年七月一日）からは、洋銀（メキシコ銀貨）の市場取引が認められるようになる。

海舟も、横浜の洋銀相場での取引を知っており、文久三（一八六三）年一一月二七日の海舟日記には、

聞く、今此所にて一ドルの価、我三十五匁二・三分

と記している。文久三年一一月の洋銀相場は、三五匁二〜三分と極度の「洋銀安」であったのである。なお、「茂木物兵衛洋銀平均相場書」によれば[2]、文久三（一八六三）年の洋銀相場は、「三四・四九〜三六・四七匁」であり、海舟の得た情報とも一致している。

さて、「茂木物兵衛洋銀平均相場書」の慶応三年の横浜洋銀相場は、メキシコ銀一ドルにつき「四五・一九〜五〇・四〇匁」であった[3]。海舟の場合は、上の(3)式の「一ドル＝一分銀三・一四（または、三・一四一）」、あるいは、上の(5)式の「一ドル＝銀四七・一匁」であることからすれば、慶応三年の洋銀相場の変動範囲内であり、特段の問題はない。海舟の送金日は、慶応四年一月二九日であるが、このときの洋銀相場は、一月が銀四四・四六匁、翌二月が四四・六四匁であり（山本（一九七九）三〇七頁）、ほぼ公式レートの四五匁の水準となっていたのである（なお、横浜洋銀相場に関する種々のデータについては、高橋（二〇一五a）を参照のこと、また、一八六二年以降のロンドン市場での横浜向け為替相場（一〇〇ポンド当たりのメキシコ・ドル）については、Denzel（2010）p.533を参照のこと）。

では「両」との関係ではどうなのか。まず、国内の公定レート「金一両＝銀六〇匁」とメキシコ銀公定レート「一ドル＝一分銀三・一一（銀四六・六五匁）」からすれば、「一ドル＝〇・七七七五両（一両＝一・二八六二ドル）」

になる。したがって、海舟の場合は、「一ドル＝〇・七八五両（一両＝一・二七四四ドル）」であり、公定レートと比較して「両安」であるが、藤野（一九九〇）一九七頁のデータに従えば、一八六七年は、「一ドル＝〇・七九七両」であり、これも特段の問題はない。

ところが、日本国内においては、大坂では「金相場」、江戸では「銀相場」が建てられ、「金貨」と「銀貨」の交換レートが、市場の需給等を反映して決定されてきた。徳川期では、幕末期を除き、ほとんどの場合、公定レート「一両＝銀六〇匁」を基準として「一両＝銀五五～六五匁」の範囲で変動し、しかも大坂と江戸の相場も、ほぼパラレルな動きをしていたが、幕末期では、両と銀との関係も、江戸と大坂の関係も大きく変化する。慶応三年の大坂では「一両＝銀一三九・三一匁」、江戸では「一両＝銀八九・九〇匁」である（新保（一九七八）一七三頁）。これを同年の横浜洋銀相場「一ドル＝銀四五・一九～五〇・四〇匁」で評価すると、大坂では、「一両＝二・七六四～三・〇八三ドル（一ドル＝〇・三二四～〇・三六二両）」であり、江戸でも、「一両＝一・七八四～一・九八九ドル（一ドル＝〇・五〇三～〇・五六一両）」であった。大坂ほどではないにしても、江戸でも、メキシコ銀貨は金一両に対しては極端なドル安になっていたのである。

横浜洋銀相場は、「其の支払貨幣ハ主トシテ一分銀ナリキ」に示されるように[4]、一分銀と洋銀との取引相場であるので、日本国内での「金」一両に対する「銀安」は、「金」一両に対する「メキシコ銀貨安」を意味するのである。

2　海舟のアメリカへの留学費送金（メキシコ・ドル表示）

この節では、慶応四（一八六八）年一月二九日の「小鹿・富田・高木三人分」二三〇〇両の送金額について検討する。先に述べたように、鳥羽伏見の戦いが始まり、海舟も「海軍奉行並」や「陸軍総裁」に任命されて多忙を極める中、浜武・山田の二人に二三〇〇両を持たせ、太田源三郎（神奈川奉行所通訳方）を介して、横浜のアメリカ人貿易商のT・G・ウォルシュらが経営する「ウォルシュ・ホール商会（亜米一商会）」に届けさせたのである。海舟日記では、「為替金弐千三百両」という表現になっている。

「金遣い圏（江戸）」と「銀遣い圏（大坂）」の間の資金移動は、一六六〇、一六七〇年代（寛文・延宝期）頃から「為替（金為替・銀為替）」によって行われることが次第に多くなるが（新保（一九七八）二一五頁）、海舟日記の「為替」は、当然のことながら国内為替ではなく、ウォルシュ・ホール商会を介しての「外国為替」である。

横浜での外国銀行の支店開設は、一八六三年のセントラル銀行（Central Bank of Western India）やチャータード・マーカンタイル銀行（Chartered Mercantile Bank of India）に始まるが、その後の支店の新規開設や撤退があり、一八六八年の段階では、マーカンタイル銀行、オリエンタル銀行（Oriental Bank Corporation）、香港上海銀行、パリ割引銀行（Comptoir d' Escompte de Paris）の四行であった（斉藤（一九八三）、立脇（一九八七）（一九九七）及び菊池（二〇〇五））。これらの銀行は、東アジア（香港・上海）、ヨーロッパ（ロンドン・パリ）向けの手形売買業務と貿易通貨（洋銀・洋銀券）の供給を行っていたのである（立脇（一九八七）（一九九七）及び菊池（二〇〇五））[5]。他方、アメリカ国内での外国為替業務については、第二合衆国銀行（一八一六〜一八三六年）[6]や一八三〇年代のブラウン商会が知られているが（宮田（一九八九））、アメリカの民間銀行は、それ以降も、第一次世界大戦前まで、海外にほとんど支店をもたず、外国為替・貿易金融は、イギリスの金融機関に依存していたのである（斉藤（一九八三））。

これらの外国銀行の横浜支店が開設される前は、外国商社自らが為替業務を行ったり、外国銀行の代理店業務を引き受けたりしている。例えば、外国商社（イギリスのジャーデン・マセソン商会やデント商会、アメリカのウォルシュ・ホール商会、（長崎の）オランダのグラバー商会等）は、金銀地金や貨幣の現送等によって、自ら為替決済を行っていた（菊池（二〇〇五））。また、香港上海銀行では、横浜支店開設前は、横浜のマクファーソン商会に、また、長崎では（後に委嘱先が変遷しているが）当初はグラバー商会に代理店業務を委嘱しているのである（立脇（一九八七)(一九九七))。しかしながら、外国銀行の横浜支店の開設後は、各行の横浜支店を介しての外国為替決済の役割が飛躍的に大きくなる(米系商社等は、当時の米系金融機関が、事実上、ロンドン市場を介して外国為替決済を行っていたこともあって、アジアでは、英系金融機関を介して外国為替を決済していたものと思われる)。

ところで、この為替送金直後の慶応四年二月から、海舟の会計記録「戊辰以来会計記」(「会計荒増」)が始まり、明治一八年(勁草書房版では明治二〇年)まで記録されている。初年度は、(戊辰)一二月までに二千数百両のうち一七〇〇両ほどの支出が行われている(会計記録は、小鹿・富田・高木の三人へ二三〇〇両を送金した後から始まっているので、これには送金についての記録はない)。また、これも「戊辰以来会計記」には記録はないが、海舟日記では、この年の一二月に為替五〇〇両を組み、一時帰国し再渡米する高木に渡している。その原資は、海舟日記一二月一二日の上欄に記載の「吉兵衛より大判二、甲州金弐、小判廿五枚受取、米国江遣す分也」である。

こうした状況も勘案すれば、海舟が浜武・山田の二人に持たせた二三〇〇両は、「銀」ではなく、当然に「金」での二三〇〇両である。以下では、これを前提とした上で、小鹿・富田・高木三人のもとに届く金額について検討しよう。これには、次の三つのケースが考えられる。[7]すなわち、

(1)　金「両」を江戸の「銀相場」水準(一両=銀八九・九〇匁)で「銀」に換え、さらに海舟の想定レート(一ドル=銀四七・一匁)でメキシコ・ドル為替を組むケース

(2)　金「両」を幕府公定レート(一両=銀六〇匁)で「銀」に換え、さらに海舟の想定レート(一ドル=銀四七・一匁)でメキシコ・ドル為替を組むケース

(3)　金「両」をアメリカ・金ドルで為替を組むケース

の三つである。

上の前提に従って計算すれば、ケース(1)の場合は、

（金）二三〇〇両＝銀二〇万六七七〇匁＝四三九〇・〇二メキシコ・ドル

となり、ケース⑵の場合は、

（金）二三〇〇両＝銀一三万八〇〇〇匁＝二九二九・九四メキシコ・ドル

となる。ケース⑴とケース⑵とでは、一四〇〇ドル以上の差異が出ることになる。なお、前節で導出した海舟の想定為替レート「為替レート２（メキシコ銀）一ドル＝〇・七八五両（一両＝一・二七四ドル）」を上の計算に適用すると、「二九三〇・二メキシコ・ドル」となることを付け加えておく。

ケース⑶については、いくつかの概説的な説明が必要である。海舟が二三〇〇両の為替送金を行った慶応四（一八六八）年一月に流通していた小判（金貨）は、万延小判（量目〇・八八匁、品位五七二・五、純金量〇・五匁）である（三上（一九八九）一四四頁及び山本（一九九四）七四頁）。

安政六年の通商開始直後には、国際的な金銀比価と国内の金銀比価の大きな差異から、海外への金貨（小判）流出が起こった。この万延小判は、金貨（小判）流出を防ぐことを目的として鋳造された小判である。年代的にこの一つ前に鋳造された天保小判と比較すると、量目・純金量ともに三分の一以下であった。このため幕府は、万延小判の発行に先立って、安政七年一月（三月に万延と改元）、天保・安政小判の「割増通用令」を出している（山本（一九九四）七四頁）。これにより、保字（天保）小判は、三両一分二朱として、また、正字（安政）小判は、二両二分三朱として通用とされている。どの国でもグレシャムの法則が作用するので、これ以降は、万延小判が市中で流通する小判の大半を占めることになる。

他方、アメリカでは、一七八五年七月から貨幣単位として「ドル」が採用されることになったが（Linderman（1877）p.19）、実際に「ドル貨」が鋳造されたのは、一七九二年になってからのことであった。当初、金貨と銀貨は、ともに法貨とされ（金銀複本位制）、純金・純銀の（重量）比率は、法的には「1：15」であった（p.23）。すなわち、「イーグル（金）一〇ドル＝重さ二七〇グレイン（一ドルの純金量二四・七五グレイン）、銀一ドル＝重さ四一六グレイン（純銀量三七一・二五グレイン）」であった。その後、一八三四年には、「イーグル（金）一〇ドル＝重さ二五八グレイン（一ドルの純金量二三・二二グレイン）」とされるとともに、この年の七月以降に鋳造された金貨は「その名目価値」に従って法貨とされた（p.27）。このときの純金・純銀の（重量）比率は、「1：15.988」である。そして、一八五三年には、銀貨は無限通用力を失い（法貨としては五ドルが上限）、「跛行金本位制」へ移行する。

　前書きが長くなったが、万延小判一両（純金量〇・五匁＝一・八七五グラム）とアメリカ金貨一ドル（純金量二三・二二七グレイン＝一・五〇五グラム）とが純金量をベースに等価で交換されるとすれば、一両＝一・二四六アメリカ（金）ドル（あるいは、一ドル＝〇・八〇二七両）となる。[8] したがって、海舟が送金した二三〇〇両は、二八六五ドル余のアメリカ（金）ドルとなる。

　このように、ケース(2)のメキシコ・ドル為替送金とケース(3)のアメリカ金ドル為替送金は、表面上は、ともに二九〇〇ドル前後となり、極端な差異はない。しかしながら、ケース(1)と(2)の比較では、一四六〇メキシコ・ドル（ケース(1)は、ケース(2)の一・五倍）の差異となっている。海舟日記に記載がないとはいっても、海舟が江戸の「銀相場」と「公定レート」との差異をまったく知らなかったとは考えられないが、海舟日記の記載からすれば、海舟はケース(2)を想定しての海外送金であったのである。

　この傍証としては、横井小楠とフルベッキの為替送金を挙げることができよう。日本国内の急変を憂慮し、富田・高木が一時帰国した際に、小鹿の後見を託した横井小楠の甥二人（横井左平太・大平兄弟）は、G・F・フルベッキからフェリス（ニューヨークのオランダ改革派教会主事）宛の紹介状を携えて渡米し、ラトガース・カレッジに付属するグラマースクール（ニュージャージー州ニューブランズウィック）に留学中であった。この二人に対して、横井小楠も、慶応四（一八六八）年九月に横浜から洋銀三〇〇ドルの為替を送金している。すなわち、「先洋銀三百ドル為せにて此節さし廻し候……則右ドル高横濱にて為せに致しヘルリス當にいたし遣し申候」である（『横井小楠關係史料二』五五九頁及び『渡辺崋山ら日本思想大系55』四八八頁）。さらに、G・F・フルベッキも、『フルベッキ書簡集』によれば、ニューヨークのフェリス宛に「メキシコ銀ドル為替手形」（一八六七年九月七日付書簡）、「アメリカ金為替」（一八六九年一二月二九日付書簡）、「イギリス・ポンド建て上海銀行の為替手形」（一九七〇年二月二一日付書簡）の三種類の為替手形で送金しているが、年代的に早い時期の為替は、「メキシコ銀ドル為替」である。

こうした二つの傍証から考えても、海舟が慶応四（一八六八）年一月二九日に小鹿・富田・高木三人宛に、横浜のウォルシュ・ホール商会を介して送金した為替は、「メキシコ銀ドル為替」であると思われるのである。

3　アメリカ留学費用（アメリカ・ドル表示）

第2節の冒頭でも紹介したように、慶応二（一八六六）年一〇月の幕府の英国派遣留学生の一人当たりの一年間の学費は一〇〇〇両であり、海舟も、これを前提にして、小鹿・富田・高木三人に対して、アメリカでの留学費用（学費・生活費）として、最初は二三〇〇両を送金しているのである。

当時のアメリカでの留学費用について、G・F・フルベッキも、「七五〇ドルから一〇〇〇ドル位の金額が彼らが一年間学校で授業を受けるに必要」としている（J・M・フェリス宛の一八六七年九月七日付書簡。『フルベッキ書簡集』一〇九頁に所収）。ここで、フルベッキが「彼ら」と書いているのは、本書にしばしば登場する横井左平太・大平兄弟である。

この節では、こうした状況を念頭に置いて、当時の一年間のアメリカ留学費用（学費・生活費）について検討する。

第I部で紹介したように、富田鐵之助は、ニューヨークの新聞によって日本国内の緊迫した状況を知り、海舟の送金を行う三日前の慶応四（一八六八）年一月二六日、[9] ニュージャージー州ニューブランズウィックから仙台藩江戸留守居役の大童信太夫宛の書状を出している（『大童家文書』に所収の書状。吉野（一九七四）三九一―三九二頁にも採録）。この書状は、第Ⅰ部第1章で述べたように、日本国内の緊迫した状況に対応するために、帰国すべきか否かを問い合わせた書状であったが、実は、この緊急の返信を求めた書状には、留学生の一年間の費用の見積もりが付けられていたのである。これによれば、生活費は、

食料・宿料として、三一二ドル（一か月食料二四ドル、宿料二ドル）
衣替え・履物替え費用（年二回）として、一〇〇ドル
書籍代として、五〇ドル
洗濯料として、二四ドル
炭油代として、二四ドル
小遣いとして、一〇〇ドル
合計　六一〇ドル

である。[10] また、学費は、

初級クラス　年一〇〇ドル前後
上級クラス　年二〇〇ドル以下
教師謝礼　　年一五〇あるいは一六〇～三〇〇ドル

である。したがって、総計では、少なくとも七〇〇ドルは必要になる。上級クラスで学び、さらに個人的に教師を雇えば、合計で一〇〇〇ドルになる。

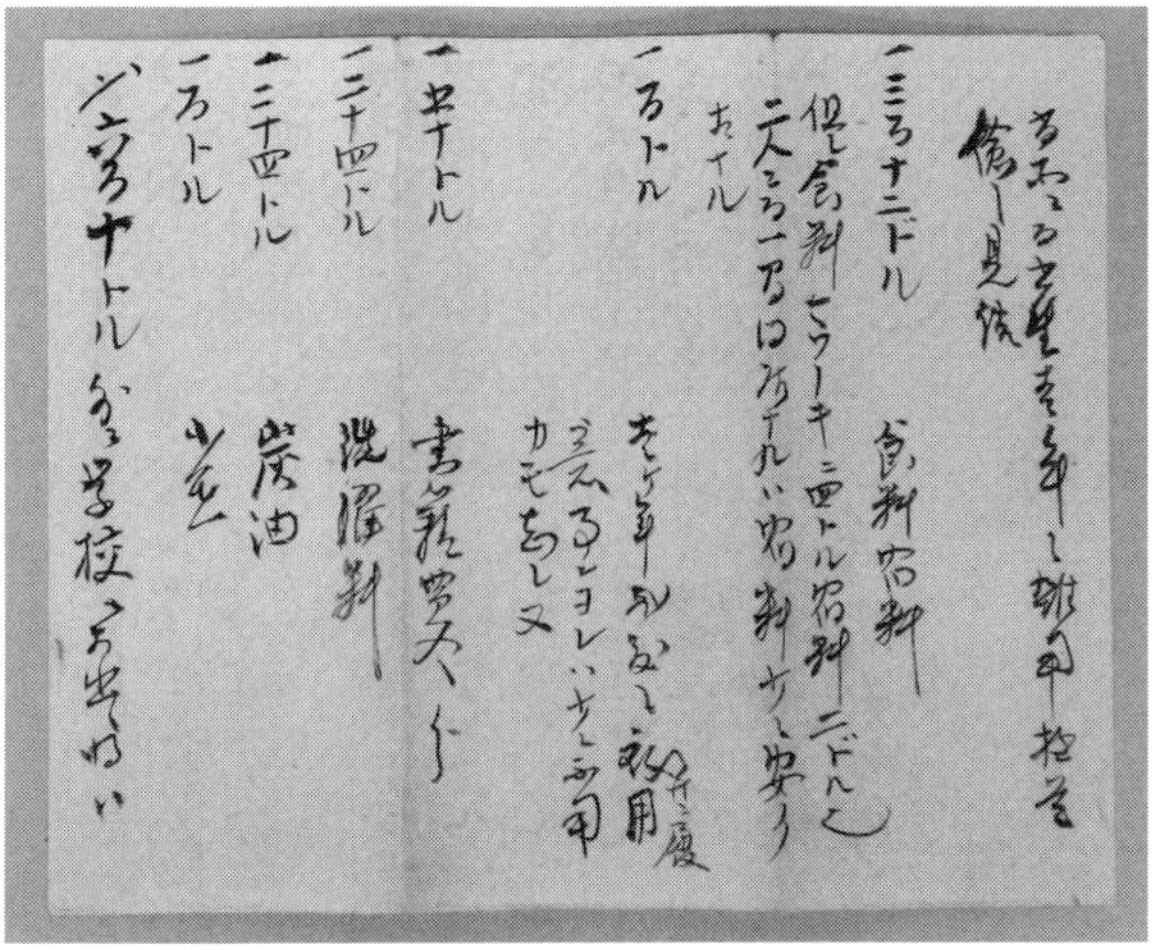

大童信太夫宛書状に同封された費用見積もり
（『大童家文書』、仙台市博物館寄託）

　この富田の見積もりは、先に紹介したフルベッキの「七五〇ドルから一〇〇〇ドル位の金額が必要」とも、ほぼ一致しているのである。

　海舟の長男・小鹿は、ニュージャージー州ニューブランズウィックにあるラトガース・カレッジに付属する「グラマースクール」に学ぶことになるが、一八六八年には、先の横井左平太・大平兄弟も同校で学んでいたのである。この横井左平太・大平兄弟の留学生活を考察した高木（二〇〇六）によれば、グラマースクールは、年四〇週の授業があり、一〇週間ごとに「共通の英語部門一〇ドル」の学費であったから、年額では四〇ドルになる。このほかに、「上級英語部門一二ドル」「ラテン語（上級英語を含む）一五ドル」「ギリシャ語（上級英語を含む）一七ドル」であった。年額では、四八～六八ドルになる。上で紹介した富田の学費見積もりよりも、かなり低いが[11]、それでも生活費も含めると留学費用の合計では、年額で六五〇ドル以上になる。

4　メキシコ・ドルとアメリカ・ドル

前節の富田の書状（慶応四年一月二六日（一八六八年二月一九日））には、この後に「此調ハ當國通用之紙幣を以相調候」、さらに「金ドルなれハ五百ドル有之候得ハ　大凡紙ドル七百ドル前後ニ兩替相成申候間……紙幣兩替之相場日々幾度も相變し　千里同風銭時の相場也」の記載が続いている。すなわち、この調べは、アメリカの「紙」ドル（ドル紙幣）で表示された金額であることと、アメリカの紙幣両替相場は、いわば日本から千里離れた銭相場のようなものであり、毎日、何度も変動するけれども、「金」ドル・五〇〇ドルならば、おおよそ「紙」ドル・七〇〇ドル前後に両替できることが記載されているのである。

また、前節のフルベッキの書簡（一八六七年九月七日）には、長崎において「メキシコ銀ドルで支払った金額は合衆国へ送金する場合やや増額するとお手紙で承りましたので」（一〇九頁）に続いて、「当地一〇〇ドル（メキシコ・ドル）はニューヨークの一五〇ドルに該当するようですから、上記七〇〇ドルは少なくとも一〇〇〇ドルになると思います」（一一〇頁）と書かれているのである。この七〇〇ドルは、肥後藩が横井兄弟への学資送金のために（メキシコ銀七〇〇ドルの）為替手形を組もうとしたものの、為替が承認されなかったことから、フルベッキが肥後藩から七〇〇ドルを受け取り、為替取引を行ったものである。いくぶん、余談になるが、この為替の受け取り方が複雑なので、確認のためにウォルシュ氏の指示を受けた旨も記している。このウォルシュは、初代アメリカ長崎領事を務めたJ・G・ウォルシュである。先に述べたように、海舟は、アメリカ人貿易商のT・G・ウォルシュを介して、慶応四年一月二九日（一八六八年二月二二日）、二三〇〇両を送金したが、フルベッキ書簡のJ・G・ウォルシュは、T・G・ウォルシュの弟にあたる。ウォルシュ兄弟は、安政五（一八五八）年に長崎にウォルシュ商会を設立し、翌年に横浜にも進出したが、弟のJ・G・ウォルシュは、無償で長崎領事の仕事を引き受けるとともに、長崎でのウォルシュ商会の運営にもあたっていたのである（権田（二〇一〇））。

先のフルベッキ書簡では、「メキシコ（銀）七〇〇ドル＝アメリカ一〇〇〇ドル」の換算レートであったが、上の富田の報告では、「金五〇〇ドル＝紙七〇〇ドル」である。交換比率は、ともに、ほぼ一・四倍である。しかしながら、フルベッキの書簡の「メキシコ銀ドルで支払った金額は合衆国へ送金する場合やや増額する」ことと、「七〇〇ドルは少なくとも一〇〇〇ドルになる」こととは、明確に区分する必要があるので、この節では、まず前者について検討する。

本章第1節で述べたように、幕末の銀貨交換レートは、「同種同量」の原則に従って、公定レートでは「メキシコ銀一ドル＝一分銀三・一一」とされたが、当時、アジアで流通していた「メキシコ銀貨」の量目は、四一三・七～四一六グレイン、品位（千分比）八九二～八九六（純銀量は三六九～三七二・七グレイン）と幅があったが、公式には、メキシコ・ドル銀貨の量目が「四一七と一七分の一五グレイン」、品位（千分比）「九〇二と九分の七」、「純銀量三七七と四分の一グレイン」に対して、アメリカ・ドル銀貨の量目が「四一二と二分の一グレイン」、品位（千分比）「九〇〇」、純銀量「三七一と四分の一グレイン」とされていた（Linderman（1877）p.54）。したがって、両者の比較では、アメリカ・ドル銀貨は、メキシコ・ドル銀貨よりもいくぶん軽く、純銀量もいくぶん少なかったのである。これは、アメリカでは、一七九二年の法律において、純銀量においてスペイン・ドル銀貨（メキシコ・ドル銀貨）と等量の「三七七と四分の一グレイン」と定められたものの、当時のアメリカの純銀含有量を分析する未熟さから、実際には「純銀量三七一と四分の一グレイン」の銀貨が鋳造されていたことによる（Linderman（1877）p.49）。

この結果、純銀量で両者を比較し、ドル換算すれば、フルベッキが言うように、メキシコ銀ドルで支払った金額は、アメリカ銀ドルでは「やや増額する（一・六％のプレミアムが付く）」ことになる。さらに、中国での実際の商取引では、アメリカ銀ドルはメキシコ銀ドルよりも軽いこともあり、実際上、メキシコ銀貨には六～八％のプレミアムが付けられていたのである（Linderman（1877）p.53）。

これに関する日本人アメリカ留学生の記録としては、二年半ほどの時間差はあるが、明治三（一八七〇）年の松本壮一郎の「亜行日記」の記載がある。すなわち、この和暦一〇月二五日条には、「メキシコ洋銀合衆国洋銀当今ノ価如左……メキシコ洋銀百ドルニ付　合衆国金銀銭　百五六ドル　時有小差」とあり（瀬戸口（二〇一〇）一〇四頁）、時として小さな違いはあるものの、メキシコ銀貨一〇〇ドルがアメリカ銀貨一〇五～一〇六ドルに相当する旨が記載されている。

以上のように、メキシコ銀貨とアメリカ銀貨の純銀量の差異から、メキシコ銀貨には何がしかのプレミアムが付き、いくぶん増額する。これが、フルベッキの書簡の「メキシコ銀ドルで支払った金額は合衆国へ送金する場合や増額する」という表現になっているのである。

5　アメリカの「金」ドルと「紙」ドル

次に、富田鐵之助の言う「金ドルなれハ五百ドル有之候得ハ　大凡紙ドル七百ドル前後ニ両替相成」ことと、フルベッキの言う「七〇〇ドルは少なくとも一〇〇〇ドルになる」ことについて検討しよう。

アメリカ政府は、南北戦争（一八六一～一八六五年）の戦費調達のために、大量の不換紙幣「グリーンバック（Greenback）」を発行したが、グリーンバックと「金」ドルは、「完全な代替関係」ではなかった。国際貿易の決済のためには、「金」が必要なこと、アメリカ政府自体が関税に対して「金」での納付を義務づけたこと、「金」は投機目的で取引されることがその理由である。Willard, Guinnane and Rosen（1995）によれば、一八六二年一月一三日にニューヨーク証券取引所で金ドルとグリーンバックとのデーリングが始まると同時に、ニューヨークのWilliam Street にも「Gold Room」と呼ばれる第二市場が開かれ、「Gold Room」の相場が全米・主要都市に電信で送られ「権威」をもって各地で受け入れられたのであった。この金ドルとグリーンバックの交換相場は、一八六四年の一時期を除き、一八七九年まで続いた。他の条件を一定とすれば、不換紙幣・グリーンバックは、発行量が多くなればなるほど、金ドルに対して「減価」し、物価は上昇する。Mitchell（1908）のAppendixの第1表には、一八六二年一月から一八七八年一二月までの「（日曜日を除く）毎日」の金ドルとグリーンバックの交換相場の「高値・安値」のデータが掲載されている（pp.287-338）。このデータの最初と最後の時期は、「紙」ドルは金ドルよりもいくぶん「減価」しているものの、南軍のアトランタが陥落する一方で、バージニアで北軍が大敗北した一八六四年七、八月には、四〇以下（最安値は、七月一一日の三六・二三～三五・〇九）となっている。[12]これは、金ドルは紙ドルの二・五倍以上（最高で二・八五倍）に値することを意味している。

一九七六年にノーベル経済学賞を受賞したミルトン・フリードマンは、一九六三年にアンナ・シュワルツとともに、八六〇頁に及ぶ『アメリカ貨幣史 一八六七―一九六〇年（*A Monetary History of the United States 1867-1960*）』を著したことでも知られており、この著書の第二章では「グリーンバック期」が分析されている（Friedman and Schwartz（1963）pp.15-88）。一八六七年六月末のマネー・ストックのデータでは、政府紙幣（グリーンバック紙幣）三兆七二〇〇万ドル、[13]国法銀行券（国立銀行券）二兆九二〇〇万ドル、州法銀行券（州立銀行券）四〇〇万ドル及び（利子つき法貨紙幣を含む）その他のアメリカ紙幣一兆二四〇〇万ドルに対して、金貨一兆四二〇〇万ドル（うち、財務省保有九四〇〇万ドル、民間部門保有四八〇〇万ドル）、金保証証券一九〇〇万ドルであった。すなわち、紙幣七兆九二〇〇万ドル（民間部門保有七兆二七〇〇万ドル）に対して、金貨・金保証証券は一兆六一〇〇万ドル（民間部門保有六七〇〇万ドル）であった。この他に、小額通貨（fractional currency）として一八〇〇万ドルが計上されている（財務省が補助銀貨の鋳造を中止したことから、替わりの補助貨が鋳造されるまでの間、郵便切手等が補助貨の代わりに使われていたのである）。

補助銀貨八〇〇万ドル（うち民間保有七〇〇万ドル）は、通貨としてよりも地金として価値をもち貿易に使われていた（Friedman and Schwartz（1963）p.25）。しかしながら、民間部門が保有する金貨四八〇〇万ドルに対して銀貨七〇〇万ドルであることから、アジア貿易で広く流通していた銀貨も、アメリカ国内では、金貨の七分の一の流通に過ぎなかったのである。

ここで、アメリカの通貨体制について敷衍すると、一七八五年、アメリカの貨幣単位が「ドル」に定められるとともに、金貨も銀貨も、ともに無限通用力をもつ法貨とされた。すなわち、「金銀複本位制」が採用された。しかしながら、一八五三年以降は、「銀貨」の自由鋳造を禁止し、「銀貨」の強制通用力を五ドルに制限し、事実上の金本位制（跛行金本位制）に移行したのである（藤野（一九九〇）三〇頁及び一八六頁）。さらに、Linderman（1877）によれば、一八三四年七月三一日以降に鋳造された金貨は、その名目価値において法貨とされたのに対して、法貨としての銀貨は、一八五三年には五ドルまでに制限されることになり、アメリカの（単一）金本位制への道筋がつけられたのである（p.27, pp.29-31）。

Friedman and Schwartz（1963）に戻ると、「金貨」は、イギリスが金本位制を採用していたことから、外国との貿易や外国への支払いにおいて、「外国為替」と等価であった（p.26）。米英両国の純金量同等（109.45 5/8 セント＝54 ペンス（十進法採用以前の旧ペンス））に従えば、一ポンド＝四・八六四七ドルであったことから、南北戦争前の為替相場は、一ポンド＝四・八六ドル前後の狭い幅で変動していたのである（p.59, 80）。南北戦争中に不換紙幣のグリーンバックが発行されると、両国間の為替変動幅も大きくなり、為替リスクも大きくなる。しかしながら、一八六六年に大西洋横断ケーブルが敷設され、電信為替が使われるようになったことから、ロンドン・ニューヨーク間の情報ラグは、約二週間から数分（あるいは数時間）に短縮されるに至り、情報ラグにともなうディーラーの為替リスクは著しく低減したのである（p.26）。

実際の金貨（金ドル）とグリーンバックの交換相場については、先に紹介したMitchell（1908）のAppendixの第1表（pp.287-338）の通りであるが、地域的には、アメリカ西海岸では、価格は「金」ドル表示であり、グリーンバックでの支払いは割り引かれたのに対し、西海岸以外では、価格は「グリーンバック」表示であり、金ドルでの支払いにはプレミアムが付いた（Friedman and Schwartz（1963）p.27）。

ともあれ、慶応四年一月二九日（一八六八年二月二二日）、海舟は小鹿・富田・高木の三人に対して渡米後の最初の送金を行ったが、この年は一年間を通じて、紙ドルが金ドルのほぼ七〇％水準（70％±3％）で推移したことから、金ドルは紙ドルの一・四三倍の価値があったのである(14)。

以下では、参考のために、一八六八年前後の金ドルと紙ドルの交換比率を紹介する。まず、明治二年四月二〇日（一八六九年五月三一日）、海舟は、最後の送金（一〇〇〇両）を行っている。この直後の一八六九年六月は、七二％程度であったものの、八月には七五％水準まで、さらに一二月には八三％水準になっている。すなわち、金ドルは、紙ドルの一・三九倍（六月）から一・二〇倍（一二月）まで下落しているのである。

また、前節の冒頭で紹介したように、フルベッキも一八六七年九月の書状に「当地一〇〇ドル（メキシコ・ドル）はニューヨークの一五〇ドルに該当する」旨を記載している。この九月は七〇％水準で推移したが、この一八六七年を通して見ると、六九～七五％といくぶん変動幅が大きかったのである。

最後に、前節で紹介した松本壮一郎の「亜行日記」の明治三（一八七〇）年一一月一八日（和暦一〇月二五日）条には、「（メキシコ洋銀百ドルニ付合衆国金銀銭百五六ドル……）合衆国紙幣百十七ドル」と続いている。Mitchell（1908）のデータでは、一八七〇年一一月一八日は、「グリーンバック（紙）」ドルは、金ドルの八八・三〇～八八・八九％、すなわち、金ドル＝一・一二五～一・一三三「紙」ドルであった。このレートに基づいて、メキシコ銀貨一〇〇ドル＝アメリカ銀貨一〇五～一〇六ドルを紙ドルに換算すると、一一八～一二〇ドルになる。為替手数料を控除すれば、「亜行日記」に記載された一一七ドルは、一八七〇年一一月としては、ほぼ相場通りであった。なお、「亜行日記」には、（和暦）閏一〇月四日にニューヨークのメトロポリタン・ホテルにチェックインした後に、「午後第二字「モントリオル」ト云ル両替屋ニ至リ、手形ヲ引替紙幣ヲ受取リ帰ル」（瀬戸口（二〇一〇））との記載も見られることを付け加えておく。

上の金ドルと紙ドルの交換比率の変動は、言うまでもなく物価動向にも反映される。Mitchell（1908）p.279によれば、金ドル指数（一八六〇年＝一〇〇）は、一八六四年二〇三をピークに、一八六五年が一五七、一八六六～一八六八年が一三八～一四一、一八六九年が一三三と漸次下落し、一八七〇年には一一五まで急激に下落しているのに対して、小売物価指数（一八六〇年＝一〇〇）は、いくぶんのラグをともなって、一八六六年の一八〇をピークに、一八六七年の一七二から一八七〇年の一五七まで、相対的に緩やかな下落をしている。一八七九年一月一日に財務省がグリーンバックの兌換を始めると、当然のことながら、金ドル指数は、一〇〇に戻り、小売物価指数も、一一八まで下落しているのである（Nussbaum（1957）日本語訳一三三頁及びMitchell（1908）p.279）。

6　むすび

さて、本章を整理すれば次のようになる。鳥羽伏見の戦いが始まり、海舟は、海軍奉行並や陸軍総裁に任命される等、非常に多忙な中、慶応四（一八六八）年一月二九日、小鹿・富田・高木の三人に対して二三〇〇両の為替を送金した。これを、当時、アジアで広く流通していたメキシコ・銀ドルに換算すると、二九〇〇ドル前後になる。アメリカ・銀ドルは、メキシコ・銀ドルより、いくぶん軽く、純銀量も少ないことから、メキシコ銀貨には五％程度のプレミアムが付き、アメリカ・銀ドルでは、三〇〇〇ドルをいくぶん超える程度になる。当時、アメリカでは西海岸を除けば、「グリーンバック（紙）」ドルが広く流通していたので、これを紙ドルに換算すれば、四三〇〇ドル程度になる。(15) 当時のアメリカ留学費用は、富田の見積もりでは七〇〇～一〇〇〇ドル、フルベッキの見積もりでも七五〇～一〇〇〇ドルであったから、三人分四三〇〇ドルは、ほぼ一年半分に相当する留学費になる（切り詰めた生活をすれば、ほぼ二年分の留学費用になる）。

同様の方法で、明治二（一八六九）年四月の一〇〇〇両の送金を論考する。国際収支の順調・逆調、洋銀需要の増・減のほかに、一分銀から二朱金への取引交換貨幣の交代や（アメリカの金ドルと紙ドルと同様の）「金」両と「紙」両の差異が、洋銀の相場変動要因と考えられるが（山本（一九七九）三〇三―三〇六頁）、ともかくも、明治二年以降、洋銀相場は高騰する。明治二年四月の洋銀相場は、「洋銀一ドル＝〇・八六〇両（銀目五一・六〇匁）」、五月では「洋銀一ドル＝〇・八九一両（銀目五三・四六匁）」であったから[16]、海舟が送金した一〇〇〇両は、一一五〇ドル程度になる。アメリカ銀ドルでは、一二〇〇ドル程度になる。その直後に紙ドルに交換すれば、一六〇〇ドル強になるが、年末では金ドルの下落により一四〇〇ドル強となる。Mitchell（1908）のデータでは、小売物価は、前年よりも六％程度下落しているが、この金ドルの下落率は、一二％程度にあたる。しかも、この二つのトレンドは、一八八〇年頃まで続くので、後知恵では、早い時期に紙ドルに交換したほうが、利得があったのである。

海舟は、明治元（一八六八）年一二月一一日、アメリカに再渡航する高木三郎に五〇〇両の為替を預けている。これも含めての総計三八〇〇両の為替は、アメリカ「紙」ドルでは、六五〇〇ドル程度になると思われるのである。これは、小鹿・富田・高木の三人のほぼ二年分の留学費用（切り詰めた生活をすれば、ほぼ三年分の留学費用）に相当する。

（1）　金銀貨の貶質化は、貨幣量の増加を意味する。これまでは、貨幣改鋳益（出目）を目的として貶質化が行われたとの考え方が主流であったようにも思われるが、江戸期の経済の発展とともに貨幣需要量が増加することから、これへの対応という二つの側面をもっていたのである（新保（一九七八）二八七頁、藤野（一九九〇）一八四頁及び藤野（一九九四）三二頁。江戸期の経済発展・景気循環については、藤野（二〇〇八）の第一章を参照のこと）。

(2)「茂木惣兵衛洋銀平均相場書」は、山口茂（一九五二）二四一―二四二頁、山口茂（一九五七）一九二頁、洞（一九七七）一五〇―一六〇頁、山本（一九七九）三〇〇頁、山本（一九九四）一九四頁、石井（一九八七）一七五頁や立脇（一九八六）等に採録されている。

(3) 実際上の「洋銀一ドル＝一分銀三」の交換レートを想定すれば、「其価格四十五匁ニ該当ス」であるが、洋銀相場は、「安政六年ニハ市場ノ相場四十六匁七分余ナリシカ……万延元年ニハ三十八匁、文久元年ニハ三十八匁ヨリ四十匁ヲ往来シ、……慶応年間ハ四十匁ヨリ四十匁ヲ往来セリ」となっている（東京高等商業学校調査部（原稜威雄調査）、復刻版一〇一―一〇二頁）。

(4) 横浜・洋銀市場での取引方法は、「其仕法ハ直取引・相対売買ニテ、調約ノ翌日実物ノ授受」する方法であった（東京高等商業学校調査部（原稜威雄調査）復刻版一〇二頁及び山本（一九七九）三〇〇頁）。

(5) 立脇（一九八七）（一九九七）によれば、香港上海銀行は、イギリス系の金融機関として一八六五年に香港において設立され、翌一八六六年には横浜に支店（Japan Agency 後 Yokohama Branch）を置いている。横浜支店開設までの間は、横浜のマクファーソン・マーシャル商会に外国為替業務を委託している。なお、香港上海銀行は、第二次世界大戦中を除き、日本で営業を続け、現在では、世界有数の金融機関に成長している（本社は、現在はロンドン）。

(6) 第二合衆国銀行が「外国為替」の取り扱いを始めるのは、一八二五年以降である（高橋（一九七四））。第二合衆国銀行では、南部での（イギリス向け）綿花輸出業者と東部の工業製品輸入業者との間で外国為替手形について安定的な調整を行っていたのである（高橋（一九七四）及び宮田（一九八九）、また、第二合衆国銀行の遠隔地決済については、川合（二〇〇二）三六―三九頁を参照のこと）。

(7) この三つのほかに、すべて公定レート（「一両＝銀六〇匁」「一ドル＝一分銀三・一一（銀四六・六五匁）」）で為替を組むケースも考えられるが、為替換算額は、二九五八・二〇メキシコ・ドルであり、ケース(2)とほぼ同額であるので検討を省略する。さらに、大坂の「金相場」水準での「銀」に換えることも理論上は可能であるが、地理的な理由により、事実上、難しい。

(8)「新貨幣例目」における換算率「一匁＝五七・九七一グレイン」を用いても、ほぼ同じ値になることを付言しておく。

(9) 富田の書状には、西暦も併記されている。吉野（一九七四）の三九一頁では、「西暦二月二九日認」とされているが、大童家文書を精査すると、すでに第Ⅰ部で紹介したように、「西暦二月一九日認」である。なお、この書状の封筒には、和暦一月二七日の日付が記されている。

（10）「宿料」には、二人一室なら、少し安くなるとのコメントも付けられている。
（11）高木（二〇〇六）には、一八七八～七九年の学費が、学年別・コース別に紹介されている。それによれば、初等部で一〇週間ごとに九ドル（年間三六ドル）、古典コースの上級学年では一八ドル（年間七二ドル）である。
（12）一八六四年は、アメリカ大統領選挙の年であり、一一月には、エイブラハム・リンカーンが再選された。なお、南軍も、戦費調達のために資産の裏付けのない不換紙幣「グレイバック」を発行していた。Nussbaum（1957）によれば、南部のリッチモンドでは、北軍が南部で使ったグリーンバックとの「相場」も立ったが、南北戦争での敗戦によって、「南部のドルは完全に価値を失い、「栄誉の葬式」も行われなかった」（日本語訳一二六頁）のである。
（13）グリーンバックの最高発行高は、一八六四年一月の四兆四九〇〇万ドルである（Friedman and Schwartz（1963）p.24）。前述のように、グリーンバックは、七月一一日、三六・二三～三五・〇九の最安値を付けている。
（14）以下の金ドルと紙ドルの交換比率に関するデータは、Mitchell（1908）pp.287-338による。この時系列グラフは、Mitchell（1908）の第1表、Willard, Guinnane and Rosen（1995）の第1図、Smith and Smith（1996）の第1図等を参照のこと。
（15）本来なら為替手数料を控除しなければならないが、ここで述べた種々の為替レート（交換レート）それ自体が概数であるので、特段の考慮をしていない。
（16）洋銀相場のデータは、山本（一九九四）一〇〇―一〇一頁による。また、銀目（匁）データは、山本（一九七九）三〇七頁及び山本（一九九四）二〇一頁による。

第3章　学資給付の政治経済学

海舟は、第1章で紹介したように、慶応四（一八六八）年一月二九日に、小鹿・富田・高木の三人に対して二三〇〇両の為替を送金し、明治元（一八六八）年一二月一一日には、高木三郎に対して五〇〇両の為替を預託し、明治二（一八六九）年四月二〇日には、一〇〇〇両の為替を送金している。富田には仙台藩から、また、高木には庄内藩から学資支援が約束されたとはいえ、三人分として、合わせて、三八〇〇両にのぼる。

明治二年六月に小鹿・富田・高木の三人に対して明治政府からの学資給付が決定することもあって、明治二（一八六九）年四月以後は、海舟日記には、アメリカへの送金の記載は見られない。

海舟は、慶応四（一八六八）年一月二九日の二三〇〇両の為替送金の直後から明治一八年までの間、海舟個人の旧幕臣らに対する金銭の貸出・返済の記録を残している。これが「戊辰以来会計記」である。この冒頭を紹介し、本章の序とする。すなわち、

戊辰之変、金円を用ゆる、すこぶる多し。我、苦心して其初に測り、固苦［困苦か］すれ供、これを支ゆる良法なし。此際哉、我、従前勤仕せし時の御足高之餘を積て悴之留学費と成さむとするもの既に貯る処あり、弐千数金、今此大変に臨て悉く此金を用ゆ。算計大凡如左。（『勝海舟全集22　秘録と随想』一六〇頁）

である。

1　アメリカ海軍兵学校入学問題

明治政府にとっては、海外の新知識を導入し文明開化を推進することが急務であったから、現に海外に留学している者の中から有為の人材を選び、これを登用することが最も手っ取り早い方法であった（吉野（一九七四）二五頁）。

アメリカ留学生の中で最初に学資給付が、事実上、決定したのは、横井左平太・大平兄弟、日下部太郎の三人と薩摩藩の畠山義成・吉田清成・松村淳蔵・長沢鼎・吉原重俊・種子島敬輔の六人である。横井兄弟と日下部は、小鹿・富田・高木の三人に先立ってニュージャージー州ニューブランズウィックのチャーチ・ストリートに居住するとともに、ラトガース・カレッジや付属のグラマースクールに留学していた。また、薩摩藩の畠山・吉田・松村の三人は、もともと薩摩藩第一次留学生として慶応元（一八六五）年に日本を出国した後、種々の苦難を経験して、一八六八年には、小鹿・富田・高木よりいくぶん遅れて、同じチャーチ・ストリートに居住しラトガース・カレッジ等で学んでいたのである。

慶応四年九月、会津若松城が落城し戊辰戦争も終結に向かい、年号も「明治」と改元される。その直後には、以下で紹介するフルベッキ書簡や横井小楠書状の日付及び記載内容から分かるように、横井兄弟と日下部は、アナポリスにあるアメリカ海軍兵学校（U.S. Naval Academy）への入学が、まず決定し、これにより、年五〇〇ドルの学資給付が確実になる。ただし、横井大平は病気（肺結核）のために一八六九年七月に帰国の途に着き、日下部太郎は、この後もラトガース・カレッジで勉学を続け、一八七〇年四月、卒業を目前にして病死（肺結核）している。

このため、一八六九年一二月(1)、正式に海軍兵学校に入学したのは、この横井左平太と（後から入学が決定した）薩摩藩の松村淳蔵の二名であった[2]。

彼らはアメリカで海軍学を学びたいとの思いで渡米したが、海軍兵学校では、外国人の入学が認められていなかった。これを知った横井兄弟と日下部の留学の世話をしていた（アメリカの）オランダ改革派教会のフェリスが、ラトガース・カレッジ卒業生のフレリングハイセン上院議員（ニュージャージー州選出）を介して、アメリカ議会やジョンソン大統領に働きかけ、一八六八年七月二七日、日本人六人までの入学を許可する法案が成立したのである（高木（二〇〇六））。なお、犬塚（一九八七b）には、"an Act of Congress approved 27 June 1868"（二三八頁）とあるが、一八七〇―七一年の*Annual Register of the United States Naval Academy*では、"approved July 27, 1868"（p.20）となっている）。

一方、日本にいたフルベッキは、オランダ改革派教会主事フェリスのアメリカでの動きに呼応して、明治政府高官に働きかけ、日本政府から海軍兵学校入学の許可を取り、奨学金支給を実現させたのである。これについては、次の三通のフェリス宛のフルベッキ書簡から見て取ることができる。すなわち、フェリス宛のフルベッキ書簡（一八六八年五月四日）では、（日本人の中で）日下部ほど明敏な者はいないことや、数年前に長崎で副島・大隈という有望な生徒を教えたことが書かれているが、より重要なものは、フェリス宛のフルベッキ書簡（一八六八年一〇月一六日）である。すなわち、フェリスから、海軍兵学校入学を望む日本人学生に対して深甚の同情を寄せている旨の二通の葉書（イギリス経由と太平洋経由）が届いたので、彼らの願いである海軍兵学校入学を実現するために、長崎から大阪に出向き、（京都の）明治政府の入学許可と学資補助が得られるように、全力を尽くす旨の返信である。さらにひと月後のフェリス宛のフルベッキ書簡（一八六八年一一月一六日（明治元年一〇月三日））には、書簡を京都に提出したところ、元薩摩藩家老の小松外務卿[3]とフルベッキの友人の副島参与が大阪のフルベッキを訪ねてきて、①元薩摩藩士六人（畠山・吉田・松村・長沢・吉原・種子島）のアメリカ滞在許可が得られ暫定的な専攻分野も決まったこと、②横井兄弟と日下部のアメリカ滞在許可も得られ、彼らの海軍兵学校入学に関して日本側としても支障がないこと、③海軍兵学校入学希望者については、政府が直接許可を出すこと、④数日中に天皇の裁可があれば、フルベッキに知らせることで話がまとまったこと等が記されている。

さらに、横井兄弟の叔父の議政官参与・横井小楠も、外国官副知事・小松帯刀《たてわき》に種々の働きかけを行うとともに、海軍兵学校入学についての日本側の状況（入学予定者名と奨学金五〇〇ドルの支給）を横井兄弟に伝えている（『横井小楠 遺稿篇』五五七―五六五頁、『横井小楠關係史料二』五五七―五六五頁及び『渡辺華山ら日本思想大系55』四八六―四九四頁）。すなわち、横井兄弟宛の書状（明治元年九月一五日（一八六八年一〇月三〇日））には、「官軍大勝利」「会津平定」等の日本国内での軍事・政治状況や、先に紹介した「横浜からの洋銀為替二〇〇ドル送金の件」「アメリカ在住の森有禮等薩摩藩士の件」等のほかに、

海軍所入校の存念にてワシントン府惣督懸合、存念通り六人は此許太政官より頼み越し候へば、不苦段に相決、入費等迄細々之申越、至極尤千万、さぞさぞ被致心配候事に存候。当時拙者参与に居候事故、早々申談じ、いか様とぞ存念通りに落着いたす様に心配可致候。（『渡辺華山ら日本思想大系55』四八八頁）

が記され、また、この書状の別紙1（明治元年九月一八日（一八六八年一一月二日））には、[4]

出勤之上早速小松に懸合候処、小松咄しに、既に此事はアメリカ官府より申来り御決議に相成、其兄弟・八木八十八外に薩生一人被仰付候筈也。あと二人はアメリカに参り居候内より被命筈にて、アメリカに懸合に相成るとの事なり。尤給料もアメリカより申来候通り五百ドル拝領の筈也。（『日本思想大系55』四九一頁）

と記されているのである。なお、八木八十八は、日下部太郎のことである。[5]「薩生一人」は、海軍兵学校入学の事実からすれば、薩摩藩の松村淳蔵と思われるが、フルベッキ書簡（一八六八年一一月一六日）から見れば、吉田清成とも考えられる。[6]

当時、横井兄弟、日下部太郎、及び元薩摩藩第一次留学生（イギリス留学生）で、後に渡米した畠山義成・吉田

清成・松村淳蔵は、（アメリカの）オランダ改革派教会のフェリスの世話によって、ニュージャージー州ニューブランズウィックのラトガース・カレッジや付属のグラマースクールで学んでいたのである。フェリスは、彼らの海軍兵学校入学の希望を叶えようと、アメリカ国内においてこれにともなう障害を取り除くべく政治的働きかけを行い、日本人留学生の海軍兵学校入学を実現するとともに、同じオランダ改革派の長崎在住のフルベッキを通じて、明治政府から米海軍兵学校入学・学資支援の承認を取り付けたのであった。議政官参与の横井小楠も、甥の横井左平太・大平兄弟と（先に政治顧問を務めていた福井藩の）日下部太郎のために、その目的を達成することに尽力したのであった。

小鹿も、日本人第二期生として海軍兵学校に入学するので、以下で補足的にこれに敷衍する。小鹿・富田・高木の三人も、ニュージャージー州ニューブランズウィックの同じ通り（チャーチ・ストリート）に居住し、しかも、小鹿と高木は、グラマースクールで学んでいたのである。小鹿は、もともと海軍学を学ぶ意思をもっていたので、横井兄弟、日下部太郎、松村淳蔵らが、事実上、アナポリスの海軍兵学校に入学が決定したことで、海軍兵学校入学の決意を固める。これを海舟日記で見ると、

明治二年三月二一日（一八六九年五月二日）
米国小鹿より来状、海軍学修行いたし度、政府よりミニストル江一言御頼有之は入学出来と申越ス

に始まり、一八六九年一二月八日、横井左平太と薩摩藩の松村淳蔵の二人に対して、正式に海軍兵学校入学許可が出ると、

一一月二七日（一二月二九日）
米国十月出之書翰駿河より来る……米国より来状、海軍兵学校江入り度旨申越

となっている。そして、海舟の種々の働きかけが功を奏し、

一二月九日（一八七〇年一月一〇日）

小鹿海学校入之事御願書可差出旨、柳原殿御内沙汰

の記載のように、政府の内諾が出るが、海軍兵学校からの正式の入学許可は、一年半後の一八七一年六月七日であり、同年一〇月に入学しているのである（一八七二―七三年の *Annual Register of the United States Naval Academy*, p. 16）。なお、吉野（一九七四）では、「明治三年初夏の頃小鹿が米国のアナポリス海軍兵学校に入校するに至ったので」（二六頁）としているが、明治四（一八七一）年の小鹿の海軍兵学校入学の時期とほぼ一年の差異がある。しかしながら、小鹿が兵学校入学のための予備的教育を受けるために、アナポリスに転居した可能性は十分にあり、事実上、小鹿の監督・保護の役割を終えたと思われる富田鐵之助は、明治三年（一八七〇）年一一月、ニュージャージー州ニューアークでW・C・ホイットニーが校長を務める商業学校に入学する。

2　最初のアメリカ留学生と学資給付の決定

慶応四年閏四月二七日、太政官名で「政體書ヲ頒ツ」（閏四月二一日付）が布告された。この政体書には、「天下ノ権力総テコレヲ太政官ニ帰ス……太政官ノ権力ヲ分ツテ立法行政司法ノ三権トナス」とあり[7]、行政機関として「行政官」「神祇官」「会計官」「軍務官」「外国官」の五つの行政組織、立法機関に相当する者として「議政官」、司法機関に相当する者として「刑法官」が設置された。なかでも行政官には、最上位の役職として「輔相」が置かれ、他の四つの行政組織よりも上位の組織として位置づけられた。しかも、輔相には、議政官の「議定」との兼任で、三條實美《さねとみ》と岩倉具視《ともみ》が任ぜられたこともあり、明治二年七月に新しい太政官制が敷かれるまでの間は、「行政官」

が事実上の最上位の意思決定機関・執行機関であった。

この当時の公文書は、『太政類典』や『公文録』に収められているので、この中からアメリカ留学や奨学金給付に関する文書をいくつか紹介しよう。

最初に、『公文録・明治二年』第九巻の「己巳四月～六月、外国官伺」中の「（件名番号4）肥後藩伊勢佐太郎外八人米国海陸学校へ入学ノ儀本藩へ御達ノ儀申立」を紹介しよう。

ここには、①明治二年二月五日付の外国官から上位の行政機関である行政官の「辨事」（役職名）への願い書、②三月二三日の「東京城日誌抜粋」、③四月三日付の外国官から「行政官・辨事」宛の確認・連絡を求める文書、④同じ四月三日付の辨事から外国官宛の連絡文書が採録されているが、この中では、①が最も重要な文書である。

すなわち、肥後藩の伊勢佐太郎（横井左平太の変名）・沼川三郎（横井大平の変名）、越前藩の日下部太郎、薩摩藩の松村淳蔵・杉浦弘蔵（畠山義成の変名）・永井五百介《いおすけ》（吉田清成の変名）・大原令之助（吉原重俊の変名）・吉田伴七郎（種子島敬輔の変名）・長沢鼎の九人について、「朝廷」がアメリカ政府に依頼して「アナポリス海陸軍（ママ）学校（海軍兵学校のこと）」へ入学させることにしたので、それぞれの藩へ連絡してもらいたい旨の文書である。この文書には、アメリカ政府に依頼して九人全員の海軍兵学校入学を認めてもらった旨が記載してあるが、アメリカ政府が日本人六人までの海軍兵学校入学を認めたこととの間で齟齬が生ずる。要は、九人のアメリカ留学を認めたので、各藩に連絡してほしい旨の文書である。明治二年二月五日までに、この九人のアメリカ留学が正式に承認されたことを示す点で重要な文書になる。

なお、上の文書②は、各藩の藩主（細川中将・島津少将・松平少将）に対して出された留学承認の通知文書を「日誌」に記録したものであるが、①の要請からひと月半後のことであった。文書③は、各藩への連絡の有無やその結果についての確認文書であり、文書④は、肥後藩から承知の連絡があった旨の回答文書である。

上の九人のアメリカ留学についての政府承認がなされ、各藩への連絡もすむと、「一ヶ年ニ付一人メキシカンドル六百枚」の学資給付も通知される。薩摩藩への通知は、明治二年五月二〇日（一八六九年六月二九日）であった[8]。「巳五月」の日付の、外国官判事から薩摩藩公用人宛の通知文であり、薩摩藩六人の肩書は「合衆国留学生」となっており、この中には「学業勉励、皇国之御為筋相心得、謹慎修業可致候」の文面も見られる。肥後藩の伊勢佐太郎らへの学資給付については、次に紹介する「勝小鹿」に関する文書に現れるので、ここでは省略する。

ところで、明治二年二月五日までに、アメリカ留学が正式に承認された九人は、先に紹介したフルベッキ書簡（一八六八年一一月一六日（明治元年一〇月三日））に記載された留学生ばかりである。フルベッキの交渉相手の元薩摩藩家老の小松帯刀は、議政官参与（兼）外国官副知事、また、（教え子で）友人の副島種臣も議政官参与であった[9]。しかも、（日下部の福井藩（越前藩）の政治顧問を務めた）横井兄弟の叔父の横井小楠も、議政官参与であり、小松に近い立場にあった。薩摩藩の六人は、アメリカ留学中、経済的に非常に苦しい生活を強いられていた[10]。畠山義成らは、一八六八年九月、ニュージャージー州ニューブランズウィックに立ち寄った薩摩藩士の仁礼景範と江夏《こうか》蘇助《そすけ》に対して、政府へ窮状を伝えて資金援助が得られるように依頼している（犬塚（一九八七b）二二四頁）。仁礼と江夏は、日本へ帰国した後、フルベッキ・小松会談の数日前の一一月五、六日（和暦九月二一、二二日）、小松帯刀を訪ねており[11]、薩摩藩のアメリカ留学生の処遇も検討されたものと思われるのである[12]（犬塚（一九八六b）（一九八七a）及び犬塚（一九八七b）の二二五、二三八頁）。

フルベッキや小松帯刀と直接・間接の人間関係をもつ九人が、まず、アメリカ留学が正式に承認され、しかも、学資給付も、（横井小楠に伝えられた）当初の年五〇〇ドルから年六〇〇ドルに増額されたと思われるのである。実務的には、このように進展したが、この考え方に理論的根拠を与えたのは、同じく議政官参与の大久保利通であった。大久保は、上の実務的な決定の時期よりも少し遅れて、明治元年一二月、日本のトップリーダーの育成を最優先事項と考え、海外留学の必要性を強調し、具体策（公卿・諸侯・藩士から人材を精選抜擢し、政府負担によって留学させる制度）を提言した。[13] 岩倉具視は、大久保の人材育成・留学の進言を採用し、この人材育成策を推進した。しかも、岩倉には、フルベッキとの間の人的関係も見出せるのである。すなわち、岩倉の第三子・旭《あさひ》小太郎（岩倉具定《とも さだ》の変名）と第四子・龍《たつ》小次郎（岩倉具経《ともつね》の変名）は、長崎のフルベッキのもとで英語を学んだ経験をもっていたのである。しかも、フルベッキは明治二年二月に東京に転居するが、その一年後の明治三年二月には、岩倉具定・具経兄弟は、フルベッキを通じて同じオランダ改革派教会（ニューヨーク）のフェリスの世話によって、ニュージャージー州ニューブランズウィックに住まいし、ラトガース・カレッジグラマースクールで学ぶことになるのである。こうしたことを考えると、海外留学に関する大久保の理論的根拠・具体的提案があるとしても、海外留学の学資給付の背後には、フルベッキとの人的関係が見え隠れするのである。

最後に、明治三年八月に、薩摩藩第二次留学生の湯地定基（湯池治右衛門）に対する学資給付が追加的に認められていることを付言しておく（『太政類典 第一編』第一二〇巻の「（件名番号6）鹿児島藩湯池治右門米国へ留学ヲ命ス」）。[14] 前年二月に伊勢佐太郎外が政府留学生となったが、「同人儀如何イタシ候ヤ右伺ニ漏レ」である。フルベッキ書簡（一八六八年一一月一六日（明治元年一〇月三日））の留学生名簿から漏れていたこと（したがって小松帯刀・外国官副知事の名簿から漏れていたこと）が最も大きな原因と思われるが、留学生採用・学資給付の理由が「専ら農政学を研究すべきこと」となっていることからすれば、他の六人とは異なり、湯地が、すでに農政学を学び始めていたことや、[15] 明治二年二月の学資給付理由（アナポリスの海軍兵学校入学）には、（明治政府にとって、統治上、重要かつ緊急性がある政治・法律分野とも異なり）該当しないと判断された可能性も否定はできない。いずれにしても、湯地が一八七〇（明治三）年一月に日本へ一時帰国したことが、[16] 学資給付と結びついたものと思われる。

3　小鹿・富田・高木の学資給付の決定

次に、『太政類典 第一編』第一一九巻の「（件名番号66）米国留学勝小鹿外五名へ学資給与」と『公文録・明治二年』第九巻（己巳四月～六月、外国官伺）の「（件名番号39）米国留学生勝小鹿外五人官費ノ儀申立」を紹介しよう。この二つの文書は、外国官が行政官辨事に伺いをたてたことに対して、明治二年六月に、行政官が、小鹿・富田・高木ら六名を明治政府の海外留学生として認め、学資給付を決めたことを示す文書である。(17)

『太政類典 第一編』第一一九巻の「件名番号66」には、⓪タイトルとして「二年六月 米國留學勝小鹿始六名へ學費ヲ給與ス」、①明治二年一月一〇日付の外国官から行政官辨事宛の届書、②明治二年六月付の外国官知事の伺い書、③一月一三日付の会計官判事から行政官辨事宛の回答書、④同じ一月一四日付の辨事から外国官判事への掛け合い書、⑤明治二年三月二三日付の「市川文吉」に関する外国官から辨事宛の伺い書が採録されている。『公文録・明治二年』第九巻の「件名番号39」にも、配列は別とすれば、一件が追加されていること以外は、「件名番号66」と同一の文書が採録されている。これらの異同に関する検討は、次節で行うこととし、まず大要を紹介する。

最初の文書は、明治二年一月一〇日付の外国官知事から行政官辨事宛の届であり、「去年の冬に（去冬）、英米両国へ留学の学生に対する学資給付を申し立てたが、いまだに何の通知もない。重要な案件なので、諾否を決定の上、通知していただきたい」というのがその趣旨であった。

次の明治二年六月の外国官知事からの伺い書では、仙台藩の富田鐵之助と庄内藩の高木三郎は、勝小鹿とともに「徳川新三位中将家来」の身分となっている。この身分は、この第Ⅱ部の冒頭で紹介したように、海舟の要請によって仙台藩から「貸し出されて」小鹿に随行したとの富田の立場を反映しているものと思われるが、佐幕派の仙台藩や庄内藩の藩士では、学資給付の対象とはなり得ない政治的状況にあったのである。(18) 外国官において、アメリカ等へ留学の「徳川新三位中将家来」の勝小鹿・高木三郎・富田鐵之助、「五年前よりロシア留学」の市川文吾及び「黒田少将家来」の井上六三郎・本間英一郎の六名について検討したところ、「於彼地専出精勤學ノ旨」であったことから、イギリスに留学した者やアメリカに留学していた伊勢佐太郎（横井左平太の変名）らと同様に、一年間に一人に付き、メキシカンドル六〇〇枚を学費として給付したい旨の伺いである。なお、この文書の欄外には、「御指令欽失スレ氏御許容相成リシ趣外務省答アリ」の書き込みがあり、上の外国官知事の伺いが認められたことが示唆されている（明治二年七月、「外国官」より「外務省」に組織編制替え）。明治二年六月に外国官知事から出されたこの文書には、「伊勢佐太郎其外學費被下候同様ノ振合ヲ以一ヶ年ニ付一人メキシカンドル六百枚ツヽ為學費……」とあることから、先に明治政府から留学が認められた横井左平太らに対しても、一年間に六〇〇メキシコ・ドルの学資給付がなされたことを示す文書にもなっている。なお、薩摩藩の六人に対する給付に関する文書としては、前節で紹介したように、明治二年五月の外国官判事から薩摩藩公用人宛の通知文（『鹿児島県史料・忠義公史料 第六巻』に所収）がある。

4　海舟日記と学資給付の決定

さて、このように、明治二年六月には、小鹿・富田・高木に対する一年間に六〇〇メキシコ・ドルの学資給付が決まる。ここでは、この過程を海舟日記によって確認する。

まず、上の明治二年一月一〇日付の文書（外国官知事から行政官辨事宛の届）において「去年の冬に（明治元年一〇～一二月に）、英米両国へ留学の学生に対する学資給付を申し立てた」と記載されていることに関しては、海舟日記には、直接的な記載はない。

しかしながら、海舟は、この年の九月には駿府藩七〇万石の正式な承認を取り付け、一〇月以降は、徳川慶喜の赦免嘆願のために、政府首脳と折衝しているのである（明治天皇が、明治元年一〇月一三日から一二月八日まで東京に滞在していたことから、東京での折衝であった）。すなわち、

慶応四（一八六八）年九月二日
小拙願立之内二ヶ条、所謂清水十一万石并駿州近傍にて七拾万石、奥州為替地御渡可有之御内決有之

明治元（一八六八）年一〇月四日
大久保氏［大久保利通、議政官参与］江一封、返事、明朝可参加旨也

一〇月五日　大久保氏江参ス、前上様御宥免之事、……

一一月一二日　阿州候［蜂須賀茂韶、議政官議定］・宇和島候［伊達宗城、議政官議定・外国官知事］拝謁、我か家万事不行届并我か輩微力……

一一月一三日　大久保氏江尋問、我か実情を内話し、且見込之趣申立へく哉と答……今夕殿下［岩倉具視、議政官議定・行政官輔相］江可参旨之談り（ママ）、夕刻公館江拝趨、（中略）深夜迄酒食を賜ハり、御真率ニ　仰を蒙る

である。この「（中略）」部分には、岩倉具視の誠実さ・識見に感服・敬服した旨が記載されている。この結果、徳川慶喜の赦免嘆願は、

一一月一四日　大久保氏江行く、嘆願下案、内相談、明朝差出可然旨也

一一月一五日　本日嘆願書　御後見御名　差出、夕刻大久保氏再ひ点削〈添削〉、至急認直、御引返進すへき旨内告あり

一一月一七日　亀之助［徳川家達］、従三位中将ニ御拝任有之

である。

この日以降の海舟日記には、三條實美〈議政官議定・行政官輔相〉に拝謁（一一月二〇日）や岩倉具視の公館へ参館（一一月二四日、一二月一〇日）のほかにも、三條と岩倉との関係を示す記載が見られるが、一一月二四日条を後述することを除き、紹介を省略する。なお、「大久保利通日記」の一〇月五日条と一一月一三、一四日条にも、海舟日記と同じ趣旨の記載であるが、一一月一七日条は、「慶喜謹慎御赦免一条尚有議」と記載されている（『鹿児島県史料 大久保利通史料二』二八一頁並びに『大久保利通日記二』四九二―四九三頁）。

さて、本章第1節で述べたように、外国官の実質的・実務的な責任者である小松帯刀〈議政官参与・外国官副知事〉とフルベッキとの間では、明治元年の和暦九月下旬には、事実上、横井兄弟、日下部太郎や薩摩藩士六人、計九人に対する政府留学生採用と学資給付で話がまとまっていたが、海舟は、小松とも、以前から面識があったのである。すなわち、

慶応二年一月二二日

薩藩　西郷真（信）吾［西郷従道］帰国乞暇として来る、小松［小松帯刀］江一封、公法二部頼ミ、真吾は大島吉之助［西郷隆盛］弟也

慶応四（一八六八）年七月八日

小松帯刀来訪、天下之形勢并八州之情実、外国之交際を談す……小松氏之話ニ聞く、太政官職員之取調は肥前臣副島次郎［副島種臣、議政官参与］・土藩福岡藤次［福岡孝弟、議政官参与］之手ニ成ると

である。このほか、七月には、六回ほど、小松に関する記載があるが、重要な記載は、

明治元（一八六八）年一一月三日

小松帯刀殿江一書を送る、加藤弘蔵［加藤弘之、駿府藩大目付］・津田真一郎［津田真道、駿府藩大目付］召たる事ニ付て也

である。すなわち、旧知の小松帯刀に対する書状（加藤弘之・津田真道の政府への就職依頼）である。結果は、加藤弘之が会計官権判事、津田真道が刑法官権判事（海舟日記の明治二年一月二三日条）となっている[19]。

このように、海舟は、岩倉具視や大久保利通らの政府首脳のほか、外国官の実質的・実務的な責任者である小松帯刀とも、公務上の面識があった。特に、旧薩摩藩家老の小松は、九月二一、二二日に、仁礼景範・江夏蘇助から、旧薩摩藩のアメリカ留学生に対する資金援助の依頼を受けており、留学生の経済状況を把握していたのである。しかも、仁礼景範・江夏蘇助は、日本への帰国に先立ってニュージャージー州ニューブランズウィックに立ち寄り、一八六八年九月四日（和暦七月一八日）に畠山義成らの旧薩摩藩士三人に会っているが、そのときには、小鹿、横井兄弟や日下部太郎とも会い、さらに一〇月三日（和暦八月一八日）には、日本へ一時帰国するためにサンフランシスコ滞在中だった富田鐵之助・高木三郎とも偶然に出会っているのである[20]。こうしたことから、海舟が小鹿についての私的な話をしないとして、小鹿の件は、仁礼・江夏を通じて、小松には伝わっていたと思われるのである。

海舟日記には

明治元（一八六八）年一一月二四日
本日、岩倉様江参館、御懇切之御話を蒙る

の記載がある。この詳細は不明であるが、「懇切」という表現からは、公務関連とは考えにくい。加藤・津田の件も、旧幕臣の登用推挙であることからすれば、この条は、小鹿の件のようにも思われるのである。

こうした海舟の立場を前提として、第３節で紹介した史料を検討する。明治二年一月一〇日付の文書（外国官知

事から行政官辨事宛の届）の「去年の冬に英米両国へ留学の学生に対する学資給付を申し立てた」に関しては、これを示す公的文書は残っておらず、また、海舟日記にも直接的な記載がないが、海舟と政府首脳・高官とは、上で述べたような関係にあったことからすれば、明治元年一〇～一二月に、外国官から行政官に対して小鹿・富田・高木らの学資給付の申し入れをしたとしても、不思議ではない。

この文書は、「……学資給付を申し立てたが、未だに何の通知もない。重要な案件なので、諾否を決定の上、通知していただきたい」と続く外国官から行政官に対する照会文書であるが、一月一〇日付で出されたことについては、海舟は、一月五日と一〇日の両日にわたって、外国官に出向き、下関戦争の賠償金の件等について説明していることが、微妙に関連している。これを一〇日の海舟日記で見ると

外国局〈外国官〉より速刻〈即刻〉可罷出旨申来る、町田五位江引合、下之関之償金一件幷火灯之事一話

である。

折しも、明治二年一月五日は、アメリカ留学中の横井兄弟の叔父・横井小楠（六一歳）が刺客の凶刃に斃れた日でもある（『横井小楠關係史料二』九九〇頁及び一〇〇一頁）。最初の明治政府高官の暗殺事件であった。海舟がこれを知ったのは、一〇日であった。すなわち、海舟日記では、

明治二（一八六九）年一月五日の上欄

当節、横井小楠先生於寺町横死　十日承之

である。

ところが、この明治二年一月一〇日付の文書には、学資支給対象者の名簿が付されていなかったことから、会計官では、「英米留学生の学資給付については、昨年のうちに外国官から名前を記載した「端書」によって連絡があ

ったものの、その後は、行政官や外国官のいずれからも、何らの「御沙汰」もないので、外国官において取り纏めて連絡をもらいたい」旨の「回答書」（一月一三日付、行政官辨事宛）を提出しているのである。これに対して、辨事も、「会計官では上のように回答しているので、学生の名前と学資給付額を取り纏めて至急連絡するように」との連絡（一月一四日付、外国官判事宛の文書）をしているのである。

この文書には、「外国官判事御中」の宛名の後に、「追テ別紙御覧ノ上御返却有之候也」の追伸があった。昨年中から英米留学生に対する学資支給が話題となっていたものの、その対象者が明確には決まっていなかったので、明治二年一月一〇日、外国官が海舟の来訪もあり、改めて行政官辨事宛に伺い書を出したところ、（会計官の回答書の件もあって）辨事は、一四日、外国官に対して「（返却を要する）別紙」を添付した上で、学生の名前と学資給付額を至急連絡するように求めたのである。

明治二年一月一〇日付の外国官から「行政官」の「辨事」宛の届書は、『太政類典 第一編』第一一九巻では「（件名番号66）米国留学勝小鹿外五名へ学資給与」に採録され、『公文録・明治二年』第九巻では「（件名番号39）米国留学生勝小鹿外五人官費ノ儀申立」に採録されている届書ではあるが[21]、本来は、小鹿・富田・高木らだけではなく、「横井兄弟、日下部太郎や薩摩藩士六人、計九人」をも対象とした文書ではないか、ということである。この届書には留学生名簿や学資給付額の記載がないことや、昨年から学資給付を申し立てたが、重要案件にもかかわらず、いまだに何の通知もないので、諾否を決定の上、通知していただきたい旨の記載があることが、その根拠である。実は、『太政類典 第一編』第一一九巻では、先に紹介した一月一三日付の会計官判事から行政官辨事宛の回答書の日付が採録の段階で「明治三年」と誤記されており、史料の整理が必ずしも万全ともいえない面もあることから補って考えることも必要になる。

このように明治二年一月一〇日付を捉えると、一月一四日付文書の（返却を要する）別紙の内容は、小鹿・富田・高木・横井兄弟・日下部ら一五人の中から、米国海陸学校への入学を留学事由とした横井兄弟、日下部太郎や薩摩藩士六人、計九人に限定し、一人六〇〇メキシコ・ドルの給付を決めたということになろう。そして、この別紙に従って、本章第2節で見たように、さっそく、明治二年二月五日付の「外国官から行政官辨事宛の願い書（肥後藩伊勢佐太郎外八人米国海陸学校へ入学ノ儀本藩へ御達ノ儀申立）」が出されたのではないのか。この解釈が正しいとすれば、明治二年二月の段階で小鹿・富田・高木に対する学資給付が認められなかった理由は、留学事由を（他の九人のように）「右學生全九人アナポリス米国海陸軍學校へ入学」とすることが困難であったためではないのか（富田と高木は、戊辰戦争を戦った藩の出身であったという政治的な状況に加え、海軍兵学校入学年齢を超えていたのである）。[22]

さて、上のストーリーはともかくとして、三月以後の展開は、海舟日記の通りである。すなわち、

明治二（一八六九）年三月二〇日　
海外江留学之者入費、従　朝廷御貯被下置旨ニ付、其主人より可願旨、加藤弘蔵［加藤弘之］より申来る

三月二四日　留学者之事ニ付願書差出ス

である。翌二五日には、（先に述べたように、前年一一月三日、海舟の推挙によって会計官権判事に就いた）加藤弘之に会い、この件を頼んでいるが、結果は、残念ながらなぜか、

四月一二日　留学入費之義願不叶

であった。

ところが事態が急展開し、二か月後には、

六月一三日　当月九日出関口之書状到来、外国留学之者入費弥　朝廷より被下置候旨也

六月二二日の上欄に記載　去ル十八日忰并高木・富田共留学入費、六百弗宛被下置旨御達

となったのである。[23]

前年には、徳川家達《いえさと》が駿府藩七〇万石として徳川家を相続し[24]、徳川慶喜も赦免されたが、明治二年六月には、海舟は、その後処理のために、東京の大久保利通を訪ねている（明治政府は、天皇の東京再行幸を機に、明治二年三月二八日、「太政官」を京都から東京に移転している[25]）。すなわち、

六月二二日　今朝、大久保氏江行く、大判之事并跡々御所置ニ可応儀、……無腹臓申立る
六月二五日　大久保氏江行く、引替之事、三河御高、昨年之年貢米……内談、且金貨之事幷手記借置く
六月二七日　大久保殿江監察局之手扣六本差出ス、且引替金之事、浜口之事等

である。他方、「大久保利通日記」では、六月二五日の「勝房子（安房）来臨」との記載のみであり、両者を比較すると二人の政治的力関係がそれとなく分かる記載にもなっている。

さらに、

七月六日　大久保殿より、岩倉様江今日参館、心裡可申上旨来る、即刻参堂、駿藩所置之事申上ル
七月一八日　外務大丞被　仰付

である。海舟は、初めて明治政府の高官に任命されたが、辞任を願い出て八月一三日に承認されている[26]。すなわち

八月一二日　夜ニ入弁官より御達、明十三日午之刻礼服着名代参　朝可致旨

である。

上の状況を見ると、徳川家達の版籍奉還の事後処理と海舟の外務大丞の任命は、公務上の事項でもあり、政治的にも相互の関連性があると思われるが、小鹿・富田・高木の三人に対する学資給付についても、事前の何らかの配慮があったと思えるのである。

さて本論に戻ると、海舟日記では、加藤弘之からの連絡によって、三月には、留学費給付の願いを出したが、一度、不採用になったものの、六月上旬には、小鹿・富田・高木の三人に対して、一人につき一年六〇〇メキシコ・ドルの学資給付が決まるのである。

最後に、これに関する富田の史料を紹介しよう。吉野（一九七四）によって最初に紹介された『東京府知事履歴書（富田鐵之助履歴）』が、これである。現在、この履歴書は、東京都公文書館の所蔵文書（東京都文化財指定文書）となっているが、この中で、富田の学資給付については、

明治二年七月　其方儀北亜米利加合衆國學校ニ於テ専ラ勉精勤學之旨相聞候ニ付一ヶ年ニ付メキシカンドル六百枚爲學資被下候　　外務省

と記載されている。

なお、この「富田鐵之助履歴」では、富田の生年月日は、天保六年一〇月一六日であり、「任免賞罰事故」欄は、冒頭に紹介した「慶應三年七月　師家勝安房守ノ請ニ依リ……米國ニ留學ス」の記載から始まり、次に上記の記載が続く。その後は、「明治廿一年二月廿一日 日本銀行總裁被仰付 内閣」や「明治廿四年七月廿一日 任東京府知事 内閣」等の職務履歴が記載され、東京府知事辞職に関する記載「明治廿五年十月廿六日 依願本免官 内閣」で終わっている。

5　海軍兵学校留学生に対する奨学金増額とその余波

先に述べたように、一八六九年一二月八日、伊勢佐太郎（横井左平太）と松村淳蔵の二人に、アナポリスの海軍兵学校入学許可が出された（勝小鹿には、一年半後の一八七一年六月七日、兵学校入学許可が出された）。当初、海軍兵

学校留学生に対しては、（横井小楠から横井兄弟宛の書状では）一年五〇〇ドルの学資給付が想定されたが、上で見たように、実際には、他の米国留学生と同額の六〇〇ドルであった。

ところが、伊勢佐太郎と松村淳蔵の兵学校入学直後の明治三年一月一四日（一八七〇年二月一四日）、外務省から太政官の辨事宛に次の内容の伺い書が出されたのである（『太政類典 第一編』第一一九巻「（件名番号57）米国留学生学資処分」）。すなわち、伊勢佐太郎と松村淳蔵の二人は、他の留学生と同額の年六〇〇ドルの奨学金が給付されることになったが、その数か月後に、海軍兵学校に入学したことにより、年五〇〇ドルに減額されることになった。そこで外務省でこの件を検討した結果、年六〇〇ドルに戻すこととしたが、伊勢・松村の二人（あるいはいずれか）から書面でこれでも不足の申し出があった。最近アメリカから帰国した者（横井左平太の弟・大平と推定される人物）から詳細を聞くと、[27]フェリスのいう年五〇〇ドルは、一〇月から翌年四月までの学校開業中の学費であり、年間の衣服料と休暇中の五か月間の生活費が不足するというのである。それで、外務省から学資増額の伺い書が出されたのである。この文書の欄外には、「この件のその後について外務省へ問い合わせたところ、太政官の承認の文書は残されていないが、一年一〇〇〇ドルが認められ、すでに給付している旨の回答があったこと」が記載されている。この一〇〇〇ドルの内訳は、七か月間の学校寄宿料・学費が五〇〇ドル、衣服費その他が一五〇ドル、兵学校休暇中の五か月間の家賃・食費三五〇ドルである。

Annual Register of the United States Naval Academy で確認すると、「入学試験（六月と九月の年二回）」「一学期（一〇月一日から翌年一月三一日まで）」「二学期（翌年二月一日から六月一〇日まで）」という学校暦であった（一八七〇—七一年版 p.21）。このように実際の開校期間は、一〇月から翌年六月上旬までの八か月間であったが、海軍兵学校留学生に対する奨学金は、年一〇〇〇ドル（休暇中も開校期間中も、ほぼ月七〇ドルの計算で、これに衣服費等加算）が給付されることになったのである。

ところで、留学生に対する学資給付が本格化するにともない、明治三年五月には、留学生の中から「学資配分担当（学費等配達方）」が任命されるようになる。[28]イギリス留学生から山口藩（長州藩）・音見清兵衛が任命され（手当金一年二〇〇ポンド）、また、アメリカ留学生から鹿児島藩（薩摩藩）・永井五百介（吉田清成）が任命され（手当金一年三〇〇ドル）、翌月の六月には、外務省から永井五百介に対して、「洋銀九四〇五ドル」が送金されている。[29]その内訳は、薩摩藩六人に対する学資給付金一八〇〇ドル（行き違えで送金が遅れた明治二年一月から六月分の学資。一人につき三〇〇ドル）、薩摩藩六人・伊勢佐太郎・勝小鹿・富田鐵之助・高木三郎・井上六三郎・本間英一郎の一二人に対する学資給付金七〇〇〇ドル（明治三年七月から一二月までの閏一〇月を含む七か月分の学資。一人年一〇〇〇ドルを月数で按分し、一人当たり五八三ドル三三セント）、永井五百介に対する手当金一七五ドル（明治三年七月から一二月までの閏一〇月を含む七か月分の手当金）、平賀礒三郎の帰国費用四三〇ドルであった。

このように、『吉田清成関係文書五 書類篇1』によれば、明治三年六月に海軍兵学校に在学していた横井左平太と松村淳蔵のみならず、官費留学生全員が、海軍兵学校留学生に対する学資増額の恩恵を受け、年一〇〇〇ドルの学資給付を受けていたことになる。

ここで、学資はメキシコ・銀ドルで給付されたので、これをアメリカ・ドル（米ドル）に換算してみよう。すでに第2章で見たように、メキシコ・銀ドルとアメリカ・銀ドルの交換では、メキシコ・銀ドルにいくぶんかのプレミアムが付く。これを五％とすれば、六〇〇メキシコ・銀ドルは、六三〇米・銀ドルに相当する。当時のアメリカは、跛行金本位制を採用していたので、銀貨から金貨への交換はいくぶんの制約はあるものの、ほぼ同額の六三〇アメリカ・金ドルと交換される。アメリカ西海岸では、金ドル（金貨）が流通していたが、西海岸以外の地域では、金貨との兌換性をもたない紙ドルが流通していた。米国留学生に対して、六〇〇メキシコ・銀ドル（六三〇アメリカ・銀ドル）の給付が決定した明治二年六、七月（一八六九年七、八月）では、紙ドルは金ドルの七三～七五％水準であった（Mitchell（1966）p.310）。すなわち、年六〇〇メキシコ・ドルの学資給付は、ほぼ八五〇米ドル（紙ドル）に相当したのである。

海軍兵学校留学生に対する奨学金が年一〇〇〇ドルに増額されることが決定した明治三年一月（一八七〇年二月）には、「金」ドルが大幅に減価し、交換レートは、八三〜八六％水準にまで変化した（Mitchell（1966）p.312）。すなわち、一〇〇〇メキシコ・ドルの学資給付は、一二五〇米ドル（紙ドル）相当となったが、六〇〇メキシコ・ドルの学資給付では、七五〇米ドル（紙ドル）に過ぎず、半年前よりも一〇〇米ドルも少ない状態になっていたのである。もし当初の想定の通りに海軍兵学校留学生に対する奨学金が年五〇〇ドルのままであったとすれば、紙ドルでは、六二〇米ドル相当となり、さらに大幅な学費・生活費の不足が生じたことになる。伊勢・松村の二人（あるいはいずれか）が外務省に対して書面で不足の申し出をしたのは、こうした経済概況も反映しているようにも思われるのである。

6　富田鐵之助のニューヨーク領事心得と海軍省の学資給付回答書

ところで、留学生数は、明治三年六月には六八名（うち、アメリカ二七名、イギリス二一名）であったが、さらに明治四年には、二八一名（うち、アメリカ九八名、イギリス一〇七名であり、官費留学は、それぞれ、ほぼ半数の四六名、五八名）、明治五年には、三五六名（うち、アメリカ一二一名、イギリス一二五名であり、それぞれ、八一名、八七名が官費留学）と急増していた[30]。

このような動向を見据えて、明治三年一二月二三日には、「海外留学規則」が施行され、留学国での留学生事務は、外国に駐劄する辨務使があたることになった[31]。明治三年閏一〇月、アメリカ駐劄の少辨務使には、森有禮が任命され、「外交」と「留学生の監督」にあたった[32]。実際の留学生の監督には、「官費留学規則取調」が任命された。明治五年二月には、留学生の急増と岩倉使節団の渡米とがあいまって、「特命全権使節」から富田鐵之助、高木三郎、松村淳蔵、畠山義成、吉原重俊、新島襄、白峰駿馬ら一二名が、「官費留学規則取調」を命じられ[33]、富田や高木は、これまでの監督を受ける側から監督する側に変わっている。なお、この一二人の会議には、実効性を担保するために、森有禮少辨務使か田中不二麿文部大丞（岩倉使節団理事官）のいずれかが出席することが求められていたのである。

さらに、この明治五年二月二日に、富田鐵之助は、岩倉具視特命全権大使から「ニューヨーク領事心得」に任ぜられることとなった(34)。すなわち、

紐育在留領事心得ヲ以テ諸事取扱可申候條一ヶ月貮百元下賜候事

である。これを海舟日記で見ると、

明治五年五月五日

富田鉄之助米国ヨールク〈ニューヨーク〉領事官心得、高木三郎華聖頓〈ワシントン〉九等書記官拝命之旨申来

である（高木の「九等書記官」は、正しくは「九等出仕」である）。

ところが、同じ明治五年五月には、海軍省は、アメリカ留学生の宮城・富田鐵之助、酒田・高木三郎、福岡・井上六三郎、福岡・本間英一郎ら一〇名に対して「右ハ壹年壱千弗ノ割ヲ以當壬申参月ヨリ入費差遣ス」旨の回答と、富田・高木については「右云々ノ義有之當五月十五日ヨリ正院へ申立之上當有管轄相除」旨の回答を文部省に対して行っているのである(35)。すなわち、海軍省は、この年の三月から一〇名に対して年一〇〇〇ドルを給付しているが、五月一五日以降は富田・高木が海軍省管轄から外れる旨を文部省に回答しているのである。なお、六〇〇ドルの学資給付が決まった後の公文書の記録を追うと、富田・高木の留学目的が、何らかの理由で「（海軍兵学校留学生ではなかったが）海軍修業」になったために、主管省が「外務省」「兵部省」「海軍省」と変わっており(36)、明治五年の段階では、富田・高木らは「海軍省」主管の留学生であった。

この文書では、明治五年三月から（富田鐵之助・高木三郎・井上六三郎・本間英一郎を含む）一〇名の学資が年一〇〇〇ドルに増額されることになったものの、富田は、この年の二月に岩倉具視特命全権大使から「ニューヨーク領事心得」に任ぜられたために、学資増額の恩恵は受けることはなかったことになる。この点において、明治二年に官費留学となった一二名（富田・高木・井上・本間を含む）に対しては、すでに明治三年七月から「年一〇〇〇ドル」が給付されていたとする『吉田清成関係文書五　書類篇1』採録文書との間に齟齬が生じる。この精査・検討は、別の機会に譲りたい。

7　むすび

海舟は、鳥羽伏見の戦いの後の慶応四（一八六八）年一月二九日に、小鹿・富田・高木三人分として二三〇〇両の為替を送金し、その直後の二月から旧幕臣らに対する金銭出納記録である「戊辰以来会計記」の記載を始めている。これまで海舟は家計を節約して小鹿のための留学費を貯えてきたが、戊辰の変の後の旧幕臣らの経済的支援等に多くの費用を要したことが「戊辰以来会計記」の記載の契機であった。実際、海舟は、慶応四年二月から明治元年一二月までの一一か月間に一七〇〇両ほどを旧幕臣らのために支出していたのであった。

海舟は、明治二（一八六九）年四月二〇日に一〇〇〇両を送金している。前年暮れに高木三郎に預けた五〇〇両の為替と合わせると、三八〇〇両にのぼる。これは、前章で論考したように、一年三か月の間に三人分として二年分（切り詰めた生活を送れば三年分）の留学費を送金したことになる。十分な留学費用を送金したこともあって、海舟は、明治二年六月に小鹿・富田・高木の三人に対して、一人年六〇〇メキシコ・ドルの学資給付が決定してからは、送金を行っていない。

当時、この三人が滞在していたニュージャージー州ニューブランズウィックには、ラトガース・カレッジや付属のグラマースクールがあり、日本人留学生としては、すでに横井左平太・大平兄弟と福井藩の日下部太郎が学んでいた。薩摩藩の畠山義成・吉田清成・松村淳蔵も、小鹿・富田・高木の三人からいくぶん遅れて、ラトガースで学び始める。これらの日本人留学生は、いずれも経済的に非常に窮屈な留学生生活を送っており、小鹿・富田・高木とは対照的であった。

横井兄弟と日下部太郎の留学生活は、日本でのプロテスタント布教をミッションとした（アメリカの）オランダ改革派教会から種々の強い支援によって支えられていたし、薩摩藩の三人のラトガース留学にも、オランダ改革派教会が介在していた。

オランダ改革派教会は、彼らの希望を叶えるために、アメリカ国内では、日本人の（アナポリス）海軍兵学校入学を可能とする政治的働きかけを行い、これを実現し、日本国内でも、フルベッキを通して、彼らを正式な留学生として承認し学資を給付することを働きかけている。

この問題の日本政府の実質的な責任者は、（旧薩摩藩士で）議政官参与（兼）外国官副知事の小松帯刀であった。横井兄弟の叔父の横井小楠も、（福井藩の政治顧問を務めた経験をもち）議政官参与であったことから、小松帯刀に対して学資給付の働きかけをし、アメリカから帰国した薩摩藩士も、滞米留学生の窮状を伝えている。海舟も、公務上、以前から小松帯刀と面識があり、この時期には、加藤弘之・津田真道のために就職依頼状を小松へ出しているのである。

議政官参与の大久保利通は、明治元年一二月、日本のトップリーダーの育成を最優先事項と考え、海外留学の必要性を強調し、具体策（公卿・諸侯・藩士から人材を精選抜擢し、政府負担によって留学させる制度）を提言し、明治政府部内でも、この人材育成策が推進されることとなった。

こうした状況の中、明治二年二月、横井兄弟、日下部、薩摩藩の畠山・吉田・松村に加えて、薩摩藩の吉原重俊・種子島敬輔・長沢鼎の九人の海軍兵学校入学と、一人当たり一年六〇〇メキシコ・ドルの学資給付が認められる。速やかに彼らの本来の藩に連絡してほしいとの外国官の要請にもかかわらず、薩摩藩への正式連絡は、五月であった（薩摩藩の六人の身分は、「合衆国留学生」であった）。

小鹿・富田・高木に対する学資給付の動きも、明治二年一月頃から始まるが、海軍兵学校入学に該当しないためか、学資給付の決定もいくぶん遅れる。上の九人に決定後の三月、海舟は、加藤弘之からの連絡により、小鹿らに対する学資給付の願い書を出すものの一時不採択になるが、六月に決定をみる。小鹿・富田・高木の三人ともに、「専出精勤學」を留学事由としての一年六〇〇メキシコ・ドルの学資給付であった。

上の九人の中では、横井左平太と松村淳蔵の二人が、一八六九年一二月に海軍兵学校に入学する。その直後の明治三年一月（一八七〇年二月）、海軍兵学校留学生に対する学資給付は、年一〇〇〇メキシコ・ドルに増額される。これにともない、官費留学生に対する学資も、年一〇〇〇ドルに増額されたと思われるが（『吉田清成関係文書五　書類篇1』一一―一六頁）、別の史料では、富田・高木・井上・本間らに対する学資は、明治五年三月から年一〇〇〇ドルに増額されている。いずれにせよ、富田は、明治五年二月に岩倉具視特命全権大使からニューヨーク領事心得に、また、高木も、外務省ワシントン駐在書記官に任ぜられたことから、五年間に及ぶ二人のアメリカ留学生活は終わる。

（1）　一八七〇―七一年の *Annual Register of the United States Naval Academy* によれば、伊勢佐太郎（横井左平太の変名）と松村淳蔵の二人の海軍兵学校入学許可の日付は、一八六九年一二月八日であるが（p.20）、一八七二―七三年の *Annual Register* を見ると、松村淳蔵は、一八六九年一〇月入学生と同じクラスであった（p.12）。なお、犬塚（一九八七ｂ）には、アメリカの海軍兵学校に入学した日本人名簿が掲載されている（二三九―二四〇頁）。

（2）松村淳蔵は、一八七三（明治六）年に海軍兵学校卒業後に帰国するとすぐに、中佐に任ぜられている。時の海軍卿は勝海舟であった。さらに、明治九年には、（海軍兵学寮を組織替えした）海軍兵学校の初代校長となっている。

（3）元薩摩藩家老の小松帯刀のことであり、「外務卿」は、『フルベッキ書簡集』の「外務卿」（一三五頁）によっている。杉井（一九八四）一〇三頁に所収された日記原文でも、"Minister of foreign affairs" である。当時の小松の正式の役職名は、議政官参与（兼）外国官副知事である。また、『フルベッキ書簡集』では、副島種臣を「参議」としているが、正式には、小松と同様、議政官参与である（杉井（一九八四）の日記原文では "member of Parliament" である）。

（4）別紙2（明治元年九月一九日）は、七月以降の戊辰戦争の詳細な状況レポートであるが、末尾は「当月改元、是より御一代一号也」で結ばれている（『日本思想大系55』四九三頁）。

（5）高木（二〇〇六）には、横井左平太が海軍兵学校退学後にフェリスに宛てた英文の書簡（一八七二年一二月四日）が紹介されている。これによれば、フェリスの助力によって、日本人学生六人まで、海軍兵学校に入学する許可を得たこと、日本からは、横井兄弟と日下部太郎が入学する予定であったが、弟と日下部の二人が死亡したこと等が記されている。

（6）杉井（一九八四）は、後に薩摩藩の松村淳蔵が海軍兵学校に入学した事実にまったく着目することなく、横井小楠の至誠院（横井兄弟の母）ほか二名宛の書状（明治元年九月一六日（一八六八年一〇月三一日））の中の「左平太兄弟幷薩州生兩人・越前八木八十八都合五人之人さし迄いたし申来候」の「薩州生兩人」の記載が上記別紙1の内容（「薩生一人」）と矛盾することや、フルベッキ書簡（一八六八年一一月一六日）では「海軍専攻」の留学生として松村淳蔵と吉田清成の二人が想定されていることから、別紙1の「薩生一人」は、「海軍兵学校入学の留学生名簿は確定することができない」（一〇六頁）としている。

（7）『太政類典 第一編』第一五巻の「（件名番号8）政体書ヲ頒ツ」による。

（8）薩摩藩へ通知の日付は、『鹿児島県史料 忠義公史料 第六巻』二五六―二五七頁及び犬塚（一九八七b）二二七―二二八頁による。『鹿児島県史料 忠義公史料 第六巻』では「壱人一ケ月洋銀六百元宛ヲ」（二五六頁）とし、犬塚（一九八七b）も「一人一ヵ月六百ドルの学費支給」（二二七頁）と記載している。『鹿児島県史料 忠義公史料 第六巻』冒頭の「例言」には、明治元年一〇、一一月と明治二年、三年の「底本」が欠本であることから、東京大学史料編纂所蔵の「稿本」で補正した旨が記載されているので、東京大学史料編纂所の「島津家文書マイクロ版集成（Hdup.M-38-367）」で確認すると、これも「壱人一ケ月洋銀六百元宛ヲ」となっている。しかしながら、種々の資料から判断すれば、「一ヵ月六百ドル」ではなく、「一年六百ドル」が正しい。

（9）それぞれの肩書は、『職員録』明治元年十二月 官員録改』による。

(10)「畠山義成より薩摩藩庁への書簡（一八六九年五月）」（犬塚（一九八七a）及び犬塚（一九八七b）の二二五―二二八頁に所収）を参照のこと。また、薩摩藩留学生の借入金（米国紙幣一〇〇〇ドル）の一時立て替え許可については、犬塚（一九九〇）所収の「森有礼より岩倉全権大使への書簡」（明治五年二月二三日）を参照のこと。

(11)犬塚（一九八六b）所収の「仁礼景範航米日記 その二」では、一一月五日（和暦九月二一日）、小松帯刀を訪ねる前に、横井小楠を訪ねて、横井兄弟の書状を渡している。「彼大ヒニ喜悦セリ」である。

(12)このとき以降の政府による留学生に対する（事実上の）対応が、薩摩藩留学生にはうまく伝わっていなかったようである。「畠山義成より薩摩藩庁への書簡（一八六九年五月）」は、経済的困窮の訴え、アメリカ海軍兵学校入学に関する日米政府間の経緯、帰国後に有為の人材となること等を伝えて経済的支援を求めているが、政府から薩摩藩への正式連絡は、本文でも紹介したように、明治二年五月二〇日（一八六九年六月二九日）であった。

(13)石附（一九九二）一七六―一七八頁による。

(14)この「件名番号6」の見出しは、「湯池治右門」となっているが、「件名番号6」に採録された「本文」では、「湯池治右衛門」となっている。

(15)犬塚（一九八七a）一七八頁によれば、湯地は、明治四年一〇月、マサチューセッツ州立農科大学卒業である。

(16)「一八七〇年一月一日、湯地がサンフランシスコから（日本に向けて）出港」の旨が、種子島敬輔から吉田清成宛の書状（一八七〇年一月一三日付）に記載されている（『吉田清成関係文書二 書翰篇2』二五三頁）。

(17)渡辺（一九七七）は、小鹿・富田・高木ら六人に対して、「最初の「留学被仰候事」ということを決め、留学手当を支給している」（二一二頁）と記載しているが、「最初」の留学の決定は、前節で論考したように、横井左平太（伊勢佐太郎）ら九人に対する「アナポリス海陸軍学校」入学・学資給付の決定である。

(18)榎本武揚の箱館・五稜郭での降伏開城は、明治二年五月一八日である。

(19)『職員録 明治二年二月官員録改』による。なお、津田真道の刑法官権判事については、海舟日記の明治二年一月一九日の上欄と二二日条にも記載がある。

(20)犬塚（一九八六b）所収の「仁礼景範航米日記 その二」による。なお、仁礼景範と江夏蘇助は、翌年二月一七日には、大久保利通宅も訪ねているほか、江夏は、四月には他の薩摩藩士とともに三回ほど大久保利通宅を訪ねている（『鹿児島県史料 大久保利通史料一』並びに『大久保利通日記二』による）。

(21)「件名番号66」の本文には、「二年六月 米國留學勝小鹿始六名へ學費ヲ給與ス」のタイトルが付けられているが、「件名番号39」には、タイトルは付けられていない。

(22)*Annual Register of the United States Naval Academy* には、一五項目の入学不適格要件が記載されており、身体的要件は、「項目14」に記載されている。一八六九―七〇年版では、一四歳から一八歳まで年齢ごとに入学に必要な

(23) 身長（例えば、一四歳では四フィート一〇インチ以上、一八歳では五フィート四インチ以上）が定められていたが、一八七〇—七一年版では、（年齢を問わず）五フィート以上に変更されている。

(24) 海舟日記によれば、慶応三（一八六七）年三月二八日、小鹿のパスポートを幕府に申請し、四月六日に外国奉行から受け取っている。明治二年四月には、海外渡航志願者の願い出方法が変更された。すでに渡航している者も、改めて渡航申請する義務が生じた。勝小鹿（徳川新三位中将家来、安房惣領、巳16歳）には、明治二（一八六九）年六月九日、外国官知事・伊達中納言（伊達宗城）からパスポートが発行された（「勝小鹿海外渡航許可証写」は、『勝海舟関係資料 文書の部』一〇四—一〇八頁）。

(25) 明治二（一八六九）年六月一七日、版籍奉還によって徳川家達は、静岡藩知事となる。

(26) 明治初年の政府機関の所在については、いまだ定見がない（松山（二〇一四）四一頁）。明治二年三月二八日の「太政官」の東京移転以降、政府機関は、順次、東京へ移転することになる（松山（二〇一四）四八—四九頁）。明治維新期の「太政官」の実相は、まったく不明であるが、明治二年七月以降は、新しい太政官制が敷かれ「官省」として実質的に機能する。すなわち、それまでの最上位の行政機関であった「行政官」が組織編制され、「太政官」の下に民部省・大蔵省・外務省など「六省」が置かれることになる。なお、政府機関の東京移転以前には、東京城（前の江戸城、後の皇居）には明治政府の東京出張所が置かれていた。本章第2節で紹介した明治二年三月二三日の「東京城日誌抜粋」は、この東京城の日誌である。

(27) 明治二年七月八日、「外国官」は「外務省」に組織替えされ、「太政官」の管轄下に置かれることになった。これにともない、役職名も、これまでの「外国官知事」「外国官副知事」等から「外務卿」「外務大輔」「外務少輔」等に変更されている。なお、「外国官」は、（東京遷都の前に）他の政府機関に先駆けて明治元年九月に東京に移転している。政府中枢を構成する「議政官」や「行政官」が京都に置かれたこと、また、外国官知事や副知事が議政官議定や参与も兼ねていたことから、外国官上層部も、（東京遷都の）明治二年三月までは、主として京都に在住したものと思われるが、東京遷都と外務省への編成替えによって、外交政策決定の円滑化が促進されるようになった。

(28) 横井大平は、一八六九年七月にアメリカを出国したが、明治二年七月一三日（一八六九年八月二〇日）に海舟に帰国挨拶をしている。

(29) 『太政類典 第一編』第一一九巻の「（件名番号68）三條公恭従英国留学戸田三郎へ学資ヲ賜ヒ并同国留学音見清兵衛米国留学永井五百介へ」による。

(30) 『吉田清成関係文書五 書類篇1』に採録された「留学生学費手控／外務省」及び「留学費用に関するメモ／吉田清成」による（一一一—一一六頁）。

各年の留学生データは、渡辺（一九七七）の二二四、二五三、二六六頁による。

(31) 渡辺（一九七七）二一八頁による。
(32)『森有禮全集 第二巻』二四七―二四九頁に、このときの「辞令」が採録されている。
(33) 犬塚（一九八七b）所収の「杉浦弘蔵ノート 第二」による。
(34) 辞令は、吉野（一九七四）二九頁による。なお、富田と同じ時期に、「官費留学規則取調」を命じられた高木三郎は、ワシントン駐在書記官となった。また、新島襄は、岩倉使節団理事官の田中不二麿・文部大丞の通訳（三等書記官心得）を務め、吉原重俊は、岩倉使節団使節随行心得（三等書記官）となった。畠山義成は、三等書記官として岩倉使節団に最初から随行し、久米邦武のもとで『特命全権大使米欧回覧実記』の編集等に携わっている（『実記』の「例言」（一一頁）を参照のこと）。畠山義成は、この重要な本務がありながら、滞米中に「官費留学規則取調」を命じられたのである。
(35)『公文類纂』（明治五年巻22）の「丙三号大日記 文部省へ回答 奈良真志官費留学の件」による。
(36)『公文類纂』（明治四年巻37）の「丙二号大日記 谷元兵右エ門外五名引続留学の件 正院へ申出」「甲一号大日記 奈良新一外一三名留学御達の件史官来牒」は、富田と高木の主管省が「兵部省」であることを示す文書である。
なお、勝海舟は、「明治二年七月 外務大丞（八月に辞任）」「明治三年一一月 兵部大丞（翌年六月辞任承認）」「明治五年五月 海軍大輔（八月謹慎処分）」に任命されていることから、富田・高木に対する学資給付の主管省が「外務省」「兵部省」「海軍省」と変わったことも、何らかの関係がある可能性が高い。

第Ⅲ部　アメリカ留学事始

はじめに

　明治二〇年代に日銀総裁や東京府知事を務める富田鐵之助（仙台藩士）は、文久三（一八六三）年に勝海舟の「氷解《ひょうかい》塾」塾生となったが、海舟の長男の小鹿《ころく》のアメリカ留学に伴い、高木三郎（庄内藩士）とともに、小鹿の監督・同伴者に選ばれ、慶応三（一九六七）年七月二五日、コロラド号で横浜からアメリカに向けて出発した。このとき、仙台藩は、通弁修行・富田の従者の名目で、高橋是清（後の日本銀行総裁・大蔵大臣・内閣総理大臣）と鈴木知雄（後の旧制第一高等学校教授・日本銀行出納局長）もコロラド号に乗船させ渡米させた。

　富田と高木は、日本国内の急変を憂慮し、横井小楠の甥二人に小鹿の後見を託し、ほぼ半年をかけて、明治元（一八六八）年一一月一八日に帰国するものの、海舟に諭されて、一か月後の一二月一九日、横浜から再びアメリカに渡り、翌年二月にニューヨークに着く。

　小鹿はもともと私費留学であり、富田と高木は、それぞれの藩の費用での留学であったが、明治政府の積極的な留学生政策の推進と海舟の尽力によって、明治二年七月には、三人ともに官費留学（一年につき六〇〇メキシコ・ドルの学資給付）に切り替わる。

　第Ⅰ部や第Ⅱ部では、上の事項を詳細に考察しているが、この第Ⅲ部では、富田とその関係者のアメリカ留学生活そのものに焦点をあて考察する（これと関連する日本のグローバル化の始まりについては、高橋（二〇一五a）や（二

○一五b）を参照のこと）。

第1章は、初期の留学生の多くがアメリカ・プロテスタント諸教会（とりわけオランダ改革派教会）と関わりをもち、アメリカ留学を実現していることから、受け入れ側のアメリカ諸教会の海外宣教について考察する。小鹿・富田・高木のアメリカ留学の開始時においては、彼らとプロテスタント諸教会との直接的な関係は見られないが、留学後にオランダ改革派教会と関わりをもつことによって、アメリカ留学生活も軌道に乗る。この点からもアメリカ諸教会の海外宣教政策を考察することが重要になるのである。

第2章は、ニュージャージー州ニューブランズウィックでの留学生活を中心にして、富田鐵之助の交流を見ていく。すなわち、第一に、上で述べた緊急一時帰国前のニューブランズウィックでの交流を考察する。第二に、富田と高木は、緊急一時帰国に際して、横井兄弟（前述の横井小楠の甥二人）に小鹿の後見を託したことから、海舟と横井小楠・横井兄弟との間に何らかの人的関係があることが想定されるので、この人的関係を明らかにする。第三に、その横井兄弟は、オランダ改革派教会と密接な関係をもって、ニューブランズウィックに来着した最初の日本人留学生であることから、彼らの留学生活を考察することによって、当時の留学事情を知る手がかりとする。この第2章の貢献は、『大童《おおわら》家文書』によって富田・高木・小鹿の下宿先を特定したこと、また、これにより横井兄弟、日《くさ》下部《かべ》太郎、薩摩藩第一次留学生の畠山・松村・吉田との交流を考察したことにある。

第3章では、富田が一五か月の留学生活を送ったニューブランズウィック近郊のミルストーンでのコーウィン牧師（オランダ改革派教会牧師）との関係や、日本人留学生との交流・別離について考察する。この第3章の貢献は、アメリカの一八七〇年人口センサスから、富田鐵之助とコーウィン牧師、アメリカに一時帰国中のバラ、岩倉具視の子息（岩倉具定（変名は旭小太郎））らの個人記録を探し出したことにある。特に、富田がコーウィンの牧師館に住まいしたことは、Griffs（1916）において示唆されたところではあるが、一八七〇年人口センサスからこの事実を明らかにしたことにある。

明治政府の積極的な留学生政策により、アメリカ留学生も明治三年以降に急増する。第4章は、明治三年のアメリカ留学生（とりわけ、ニューブランズウィック留学生）について概観する。多くの先行研究は『男爵目賀田種太郎』に依拠しているが、この章では、『男爵目賀田種太郎』自体が、目賀田種太郎とともに渡米した松本壮一郎の「亜行日記」に基づいていることを論考する。

第5章は、富田のアメリカ留学生活の締めくくりとして、ニュージャージー州ニューアークの「ブライアント・ストラットン・アンド・ホイットニー・ビジネス・カレッジ（Bryant, Stratton and Whitney Business College）」での留学生活について考察する。校長のホイットニーは、富田と森有禮の商業教育に対する思いを具現して設立された「商法講習所（一橋大学の前身）」教師として、明治八年に東京に招聘されることになることからも、重要な考察となる。この章では、アメリカ一八七〇年人口センサスからホイットニー一家を抽出し紹介するとともに、商法講習所関連資料からビジネス・カレッジのカリキュラムを推論する。

第6章と第7章は、海舟日記の紹介である。第6章は、海舟の視点から明治三年のアメリカ留学生（主としてニューブランズウィック留学生）を捉え直し、第7章は、ニューブランズウィックのラトガース・カレッジ卒業後に来日したグリフィスやクラークと海舟との関係を論考する。これに加えて、第7章では、海舟日記の「富田ゟ福沢江之書状等頼む」の記載から、富田鐵之助と福澤諭吉との交流がこの時期から始まったものと推測できる論拠を示す。

岩倉具視特命全権大使から「官費留学規則取調」やニューヨーク領事心得に任ぜられることで、富田鐵之助のアメリカ留学は終わる。第8章は、この官費留学規則取調の役割とその人的関係についての考察にあてられる。官費留学規則取調は、一九八七年に犬塚孝明によって翻刻された「杉浦弘蔵ノート」に基づくものであるが、ここでは、岩倉具視に出された「勅旨」との関連でこの役割を考察するとともに、これ以後に富田鐵之助と深い関わりをもつ人々との人的関係を考察する。

この第Ⅲ部の内容は、関連分野の専門家にとっては周知のことかもしれない。例えば、第1章の内容は、一部の日本キリスト教史の研究者にとって、また、第5章の内容は、「一橋大学校史」に関心をもつ関係者にとっては、周知のことかもしれない。第2章や第3章で言及する薩摩藩関連資料も、薩摩藩留学生に関心をもつ関係者にとっては、周知のことかもしれないが、研究の中心は、あくまでも薩摩藩留学生であり、佐幕派の仙台藩の富田との交流は、まったく視野に入っていない。例えば、薩摩藩留学生の吉田清成を考察の中心に据えた研究論文である田中（一九九六）では、小鹿・富田・高木が、吉田書簡にその名前が記載された単なる留学生としてのみ位置づけられており（九頁）、ニューブランズウィックですぐ隣に住まいしたことは、まったく把握されていない。また、旧制第三高等学校校長の折田彦市の研究書である厳（二〇〇八）では、森有禮少辨務使に随行し渡米した者の名前を英文資料から起こしているが、そのひとりは、なぜか、「あらいつねのしん」と平仮名表記になっており（七七頁）、「新井常之進（新井奥邃《おうすい》）」には思いが至っていない。

この第Ⅲ部で取り上げた各事項は、それぞれの分野の研究者にとっては周知の事項が多いが、富田（あるいは間接的に勝海舟）に焦点をあてて考察することによって、既存研究の事実誤認を指摘し、これまで等閑視されていた事項を浮かび上がらせる。第Ⅲ部は、こうしたことを通して、従来の研究を連結する役割、すなわち、これまでの狭い専門分野に焦点をあてた研究をつなぐネットワーク的役割を果たすことを大きな目的にしている。

第1章　アメリカ・プロテスタンティズムと日本での宣教拡大活動

1　アメリカ・プロテスタンティズムと海外伝道

一八世紀後半から一九世紀前半にかけて欧米のキリスト教世界（プロテスタント世界）では、キリスト教の既成宗教化に対する反発から、信仰復興運動（リバイバル）が起こった。(1)この時期のプロテスタントの海外伝道も、この信仰復興運動の影響を受けて新しい展開をみせた。また、世界史的に見ると、この時期は、欧米（キリスト教世界）が非キリスト教世界に対する軍事的・政治的（外交的）優位性を確立し、経済的利得と経済的優位性を確保する時期であり、キリスト教の海外伝道は、こうした状況に呼応し、キリスト教それ自体の宣教とともに、欧米の価値観を広める文化的活動の役割（軍事的・政治的（外交的）側面を後方から支援する役割）を果たすこととなったのである。(2)すなわち、経済的利権の確保、それに向けた軍事・政治（外交）体制の強化、キリスト教伝道の三位一体の展開である。

一七九二年、イギリスでは、プロテスタント福音主義教派による海外伝道のための連合体組織として「ロンドン宣教会（London Missionary Society）」がつくられた。(3)この非教派主義の海外伝道の考えは、アメリカのオランダ改革派、長老派、組合派（会衆派）に継承され、(4)一八一〇年、この三つの派の外国伝道機関として「アメリカン・ボード（American Board of Commissioners for Foreign Missions）」が組織される。アメリカン・ボードは、国内のチェロキーらのネイティブ・アメリカンに対する伝道を手始めに、国外ではマルタ、シリア、トルコでの伝道、ハワイ諸島での伝道に続き、タイや清国等での伝道も行っていたが[5]、社会意識の変化、教会組織の変更、世界情勢の変化等から、一八三一年には、「長老教会外国伝道局（Board of Foreign Missions of the Presbyterian Church in the USA）」、翌一八三二年には、「オランダ改革派教会外国伝道局（Board of Foreign Missions of the Reformed Dutch Church）」がつくられる状況となった。一方、ドイツ改革派教会は[6]、一八三八年になって外国伝道局（the Foreign Missionary Board of the German Reformed Church in the United States）を設置し、同年、アメリカン・ボードにも参加する状況になっていた。アメリカのプロテスタント福音主義各派の外国伝道局の設置は、非教派主義の海外宣教の中で、自派の独自色を出そうとする試みであったが、一八五七年、オランダ改革派外国伝道局は、アメリカン・ボードから分離独立し[7]、他派も、一八七〇年までには分離独立し、一八七〇年以降、アメリカン・ボードは、事実上、組合派（会衆派）の外国伝道機関となっていく。

2　アメリカ・プロテスタント諸教会による拡大宣教活動

幕末の軍事・政治（外交）、経済、キリスト教伝道の三位一体の展開は、「ペリー提督の軍事による日本の開国、アメリカ総領事ハリスの外交による日米通商の開始、ヘボン（長老派）・フルベッキ（オランダ改革派）らによる知識の開窓」として要約できるであろう[8]。

ペリーの日本開国の動機は、日本との通商、難破した捕鯨船員の扱いの改善、カリフォルニア・チャイナ間の太平洋航路の寄港地等を目的としたものである[9]。しかしながら、これまで主目的については研究者間で意見の相違があったが、近年では、「明白な神意（Manifest Destiny）」の信念も有力な考え方になっている（三谷（二〇〇三）八二―九三頁）。すなわち、アメリカは、一九世紀中葉のオレゴン紛争の解決、テキサス併合、カリフォルニア編入等により、太平洋に長大な海岸線をもつ国家となった。アメリカの急速な領土の拡大・膨張は、「明白な神意」の結果であり、さらに、太平洋を越えチャイナに進む信念にもなったのである。日本は、チャイナへの道の経由地（特に石炭補給地）であった。ペリー自身も、アメリカ聖公会（監督派教会）に属し[10]、「信仰厚く、航海中も毎日聖書を読むのを欠かさず、日本開国の命をもって、日本宣教の門戸を開く機会となる光栄ある使命[11]」として受け取っていたのである。結果は、第一次日本遠征（一八五三年七月（嘉永六年五、六月））に続く、第二次日本遠征における日米和親条約の調印（一八五四年三月三一日（嘉永七年三月三日））であった。

ハリスは、一八五六年八月、下田に着任し、総領事館（柿崎村・玉泉寺）を開設し、日米修好通商条約交渉に着手した。翌一八五七年一二月には、江戸に入府し[12]、将軍徳川家定に拝謁し、国書を呈し、一八五八年七月二九日（安政五年六月一九日）には、日米修好通商条約が調印されるに至った。キリスト教的には、この条約の第八条が重要である。すなわち、

日本に在る亞米利加人自ら其の國の宗法を念し禮拜堂を居留場の内に置も障りなし　並に其建物を破壊し亞米利加人宗法を自ら念するを妨る事なし……日本長崎役所に於て踏繪の仕來は既に廢せり

American in Japan shall be allowed the free exercise of their religion, and for this purpose shall have the right, to erect suitable places of worship. No injury shall be done to such buildings, nor any insult be offered to the religious worship of the Americans...... The government of Japan has already abolished the practice of trampling on religious emblems.

である[13]。この第八条に対して、「幕府が何ら難色を示さず疑問ももたなかった」ことは、「聖公会会員のハリスにとって非常な驚きであり、感謝であった[14]」。これにより、「宣教の拡大活動」、すなわち、医療・英語教育・社会教育

を通じて、居留地に出入りする日本人とキリスト教との関わりができるのである。[15]この視点から、ハリスは、上海の聖公会宣教師に対して

日本宣教の将来の成功は派遣される初代宣教師の性行、態度、人格によるものである。……学校を興し、英語を教え、貧民に施療することなどが有益である。従って日米通商条約は貿易の開始ばかりでなく、キリスト教の開教第一歩である。

と書簡を送っているのである。[16]

日米修好通商条約が調印された二か月後の九月、長崎に碇泊中のアメリカ商船ミネソタ号に、日本来航時のペリー艦隊の首席通訳官を務めたS・W・ウィリアムズ、上海・水兵館付き司祭のアメリカ聖公会のE・W・サイル、アメリカ海軍（ポーハタン号）従軍牧師のオランダ改革派のH・C・ウッドが集まり、日本宣教問題を論じた結果、三人の連署で、アメリカ聖公会、アメリカ長老教会、アメリカのオランダ改革派教会の外国伝道局に対して宣教師の日本への派遣を要請するに至った。[17]S・W・ウィリアムズは、アメリカン・ボードから清国に派遣された宣教師（日本漂流民を乗せたモリソン号乗船や通訳として二度にわたるペリー艦隊乗船の経験をもつ宣教師）であったが、本来は、長老派の宣教師であった[18]（すでに述べたように、長老派やオランダ改革派はアメリカン・ボードに加わりながら、一八三〇年代初めに、それぞれの外国伝道局も設置している）。

これに応じて、アメリカ聖公会は、一八五九年五月に清国派遣宣教師J・リギンスを、さらに、六月には清国派遣宣教師C・M・ウィリアムズを長崎に送った。[19]この一八五九年は、アメリカ聖公会にとっては、一〇年来の懸案事項（イギリス聖公会との間の清国ミッションの管轄権）も、イギリス国教会（聖公会）が浙江省、アメリカ聖公会が江蘇省（上海を含む）で決着した年でもあった。[20]同年一〇月には、長老派のヘボンが宣教医として夫人とともに横浜に到着し、一一月には、オランダ改革派のブラウン夫妻とシモンズ夫妻が横浜に、新婚のフルベッキも単身、長

崎に到着した[21]。Cary（1909）の評価では、彼らは「日本におけるプロテスタント宣教師団の活動開始の栄誉を担う六名の宣教師」（日本語訳、七一頁）であった。さらに、翌一八六〇年四月にはアメリカバプテスト自由伝道協会からゴーブル夫妻も横浜に到着する[22]。清国では、外交で列強を制したイギリスがキリスト教宣教でも主導権を握ったが、このように日本では、対日外交で主導権を握るアメリカが宣教をもリードしたのである[23]。

J・リギンスは、病気のために一〇か月後に帰国するものの、ヘボン（J・C・ヘップバーン、James Curtis Hepburn）らは、その後も日本にとどまり大きな活躍をする。すなわち、ヘボンは、西洋医学による治療と医学教育の推進、キリスト教的医療社会事業の展開、ヘボン式ローマ字の考案、『和英語林集成』の刊行等の活動を展開し、S・R・ブラウンも、『日英会話篇』の刊行や福音書等の翻訳を行い、（明治六年のキリスト教禁令高札の撤去以降は）本来のキリスト教宣教活動の中心人物となっている。

さらに「宣教の拡大活動（教育）」に関連していえば、現在の立教大学は、アメリカ聖公会のC・M・ウィリアムズが開設した私塾に始まる。長老派のヘボンは、英学塾を開き、これをオランダ改革派のバラ（一八六二年、横浜に着任）が継承した。その後、いくたの経緯を経て、これが明治学院の創立につながる（ヘボンは、明治二二年に明治学院初代総理、フルベッキは、明治二一年に明治学院理事員会議長となる）。幕末最初の「宣教の拡大活動（教育）」は、最終的には、このように結実するが、こうした中にあって、宣教の拡大活動開始直後から明治維新までの間に、明治政府を担う人材の育成やアメリカへの留学生派遣の観点から最も大きな影響を及ぼしたのは、長崎時代のフルベッキの活動であった。

3　フルベッキ

フルベッキは、一八三〇年一月二三日、オランダのユトレヒト近郊のザイスト（Zeist）で生まれた。もともとの名前は、「Guido Herman Fridolin Verbeek」であった（Griffis（1900）p.33）。その後、アメリカに移住し、アメリカ流に「Verbeck（ヴァーベック）」と改めていたが[24]、日本では、「オランダ語音によって、フルベッキと呼ばれて」いたのである[25]。

ここでザイストでのいくつかのエピソードを紹介する[26]。フルベッキの父は、ドイツ生まれではあったが、父の系統は、オランダ系であった。親戚の多くもルター派の信仰をもっていたが、当時、ザイストには、まだルター派の教会がなかったことから、フルベッキの一族はモラビア派の人々とともに礼拝を行い、フルベッキも、ザイストのモラビア派の学校に進むことになる[27]。モラビア派の人々は、一七七六年にドイツからオランダのザイストへ移民した人々であり、一九世紀前半でも、そのほとんどがドイツ語を話していた。このため、フルベッキが聴き取るドイツ語も中途半端なものではなく、ドイツ語は、フルベッキにとってはheart languageであった。フルベッキは、モラビア派の学校では、オランダ語とドイツ語は当然のこととして、英語とフランス語も流暢に正確に使えるように教育されていく。これが、後の日本での教育活動の強みになる。

フルベッキは、ザイストのモラビア派の学校からユトレヒトのPolytechnic Instituteに進んだ後、ザイストの鋳物工場での短期の職務経験を経て、一八五二年九月二日にオランダを離れ、ニューヨークに渡る。翌年九月には、アーカンソー州ヘレナで、架橋工事の計画・作図・構造計算に従事するが、炎暑と激務で病気になる。これが、彼にとっての大きな転換点となる。すなわち、フルベッキは、病床において、もし病気を快復できたなら、その生涯を宣教に捧げると、神に誓う。そして、一八五六年には、ニューヨーク州のオーバン神学校に入学する。このオーバン神学校は、設立時から長老派とも関係が深く[28]、一九三七年には、「世界大恐慌」に起因する財政上の理由からコロンビア大学に隣接するユニオン神学校（本来的には長老派の聖職者養成のための神学校）敷地に移転し、その後は、ユニオン神学校とともに、長老派の財政的支援を受け運営されるに至っている。

前節で紹介したように、一八五八年九月、長崎に碇泊中のアメリカ商船ミネソタ号から、S・W・ウィリアムズ、

E・W・サイル、H・C・ウッドの三名が、日本への宣教師派遣を要請する書簡を各教会の外国伝道局に出した。書簡を受理したオランダ改革派では、宣教医一名と聖職者二名の派遣（三名のうち一名は、「アメリカナイズされたオランダ人」とすること）を決定した。フルベッキは、これをオーバンの第一長老派教会牧師から聞き、これに志願した。

フルベッキは、一八五九年、オーバン神学校卒業とともに、第二長老派教会で「按手礼《あんしゅれい》」を受け、長老派教会の聖職者となるが、その翌日（三月二三日）には、オランダ改革派教会へ転籍する。(29) 四月には、フィラデルフィアでマリア・マニオンと結婚式を挙げ、新婚のフルベッキ夫妻は、五月七日に、オランダ改革派のブラウン夫妻や（宣教師としての）シモンズ夫妻とともに、日本に向けニューヨークを出帆する。

一八五九年一一月、ブラウン夫妻とシモンズ夫妻は横浜に到着し、フルベッキは、妻を上海に残し、単身長崎に到着する。その後の数年間、自分自身の日本語の修得や日本人への英語教育等に精力をそそぐ。一八六三年八月（文久三年六月）、イギリス艦隊の鹿児島砲撃事件が起こり、一八六四年九月（元治元年八月）、英仏蘭米の四か国艦隊の下関砲撃事件が起こるが、フルベッキは、その直前の一八六四年八月には、長崎奉行管轄の英語所（後の「済美館」）の校長（兼）教師となっている（週五日・一日二時間の授業で年一二〇〇ドルの報酬を受けることから、派遣宣教師から自給宣教師へ身分を切り替えることになる(30)）。

一八六六年には、佐賀藩が長崎に開いた「致遠館」の教師も務めることになるが、ここでは、大隈重信や副島種臣をはじめとして、後に明治政府の要職に就くことになる多くの若手の教育にも関係する。フルベッキは、長崎で堪能な語学（英、蘭、独、仏）に加え、政治、天文、科学、蒸気機関、築城、兵事等も教授したほか、蒸気船の購入等も依頼されていたのである（杉井（一九八四）一四〇―一四一頁）。このためか、高杉晋作、坂本龍馬、木戸孝充、伊藤博文、井上馨、小松帯刀、西郷隆盛兄弟らも、フルベッキのところに出入りしていたのである（『フルベッキ書簡集』の「解説」の項（三七二頁）を参照のこと）。

『フルベッキ書簡集』の「年譜」によれば、フルベッキは、明治二年には、東京に出て開成学校教師や明治政府顧問となり、明治三年には、（開成学校を改称した）大学南《なん》校教頭に推薦されている。明治七年頃からは、明治政府との関わりも弱くなり、明治一〇年には、明治政府の役職から完全に外れるが、この間の功労が認められ勲三等旭日章が授与される。明治二〇年、明治学院の設立とともに、理事員兼講師に就任し、翌年、明治学院理事員会議長となっている。

フルベッキの略歴・エピソードの紹介が、いくぶん長くなったが、本書のテーマとの関係は、フルベッキが長崎滞在中にアメリカ留学の労をとった横井左平太・大平兄弟や日下部太郎が富田鐵之助・高木三郎・勝小鹿《ころく》とニュージャージー州ニューブランズウィックにおいて濃密な交友関係をもつ点にある。

『フルベッキ書簡集』の「フルベッキ略伝」の項には（一二頁）、「明治になって、岩倉具視の二子、旭麿（岩倉具定）、龍麿（具経）、勝海州（ママ）の長男、勝小鹿、外に薩摩藩、長州藩など米国に留学するものほとんどすべて、フルベッキの手を煩わした」とあるように、アメリカ留学生の多くは、確かにフルベッキの手によるものである。例えば、岩倉具視の二子である旭《あさひ》麿（岩倉具定）・龍《たつ》麿（岩倉具経）の兄弟は、一八六八年に長崎でフルベッキに学び、一八七〇年三月にフルベッキの紹介状を持って渡米し、ニューブランズウィックで学んでいる。岩倉兄弟に同行した折田彦市・服部一三《いちぞう》・山本重輔《しげすけ》についても、ほぼ同様である。また、一八七〇年九月には、華頂宮博経《かちょうのみやひろつね》と同行者の柳本直太郎・土倉《とくら》正彦のほか、白峰駿馬、江木高遠《たかとお》、松本壮一郎、目賀田種太郎、長谷川雉郎《きじろう》、香月《かつき》桂五《けいご》郎《ろう》（経五郎）、石橋宗九郎（家九郎）のアメリカ留学の紹介の労もとっているのである[31]。

しかしながら、勝小鹿の留学は、「フルベッキ略伝」のいう「明治になって」からではなく、慶応三年の留学である。また、「フルベッキの手を煩わした」こともなく、フルベッキとは別ルートからの留学であった可能性が高い。しかしながら、この三人は、アメリカ留学中にフルベッキが留学の世話をした日本人留学生と交流を深め、人的ネットワークを築いていくのである。

(1) 『東北学院百年史』一一頁及び土肥（一九八〇）一〇頁。

(2) 土肥（一九八〇）一〇頁及び大江（二〇〇〇）一五二頁を参照のこと。

(3) このパラグラフは、本多（一九九一）の二二―九八頁を中心に整理したものであるが、各機関の名称は、塩野（二〇〇五）等に従い、一般的に用いられている英語及び日本語訳に改めている。

(4) 土肥（一九八〇）を参考にしてアメリカ・プロテスタント諸教会について簡単に整理すると次のようになる（二七―二九頁）。すなわち、「改革派（オランダ系・ドイツ系）」は、カルヴァン主義に立つ教会で、神の主権を重んじ、神の言葉によって改革された教会であろうとする教会である。この考え方の教会は、スコットランド・イングランドでは「長老派」と呼ばれた。イギリス国教会（イギリス聖公会）は、イギリスの宗教改革の中で生まれたが、アメリカで新たな活動は「アメリカ聖公会（監督派教会）」によって行われていた。また、「組合派（会衆派）」は、イギリス国教会や長老派と対峙しながらも、カルヴァン主義の伝統を継承し、アメリカのニューイングランドの主要教派となっていた。

(5) 塩野（二〇〇五）では、これらの地域を文明別・宗教別に類型化し分析を行っている（四一頁）。

(6) 一七七六年頃のペンシルヴェニア州の白人移民の三分の一がドイツ系であり、そのほぼ半数の宗教的バックグラウンドが「改革派」であったことから、ドイツ系移民を改革派教会の翼のもとに統合し組織化する動きが現れ、四人の牧師と二八人の長老（十数か所の教会の代表）から組織された「中会（Coetus）」を「オランダ」の改革派国教会の監督のもとに置き、ドイツ改革派教会がスタートする（『東北学院百年史』八―一〇頁）。

(7) Corwin (1902) では、一八三二～一八五七年をアメリカン・ボードとオランダ改革派が協働（co-operation）した期間と位置づけている（p.241-243）。一八五七年のアメリカン・ボードからの分離に際して、清国の厦門（Amoy）やインドに派遣されていた宣教師らもオランダ改革派に転籍し、翌年には不動産等の返却もされている（p.246）。なお、後述のブラウンも、一時期、（人員の関係で派遣はされなかったが）アメリカン・ボードの宣教団に加わっていた（p.344）。

(8) 片子沢（一九五七）は、グリフィス（W. E. Griffis）からの引用として、これと同じ趣旨を記載しているが（一四頁）、これに該当するグリフィスの文献は未確認のままである。

(9) ペリーの日本開国に関するこの三つの動機は、例えば、*The Illustrated London News* の一八五三年五月七日号の特集記事 '*The United States Expedition to Japan*' の中にも掲載されている。

(10) Morrison (1967) の三、二八七頁（日本語訳）。Pineau (1868) の四九〇頁（日本語訳）。

(11) 海老沢（一九五九）三二頁による。なお、ペリーの第一次日本遠征（一八五三年七月八日、浦賀来航）の最初の日曜日（七月一〇日）の朝一〇時三〇分に、旗艦サスケハナにおいて、従軍牧師ジョーンズによって日本来航後の最初のキリスト教の正式の礼拝が執り行われた（海老沢（一九五九）三二―三三頁及び Morrison（1967）の一四九頁（日本語訳）。礼拝開始時間は、Williams（1910）の九八頁（日本語訳）による）。

(12) 将軍拝謁の前日が日曜日であったことから、ハリスは、通訳のヒュースケンとともに、アメリカ聖公会の儀式に従った礼拝を行っている（海老沢（一九五九）三五―三七頁）。

(13) 『旧條約彙纂 第一巻 第一部』による。

(14) 『指路教会百年の歩み』一〇頁。

(15) アメリカン・ボードの中には、「本来の目的＝福音宣教」に加え、「教育」、「医療活動」、「社会活動」を「宣教の拡大活動」として捉える考え方があることから（塩野（二〇〇五）七頁）、このハリス書簡もこれとほぼ同じ立場にあるものとみてよいであろう。なお、塩野（二〇〇五）では、「伝道」活動と「宣教」活動の違いはあいまいで、両者を明確に区別することは困難であるが、前者を直接的なキリスト教活動、後者を教育、医療等の広義のキリスト教的活動としている（一一頁）。

(16) 『指路教会百年の歩み』二〇頁。

(17) 各人の身分・宗派等は、『東北学院百年史』五二頁、『指路教会百年の歩み』二一頁、『ヘボン在日書簡全集』一九頁及び杉井（一九八四）一三三頁により整理した。ただし、杉井（一九八四）では、S・W・ウィリアムズがアメリカ聖公会、E・W・サイルが長老派とし、海老沢・大内（一九七〇）も、S・W・ウィリアムズを「監督教会宣教師」（一四八頁）としている。しかしながら、アメリカ聖公会との関連でC・M・ウィリアムズを研究した大江（二〇〇〇）では、S・W・ウィリアムズを「元アメリカン・ボード派遣宣教師」（一三三頁）、E・W・サイルを「米国聖公会派清宣教師」（一三七頁）としている。なお、本文中の「三人の連署で」は、『ヘボン在日書簡全集』一九頁及び『ヘボン書簡集』四頁に依拠するが、『東北学院百年史』五三頁は、「アメリカン・ボード」から派遣されたS・W・ウィリアムズは本来の所属である長老派の外国伝道局に、また他の二人はそれぞれの海外伝道組織に要請したとの立場をとっている。

(18) S・W・ウィリアムズが「アメリカン・ボード」から派遣された宣教師であることは、上記の大江（二〇〇〇）のほか、『東北学院百年史』三九頁、『ヘボン在日書簡全集』一九頁及び海老沢（一九五九）二三頁による。

(19) アメリカの各教会（各派）が日本へ派遣した宣教師らの人名・日本到着日等については、海老沢（一九五九）四三―六四頁、杉井（一九八四）一三三頁及び『指路教会百年の歩み』二一頁を参照のこと。

(20) 大江（二〇〇〇）一二二頁。

(21) フルベッキについては、次節を参照のこと。また、宣教の拡大活動（英語教育）開始直後から明治維新までの間のフルベッキ以外のアメリカ人宣教師らの活動については、海老沢（一九五九）四三―六〇頁及び杉井（一九八四）一三四―一三六頁を参照のこと。

(22) 川島（一九八八）一一―一二頁による。ゴーブルには、例えば、脅迫罪による収監、刑務所での皮靴の製法の習得と横浜での皮靴製法の伝授、日本伝道の予備調査のために海兵隊員となりペリー艦隊に乗船、人力車の発明、アメリカへの帰国途中における岩倉使節団との遭遇、バラとの間の領事裁判問題等、数多くのエピソードが残されている（詳細は、川島（一九八八）を参照のこと）。

(23) 大江（二〇〇〇）一五三頁による。なお、この時期のアメリカ以外のキリスト教活動としては、ローマ・カトリック教会による再布教とハリストス正教会（ロシア正教）による箱館での活動が挙げられる（『東北学院百年史』五七頁及び海老沢・大内（一九七〇）一二〇―一二二頁）。

(24) Griffis（1900）p.33, 50による。フルベッキのミドル・ネームは、Griffis（1900）やCorwin（1902）の「Fridolin」に従っているが、『フルベッキ書簡集』の「略伝」では、「Friedrin」と表記されている（九頁）。

(25) このフレーズは、『フルベッキ書簡集』九頁からの引用であるが、「Verbeck」と改めた経緯は、Griffis（1900）p.50が詳しい。

(26) この節のフルベッキに関するエピソードは、Griffis（1900）pp.29-68による。

(27) Corwin, Dubbs and Hamilton（1894）の『アメリカのオランダ改革派、ドイツ改革派及びモラビア派教会の歴史』によれば、一五一六年、スイスでプロテスタンティズムが勃興したが、改革派はその中で生まれた分派であった（p.1）。ルター派の教会とは、教義が異なるほか、長老組織による教会制度をとり、カルビンの指導のもとで組織され発展してきた。「改革派」という名前は、主としてヨーロッパ大陸の教会に限定された用法であった。イギリスでは、宗教的迫害を逃れてスイスに渡った者もいたが、その中でジョン・ノックスが、長老主義の原理をスコットランドに持ち帰り、これが長老派の始まりとなった。他方、モラビア派も、多くのプロテスタント教会と同様に、個人的な経験的な信仰の復興に原点があった（p.431）。ルターの考えが、ボヘミアやモラビアの福音主義の教会に伝わると、ドイツやスイスの改革者たちとも同調するようになり、その教義も、ウィッテンベルグ、ジュネーブ、ストラスブルグで受け入れられるようになったのである（p.432）。なお、蛇足ながら付言すると、この著書のドイツ改革派教会史の外国伝道に関する記述のほとんどは、「東北学院」に関する記述である（pp.408-409）。

(28) 岡部（二〇一五）に従えば、オーバン神学校は、第一長老派教会牧師Ｄ・Ｃ・ランシングの呼びかけを契機に、会衆派（組合派）が発足させた神学校であったが、Corwin（1869）p.390やCorwin（1879）p.145では、フルベッキを「オーバンの長老派の神学校の生徒」と表現しているのである。蛇足ながら、出村剛東北学院第四代院長（一九四六～一九四九）も、一九一五年のオーバン神学校卒業である（出村が院長を務めたときの東北学院理事長は、杉山元治郎と鈴木義男である）。

(29)『フルベッキ書簡集』一一頁による。Griffis（1900）では、第二長老派教会において evangelist に任じられ、翌日、オランダ改革派教会の一員として受け入れられたという表現がなされている（p.63）。Corwin（1902）p.876 や Corwin（1922）p.570 も、これとほぼ同文である。

(30)『フルベッキ書簡集』九一頁では、「校長」であるが、杉井（一九八四）一四〇頁では、「教頭」としている。英語所の俸給は、Corwin（1902）p.877 及び『フルベッキ書簡集』九二頁による。また、Corwin（1902）によれば、フルベッキは、一八七八年まで自給宣教師（self-supporting missionary）であった。

(31)『フルベッキ書簡集』の「年譜」の項（三九三―三九五頁）による。年譜において姓のみが記載され名前の記載がない場合は、石附（一九九二）の巻末の「明治第一期（元～七年）の海外留学者」及び犬塚（一九八七ａ）の「明治維新海外留学生人名一覧」によって補正・修正した。ただし、年譜の「白根、高藤」や「長谷川喜四郎、勝木」は、それぞれ、本文にあるように「白峰駿馬、江木高遠」や「長谷川雉郎、香月桂五郎（経五郎）」とした。

第2章　ニュージャージー州ニューブランズウィック

1　ニューブランズウィック

富田鐵之助と高木三郎は、明治元年一二月一九日（一八六九年一月三一日）、横浜からチャイナ号で再びアメリカに渡り、翌年二月一二日（三月二四日）にニューヨークを経由して、ニュージャージー州ニューブランズウィックに至っている。(1)ここは、畠山義成の英文の手紙や松本壮一郎の「亜行日記」から判断すると、(2)当時でもニューヨークから汽車で一時間半程度のところにあった。

このニュージャージー州ニューブランズウィック（New Brunswick）には、ラトガース大学（Rutgers University当時の名称は、Rutgers College）、その附属教育機関のグラマースクール（Grammar School）、さらには上級教育機関である神学校（New Brunswick Theological Seminary）があり、幕末から明治期には、多くの日本人留学生を受け入れていたのである。(3)ラトガース・カレッジは、（一七六六年にアメリカで八番目の大学として創立された）前身のクイーンズ・カレッジのときから、オランダ改革派教会の影響下にあった大学であるが、第二次世界大戦後、復員兵援護法（the GI Bill）の趣旨に従い多くの有能な学生に門戸を開くために、私立大学からニュージャージーの州立大学に転換した大学である。

アメリカ留学時代の富田鐵之助（左）と高木三郎（右）
（ラトガース大学グリフィス・コレクション、J. C. スコット撮影）

ところで、最初にこのニューブランズウィックに来た日本人留学生は、慶応二（一八六六）年秋の横井左平太・大平兄弟である。第I部でも紹介したように、富田は、最初の渡米から半年後の慶応四年一月三日（一八六八年一月二七日）に「江戸芝愛宕下　仙臺藩中屋敷」の大童信太夫宛に書状を出している。この書状は、「合衆国ニーセルシー・ニーブリンスウヰキ」から発信されたものであるが、慶応三年一二月二七日夜にボストンを引き払い、翌日にニーブリンスウヰキへ着いたこと、[4] ここはニューヨークから「亜里三十里程南方」にあること、[5] 横井平四郎（小楠）の子息二名と越前藩士一名がいること、横浜在住のバラもニーブリンスウヰキで学んだこと等が書かれていたのである。[6] この横井左平太・大平兄弟については、後で詳述する。

横井兄弟に続いてニューブランズウィックに来着・居住したのは、慶応三（一八六七）年の日下部太郎（福井藩士）である。日下部は、（幕府の海外渡航解禁後の）福井藩からの正式な留学生である。慶応三年七月一三日（一八六七年八月一二日）にニューヨークに着き、九月の新学期からラトガース・カレッジで学んでいる（高木（二〇〇五））。日下部について、前述の富田の書状には、「肥藩横井平四郎倅両人越藩一人一昨年ゟ……」と記載されているが、日下部は、「一昨年」よりではなく、実際には半年前からニューブランズウィックにいたのである。

三番手は、上述の一八六七年一二月の勝小鹿・富田鐵之助・高木三郎である。しかしながら、富田鐵之助と高木三郎は、すでに述べたように、日本国内の急変を憂慮し、横井小楠の甥の横井左平太・大平兄弟に小鹿の後見を託し帰国する。すなわち、慶応四年六月二〇日（一八六八年八月八日）、ニューヨークを出航し、サンフランシスコ・香港経由で、明治元年一一月一八日（一八六八年一二月三一日）に横浜に着く。しかし、海舟に諭され、横浜から再びアメリカに渡り、明治二（一八六九）年二月にニューブランズウィックに戻る。

このときの再会の様子について、『仙臺先哲偉人録』は、「翌年二月十二日朝紐育着。汽車にてニューフランスウヰキに至りて、小麓、伊勢、沼川、日下部、吉田、大原、長江、松村、杉浦等に會つて互ひに無事を祝した」（三八九頁）と記している。[7] この小麓は「勝小鹿」、伊勢（佐太郎）は「横井左平太」、沼川（三郎）は「横井大平」のことであり、また、吉田、松村、杉浦は、吉田清成（変名は永井五百介）、松村淳蔵、杉浦弘蔵（本名は畠山義成）のことである(8)。

畠山義成・吉田清成・松村淳蔵のニューブランズウィック来着は、四番手であり、勝小鹿・富田鐵之助・高木三郎よりも、半年ほど遅れる。彼らは、いずれも（幕府の海外渡航解禁前の）慶応元（一八六五）年に薩摩藩第一次留学生としてイギリスに渡った後、アメリカに渡り、新興教団の「ハリス教団」のコロニーにいた。このコロニーで暮らす中、この教団の教義に疑問をもち始めるようになる。そして畠山義成は、一八六八年六月、ニューヨークに出てフォッグ（Fogg）に面談した後、ラトガースの横井兄弟と日下部に会い学校の様子を懇切に教えられ、後述のJ・M・フェリスとも相談の結果、ラトガースで学ぶことを決めたのである。すなわち、一八六八年六月二六日付の畠山義成から花房義質《はなぶさよしもと》宛の書状が示すように、

吉田（種子島敬輔）、工藤（湯地定基）同道ニ而新克約（ニューヨーク）江参越シ金許Mr. Fogg江両子ヨリ談判ニ及ヒ……翌十九日爰許江参着當学校之形勢も委細横井両生幷日野部（ママ）等ゟ承り三兄も至而懇切ニ何角之事教ヘラレ……夫ゟ翌々二十一日又々新克約江参越Dr. Ferrisト云人物江見舞teacher之世話ナド相頼申候処、……New Brunswick滞学ト決定シ……

である（この書状は犬塚（一九九〇）に採録）。永井五百介（吉田清成）も六月二八日に来着し、松村淳蔵は、これよりも少し遅れる（犬塚（一九八七a）二二二頁）。

上のように、薩摩藩第一次留学生の畠山は、第二次留学生の種子島《たねがしま》と湯地《ゆち》を介して、フォッグやオランダ改革派教会のフェリスと面会し、日本への帰国も含めて今後の対処を相談しているが、この事実は、アメリカ留学を目的とした第二次留学生が、当初からオランダ改革派と密接な関係をもって留学したことを示唆するものでもある。

第二次留学生の大原令之助（吉原重俊）は、横浜でオランダ改革派のブラウンに英語を学んでいた（吉原（二〇一

三〕）。木藤市助もここで英語の手ほどきを受け、最年長の仁礼景範《にれかげのり》は、第二次留学生の第一陣として、フルベッキの紹介状を携えて渡米する（犬塚（一九八七ａ）一三四―一六一頁）。慶応二年一一月（一八六六年一二月）、仁礼景範・江夏蘇助・湯地定基・種子島敬輔・吉原重俊・木藤市助の六人は、マサチューセッツ州ボストンの西九〇キロメートルにあるモンソン・アカデミーに入学する。モンソン・アカデミーは、ブラウンが卒業した中等教育のための学校であった。薩摩藩第二次留学生の中では、吉原が比較的語学が優れてはいたが、吉原以外は、第一次留学生と異なり「武芸に秀でた反面、彼らは全くといってよいほど語学力がなかった」（犬塚（一九八七ａ）一四三頁）のである。

第二次留学生は、慶応二年三月二六日に長崎を出航し、九月二七日ニューヨークに到着している。イギリス経由であったことから、九月七日から一〇日間ほどロンドンに滞在し、第一次留学生の畠山義成・吉田清成・森有禮・町田久成らと再会し交遊を深めてからのアメリカ到着であった（犬塚（一九八五）に採録された「仁礼景範航米日記」の慶応二年九月七日～一六日の条による）。したがって、畠山や吉田は、すでに、この時点において第二次留学生の進学先やオランダ改革派教会との関係を把握していたと思われるのである。この後、第一次留学生はイギリスからアメリカに留学先を変更するが、アメリカでは相互の書簡の往復によって国内外の情報を共有する状況になったと思われるのである。(9) こうしたことが、第一次留学生の畠山が、第二次留学生の種子島と湯地を介してオランダ改革派教会のフェリスと面会することにつながっていくのである。

ニューブランズウィックに居住する日本人留学生の概略は、以上の通りであるが、その下宿先は、次の通りである。

横井左平太・大平兄弟の下宿先は、この分野の研究者にはよく知られているように、

チャーチ　ストリート62

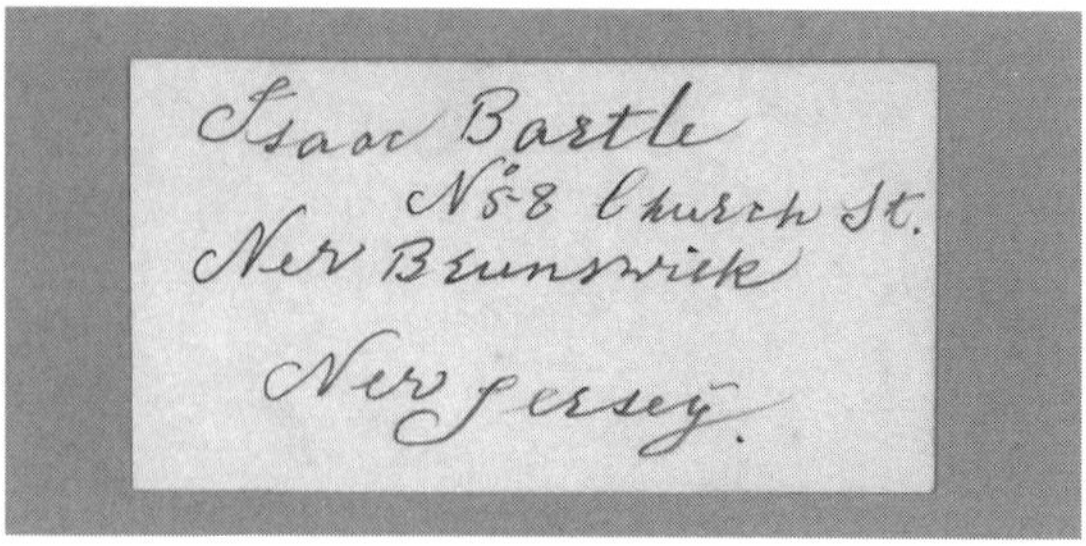

大童信太夫宛書状に同封された住所メモ
（『大童家文書』、仙台市博物館寄託）

のヴァン・アースデル夫人宅である。高木（二〇〇五）の調査では、ここに、日下部も、また下宿していたのである[10]。

富田鐵之助は、慶応四年一月二六日（一八六八年二月一九日）付の書状の中で、日本国内の激動に驚愕し、仙台藩江戸留守居役の大童信太夫に帰国の可否を問い合わせているが、この書状には返信用の小さな紙片（住所メモ）が添えられていたのである。すなわち、

Isaac Bartle
N° 58 Church St.
New Brunswick
New Jersey.

である（『大童家文書』）。このことから、富田鐵之助は当然のこととして、高木三郎と勝小鹿の二人も、ニューブランズウィックの「チャーチ ストリート五八番地」のアイザック・バートル宅に、下宿していたと思われるのである。なお、上の「N°」は、「No.」「No」「no」等と同様に、「Number」の省略形である。

一八七〇年のアメリカ人口センサスの個別データ（アメリカ国立公文書館マイクロフィルム版）から見ると、バートル夫妻は、二〇代でイングランドから移住し建設業を営んでいたのである。富田らが寄宿したときは、まだ三〇代後半であったが、ニューブランズウィック有数の資産家であった。夫妻には、ニュージャージー生まれの子供五人（二男三女）がおり、アイルランド出身の家政婦一人もここに住まいしていたのである。

他方、畠山義成から第二次留学生五名（連署）に宛てた一八六八年七月二〇日付の書状の住所は、

チャーチ ストリート55（55 Church st.）

であった（犬塚（一九八七b）を参照）。薩摩藩三人がニューブランズウィックに居住した直後であることから、畠山のみならず、他の薩摩藩二人も、ここに下宿していたと思われるのである[11]。

このように、「横井兄弟・日下部」「富田・高木・小鹿」「畠山・松村・吉田」は、まさに同じ「チャーチ ストリート」の目と鼻のところに下宿し、（富田を除き）近くのラトガース・カレッジやグラマースクールで学んでいたのであった。こうした状況から、富田と高木が、一時帰国からニューブランズウィックの「チャーチ ストリート」に戻ったとき、まさに「互ひに無事を祝した」のである。

2　緊急一時帰国までの交流ほか

先に引用した『仙臺先哲偉人錄』によれば、富田と高木が、勝小鹿を横井兄弟に託し、ニューヨークを経て帰国の途に着くのは、「慶応四年六月二〇日（一八六八年八月八日）」のことである。薩摩藩の三人が、「西暦」六月下旬（もしくは七月上旬）に四番目にニューブランズウィックに来着したことからすれば、富田・高木と薩摩藩の三人は、ひと月半ほど、同じ「チャーチ ストリート」で交流を深めていたことになる。二人の再渡米により再会したことで、『仙臺先哲偉人錄』の「會つて互ひに無事を祝した」の記述もより現実味を帯びてくるのである。

そこで、緊急一時帰国する前の富田・高木と薩摩藩の三人との交流の様子を紹介することにしよう。まず、杉浦弘蔵（畠山義成）から伊勢佐太郎（横井左平太）宛の書状では、

去ル十七日尊書一昨日相達忝謹テ早速拝誦然者……幕府モ愈伏罪ニ相決シ前将軍ニモ上野之菩題寺ニ蟄居相成……二賢ノ武徳ナカリセハ無罪之人民 God ヨリ受得タルニタナキ最モ重寶ナル生命ヲ落ス□幾千万ト云フニモ

及ベシ數ヲ知ラサルベシ……近比不肖之僕等不及ナカラ何分比上ハ京師ヨリ関東之御所置モ至而寛大仁恕之取扱有之度遥ニ祈願罷在事御座候、丁度之折勝、高木之両賢生ハ去ル□ Monday 20th ニ Mountain 江御出ニ而貴兄之御報告ヲ彼方江送ランコトヲ欲トイヘトモ貴兄方ニも御返翰旁相為在候へは、若ヤ急ニ御用之義モ難計如何ハセント富田先生江も咄合候処、同生之説ニ者高木ヨリ壱封ヲ□レ其中ニ右之報告ニ付而者貴兄方ゟ大意ヲ承得タル事之由ニ而其御方江差上候様富生（富田）ゟ承候間長々熟談雖有御返納申上候、俔御落掌可被下候

である（犬塚（一九八七b）に採録）。この書状の日付や伊勢の滞在先は不明である。しかしながら、冒頭の徳川慶喜の上野寛永寺への蟄居や勝・西郷会談による江戸城無血開城に着目すれば、慶応四年のことになる。また、「Monday 20th」は、一八六八年七月二〇日（月曜日）になる。このことから、杉浦弘蔵（畠山義成）は、「チャーチストリート」に引っ越してから、ひと月もしないうちに、伊勢佐太郎（横井左平太）のみならず、富田、高木、勝とも親密な関係になっていたことがうかがえるのである。ニューブランズウィックでは、戊辰戦争の薩摩と奥羽列藩との激しい対立などはまったくなく、勝・西郷の絆を評価し大局的に物事を判断する関係にあったのである。さらに、（これ以外の）資料・書状からは、（後日になるが）互恵関係さえもうかがえるのである（犬塚（一九八七b）（一九九〇））。

このほぼ半年前の慶応四年一月二六日（一八六八年二月一九日）付の大童信太夫宛の書状（「富田のニューブランズウィックの住所」の紙片が同封されていた書状）において、富田は、ニューヨークの新聞が（サンフランシスコからの電信として）詳細に日本国内の状況を伝えた内容を書き記すとともに、国もとの衰興に関わることなので米国滞在は不本意であること、勝小鹿に随行してきたので軽々に進退を決めることもできないこと、勝海舟にも書状を出したことを述べている。また、和暦三月一一日（西暦四月三日）の書状では、大童信太夫と勝海舟のいずれからも返信がないので非常に失望したこと（「甚失望罷在候」）を書き送っている。この三月一一日付の書状は、海舟日記の

六月一九日条（西暦八月七日条）の「太童江富田之書状而已入る」の書状と想定されるので、発信から到着までにほぼ四か月を要したことになる（ちなみに、海舟日記の七月二日条（西暦八月一九日条）には、アメリカからの四月一二日（西暦五月四日）付の書状がこの日届いたとの記載があり、これも三か月半を要している）。これ対して、海舟は、六月二一日（西暦八月九日）、八月三〇日（同一〇月一四日）、九月二五日（同一一月九日）にアメリカに書状を出している。『勝海舟全集 別巻 来簡と資料』（講談社）には、「小鹿・（富田）鉄之助・（高木）三郎」宛の書状（慶応四年八月三〇日付、九月二五日付ほか）が採録されている（六一二―六一六頁）。宛名は、いずれも三名連名である。このうち、八月三〇日の書状は、戊辰戦争の状況（海舟日記に記載された戦乱の状況とほぼ同じ内容）を手紙の形に書き直して、三名に書き送ったものである。また、九月二五日の書状は、その後の戦乱の様子、惨事、終結と（明治）改元を伝える内容のものであったが、海舟のこれらの書状は、帰国途上の富田・高木には届かなかったのである。

このように、富田鐵之助が日本国内の状況を心配し書き送った書状は、国内の混乱からか、届くまでにほぼ四か月を要した。心待ちにした返信も、半年以上もない状態が続いていた。日本国内の状況を知ろうにも、新聞等や横井兄弟・日下部からの情報も限られている。このようなときに、薩摩藩の畠山義成、吉田清成、松村淳蔵がニューブランズウィックに来着したことで、（上の書状で見るように）日本国内の詳細な情報が入手しやすくなったのである。

こうした中、富田と高木は、勝小鹿の後見を横井兄弟に託し、慶応四年六月二〇日（一八六八年八月八日）、ニューヨークからアラスカ号に乗船し、（パナマ運河開通前であったので）パナマを汽車で越え、太平洋側で別の船に乗り換え、七月一六日（九月二日）にサンフランシスコに着く。サンフランシスコには、コロラド号に一緒に乗船してきた仙台藩の高橋是清と鈴木知雄が滞在していたが、是清がだまされて奴隷として売られていた。富田が一計を案じ救出したのは、この帰国のときである。

一八六八年九月九日、薩摩藩の仁礼景範は、江夏栄方（蘇助）や谷元道之とともに、ニューヨークからアラスカ号に乗船した。仁礼と江夏は、海舟日記（慶応二年一月二一日）記載の種ヶ島・湯地・吉原とともに、[12] 薩摩藩第二次留学生（第一陣）としてアメリカに渡り、二年間のアメリカ生活（モンソン・アカデミーでの勉学）を終えての帰国であった。アラスカ号乗船に先立って、九月四日、仁礼と江夏は、吉田清成の案内でニューヨークからニューブランズウィックへ行き、薩摩藩の畠山義成・松村淳蔵をはじめ、横井兄弟、日下部、勝小鹿に会う。その後、薩摩藩三人（仁礼・江夏・谷元）は、畠山義成と横井左平太の見送りを受け、ニューヨーク出港のアラスカ号に乗船する。彼らのサンフランシスコ着は一〇月三日であった。直ちに日本行の船に乗り換えるための手続きをする事務所を探しているときに、杖をついたひとりの老人から「富田が帰国したがっているが、日本は戦争中で横浜には敵側がいて上陸できずに、ここにとどまっている」旨を聞かされ、このとき谷元道之も一緒だったので、「帰国を望むなら二人で尽力する」と答えたというのである。さらに、その後、事務所で乗船手続きを終え船へ戻ったときに富田と高木に会ったので、話を聞いたところ、「戦争がまだ終わっていないので、帰国を見合わせ、ここに滞在しているが、日本へは必ず帰国する」と答えたというのである。

この仁礼の話は、犬塚（一九八五）（一九八六）に採録された「仁礼景範航米日記」及び「仁礼景範航米日記 その二」に基づいている。日本を出発し帰国するまでを記載した仁礼景範航米日記は、事実を淡々と記述することが多く、政治的な動向や主観的な感想は皆無に近い。こうした特徴をもつ仁礼景範航米日記の中では、上のエピソードの記載は極めて特異である。

仁礼の航海は、順風満帆であった。一〇月三〇日には、「朝ゟ富士山見ユ。峯ニは白雪降積り誠ニ景色言語ニ絶セリ」と仁礼としては異例の感情を込めた表現をしている。翌一一月一日に「神戸」に入港している。日記も、この翌日から和暦に代わる。[13] そして、和暦九月二二日（西暦一一月六日）には、「肥後藩横井平四郎（小楠）江見舞、彼之二子ゟ書状并傳言ヲ達セリ。彼大ヒニ喜悦セリ」である。

この仁礼の順風満帆な航海に対して、富田と高木の航海は難渋する。『高木三郎翁小傳』の意を付度すれば（二八―三〇頁)、(戊辰戦争で戦った仙台藩と庄内藩の藩士であることから)官軍等によって捕縛されずに安全に帰国可能か否かを見極めるための情報を得ようとして香港に向けて出発するのである。和暦九月一七日(西暦一一月一日)にサンフランシスコを出港し、途中、大きな台風に遭い、九死に一生を得て四六日目に香港に着く(『仙臺先哲偉人錄』三八八頁)。そして、海舟日記の(明治元年)一一月一八日の条では、「此夜、米利堅より富田・高木両人帰国、々元之変動を聞て也、帰後に悔と云」となる。西暦では、一八六八年一二月三一日のことであった[14]。

3　横井兄弟の留学事始

(1)　海舟と横井兄弟

先に述べたように、ニューブランズウィックに来た最初の日本人留学生は、横井左平太・大平兄弟である。本筋からは、いくぶん逸脱するが、富田鐵之助と高木三郎の緊急帰国の際に、勝小鹿の留学の後見を託したのが、横井兄弟であったことから、この兄弟のアメリカ留学に敷衍しておく。

横井左平太の研究は、高木(二〇一五)の『幕末維新期の米国留学――横井左平太の海軍修学』に尽きるが、ここでは、海舟の視点を中心に考察する。すなわち、この横井兄弟は、「おれは、今までに天下で恐ろしいものを二人みた。それは、横井小楠と西郷南洲とだ」で知られる横井小楠の甥であり[15]、しかも、この節で紹介するように、小楠と横井兄弟とは、海舟とも濃密な人間関係にあったからである。

横井兄弟の日本出発について、海舟日記には

慶応二(一八六六)年四月一日

肥後藩兼坂熊四郎・馬渕慎助来る、小楠之書翰持参、聞く、小楠之甥予か門横井左平太・(ママ)之両人、国

侯命にて米国江留学、長崎より発船す

と記載されている。しかし、実際には、横井左平太・大平兄弟は、（幕府の海外渡航解禁前であったことから）藩の正式な許可を得ることができずに、横井小楠や親戚、小楠の門人らから経済的支援により[16]、西回りのジャワやケープ・タウン（喜望峰）経由でアメリカに着いたのであった。

横井兄弟のアメリカ留学については、杉井（一九八四）の第一章（三一―一三二頁）に詳細な研究成果が掲載されているので、ここでは、Griffis（1916）に基づき、二人のニューヨーク到着後の動向を紹介する。ただし、勝海舟と横井兄弟との関係については、『横井小楠關係史料一』のコメントや杉井（一九八四）の第一章の日付の解釈に関して大きな誤りがあるので、Griffis（1916）を紹介する前に、（本筋から外れるが）これを訂正しておく。

勝海舟は、文久四年二月に長崎出張を命じられ、兵庫から船で一五日に佐賀関に着く。ここから陸路・豊後街道を進み、一九日に熊本に着く。横井小楠は、「蒙罪知行被召放」（海舟日記の文久四年一月二五日条）であったので、この日、熊本在住の横井のもとに「坂本龍馬」を遣し、見舞いと経済的援助を行ったのである（海舟日記の上欄「横井先生へ龍馬子を遣る」）。これに対して、小楠は、海舟宛の元治元年（文久四年と同年）四月四日付の書状において、坂本龍馬を遣わしたことと海舟の援助に対する感謝の意を述べた後、（坂本龍馬にも頼んだことだが）養子・横井左平太、養弟・横井大平、肥後藩の岩男内蔵允の三人を航海修行に出したいので、海舟門下に加えてもらい、可能なら海舟の家来に召し抱えていただきたい旨を依頼しているのである（『横井小楠關係史料二』四四一―四四二頁）。海舟は出張を終え、四月四日、長崎を立ち、六日に熊本に着く。このとき、横井兄弟と岩男の三人が、小楠の四月四日付の書状を携えて海舟のもとに来る、すなわち、海舟日記の「横井先生之親族三人入門、同行す」である。これを受けて、海舟は、「龍馬を横井先生方江遣す」のである。海舟らは、豊後街道を東へ進み佐賀関まで戻っていることから、まさに三人を「同行す」である。実は、海舟の長崎出張には、坂本龍馬のほか高木三郎らも随行していたのである（『高木三郎翁小傳』一六頁）。この点を踏まえると、高木と横井兄弟は、このときからの知り合いであったと考えても不自然ではない(17)。

翌五月には、軍艦奉行並から軍艦奉行に昇進し、海舟が以前から上申していた「神戸海軍操練所」の開所が決まる。七月二九日、海舟は、神戸海軍操練所の幕府軍艦観光丸の乗員として自分の門下生一二人を推薦し、八月四日に許可される。この中には、横井左平太、横井大平、岩男内蔵允も含まれており、三名は、「勝安房家来」の身分で「御雇手伝（一か月一両の手当）」として観光丸（観光船）に乗り組むことになる（『勝海舟全集10 海軍歴史Ⅲ』三九三―三九五頁）。

『横井小楠關係史料一』の註や杉井（一九八四）の第一章では、（海舟日記では四月六日と記載していると、断り書きをしながらも、日記の日付を誤記と解釈し）海舟の熊本着の日付を「三月とか三月六日」としているのである。海舟日記を追うと、熊本には二月一九日と四月六日の二回立ち寄っており、小楠の書状等も勘案すれば、この節で示したような解釈しかあり得ないのである。特に、『横井小楠關係史料一』では、三月に一回だけ熊本に来たことを前提として、四月四日（書状の日付）の海舟の所在を「兵庫」とする誤りも見られるのである。これは、これら二つの文献が引用している海舟日記が、梶梅太郎（海舟三男）・巖本善治編の「海舟日記抄」に依拠していることによる（『海舟全集 第九巻』改造社版に所収）。「海舟日記抄」では、二月一〇～二二日は日記の空白期間であり、当然に二月一九日の海舟の熊本着と「横井先生へ龍馬子を遣る」の記載はなく、また、四月六日の二度目の熊本訪問に関する「横井先生之親族三人入門、同行す」も記載がない（江戸東京博物館版「海舟日記」では、これが日記の「上欄」に記載されているのである）。

(2) ラトガース・グラマースクール

さて、Griffis（1916）は、グリフィスのラトガース・カレッジでの講演「日本のラトガース卒業生（一八八五年六月一五日)」のほかに、いくつかの資料を付け加えて、講演からほぼ三〇年後のラトガース大学創立一五〇年にあたる一九一六年に改定・出版されたものである。この書の中には、*How the Japanese came to New Brunswick* というタイトルのもとに、一八八五年一二月三〇日付のJ・M・フェリスの手紙が採録されている(pp.32-35)。これによると、一八六六年秋の午後の遅い時間に、横井兄弟と中国人船長が、フェリスが主事を務めるオランダ改革派教会「外国伝道局」のオフィス(ニューヨーク・フルトンストリート103)を訪ねたことに始まる。横井兄弟は、長崎のオランダ改革派の宣教師フルベッキが校長(兼)教師をしていた学校(済美館)で、数か月間、英語を学んだことから、フルベッキの紹介状を携えてきたのであった。[18] ヨーロッパ列強から日本を守るために「大型船」や「大砲」を造る方法を学びたいという目的をもち、半年にわたる長い航海の末に、アメリカに着いたのである。所持金は(金貨)一〇〇ドルであった。

横井兄弟が、初めてJ・M・フェリスを訪問した日について、高木(二〇〇六)では、「一一月(一説に一〇月)」としているので、ここで、前節で紹介した「仁礼景範航米日記」から「一一月説」が正しいことを確認しておく。すなわち、この「日記」の慶応二年一〇月一六日の条の

夜七時頃肥後藩伊勢佐平太、沼川三郎兄弟也、横井平四郎子也。ト云昨十三日着相成候由ニテ被参一宿被致候。

である。仁礼らの薩摩藩第二次留学生は、この年の三月末(和暦)に長崎を出港し、ロンドン経由で九月二七日(和暦)にニューヨークに着いたのである。上の記載は、ニューヨークのホテル滞在中のことであった。したがって、仁礼景範航米日記によれば、横井兄弟の(ケープ・タウン経由での)ニューヨーク着は、慶応二年一〇月一三日(一八六六年一一月一九日)である。したがって、横井兄弟が、仁礼らのホテルの一室に宿泊した慶応二年一〇月一六日は、(西暦)一一月二二日にあたる。

翌日(慶応二年一〇月一七日、(西暦)一一月二三日)の日記では、

十時過右両人種、湯（横井兄弟、種子島敬輔、湯地定基）同道ニテ乗来候迠被差越四時比被帰候。

となっている。横井兄弟が持参したフルベッキの紹介状の「（オランダ改革派教会での）受付日」は、「一一月二三日」である。したがって、この受付日が正しいものとすれば、横井兄弟は、仁礼、種子島、湯地と分かれた後、中国人船長とともに、オランダ改革派教会外国伝道局のJ・M・フェリスを訪ねたのである。まさに、フェリスの言う「一八六六年秋の午後の遅い時間」であった(19)。

外国伝道局は、フルベッキの紹介状を検討した結果、横井兄弟を、教会との関係が深いニューブランズウィックで学ばせることを決め、学校としてラトガースのグラマースクールを選び、その下宿先を探したのである。日本人が下宿することで、他の下宿人やアイルランド人の使用人が逃げ出すことも危惧されたが、「チャーチ ストリート62」のヴァン・アーステル夫人は、ロメイン夫人（亡きロメイン牧師の妻）と相談の上、これを「主（the Master）」と「日本」のための重要な働きをする好機と捉え、横井兄弟の下宿を引き受けたのである。

横井兄弟は、アーステル夫人宅に三年間下宿し、グラマースクールで学ぶことになるが、アーステル夫人もロメイン夫人も思いやりがある方々で二人を実の息子のように世話したようである（高木（二〇〇六）に採録された横井兄弟からアーステル夫人宛の四通の手紙を参照のこと）。

高木（二〇〇六）によれば、当時のラトガース・グラマースクールの課程は、初等部（六～一二歳）、第一学年次（四等クラス）、第二学年次（三等クラス）、第三学年次（二等クラス）、第四学年次（準一等クラス）、第五学年次（一等クラス）に分かれ、グラマースクールからカレッジの伝統的な古典コース（四年の教育課程）に進むためには、一等クラスまでを終えることが求められ、また、カレッジの科学コース（三年の教育課程）に進むためには、準一等クラスまでを終えることが求められていたのである(20)。

カレッジにおいてどの教育課程をとるかによって、グラマースクールの三等～準一等クラスのカリキュラムも異なっている。大まかにいえば、科学部門（Scientific）を目指すコースでは、古典部門（Classical）の「ラテン語」や「ギリシア語」等に代わり、「簿記（Bryant Stratton のテキスト）」「アメリカ憲法」「暗算」「幾何」「化学」「植物学」「製図」等を履修することになっていたのである（詳細は、高木（二〇〇六）を参照のこと）。なお、「Bryant, Stratton」については、第5章で再び言及する。

一八六六年のグラマースクールの学生数は、一一二名（うち二一名がラトガース・カレッジに進学）であった（高木（二〇〇六））。しかしながら、横井兄弟がニューブランズウィックに滞在した時期は、南北戦争（一八六一〜六五年）後の復興期に入り、東部での工業化と都市化が進んだ時期でもあり、ニューブランズウィックの人口も、約一万五〇〇〇人となっていた。これを反映して、グラマースクールの学生も増加し、一八六九年には、一万五〇〇〇ドルをかけて、校舎も全面的に再建され、学生寮も二〇〇人収容の広々とした家具付きの寮となった（Corwin（1879）p.96）。

一八六六年一一月二三日（慶応二年一〇月一七日）、オランダ改革派教会外国伝道局のフェリスに会った横井兄弟は、その世話でニューブランズウィックのアースデル夫人宅に下宿し、グラマースクールで学ぶが、英語力不足を補うために、同時に校長の個人指導を受けていた(21)。三年後の一八六九年七月には、弟・大平が肺結核のために日本に帰国し、一二月には、兄・左平太は、第Ⅰ部でも紹介したように、アナポリスの海軍兵学校に入学し、ニューブランズウィックを離れる。

この節を終わるにあたり、いくぶん余談になるが、横井兄弟以外の日本人留学生とラトガース・カレッジやグラマースクールとの関係を紹介しよう。勝海舟の長男・小鹿は、横井左平太の進路と同じく、グラマースクールで学んだ後、一八七一年六月にアナポリスの海軍兵学校から入学を許可され一〇月に入学する。二七歳で小鹿の監督者として渡米した高木三郎も、一〇歳も年下の生徒と席を並べて、グラマースクールで学ぶ。Griffis（1916）によれば、勤勉な生徒であった(22)。

一八六七年七月に（小鹿・富田・高木のほぼ半年前に）ニューブランズウィックに来た日下部太郎は、福井藩出身者であるが、長崎の済美館でフルベッキから英語をはじめとする洋学を学んでいる。日下部は、フルベッキが彼ほど明敏な日本人は数少ないと評価するほどの人物であり、渡米直後の九月から、（グラマースクールを飛ばして）ラトガース・カレッジに入学している[23]。

また、一八六八年六、七月に（小鹿・富田・高木のほぼ半年後に）、薩摩藩の松村淳蔵、畠山義成、吉田清成がニューブランズウィックに来る。一八六五（慶応元）年に薩摩藩第一次留学生として日本を出国した彼らの英米滞在は三年に及んでいたことから英語力・学識は高かった。松村淳蔵は、一年間、ラトガース・カレッジに在籍した後、一八六九年一二月に、横井左平太と同期生として、アナポリスの海軍兵学校に入学する。畠山義成と吉田清成も、一八六八年にラトガース・カレッジに入学する[24]。畠山は、一八七一年に科学コースを卒業するが、吉田清成は、一八七一年に日本に帰国し大蔵省に入る（詳細は、次章第4節を参照のこと）。

（1）吉野（一九七四）は、『高木三郎翁小傳』が「ボストンに赴き直ちにニウブルンヅウキッキに至りぬ」（三四頁）としていることを踏襲し、「ボストンを経てニウブルンヅウキッキに至り」（二四頁）としている。しかしながら、小鹿のいるニューブランズウィックは、ニューヨークの南西六〇キロに位置し、当時、汽車で一時間半のところにあることから、ボストンを経由する必要性は、まったくない。

（2）畠山義成の英文の手紙（日付・宛先は不明）は、犬塚（一九八七b）に採録されている。また、松本壮一郎の「亜行日記」は、明治三（一八七〇）年の渡米時の日記であり、瀬戸口（二〇一〇）に所収されている。

（3）Griffis（1916）には、（短期滞在も含めた）ラトガースに関係した四七名の日本人留学生の名前が記載されている（pp.21-27）。

（4）当時のニューヨークとボストン間の所要時間は、一〇時間程度である。例えば、「仁礼景範日記」（犬塚（一九八五）に所収）の慶応二年一〇月二〇日条では、朝八時にニューヨーク発、夕方六時にボストン着、その翌日は、昼二時にボストン発、一二時にニューヨーク着の旨がある。

（5）大童信太夫宛の書状（慶応四年一月三日（一八六八年一月二七日））の「亜里三十里程南方」は、ニューブランズウィックがニューヨークの南三〇マイル（およそ四八キロメートル）の意味であるが、実際 Google 等でルート検索を行うと、南西にほぼ六〇キロメートルになる。しかしながら、厳（二〇〇八）では、なぜか、「ニューヨークから西南へ二〇キロほど」（二五頁）と記している。

（6）実際、バラは一八五七年のラトガース・カレッジ卒業である（Griffis（1916）p.19）。福澤諭吉は、前年九月、大童の痔疾を心配し加療に専念されたい旨の書状を大童宛に出し（『福澤諭吉書簡集 第一巻』四九頁）、大童信太夫は、慶応二年六月三日、横浜の（長老派の宣教医）へボンによって、当時としては極めて珍しい痔疾の手術を受けている（坂井（二〇〇〇））。仙台藩江戸留守居役の大童信太夫は、富田の従者・通弁修行の名目で、高橋是清と鈴木知雄をサンフランシスコまで同行させたが、年少の二人は、それに先立ち慶応年間に、横浜において、当初はヘボン夫人に、後にはバラ夫人に英語を学んでいたのである（『高橋是清自傳』一九頁）。こうしたこともあって、大童は、当時の横浜の状況やオランダ改革派の宣教師のバラの名前を知っていたのである。

（7）松村淳蔵の本名は、市来勘十郎であるが、明治以後も松村淳蔵を名乗る。また、吉田清成は、当時、永井五百介（助）の変名を使っていたので、『仙臺先哲偉人錄』の「長江」は、「永井」と混同している可能性がある。「大原」は、大原令之助（吉原重俊、後の日本銀行初代総裁）の可能性もあるが、ニューブランズウィックでの一時滞在はともかくも、長期滞在は考えにくい。石附（一九九二）の「幕末の海外留学者」では、多数の者が「ＮＢＷ（ニューブランズウィック）」に滞在したとしているが、本節の考察に従えば、この点は信頼性に欠ける。また、石附（一九九二）では、吉原重俊について「ＮＢＷ」と注記されているが、大原令之助と吉原重俊とを別人として取り扱っており、この点も信頼性に欠ける。

（8）後述するように、再会した横井大平は、この年の七月に日本へ帰国し、秋には横井左平太と松村淳蔵は、アナポリスの海軍兵学校に入学する。

（9）例えば、次のような重要事項はアメリカ在留の第一次留学生にも共有されたものと推測される。すなわち、一八六七年六月二一日、第二次留学生の木藤市助が自殺し、その葬儀が、横浜の大火に遭い、アメリカに一時帰国中のブラウンによって執り行われたこと、ブラウンは、この帰国に際して第二次留学生第三陣として位置づけられる谷元兵右衛門と野村一介を同伴していたこと等である。

（10）高木（二〇〇五）は、日下部がヴァン・アースデル夫人宛の手紙を出していることから、日下部が夫人宅に下宿をしていたと推定している（この推定は正しいと思われる）。さらに、この手紙を高木三郎に見せるように夫人に頼んでいることから、高木三郎も、アースデル夫人宅に下宿していたと推定しているが、この推定は誤りであろう。富田がアイザック・バートル宅に下宿していたことからすれば、高木も富田と下宿先が同じと判断したほうが適切である。

(11) 吉田清成について、田中（一九九六）は、「書簡をみれば、彼の居所が "Sommer St. 49" であったことが分かるが」（二一頁）としているが、これまで刊行された『吉田清成関係文書一　書翰篇1』から『吉田清成関係文書四　書翰篇4』には、この住所記載は見出せない。著者の田中智子は、「吉田清成関係文書研究会」のメンバーとして、書簡の解読・整理を担当していることから、この根拠が封筒記載の住所等による可能性もある。仮に田中（一九九六）が述べているように、吉田の居所が "Sommer St. 49" であったとしても、ここへの転居は、ニューブランズウィック来着から数か月後のことであろうと思われる。

(12) 海舟日記の慶応二年一月二一日条では、「薩藩国元江出立之由にて退塾四人、種ヶ島・湯地・吉原・桐野四人」である。また、三月一四日条には、「湯地・種ケ島より之来状、大坂より着」とある。これから間もない三月二六日、薩摩藩第二次留学生（第一陣）は、長崎から出帆したのであった。

(13) 一〇月二一日条から二六日条は、「この間頁一枚破れあり」の編者の註があるので、正確なことは不明であるが、一〇月二七日からの日付をたどると、仁礼の日記の日付（西暦）は、日米間の時差にともなう日付変更をしていない可能性がある。

(14) 海舟日記では、一一月一八日夜、帰国と記載されているが、『仙臺先哲偉人録』では一九日横浜入港、また『高木三郎翁小傳』や吉野（一九七四）では、一七日横浜入港となっている。

(15) 引用文は、『氷川清話』六八頁による。なお、横井兄弟は、小楠の兄（時明）の子であるが、兄が急逝したことから、小楠が横井家を継ぎ、左平太を養子とする。同志社第三代社長（総長）の横井（伊勢）時雄は、小楠の長男である。

(16) 『横井小楠關係史料二』には、横井兄弟に対する送別の辞「送左・大二姪洋行」が所収されている（七二六頁）。

(17) 佐賀関の徳応寺には、四月一〇日、軍艦奉行勝麟太郎と随行の高木三郎、坂本龍馬ら八名が宿泊した記録（ただし、横井兄弟らを含め他の随行者の記録はない）が残されていると言われている。

(18) このフルベッキの紹介状（長崎からの一八六六年六月一〇日付）の英語原文は、杉井（一九八四）五二頁に採録されている（日本語訳は、『フルベッキ書簡集』一〇三頁に掲載）。英語原文では、受付日が「一一月二三日」となっている。

(19) Griffis（1916）pp.32-35による。

(20)　Corwin（1902）によれば、一八六五年に新設された科学コース（三年の教育課程）は、ラトガース・カレッジの一部ではあるが、ニュージャージー州の公共用地の売却資金等を原資として設立されたことから、the State College とか Scientific School と呼ばれていたのである（pp.156-157）。

(21)　校長による個人指導の件は、高木（二〇〇六）による。

(22)　Griffis（1916）p.26 の表現では、"Samro Takaki, a native of Sendai, was a diligent student at the Grammar School" である。ただし、高木は、仙台出身ではなく、庄内出身である。Griffis は、富田と高木が、ともに仙台出身であると誤って理解しているようである。

(23)　『フルベッキ書簡集』の表現では、「日下部ほど明敏なものは十人か十二人ぐらいしかいません」（一一三頁）である。日下部のラトガース・カレッジ入学は、高木（二〇〇五）及び Griffis（1916）p.22 による。

(24)　Griffis（1916）pp.22-23 による。Griffis（1916）p.22 では、畠山のラトガース・カレッジ入学を一八六七年としているが、p.21 の日本人学生リストでは、一八六八年である。この論文での考察からすれば、薩摩藩の三人のニューブランズウィック来着とラトガース・カレッジ入学は、一八六八年になる。

第3章　ニュージャージー州ミルストーン

1　富田鐵之助の英語力

仙台藩から富田鐵之助の従者・通弁修行の名目で派遣された高橋是清と鈴木知雄は、元治元（一八六四）年、一二歳のときから横浜の「英学修業」に出され、ヘボン夫人とバラ夫人に英語を習っていたが、慶応二（一八六六）年の横浜大火の後、高橋は、バンキング・コーポレーション・オブ・ロンドン・インディア・アンド・チャイナ（Banking Cooperation of London, India and China）の支配人宅の住み込みボーイとなり、英会話の熟達に努め、鈴木は、太田栄次郎について訳読を習っている。(1) これに対して、富田鐵之助が渡米前にどこで英語を学んだかは、今のところ分かっていない。

小鹿・富田・高木は、渡米直後、一時ボストンに滞在する。これは、海舟がアメリカ人貿易商のT・ウォルシュ（ウォルシュ・ホール商会（横浜居留地二番区画、亜米一商会）の経営者）を通じて、ウォルシュが懇意にしているボストンの「ホスベルス」を紹介されたことによる。ボストンでは、ノースロップについて英語の勉強をしたが、(2) その数か月後には、前章で述べたようにボストンを引き払ってニューブランズウィックに転居しており、ボストンでの英語習得は十分なものではなかった。転居の理由について、先に紹介した大童信太夫宛書状には、ボストンでの物価高以外には記載されていない。しかしながら、ボストン近郊のモンソン・アカデミーに留学した薩摩藩第二次留学生の数人（海舟門下であった種子島と湯地を含む）は、一八六六年秋にニューヨークで横井兄弟に会っており、その後の横井兄弟の動向についても（オランダ改革派教会を通じて）十分に把握していたと思われるのである。ここからは推測であるが、薩摩藩留学生がもたらした横井兄弟に関する情報をボストンのノースロップら経由で知った富田・高木は、日本国内の急変を憂慮し、小鹿の後見を海舟門下で縁が深い横井兄弟に託して帰国しようと考え、ボストンでの英語習得を断念してニューブランズウィックに向かったと思われるのである。

富田鐵之助は、慶応四年一月三日（一八六八年一月二七日）に「江戸芝愛宕下 仙臺藩中屋敷」の大童信太夫宛にニューブランズウィックへ転居した旨の書状を出し、一月二六日の書状には住所メモも添えているが（本書一四〇頁を参照）、これらの書状の存在が研究者に知られていないためか、吉野（一九七四）でさえも、『高木三郎翁小傳』（二六頁）のあいまいな表現に引きずられ、彼らのボストン滞在を約一年と推論しているのである（二二頁）。吉野（一九七四）については、やむを得ない面もあるが、塩崎（二〇〇一）に至っては、フルベッキが彼らをノースロップへ紹介したと推論するとか、富田と高木が、その緊急一時帰国の件を当時ボストンに滞在中の福岡藩の柘植や平賀に相談したとするなど、まったくあり得ない致命的な過ちをしている（一〇九―一一一頁）。

さて、ここで渡米当初の富田や高木の英語力について触れる。富田鐵之助に随行した高橋是清と鈴木知雄は、当初からの目的地であるサンフランシスコにとどまる。そのサンフランシスコで、高橋は、奴隷として売買される契約書に署名する羽目になる。富田と高木が「緊急一時帰国」に際してサンフランシスコに立ち寄ったとき、富田が（徳川幕府が嘱託した）サンフランシスコの名誉領事ブルークスに契約書破棄を依頼し、相手方とも対決するが、「富田、一條両氏とも英語は十分に出来ない。高木がいくらかよく話せた」状況にあったのである。[3] その高木でも発音が拙いために、相手方が agree を angry と聞き違え、交渉が難航するハプニングも起きていたのである。

当時、ニューブランズウィックに住まいしていた横井兄弟、日下部太郎や薩摩藩の松村淳蔵、畠山義成、吉田清成は、富田よりも一〇歳以上も年下であった。しかも、薩摩藩の三人は、英米滞在期間も長く、英語力や学識も大学入学レベルに達し、日下部は、米国滞在歴もほとんどないものの、フルベッキが日本人として最も明敏と評するレベルに達していた。彼らとの英語力の違いから再渡米後の富田は、年下の彼らとも親しく交わり、彼らを師として勉学に励み、特に畠山義成（杉浦弘蔵）からは英語の勉強を兼ねて、聖書を学ぶことになる。(4) すなわち、畠山から薩摩藩庁宛の書簡（一八六九年五月）の最末尾には、

恐惶謹言

當分者爰許江勝子（勝小鹿）幷越前生八木太郎（日下部太郎）、肥後生横井兄弟、近比再渡航致候勝房（勝海舟）殿之門弟高木、富田モ同郷江罷在何れも大元氣ニ而勉学ニ而僕モ横井両生ニ於テハ海軍入校ノ御免許一日モ速ニ御達シ有之度と専ヲ希望にて滞学ナリ、何卒無滞右之御指圖到着之程、僕等も頻リニ奉待次第御坐候、……

と記載され、また、畠山から種子島敬輔宛の書簡（一八六九年八月二日付）の最末尾には、

富田、高木生抔ハ前段之新聞者何も□年不致との事ニ御坐候、富田生ニハ當分 Bible 之勉学ニ而僕之所江隔日ニ御出ニ而者読書有之、乍不肖及丈ケハ日本語ニ而其意味ヲ説キ候處、精々志ヲ立道ヲ求メ未タ信用ハ不出来処ノ我ラニ耶蘇教之教ヲ理會セント甚タ切ニ宿問も有之、僕ニおひても至而大幸ニ覺へ度者先者理會之賦も成カシト一向祈願 all strength ヲ以テ御相手申事ニ御坐候、就者伊勢兄日下部兄ニ者當分未ダ帰宿無之候、先者右之形行迠遣以テ如比御坐候　　頓首敬白

である（書簡は、いずれも犬塚（一九八七b）に採録）。

『高木三郎翁小傳』によれば、渡米に際しての高木の希望は、「只管英文英語を學び自由に英字新聞を讀み之を飜譯して以て日本に報道し得る學力」を身につけることにあった（二五頁）。これは、富田にも当てはまる英語習得

の目的であった。まさに、これを達成しようと、畠山義成から英語の勉強を兼ねて聖書を学んだのであった。

英語がいくぶんできた高木三郎は、再渡米後に、ラトガース・グラマースクールに学ぶことになるが（Griffis (1916) p.26）、富田鐵之助は、次節で紹介するように、ミルストーンの牧師館に居住し、コーウィン牧師から英語等を学ぶことになる。(5) 翌一八七〇（明治三）年には、天保一一（一八四一）年生まれの高木三郎は数え三〇歳、天保六（一八三五）年生まれの富田鐵之助は数え三六歳になる。三年のアメリカ生活で英語力は向上したものの、「正則の學校に入學すると能はず且つ米國の形勢より案ずるに實業に従ひ富國の道を計ると國家の爲め深く利益あるべきを信じ先君と富田氏は共に只管産業上の見聞を擴め經濟的智識の収得に力められぬ」である（『高木三郎翁小傳』四三頁）。富田の経済的知識の修得は、ホイットニーが校長を務めるニューアークの「ブライアント・ストラットン・アンド・ホイットニー・ビジネス・カレッジ（Bryant, Stratton and Whitney Business College）」への入学である。これについては、第5章で論考する。

2　ミルストーン

第Ⅱ部で詳細に考察したように、明治二年二月（一八六九年三月）には、ニューブランズウィック在住の横井兄弟、日下部、薩摩藩の三人（松村淳蔵、畠山義成、吉田清成）に対して、明治政府による年六〇〇メキシコ・ドルの学資給付が決定する。(6) これに続いて、同年七月（西暦八月）には、勝小鹿、富田鐵之助、高木三郎に対する学資給付も決定する。すなわち、

明治二年七月　其方儀北亜米利加合衆國學校ニ於テ専ラ勉精勤學之旨相聞候ニ付一ヶ年ニ付メキシカンドル六百枚爲學資被下候　　外務省

である（『東京府知事履歴書（富田鐵之助履歴）』）。
学資給付の理由は、「北亜米利加合衆國學校ニ於テ専ラ勉精勤學」であった。明治二年のこの段階では、日下部と薩摩藩の三人はラトガース・カレッジに在学し、横井兄弟はラトガース・グラマースクールに在学し、勝と高木も、在学の時期や期間は明確ではないが、ラトガース・グラマースクールに在学していた（Griffis（1916）pp. 24–26）。

しかしながら、富田は、英語力と年齢の問題もあって、正規の学校に在学することなく、英語等の個人指導を受けていたのである。すなわち、富田は、学資給付の決定（明治二年七月）の前後から翌年秋までの一五か月間、ミルストーン(7)のヒルズボロウ・オランダ改革派教会（Hillsborough Reformed Church at Millstone, N.J.）の牧師館に居住し、E・T・コーウィン牧師の指導のもとに、英語や聖書等を学んでいたのである。Griffis（1916）の原文によれば、

> Tetsunosuke Tomita (his true name), a native of Sendai, born in 1855, made his home for fifteen months with Rev. E.T. Corwin, D.D.

である(8)。ただし、富田は、一八五五年生まれではなく、天保六（一八三五）年の生まれである。

富田がこの牧師館に居住していたことは、一八七〇年のアメリカ人口センサスの調査結果から明らかである。一八七〇年六～八月に第九回アメリカ人口センサスが実施されたが、その調査結果は、第1表の形式で整理され、アメリカ国立公文書館マイクロフィルム版（National Archievs Microfilm Publications, Microcopy No.593, Population Schedules of the Ninth Census of the United States 1870）に収められている。第1表は、一八七〇年七月二九日に実施されたニュージャージー州サマセット郡ヒルズボロウ・タウンシップの調査結果から抽出したものである。

この表を見ると、牧師館には、コーウィン牧師夫妻のほかに、二人の子供（一男一女）と家政婦一人も住んでい

第1表　1870年人口センサス：コーウィン牧師と富田鐵之助

家屋番号	世帯番号	氏名	年齢	性別	カラー	職業	出生地
511	524	Corwin Rev ET	36	M	W	Clergyman	New York
		Mary Esther	30	F	W	Keeping house	New York
		Euphemia K	7	F	W	At home	New Jersey
		Charles E	1	M	W	At home	New Jersey
		Vreeland Catharine	25	F	W	Domestic Sert.	New Jersey
		Tomita Tetsunoske	31	M	Jap	Student	Japan
512	525	Bennard Gershom （以下、省略）	74	M	W	Shoe maker	New Jersey

たのである。なお、富田の年齢は、本来は三五歳であるが、この調査では三一歳とされている。カラーは、「W・白人、B・黒人、M・ムラトー（混血）、C・チャイニーズ、I・インディアン」に区分することが調査の原則であったが、富田については、「Jap」の記載であった。

いくぶん余談になるが、この牧師館があるオランダ改革派教会の住所は、

1 Amwell Rd. Hillsborough, NJ

であり、先の人口センサスもヒルズボロウ・タウンシップにおける人口調査として集計されている。しかしながら、この教会は、歴史的にはミルストーン地区に区分されており、教会の正式名称も、「ミルストーンのヒルズボロウ改革派教会（Hillsborough Reformed Church at Millstone）」である。この教会は、一八二八年の建立（教会の始まりは一七六六年）であり、現在では、南北戦争時にワシントン将軍の司令部となった Van Doren House 等とともに、ミルストーン歴史地区（Millstone Historical District）の主要建造物になっている。ミルストーンは、一八七〇年の人口センサスではヒルズボロウ・タウンシップに属していたが、一八九四年にこのタウンシップから分離している。ミルストーンは、二〇一〇年の人口センサスでは、人口四〇〇人ほどの小さな自治体であり、学校運営等はヒルズボロウ・タウンシップに依存している。

このように富田はミルストーンの牧師館でコーウィン牧師の個人指導を受けていたのである。明治政府からの学資給付を受けながら、正規の学校に入学せ

ずに個人教授を受けることは、現代的な視点からすれば、ずいぶん奇異に感じられるが、当時としては、十分にあり得たことであった。富田がその先鞭をつけたひとりということになる。「折田日記」によれば、コーウィン牧師から学ぶことになった折田彦市は、一八七一年一二月から翌年二月までの一〇週間の下宿料・授業料として一二〇ドルをコーウィン牧師に支払っているのである（厳（二〇〇八）三〇頁）。

この折田の下宿料・授業料は、一年間では六〇〇ドルほどになる。本書の第Ⅱ部で紹介したように、富田から大童信太夫宛の書状（慶応四年一月二六日付）には、一年間の留学費用の見積もりが添付されていた。これによれば、一年間の食料・宿料三一二ドル、教師謝礼一五〇あるいは一六〇～三〇〇ドルであったから、コーウィン牧師への謝礼を最高額の三〇〇ドルとすれば、食料・宿料・教師謝礼でほぼ六〇〇ドルになる。したがって、折田の一年六〇〇ドルはほぼこれに相当する金額になる。ちなみに、正規の学校の学費は、初級クラスで一〇〇ドル、上級クラスでも二〇〇ドル以下であった。

富田も、折田と同様に、年六〇〇ドルをコーウィン牧師に支払っていたすれば、その支払い原資として想定していたものは、明治政府からの学資給付金の六〇〇メキシコ・ドルであろう。メキシコ・ドル、アメリカ金ドル、アメリカ紙ドルの交換レートは、日々、変動するが、富田がミルストーンを離れる前後の明治三年一〇月二五日（一八七〇年一一月一八日）に、松本壮一郎がニューヨークで交換したレートは、「一〇〇メキシコ・ドル＝一〇五～一〇六ドル（アメリカ金ドル）＝一一七ドル（アメリカ紙ドル）」であった（第Ⅱ部を参照のこと）。したがって、六〇〇メキシコ・ドルの学資給付を受け、下宿料・授業料として六〇〇ドル（アメリカ紙ドル）を支払うと、手元には一〇〇ドル（アメリカ紙ドル）ほどが残る。この残額は、おそらく衣服費、書籍代、小遣い等に充てられたことであろう。

富田がニューブランズウィックのオランダ改革派教会に通う中で、コーウィン牧師と知り合いになり、ミルストーンに移った可能性は残るが、二人の橋渡しは、ラトガース・カレッジに在学し、英語力もあり、キリスト教に大きな関心をもっていった日本人学生、日下部太郎と畠山義成であったように思われる。日下部は、ラトガース・カレッジに入学する前の数か月をミルストーンのコーウィン牧師のもとで過ごしていたのである（Perrone（2017））。

畠山とコーウィン牧師との交流を示すものは少ないが、ここでは、犬塚（一九八七b）に採録された畠山の英文の手紙や日本語の書簡を紹介することにしよう。まず、一八六九年八月一一日の畠山の友人宛の英文の手紙（手紙には漢字で表記された人名があることから日本人の友人宛と推測される）は、「一昨日の午後にコーウィン牧師を訪問し、今日の午後にミルストーンから戻ったので、九日付のあなたからの歓迎の手紙に対してとり急ぎお返事します」という書き出しから始まり、「二泊したミルストーンでは、コーウィン牧師の招きがあり大変楽しく過ごしました。伊勢氏（漢字表記）から親切な短信を受け取りました。彼が元気でいることを聞きうれしく思います。富田（漢字表記）は、一昨日、勝君（漢字表記）に付き添うために、レイク・ジョージに向けてミルストーンを立ちました。(9) 日下部（漢字表記）の健康状態が良くないので、日下部が彼（勝）をレイク・ジョージに残すことを余儀なくされたからです。彼（日下部）は、ロング・アイランドのフラトブッシュ・アカデミーにいます」で結ばれている。

この日下部と勝の後日談は、畠山義成から横井左平太宛の八月二四日付の書簡にも記載されている。すなわち、

新克約（ニューヨーク）江出府致し翌 Sunday 者 Plymouth Church 江差越、夫ゟ平理（フェリス）諸師之招キニ従ひ before last Monday The 16th ニ爰許江参着致候處、勿論御存し通其時分者日下部先生（日下部太郎）御出ニ而當分ニ至る迠も御壮健ナリ、……

扨僕爰許ニ着雖直ニ可伺□□筈之處、日下部先生御口葉ニ而ハ大兄近此爰許江御来臨之要様承知仕先心待申上……○勝君（勝小鹿）も先日 Lake George ゟ御帰リニ而當分爰許江御滞留御栄なり、及ひ松村（松村淳蔵）ニも参り随分にぎ〳〵敷甚愈快ヲ尽シ候次第御坐候……

である。

犬塚（一九八七b）に採録された畠山の英文の手紙や日本語の書簡を整理し、これらの日付を追うと、一八六九年七月にはコーウィン牧師を訪ね、八月にはロング・アイランドのフラトブッシュ・アカデミーに三週間滞在し（その途中、ニューブランズウィックに一時帰宅）、ニューブランズウィックに戻っているのである。上の手紙は、その文面からすれば、ロング・アイランドのフラトブッシュ・アカデミーにおいて書かれたものと推測される。したがって、ここには、日下部のほかに、勝小鹿も滞在していたし、さらに松村淳蔵もやってきて、随分と賑やかになったのである。

先の畠山がミルストーンでコーウィン牧師と会った用件と結果は、別の英文の手紙（日付は不明）からも確認できるが、この英文の手紙には、コーウィン牧師との件以外にも、オランダ改革派のスタウトが長崎に到着し[10]、フルベッキが居住していた大徳寺に居住していること、フルベッキが江戸へ行くことになったためにその替わりにスタウトが英語の授業をすること、さらには、この日の午後に聞いたこととして、彼（横井大平）も七月二七日に無事に横浜に着き、体調も良くなり食欲もあること等も書かれているのである。

さらに、これと別の英文の手紙（これも日付不明）には、オランダ改革派から横浜へ派遣されていた宣教師のバラ（アメリカに帰国中）からバラの父親宅に、数日、泊まるようにいわれたが、スタウト夫人宅を訪問する先約があったことから、謝辞を述べて断ったことも書かれている。

これらの畠山の英文の手紙からは、オランダ改革派の牧師や日本に派遣された宣教師と深い交わりをもっていたことが分かる。畠山が、富田をコーウィン牧師に紹介したか否かはともかくとして、一八六九年八月一一日の手紙からは、少なくとも八月には富田がミルストーンにいたこと、勝小鹿は日下部とともにレイク・ジョージに滞在していたが、日下部の健康が思わしくなく、富田が小鹿を迎えに行ったことが判明するのである。

この節を終わるにあたり、上で言及したアメリカ帰国中のバラの家族構成を述べる。第2表は、一八七〇年八月二二日に実施されたニュージャージー州バーゲン郡ハッケンザック・タウンシップの人口センサスの調査結果から抽出したバラの父親宅の家族構成である。

第2表に従えば、ジェームズ・ハミルトン・バラ（James H. Ballagh）は、アイルランド出身の両親のもとにニューヨーク州で生まれている。バラは、一八三二年に「ニューヨーク州デラウエア郡ホバートの農家で生れる」[11]とされているので、これと出生地は一致する。しかしながら、年齢に関しては二歳の差異がみられる。[12] Corwin（1902）p.303 や Corwin（1922）p.243 でも、バラは、一八三二年九月七日生まれとされており、やはり差異がみられるのである。バラの両親は、その後、ニューヨーク州からニュージャージー州に移り、一八七〇年には、バーゲン郡（ハッケンザック・タウンシップの）ティアフライで農業を営んでいたのである。実は、この人口センサスには、不動産価値に関する情報も附加されている。これによれば、バラの父ジョンは、（人口センサス記載の数字としては極めて大きな）八〇〇〇ドルの不動産を所有していた。大規模な農業を営む裕福な家庭であった。バラは、ニューブランズウィック神学校を修了した翌年（一八六一年）に、バージニア出身のマーガレットと結婚し、直ちに夫妻で横浜に赴任している。[13] バラの娘二人は日本生まれであることから、これが人口センサスにも記されている。このほか、バラの父親宅には、未婚の五人の妹弟と聖職者一名がいたのである。

3　コーウィン牧師

コーウィン牧師は、一八三四年七月一二日、ニューヨークの生まれであることから、[14] 天保六年一〇月一六日（一八三五年一二月五日）生まれの富田鐵之助より、ほぼ一歳年長であったに過ぎない。コーウィンは、一八五三年にニューヨークのシティ・カレッジを卒業した後、[15] ラトガース・カレッジの上位教育機関であり、オランダ改革派と関係が深いニューブランズウィック神学校に進み、一八五六年に修了している。その後、パラマス教会（ニュージャージー州バーゲン郡）の牧師を経て、一八六三年から（一八八八年まで）ミルストーンのヒルズボロウ教会の牧師

第2表　1870年人口センサス：バラとその家族

家屋番号	世帯番号	氏名	年齢	性別	カラー	職業	出生地
726	814	Ballagh, John	69	M	W	Farmer	Ireland
		Anna P.	60	F	W	Keeping House	Ireland
		James H.	36	M	W	Clergyman	New York
		Maggie R.	30	F	W	Without Occupation	Verginia
		Carrie E.	8	F	W	Without Occupation	Japan
		Anna	6	F	W		Japan
		Margaret	30	F	W	Seamstress	New York
		Robert H.	21	M	W	Gas-pipe Fitter	New York
		Sarah	28	F	W	Without Occupation	New York
		Mary	26	F	W	Without Occupation	New York
		Anna	23	F	W	Without Occupation	New York
		Hoyt, Ralph.B.	25	M	W	Clergyman	New York

職にあった。コーウィンは、後に、改革派教会の歴史等に関する多数の著作を刊行し、神学博士の学位を授与され、改革派教会の最も卓越した歴史家として知られるようになる。

一八九一年には、オランダ改革派教会の President of General Synod（長老会議長・年次総会議長）にもなっている。

コーウィンの代表的な著作としては、*A Manual of the Reformed Church in America* を挙げることができよう。巻末の「参考文献」に記載しているように、このシリーズの最初のバージョンは、一八五九年に *A Manual of the Reformed Protestant Dutch Church in North America* という書名で、オランダ改革派教会出版局から出版されたものである。コーウィン、二五歳、パラマス教会牧師のときの著作であり、二〇〇〇部（総頁数一六六）が発行された。この書の「付録（Appendix）」の「ノートD」が「外国伝道」の項である（pp.143-146）。日本関係の説明はまったくなく、この項の最後に付けられた「外国伝道の人名リスト」の最末尾に、ブラウンについて

"Samuel R. Brown 1859 Appointed to Japan"

と一行のみが記載されているに過ぎない。

一八六三年、コーウィンは、ニューブランズウィック近郊ミルストーンのヒルズボロウ教会の牧師に転ずる。一八六八年九月七日には、息子

チャールズ（Charles Edward Corwin）が生まれる。シリーズの第二バージョンは、チャールズ誕生翌年の一八六九年の刊行である。一〇〇〇部印刷されたが、オランダ改革派の歴史、聖職者名、組織形態、教会・神学校等を網羅したもので、総頁数四〇〇という大著であった。

一八六八年夏までには、これまで名前を挙げてきた横井兄弟、日下部、勝小鹿、富田、高木、薩摩藩の松村、畠山、吉田の九人がニューブランズウィックに居住していることから、コーウィンの息子の誕生の前後から日本人留学生との交流も生まれてきたように思われる。この著作の「日本伝道」の項は、彼らとの交流を通して、また、バラの帰国・交流を通して、正確に執筆したものと想定され、三頁に及ぶ説明になっている（pp.390-392）。「聖職者」の項では、伝道経験豊富なブラウンの紹介に半ページほどを使っているが、フルベッキ、バラ、スタウトは、それぞれ二行の紹介に過ぎない（順にpp.45-46, p.256, p.26, p.224に記載）。

明治二年二月（一八六九年三月）、富田と高木が日本からニューブランズウィックに戻るが、Corwin（1869）の序文末尾に「Millstone, May, 1869」と記載されていること、この年の八月（和暦七月）に年六〇〇ドルの学資給付が決定したこと、一八六九年八月一一日の畠山の友人宛の英文の手紙において、富田がミルストーン居住であることが示唆されていること等からすれば、コーウィンは、この*Manual*シリーズの第二バージョンを書き終えた直後の七月頃から、富田鐵之助をミルストーンの牧師館に住まわせ、富田に英語とアメリカやヨーロッパに関する学識を教えたものと推察されるのである。

富田（数え三五歳）としても、グラマースクールに通学し、二〇歳も年少の少年たちと机を並べ、学校教育の中で勉強するよりも、学識のあるコーウィンから英語や多様な知識を教えられ、教会に来る信者から世情を教えられ、コーウィンの娘のユーフェミアの子供言葉や息子チャールズの幼児言葉を通して英語の発音練習をすることのほうが、英語等の修得には有益であり効率的であった。こうして、富田は、ミルストーンの牧師館に一五か月住まいし、一八七〇年一二月（明治三年一一月）には、ニューアークの「ブライアント・ストラットン・アンド・ホイットニー・ビジネス・カレッジ（Bryant, Stratton and Whitney Business College）」に入学する。

　富田がミルストーンを離れる直前に牧師館に住まいし、コーウィンから英語等の指導を受けたのは、折田彦市（当時数え二一歳、後に旧制第三高等学校の初代校長）である。折田は、岩倉具視《ともみ》の息子の具定《ともさだ》・具経《ともつね》兄弟（旭麿・龍麿兄弟）に随行し、山本重輔や服部一三とともにアメリカに留学したが、随行者の中では英語力が不足していたのである（厳（二〇〇八）二二一―二二六頁）。折田は、岩倉兄弟一行とともに一八七〇年夏までにニューブランズウィックに来着する。第3表は、一八七〇年七月一二日に実施されたニュージャージー州ミドルセックス郡ニューブランズウィック・シティ&タウンシップの人口センサスの調査結果から抽出した旭小太郎（岩倉具定）・折田彦市・山本重輔の記載である。

　第3表のように、「Asahi の旭小太郎」「Orite の折田彦市」「Yamamoto の山本重輔」は、主従ともども、一八七〇年七月には、トムソン方に下宿していたのである。ルーシー・トムソンが営む下宿には、（一三歳の女子を含めて）二人の家政婦をつかい、七人の下宿人を置いていたのである。

　第3表の「カラー」欄は、いったんは「W」と記入されたが、先に説明したように「W・白人、B・黒人、M・ムラトー（混血）、C・チャイニーズ、I・インディアン」に区分することが調査の原則であったためか、「W」に線が引かれ、その上から「C」が記載されている。また、「職業」欄には、いったん「College Student」と記載されたが、取り消し線が引かれている。

　さて、折田は、一八七〇年秋、富田がミルストーンを離れる直前に、ニューブランズウィックの下宿を出て、ミルストーンの牧師館に移る。さらに、翌明治四年三月一七日には、「旭龍両人」の留学生活も順調にいったことから、山本や服部とともにその監督の任を解かれ、正式に「鹿児島藩折田権蔵外二名米国へ留学」が申し付けられたのである（『太政類典 第一編』第一一九巻、件名番号〇七五）。こうして折田は、ここで二年間、コーウィン牧師の薫陶を受けた後に、ニュージャージー・カレッジ（現在のプリンストン大学）に進むことになる（Griffis（1916）p.25）。

第3表　1870年人口センサス：旭小太郎（岩倉具定）と折田彦市・山本重輔

家屋番号	世帯番号	氏名	年齢	性別	カラー	職業	出生地
1308	1858	Thomson Lucy	60	F	W	Boading House	New York
		Warwick A.	9	M	W		New York
		John F.	7	M	W		New York
		Dustave W.	5	M	W		New York
		（途中、4人省略）					
		Orite	20	M	~~W~~ C	~~Collge Student~~	Japan
		Yamamoto	21	M	~~W~~ C	~~Collge Student~~	Japan
		Asahi	19	M	~~W~~ C	~~Collge Student~~	Japan
		Janeke Annie	34	F	W	Domestic Servant	Prussia
		Smith Mary	13	F	W	Domestic Servant	Pennsylvania

折田以外では、神田乃武《ないぶ》（神田孝平《たかひら》の養子）[16]も、一八七一年の早々から半年間、この牧師館に住まいし、コーウィンの指導や折田の世話を受けているのである（Griffis（1916）p.25）。この神田乃武は、大学南校《なん》生徒（渡米時は数え一四歳）であり、森有禮にともなわれての（「今度森少辨務使渡航ノ節召連候積リ有之候」）自費でのアメリカ留学であった（「南校生徒神田乃武外一名自費米国留学ヲ許ス（明治三年閏一〇月、『太政類典 第一編』第一二〇巻、件名番号〇五〇）」）。

工藤精一（帰国後、札幌農学校教授）も、折田と入れ替わるように、折田がプリンストン大学に入学した後の一八七二年からミルストーンの牧師館に住み、コーウィンの指導を受け、後に、オランダ改革派教会で洗礼を受けるまでになっている。工藤は、渡米当時は英語を話せなかったが（unable to converse in English）、一八七八年のラトガース・カレッジ卒業時には、成績順位一桁（九番以内の成績）になっていたのである（Griffis（1916）p.24）。

このように、コーウィンは、富田を筆頭にして、日本的な学識・学力が十分ながら、英語力が不足する留学生を牧師館に住まわせて教育し、富田をビジネス・カレッジに、折田をニュージャージー・カレッジに、また、工藤をラトガース・カレッジに進学させるだけの英語力・欧米の知識等を身につけさせているのである。

ところで、コーウィンの代表的な著作 *A Manual of the Reformed Church in America* は非常に好評で、その後も、バージョン・アップしていく。一八七九年には、シリーズ第三バージョンが出版された。原稿が電動タイプで打たれたこともあってか、頁数も第二バージョンの四〇〇頁から七〇〇頁に増え、初刷一〇〇〇部であった。「日本伝道」の項も五頁に増え（pp.144–148）、日本に派遣された宣教師も紹介されるようになる。分量的には、ブラウンの紹介にほぼ一ページがあてられているが（pp.198–199）、フルベッキは、このときでも、一六行の紹介に過ぎない（p.533）。バラやスタウトも、八行とか三行の紹介であるが（p.170, p.470）、このバージョンから、Griffis（1900）や Griffis（1916）の著者であるグリフィスも登場し、二十数行の紹介となっている（pp.289–290）。

さらに、一九〇二年のシリーズ第四バージョンは、一一〇〇頁にならんとする大作で二〇〇〇部が出版された。「第一部 改革派教会史」「第二部 聖職者」「第三部 教会」の三部構成であるが、第一部第一九章の「外国伝道」（pp.230–281）のうち、ほぼ四分の一は、「日本伝道」（pp.265–277）についての記載であり、また、第二部の「聖職者」（pp.291–934）では、バラについては十数行の、またグリフィスについても二ページほどの紹介であるが、ブラウンとフルベッキについては、「肖像写真付き」で数頁にも及ぶ紹介がなされている（それぞれ順に、pp.303–304, pp.498–500, pp.343–347, pp.874–880を参照のこと）。

最後の出版が、一九二二年のシリーズ第五バージョンである。コーウィンが一九一四年六月二二日に八〇歳で逝去したことから[17]、息子のチャールズ・コーウィンが[18]、これを引き継ぎ編纂したものである（七八二頁で一〇〇〇部が発行された）。著書のボリュームが小さくなったことから、「日本伝道」「ブラウン」「フルベッキ」の記載もコンパクトになり、「グリフィス」に至っては、ほぼ半頁に圧縮されている（それぞれ順に、pp.207–215, pp.267–269, pp.569–573, p.351を参照のこと）。

4　日本人留学生との別れ

富田は、ミルストーン滞在中、日本人留学生との別れと新たな交流を経験する。新たな交流については、章を改めて紹介することとし、この節では前者のみを取り上げる。

(1)　横井大平の帰国

まず、富田がミルストーンに転居する直前には、幕末の緊急一時帰国の際に勝小鹿の後見を頼んだ横井大平（横井兄弟の弟）が肺結核のために帰国する。この件は、すでに紹介しているので、詳細は省くが、一八六九年七月三日にサンフランシスコを出航し、横浜着は七月二七日である。日本帰国後の勝海舟訪問は、明治二年七月一三日（一八六九年八月二〇日）である。また、フルベッキの八月二八日付書簡に、「沼川（横井大平）は江戸でわたしに会いに来ました。長崎でもまた会いました」（『フルベッキ書簡集』一六二頁）とあることからすれば、八月二八日以前にフルベッキと東京と長崎で会っていることになる。その後、横井大平は、（郷里の）熊本で「洋学校」構想を推進するも、明治四年四月二日（一八七一年五月二〇日）、二一歳で逝去する。(19)

(2)　吉田清成の転校

吉田清成は、畠山義成や松村淳蔵らとともに、薩摩藩第一次留学生（英国留学生）であった。薩摩藩第一次留学生は、慶応元（一八六五）年に日本を出航し、英国を経てアメリカに渡る。アメリカでは、数多くの苦難に直面しながら留学生活を送る（詳細は、犬塚（一九八七ａ）を参照のこと）。一八六八年六月、畠山義成がオランダ改革派教会のフェリスの助言に従い、ニューブランズウィックで学ぶことを決めたところに、吉田清成や（少し遅れて）松村淳蔵も来着する[20]。同年秋には、三人ともラトガース・カレッジの科学コースに入学する（Griffis（1916）p.21）。

翌一八六九年、松村淳蔵は海軍兵学校入学のため、ニューブランズウィックを離れるが、その数か月前に、吉田清成も、マサチューセッツ州のウィルブラハム・アカデミーへ転校する。薩摩藩第一次留学生でアメリカ留学を続けていた松村・畠山らは、経済的困窮に陥り、オランダ改革派のフェリスらから借財をしながらの留学生活であった[21]。第Ⅱ部で考察したように、明治二（一八六九）年二月、彼らには年六〇〇メキシコ・ドルの学資が支給されることになったが、薩摩藩留学生は、この学資給付の決定を、しばらくの間、まったく知らずにいたのであった[22]。

実際に支給されたのは、翌年の明治三（一八七〇）年六月のことであった。明治三年五月、外務省は、「学資配分担当（学費等配達方）」として、吉田清成（アメリカ留学生）と音見清兵衛（イギリス留学生、長州藩）を任命し、留学生の学資支給を実施したのであった[23]。しかしながら、これは一年後のことであり、一八六九年夏の時点では、吉田清成は知る由もなかったのである。

吉田清成は、一八六九年七月二九日、ロング・アイランドのフラットブッシュ・アカデミーを立ち、マサチューセッツ州のウィルブラハム・アカデミーに向かった[24]。すなわち、

○ Nagai left here for Wilbraham Aca. On last Tuesday 27th & .....

○永井生之 proposal that .....

若シ又其レナクハ彼方ハ Wesl College ナレバ大方 methodist people 何角之都合も宜敷尤諸先生等も親切ニ付旁彼方被好なりとの事なれハ尤至極之論なり

である（畠山義成から種子島敬輔宛の書簡（一八六九年八月二日付）、犬塚（一九八七b）に採録）。

この学校は、一八一七年創立のメソジスト系の学校であった[25]。吉田は、この半年ほど前に、ニューブランズウィックのメソジスト派教会（セント・ジェームズ教会）においてティファニー牧師から洗礼を受けており[26]、メソジスト

教会と濃密な関係をつくっていたのである。ウィルブラハムでは、聴衆に日本に関する講義を行い、何がしかの受講料を得ようとしたのである。

やがて、吉田は、ここでより高い教育レベルの学校を探し始める。ハーバード・カレッジ（Harverd College）進学も考慮したが、結局は、同じメソジスト系のコネチカット州ミドルタウンのウェスレイアン大学（Weslayan University）に進み、一八七〇年二月にコネチカット州へ移る（田中（一九九六）一五頁）。ただし、上の書簡の「Wesl College」の記述や、『吉田清成関係文書三 書翰篇3』の三四―三五頁に採録された同年七月一九日付の書簡（吉田宛の松村・畠山の連名書簡）の「Wesl. Univ.」の記述からすれば、吉田は、一時、ハーバード・カレッジ進学の迷いがあったとしても、当初からウェスレイアン大学に入るためのひとつのステップとして、ウィルブラハム・アカデミーに来たとも考えられるのである。

この件はともかくとして、吉田は、上述のように明治三年五月（一八七〇年六月）、外務省から学費等配達方に任命され、翌月には、外務省から「洋銀九四〇五ドル」が送金され、これを伊勢佐太郎（横井左平太）・松村淳蔵・杉浦弘蔵（畠山義成）・永井五百介（吉田清成）・大原令之助（吉原重俊）・吉田伴七郎（種子島敬輔）・長沢鼎《かなえ》・勝小鹿・高木三郎・富田鐵之助・井上六三郎・本間英一郎の一二人に対して配分する。[27] ところが、明治三年一一月には、下記の事情から「米国留学永井五百介英国へ転学ニ付キ在米大原令之助へ手当ヲ給シ留学生ノ取扱ヲ為サシム」となり、責任者が吉原重俊に代わる（『太政類典 第一編』第一一九巻、件名番号〇七〇）。

事実、この一八七〇年秋には、イギリスに出張する特命辨務使の大蔵大丞上野景範（薩摩藩出身）がニューヨークに立ち寄った際に、吉田はその人物を見込まれ、イギリスへ同行することになり、アメリカを離れる（田中（一九九六）一五―一六頁）。ロンドンでは、勉学の希望もあったが、翌明治四年一月（一八七一年二月）に帰国し、二月には「大蔵省出仕」となる。さらに、五月・大蔵少丞、七月・租税権頭《ごんのかみ》、一〇月・大蔵少輔と昇進を続け、官界のトップに躍り出る。明治七年九月には、駐米特命全権公使に任じられ、ニューヨーク副領事の富田鐵之助やサンフランシスコ副領事の高木三郎の上司となっている（吉田の経歴は、「枢密院文書・枢密院高等官転免履歴書 明治ノ一（3吉田清成）」による。以後の吉田の履歴は省略する）。

(3) 横井左平太と松村淳蔵の海軍兵学校入学

富田がミルストーンに転居した後、横井左平太と松村淳蔵も、一八六九年秋までに、アナポリスのアメリカ海軍兵学校入学のために、ニューブランズウィックを離れる。すでに、第Ⅱ部で紹介したように、二人の海軍兵学校入学許可の日付は、一八六九年一二月八日であるが、海軍兵学校では一〇月一日から授業が開始されていたのである。兵学校生徒の厳しい日課（授業）の観点からすれば、また、前年の七月二七日、日本人学生の海軍兵学校入学を認める法案が成立していたことから、二人は、正式の入学許可日の前から、実際上、兵学校に入校し、生徒としての生活を送っていたと思われるのである。

高木（二〇〇六）に採録された松村淳蔵から吉田清成宛書簡によれば、兵学校生徒の日課は、六時起床、一〇時消灯であった。昼は、基礎科目（数学・天文学・フランス語・スペイン語）のほか砲術・航海術等を学び、夕方から軍事教練に入る。学校の規則は、極めて厳しく、禁酒・禁煙が徹底され、違反者は放校処分となっていた。厳しい兵学校生活の中、松村淳蔵は、一八七三年五月に、順調に四年で兵学校を卒業するが、横井左平太は、一八七一年一〇月二四日、兵学校を退学する。一八六九―七〇年度の海軍兵学校入学者九四名のうち、一八七三年に卒業できたのは二九名に過ぎず、卒業率は三〇％ほどであったのである。(28)

Annual Register of the United States Naval Academy は、教官名、生徒名（学年ごと、成績順）、学事歴等が記載された小冊子である。一八七〇―七一年版には、「合衆国上下両院の決議（一八六八年七月二七日承認）によって受け入れた生徒」の欄が設けられ、松村淳蔵と伊勢佐太郎（横井左平太）の名前が特別に注記されているが（p.20）、一般生徒のような成績の記載はない。一八七一―七二年版では、松村は一般生徒と同等の取り扱いを受け、兵学校二

年生の名簿の一六番目（四五名中一六番の成績）に記載されているが（p.13）、横井は、この名簿から除籍されている。また、この冊子には、「勝小鹿」も、[29] 次年度の入学予定者の名簿の中に、「日本帝国、一八七一年六月七日入学許可、一六歳四か月」として記載されている（p.18）。

松村は、アメリカ海軍兵学校を卒業した年の明治六年一二月には海軍中佐に、一八七六（明治九）年には初代の海軍兵学校長に任ぜられた。なお、海軍中佐任官の件については、海軍卿・勝安房《あわ》（勝海舟）から右大臣・岩倉具視宛の「海軍中佐」任官伺い（一二月二日付）が出されて承認され、[30] 松村は、八日付で「兵学寮勤務」となっている（『公文類纂』明治六年巻5）。

他方、横井左平太は、海軍兵学校退学後に、再度、渡米する。杉井（一九八四）は、この渡米を海軍兵学校への復学と推測しているが（一二六頁）、高木（二〇〇六）は、横井からフェリス宛の手紙（一八七二年一二月四日付）には、フェリスの復学の勧めに対する謝絶の姿勢が貫かれ、復学の事実を確認できなかったとしている。それはともかく、明治八年六月、元老院権少書記官に就任するも、一〇月三日に三〇歳で逝去する。[31]

(4) 日下部太郎の死

すでに紹介したように、日下部太郎は、幕府の海外渡航解禁後に福井藩から派遣された正式の留学生である。長崎の済美館でフルベッキから英語をはじめとする洋学を学び、フルベッキが彼ほど明敏な日本人は数少ないと評価するほどの人物であった。慶応三年七月一三日（一八六七年八月一二日）にニューヨークに着き、（横井兄弟が学んでいたグラマースクールをスキップし）この年の秋にラトガース・カレッジに入学している。日下部が入学したのは、一八六五年に農業と機械技術の教育を目的として新設された「三年制」の「科学コース（科学学部（Scientific School, 後にScientific College）」である。[32] このとき、Griffis（1916）、すなわち、*The Rutgers Graduates in Japan* の著者のグリフィスも、ラトガース・カレッジの「古典コース（四年制）」の三年生であった。[33]

日下部の大学生活については、高木（二〇〇五）において詳しい紹介がされているので、これを参照されたい。日下部は、フルベッキの見立て通りに、ラトガース・カレッジで勉学に励み、全米の大学の成績優秀者で構成されるΦBK（ファイベータカッパ）協会会員にも推薦されている。(34)

学業は順調であったが、日下部も、横井大平と同じく、肺結核にかかっていたのである。日下部は、一八六九年七月、転地療養を兼ねて、一週間ほどの小旅行に出る。「ニューヨーク～ナイアガラの滝～サウザンド・アイランド～モントリオール～キースビル」を経て、ニューヨーク州のレイク・ジョージ（Lake George）に至る旅行である。この行程が記載されたヴァン・アースデル夫人宛の手紙（一八六九年七月九日付）の末尾は、「あと五、六週間はここに（レイク・ジョージ）いたいと思います」で結ばれている。(35)

健康を取り戻したように見えた日下部であったが、この一か月後には、本章第2節で紹介した畠山の英文の手紙（一八六九年八月一一日）で見たように、健康が悪化している。このため日下部は、（上の小旅行に同伴したか否かは不明であるが）それまでレイク・ジョージに一緒にいた勝小鹿を残したまま、ロング・アイランドのフラットブッシュ・アカデミーへ転地する。そこで、富田鐵之助は、八月九日にミルストーンを立ち、勝小鹿を迎えに行きロング・アイランドに送り届ける。

畠山義成から横井左平太宛の書簡（一八六九年八月二四日付）では、日下部がロング・アイランドのフラットブッシュ・アカデミーに滞在しているが、壮健であること、勝小鹿もレイク・ジョージからここに来たことに加え、松村淳蔵も来たので賑やかであることが記載されている。(36) 日下部の健康は、この書簡では、「壮健」となっているが、横井左平太が日下部からの手紙を受け取り、これをもとにヴァン・アースデル夫人宛に書いた手紙（一八六九年八月二五日付）では、「健康状態は決して良くはなく、レイク・ジョージには長くいられなかったようです。ニューヨークにもどり、現在はフラットブッシュ・アカデミーにいます。いまはそこが良いと思います」となっている。(37)

九月から新学期が始まるが、日下部は、富田がいるミルストーンへ転居する。畠山義成から吉田清成宛の書簡で

は、

○日下部生には弱体保養之故を以て Millstone え転宿、毎日懸て爰許え来校

○富田生には先つ暫時英語を学ばんと Bro Corwin 之許え混て勉強なり

となっている。

この書簡は、『吉田清成関係文書三　書翰篇3』からの引用であるが（三三頁）、ここで書簡の日付が問題となる。書簡の末尾が「龍十月九日　井様　杉浦」となっていることから[38]、『吉田清成関係文書三』の編集者は、「慶応（四）年九月五日［（'68）年一〇月九日］」の見出しを付けている。「龍」は、一般には慶応四（明治元）年をさすが、この書簡の「龍」は、畠山の誤記の可能性が非常に大きい。第一に、記載の通りに一八六八年と解釈すると、この時期、富田と高木は日本への帰国途上であり、そもそもコーウィンから英語を学ぶことができないのである。畠山や吉田は、富田と高木が帰国する一か月ほど前にニューブランズウィックに来ており、しかも同じチャーチ・ストリートに居住していたから、帰国の事実（富田の不在）を知っていたのである。第二に、一八六九年七月頃に吉田がニューブランズウィックを離れたと推測されることである。これは、先に紹介した畠山から種子島宛の書簡（一八六九年八月二日付）に記載された次の文からの推測である。すなわち、

○ Nagai left here for Wilbraham Acad. on last Tuesday 27th & he had about 50$.....

○永井生之 proposal that.....

である。永井五百介（吉田清成）は、一八六九年七月二七日にウィルブラハム・アカデミーに向けてロング・アイランドのフラットブッシュ・アカデミーを立っているのである。その数か月後に、畠山は吉田宛に書簡を書いたのである。このように、「龍十月九日」の書簡の日付を一八六九年一〇月九日にすれば、すべての点で整合的になる[39]。

日下部は、一八六九年秋には体力が相当弱まり、保養を兼ねて、ミルストーンに転居し、そこから毎日、ラトガース・カレッジまで通学することになったのである。すでに述べたように、ミルストーンの牧師館には、富田が住まいしていたことから（八月には、ここから勝小鹿をレイク・ジョージまで迎えに行く）、日下部は、改革派教会のゆかりの地ミルストーンで、「教会関係者の保護・看病をうけ」ることになったが(40)、富田も、ちょうど一〇歳年下の日下部の精神的な支えとなったのである。

しかしながら、日下部の病状は好転せず、一八七〇年四月には、

〇日下部生には追々病体に相成候処、就中近比に到り愈弱身、丁度沼川（横井大平）之有様に少は似掛り……

という状態になっている（『吉田清成関係文書三』三六頁に所収の畠山義成から吉田清成宛の書簡（一八七〇年四月三日付））。この書簡には、病状が良ければ、一七日のニューヨークを出航する船で帰国させたい旨が書かれていたのである。

日下部太郎は、この一〇日後の一八七〇年四月一三日（金曜日）の一二時三〇分頃、逝去した。葬儀は、四月一五日に行われ、日下部の遺体は、ニューブランズウィックのウィロー・グローブ・セメタリーに埋葬された(41)。翌四月一六日には、日本人留学生が連署（ただし、同一人物の筆跡での連署）でラトガース・カレッジのキャンベル学長宛に、日下部に対する生前の厚情と葬儀に際しての温情に感謝する礼状を出した。日下部の葬儀に参列した日本人留学生は、

島津（又之進）、丸岡（武郎）、杉浦（弘蔵）、勝（小鹿）、高木（三郎）、富田（鉄之助）、平山（太郎）、橋口（宗儀）、白峰（駿馬）、津田（亀太郎）、林（玄助）、永井（五百介）、児玉（淳一郎）

の一三名であった（高木（二〇〇五））。

これまで登場した人物の中では、横井大平は帰国し、横井左平太と松村淳蔵は海軍兵学校生徒になっていたから、葬儀には、勝海舟関係の勝小鹿・富田鐵之助・高木三郎と薩摩出身の杉浦弘蔵（畠山義成）・永井五百介（吉田清成）が参列していたのである。ところで、この日下部逝去の件は、小鹿を通じて勝海舟にも伝えられていたのである。すなわち、海舟日記の記載では、

明治三年六月二五日

伊東友四郎〈福井藩士〉江日下部之事申遣す、妻木江届方頼ム

である。

明治二年になると、日本の政情も安定し、外国への留学生も増える。さらに、明治三年以降は、公費留学・私費留学を問わずに急増する。上の中では、残りの八名がこれにあたるが、次章では、彼らを含めた新しいアメリカ留学生について考察することにしよう。

なお、日下部の病死に関する公式記録は、「米国留学生福井藩日下部太郎病気ニ付帰朝ヲ乞フ尋テ該地ニ於テ死亡」である（『太政類典 第一編』第一一九巻、件名番号〇六七）。すなわち、明治三年三月八日（一八七〇年四月八日）、岡本晋から福井藩に日下部の病気帰国願いが出され、さらに、これに表書きをつけたものが福井藩から外務省を経て、三月二八日に太政官辨官宛に出されたが、四月二九日（西暦五月二九日）には、外務省から「ニウブンスウィキ」において三月一三日（西暦四月一三日）病死の旨の届けが出されたのである。

（1）『高橋是清自傳』一七―一九頁。『ヘボン在日書簡全集』に採録された一八六五年一月の書簡には、「妻は毎朝二時間、三人の少年を教えています」（一八一頁）とある。『高橋是清自傳』によれば、ヘボン夫人からバラ夫人へ替わった理由は、ヘボン夫妻の一時帰国のためである（一九頁）。慶応二（一八六六）年の横浜大火の際、バラ宅が焼失しているが（Ballagh（2010）p.70）、このときのバラ夫人と高橋是清のエピソードについては、『高橋是清自傳』一九頁を参照のこと。なお、翌慶応三（一八六七）年には、ブラウン宅が焼失している。

（2）『高木三郎翁小傳』に記載された最初の渡米の際の「ボストンに到りノウソルップ氏に就き専心一意英語の研究に従ひける」（二六頁）による。吉野（一九七四）では「ノーソルップ」（二二頁）となっているが、この節での「ノースロップ」の表記は、塩崎（二〇〇一）一〇八頁による。なお、ノースロップの略歴・業績等は、内田（二〇一五a）を参照のこと。

（3）『高橋是清自傳』六四頁。なお、一條十二郎（後藤常）は、仙台藩士で、密航してサンフランシスコに滞在していたが、帰国後に、高橋是清とともに、サンフランシスコで知り合った森有禮の庇護を求め、森宅の書生になる。

（4）畠山義成は、一八七〇年にニューブランズウィックの第二改革派教会においてハートランフト（C.D.Hartranft）牧師から洗礼を受けている（Griffis（1916）p.23）。また、吉原（二〇一三）によれば、吉田清成は、一八六八年一一月～翌年一月にニューブランズウィックのメソジスト教会においてティファニー（Tiffany）牧師から洗礼を受けている。後に日本銀行初代総裁になる吉原重俊（薩摩藩第二次留学生）も、一八六九年一月一〇日、オワスコ・アウトレットのオランダ改革派教会において、アメリカに一時帰国中のS・R・ブラウンから洗礼を受けている。

（5）『高木三郎翁小傳』では、小鹿を監督する必要がなくなったことから、「先君（高木）と富田氏とは……或は學校に入り或は雇教師を聘して只管語學を學びける」（四三頁）し、高木のラトガース・グラマースクール入学や富田がコーウィン牧師から英語等を学んだことを示唆している。なお、『高木三郎翁小傳』では、小鹿のアメリカ海軍兵学校入学年を明治三年初夏とし（四三頁）、また、『一橋大学百二十年史』も、この影響を受けてか、「一八七〇（明治三）年、小鹿がアナポリス海軍兵学校に入学し、後見役を免れた富田はその年の一一月、ニューアークの所業学校に入学した」（四―五頁）としているが、小鹿の実際の兵学校入学は、第Ⅱ部において詳細に論考したように、一八七一（明治四）年一〇月であった。このように、小鹿の監督を免除された時期と兵学校入学との間には、一年のズレが見られるのである。

（6）この他に、薩摩藩の第一次留学生の長沢鼎と第二次留学生の大原令之助（吉原重俊）・吉田伴七郎（種子島敬輔）の学資給付も決定したが、実際の学資給付は、翌年になる。この間、横井大平は帰国し、日下部は逝去する。詳細は、本書の第Ⅱ部を参照のこと。

(7) ミルストーンは、ニューブランズウィックの十数キロメートル西に位置する。南北戦争時にニューブランズウィックが南軍に占領されたときに、数日間、ワシントン将軍が北軍司令部を置いたことでも知られる。

(8) この英文は、Griffis（1916）p.22の引用であるが、富田が勝小鹿とともに渡米したためか、Griffis（1916）では、小鹿とほぼ同じ年齢の一八五五年生まれと記載されているのである。

(9) 犬塚（一九八七b）に採録された地名は「Lage George」であるが、横井左平太宛の八月二四日付の書簡では、「Lake George」とされていること等から、ここでは、「Lake George」として和訳した。

(10) 長崎に派遣されたオランダ改革派のスタウト（Henry Stout）とブラウンの長男のロバート（Robert Morison Brown）は、ともに一八六五年のラトガース・カレッジ卒業である（Griffis（1916）p.19）。スタウトの長崎到着は三月一〇日であったが、直ちに大徳寺でフルベッキと事務引継ぎを行い、フルベッキは四月上旬に東京に入る（『フルベッキ書簡集』の「年譜」三九三頁）。

なお、高木（二〇〇六）によれば、横井大平は、肺結核のために、七月三日にサンフランシスコを出航しているが、「同月末横浜着の可能性大」とし横浜到着日は明確にされていなかった。この畠山の手紙によって「彼」の横浜着は七月二七日であることが判明する。第Ⅱ部でも紹介したように、横井大平は、明治二年七月一三日（一八六九年八月二〇日）に、勝海舟を訪ね、小鹿の手紙を届けている。

(11) Ballagh（2010）の日本語訳、『宣教師バラの初期伝道』の「年表」による（七〇―七一頁）。

(12) バラは、一八三二年九月七日生まれで、一八五七年にラトガース・カレッジを卒業した後、ニューブランズウィック神学校に進み、一八六〇年に修了している（Corwin（1902）p.303及びCorwin（1922）p.243）。一八六一年、オランダ改革派教会から横浜に派遣され、ブラウンのもとで種々の活動を行っている。一八六九年一月に横浜を出航しアメリカに一時帰国し、アメリカ滞在中には、数多くの教会を訪問している（Corwin（1902）p.303）。先の畠山の手紙は、バラのこの帰国中のエピソードである。なお、バラ一家の再訪日は、この人口センサス調査から数か月後の一八七〇年一一月二五日である（川島（一九八八）一三九頁）。

ブラウンも、一八六七年に自宅が焼失したためにアメリカに帰国し、一八六九年八月に再訪日していることから、バラの一時帰国（一八六九年一月）からフルベッキの東京移住まで（同年四月）のわずかな間ではあるが、オランダ改革派の横浜ステーションは宣教師不在だったことになる。バラの一時帰国の事実は、フルベッキの一八六九年六月二九日付のフェリス宛書簡や八月二八日付書簡（『フルベッキ書簡集』一五三頁及び一六一頁）に示唆されていることではあるが、Ballagh（2010）の『宣教師バラの初期伝道』の「年表」や『フルベッキ書簡集』の「年譜」にも、一時帰国の件は採録されていない。

(13) Ballgh（2010）の年表では、「一八六一年五月一五日　マーガレット・テート・キニアと結婚」となっているが、人口センサスでは、バラの妹のMargaretと区別するために「Maggie R.」と記載されている。人口センサスを見ると、バラ夫人本人も、五〇〇〇ドルの不動産を所有する資産家であった。彼女は幼少期に両親を失い、一人娘であったことから祖父の広大な農場を受け継いでいたのである（川島（一九八八）一四〇—一四一頁）。

(14) コーウィン牧師の略歴は、Corwin（1902）pp.394-395及びCorwin（1922）p.290による。

(15) 現在のニューヨーク市立大学（City University of New York）は数多くのカレッジ・大学院・コミュニティカレッジ等から構成されているが、シティ・カレッジ（City College of New York）は、その旗艦カレッジ（the flagship college）である。このカレッジは、ニューヨーク市の教育局長であったタウンゼント・ハリス（初代駐日総領事、後に初代駐日公使）によって、一八四七年にニューヨーク市のフリー・アカデミー（The Free Academy）として設立されたものである。シティ・カレッジのホームページ（http://www.ccny.edu/about/mission.cfm）を見ると、ハリスが掲げた創立のミッションは、「すべての人に門戸を開け。金持ちの子も貧乏人の子もともに座らせよ。勤勉と善行と知性を除いては相違がないことを知れ」である。

(16) 神田乃武は、その後、アーモスト・カレッジに進み、帰国後に（東京）帝国大学文科大学教授、（東京）高等師範学校教授、（東京）外国語学校校長等を歴任した後、（東京）高等商業学校教授となっている。富田鐵之助は、森有禮とともに「商法講習所」の設立に尽力したが、（東京）高等商業学校（現在の一橋大学）は、その後身である。神田乃武は、その高等商業学校の第五代校長（正式には、校長心得）を務めている。英語教育に尽力し、中学校教科書の編纂でも知られている。

(17) 改革派教会の歴史に関する多数の著作も著した父のエドワード・コーウィンは、アメリカ教会史学会会員でもあった。その学会誌*Papers of the American Society of Church History*の新シリーズ第六巻（一九二一年）では、一九一四年六月二二日（月）、ニュージャージー州のノース・ブランチで死亡となっている（p.238）。

(18) 息子のチャールズ・コーウィンは、一八九二年にラトガース・カレッジを卒業した後、ニューブランズウィック神学校に進み一八九五年に修了した。その後、いくつかのオランダ改革派教会の牧師を務めている。

(19) 横井大平の「洋学校」構想を示す（オランダ改革派外国伝道局の）フェリス宛書簡は、杉井（一九八四）一二〇頁に採録されている。また、逝去の日付は、杉井（一九八四）一二四頁による。

(20) 畠山義成から岩下方平・新納久脩宛の書簡（一八六八年七月八日付、犬塚（一九八七b）に採録）及び畠山義成から花房義質宛の書簡（一八六八年六月二六日付、犬塚（一九九〇）に採録）による。また、犬塚（一九八七a）二二二頁も参照のこと。

(21) 畠山義成から薩摩藩庁宛の書簡による（一八六九年五月付、犬塚（一九八七b）に採録）。

(22) 註21と同じ書簡による。畠山や吉田が経済的困窮にあったことは、アメリカ駐在の少辨務使・森有禮から特命全権大使・岩倉具視宛の書簡（明治五年二月二三日付、犬塚（一九九〇）に採録）からも知ることができる。すなわち、杉浦弘蔵（畠山義成）は、留学期間中にアメリカ人や日本人から多額の借財をしたが、今回、政府に勤務することになったので、これを精算してから帰国させることにしたい、ついては、一時、アメリカ紙幣一〇〇〇ドルを貸し与え、本人の俸給から返済させたいとの伺い書である。ちなみに、畠山義成は、「岩倉使節団」に随行し、『特命全権大使米欧回覧実記』の編著者の久米邦武とともに、現地での筆録を担当した（三九二頁）。

(23) 『太政類典　第一編』第一一九巻の「（件名番号〇六八）三條公恭従英国留学戸田三郎へ学資ヲ賜ヒ并同国留学音見清兵衛米国留学永井五百介へ」による。

(24) 畠山義成から種子島敬輔宛の書簡（一八六九年八月二日付）による。ただし、この書簡には、ロング・アイランドのフラットブッシュ・アカデミーの記載はなく、「ここ（here）」からと記載されている。畠山は、一八六九年の夏休みに小旅行を繰り返しているが、犬塚（一九八七b）に採録された書簡や英文の手紙の日付と場所を追うと、八月上旬の居所は、フラットブッシュ・アカデミーである。畠山が夏休みの小旅行に出る前の一八六九年七月一九日には、永井（吉田清成）宛に松村淳蔵との連名でニューブランズウィックから発信し（『吉田清成関係文書　書翰篇3』三四―三五頁）、八月六日には、小旅行からニューブランズウィックに一度戻り、イギリス在留の長州藩士からの書簡を写し手元に保存している（犬塚（一九八七b））。

(25) 田中（一九九六）一四頁による。

(26) 吉田の受洗については、吉原（二〇一三）及び田中（一九九六）による。受洗の時期は、一八六八年一一月から翌年一月の間である。

(27) 『吉田清成関係文書五　書類篇1』に採録された「留学生学費手控／外務省」及び「留学費用に関するメモ／吉田清成」による（一一―一六頁）。なお、第Ⅱ部も参照のこと。

(28) *Annual Register of the United States Naval Academy* の一八六九―七〇年版では、一八六九年秋の入学予定者は九二名（松村と横井を除く）であったが（pp.18-19）、一八七〇―七一年版に掲載された一年生の人数・成績（松村と横井を除く）は、八七名であった（pp.16-18）。しかしながら、二年修了時には、四五名（松村を含む）となっていたのである（一八七一―七二年版、pp.13-17）。さらに、三年修了時には、二九名（松村の成績は二二位）まで減少するが（一八七二―七三年版、p.12）、卒業生は、この二九名（松村の成績は二八位）が維持される（一八七三―七四年版、p.9）。

(29) 勝小鹿（及び同期に海軍兵学校に入学した国友次郎）の三、四年生の成績は、『公文類纂』の（明治九年の）「外乾二三　米国留学生勝小鹿國友次郎試験表の件外務丞通知」と（明治一〇年の）「外入一二四米国留学生勝小鹿國友次郎試験表の件外務大丞通知」から知ることができる。彼らの成績は、海軍兵学校校長から駐米全権公使・吉田清成に通知され、吉田から外務大丞を経て、海軍大少丞に届けられたものである。勝小鹿の成績は、さらに海軍大輔・川村純義から東京府権知事・楠本正隆に回付され、東京府下居住の「静岡縣士族勝安芳（ママ）」に送達されている。国友次郎についても同じ手続きがとられたが、熊本県令代理からは国友次郎の成績を親元に間違いなく届けた旨の報告書も出されている。これらの資料は、海軍省派遣の国費留学生の成績管理の状況がよく分かる資料である。

(30) 第2章第2節に登場した「谷元道之」は、この伺い書によって「海軍省七等出仕」として採用されている。

(31) 杉井（一九八四）に採録された「伊勢君墓」の拓本（一三一―一三二頁）による。

(32) 科学コースの教育の目的は、Corwin（1902）p.156による。科学コースの設立の根拠は、一八六四年四月四日に成立したニュージャージー州議会法による。「日下部の一八六七年の科学コース入学」は、Griffis（1916）p.21及び高木（二〇〇五）による。

(33) 高木（二〇〇五）は、カレッジ・カタログ（1868-1869 academic year）からグリフィスが四年生であることを確認している。したがって、グリフィスは、前年度は三年生ということになる。

　グリフィスは、ラトガース・カレッジ卒業後に、ニューブランズウィック神学校に進み、一年間在籍した後、日本での教育活動に従事している（Corwin（1902）p.498）。当時は、古典コース（古典学部）のような伝統的なカレッジ教育を終えていることが、神学校進学の重要な要件であった。

(34) ΦBK（ファイベータカッパ）協会は、全米で最も古い歴史をもつ「学生結社」である。高木（二〇〇五）によれば、ラトガース・カレッジでは、一八六九年に支部が置かれ、グリフィスもこの協会員に選ばれ、一八七〇年には、日下部ほか八名が選ばれている。ΦBK協会会員に授与されるゴールド・キーは、一八七一年に、福井の明新館の教師となったグリフィスから日下部の父に渡されている。

(35) ヴァン・アースデル夫人宛の手紙（一八六九年七月九日付）は、高木（二〇〇五）に採録されている。レイク・ジョージでの滞在先は、East Lake George の Allen Sheldan 方である。

(36) この書簡については、すでに第3章第2節で紹介しているので、この節を参照のこと。

(37) この横井左平太からヴァン・アースデル夫人宛の手紙（一八六九年八月二五日付）は、高木（二〇〇六）に採録されている。

(38) 「井」は、永井五百介（吉田清成）のことであり、杉浦（弘蔵）は、畠山義成の変名である。

(39) 高木（二〇〇五）は、特段の理由を挙げずに（日下部の病状から整合性を考えてか）、一八六九年一〇月九日として考察を進めている。

(40) 高木（二〇〇五）の七頁からの引用である。

(41) この葬儀の模様については、高木（二〇〇五）を参照のこと。このセメタリーの一角には、環状に九つの墓石が建っている。一八七〇年逝去の日下部から一八八六年のTatsuzo Sakataniまでのもので、ほとんどが留学途中の二〇代の若さでの死去であった。この中の小さな墓石は、高木三郎・須磨夫妻の幼女のもので、一八七七年九月五日に死去している（Griffis（1916）pp.28-29）。高木は、明治九（一八七六）年一一月、サンフランシスコ副領事からニューヨーク領事に昇格・転任しているが、幼女の死去は、その一年後のことである（『高木三郎翁傳』五八―六〇頁）。

第4章　海外留学推進政策と新たなアメリカ留学生

1　海外留学推進政策

前章の章末で述べた一八七〇年四月一五日の日下部太郎の葬儀には、これまでに言及してきたアメリカ留学生に加えて、島津又之進、丸岡武郎、平山太郎、橋口宗儀、白峰駿馬、津田亀太郎、林玄助、児玉淳一郎も参列している。明治政府が、指導的な人材を育て、新しい体制の指導者として活躍することを期待し、海外留学を推進する種々の政策を、順次、実行に移したことから、明治三（一八七〇）年からアメリカ留学生の数が増加しだしたのである。実際、石附（一九九二）によれば、アメリカ、イギリス、ドイツ、フランスへの留学生は、明治三年に急増し、翌明治四年には、（フランスを除く）この三か国への留学がピークに達する（二〇三―二〇七頁）。国別では、アメリカ留学がほぼ四割を占めていたが、明治五、六年には、欧米ともに、留学抑制策により激減する。

幕府は、開国とともに、緊急を要する海防問題に対処するために、軍事技術の修得を目的に、文久二（一八六二）年にオランダへ留学生を派遣する。[1] 慶応年間には、幕府留学生の留学先もロシア、イギリス、フランスと広がり、留学目的も軍事技術の伝習から普通学へ変わる。他方、幕府は、慶応二（一八六六）年四月に、条約締結国（アメリカ、オランダ、ロシア、イギリス、フランス、ポルトガル、プロシア）への藩費・私費等による留学を認める布達を出し、その準備作業に入る。薩摩藩第一・二次留学生や横井兄弟は、この布達前の留学であり、日下部太郎や勝小鹿・富田鐵之助・高木三郎は、この布達に従った最初の留学であった。明治に入ると、大久保利通によって、日本のトップリーダーとなる人材の育成のために海外留学の必要性が強調され、この考え方が岩倉具視にも受け入れられ、順次、具体化されていく。その第一歩が、第Ⅱ部で論考したアメリカ私費留学生に対する「学資給付」であった。明治二年四月には、渡航推進の一環としてパスポート発給の簡素化に踏み切り、「海外渡航規則」を定め、明治三年一月には、これを補足する「外国渡海之儀出願之規則」を定めた。明治三年六月には、外務省から海外留学に関する意見書が出され、これが同年一二月の「海外留学規則」として結実する。明治四年になると、欧米先進国の軍事・兵制の導入や北海道開拓事業の推進のために、陸軍兵学寮、海軍兵学寮や北海道開拓使からも留学生が派遣されたのである。

2　新たなアメリカ留学生

このような海外留学推進策によって明治二（一八六九）年後半からアメリカ留学生数も次第に増加し始め、一年後の明治三（一八七〇）年秋には、アメリカに到着したばかりの大学南《なん》校からの留学生を含め、四〇名を超える。その三分の一がニューブランズウィック留学であった。すなわち、

ニューブランズウィック（ミルストーンを含む）一三名

勝小鹿、高木三郎、杉浦弘蔵（畠山義成）、旭小太郎（岩倉具定、岩倉具視の第三子、明治一七年岩倉家家督相続）、龍小次郎（岩倉具経、岩倉具視の第四子）、服部一蔵（山口藩、岩倉兄弟に随行）、山本重輔（山口藩、岩倉兄弟に随行）、南部英麿（盛岡藩前知事の弟）、奈良真志（盛岡藩、南部英麿に随行）、土倉《とくら》正彦（岡山藩）、白峰駿馬（長

岡藩）、富田鐵之助（ミルストーン在住）、折田彦一（彦市）（ミルストーン在住、鹿児島藩、岩倉兄弟に随行）

ブルックリン（ニューヨーク）六名

東隆彦（華頂宮）、藤森圭一郎（華頂宮家臣、もと盛岡の人）、野村一介（鹿児島藩）、高戸賞士（福山藩）、五十川《いかがわ》基《もとい》（福山藩）、柳本直太郎（もと福井藩、大学南校小助教）

ニューヘブン　六名

大原令之助（吉原重俊、鹿児島藩）、湯地治右衛門（湯地定基、鹿児島藩）、丸岡武郎（佐土原藩知事の二男）、町田啓次郎（佐土原藩知事の三男）、橋口宗儀（佐土原藩）、児玉章吉（佐土原藩）

ボストン　七名

島津又之進（佐土原藩知事の長男）、吉田彦麿（種子島敬輔、鹿児島藩）、平山太郎（佐土原藩）、林源助（熊本藩）、津田亀太郎（熊本藩）、井上六三郎（築前藩）、本間英一郎（築前藩）

アナポリス（アメリカ海軍兵学校）二名

松村淳蔵、伊勢佐太郎（横井左平太）

ミドルタウン（コネチカット州）一名

永井五百助（五百介）（吉田清成、アメリカ留学生の取り締まり）

イサカ（ニューヨーク州）一名

長沢鼎（鹿児島藩）

フィラデルフィア　一名

手島精一（菊間藩）

大学南校留学生（同行者を含む）五名

目賀田種太郎（静岡藩）、松本壮一郎（大垣藩）、長谷川雉郎（姫路藩）、高良之助（徳島藩、同行者）、山口要吉

（徳島藩、同行者）である。さらに、上記以外にも、日下部太郎（死亡）、横井大平（帰国）、「久留米藩 山田何某」、さらに「右之外脱走ノ姿ニテ「ミチガン」杯ニモ留学セル本邦人アリト」である。

上の明治三（一八七〇）年のアメリカ留学生名簿は、松本壮一郎の「亜行日記」の記載内容（瀬戸口（二〇一〇）に採録）と『男爵目賀田種太郎』二四―二六頁の記載内容を補正・整理したものである。『男爵目賀田種太郎』の当該箇所は、その冒頭の「松本壮一郎氏の「亜行日記」と先生の自記とを綜合すれば」にあるように、明らかに亜行日記を参照して執筆・編集されており、上の補正箇所も共通している。(2) なお、公式の留学生名簿としては、明治三年六月に外務省から太政官辨官宛の上申「海外留学生姓名調査書」がある（『太政類典 第一編』第一一九巻、件名番号〇六九）。この名簿では、勝小鹿は「徳川新三位中将家来 勝安房惣領」、また高木三郎と富田鐵之助は「仝 勝安房家僕」の肩書になっている。

上のアメリカ留学生に関する若干のコメントをする前に、やや余談になるが、亜行日記の関連する部分を紹介する。

明治三年八月、大学南校は、その生徒の中から、目賀田種太郎（静岡藩士）、松本壮一郎（大垣藩士）、香月《かつき》経五郎（佐賀藩士）、長谷川雉郎《きじろう》（姫路藩士）の四人を選抜し、（当初の予定ではイギリス留学であったが、後に新興国アメリカへの留学が有益と判断され）アメリカ留学に出す。彼らが、文部省による最初の国費留学生である。

松本・目賀田・長谷川の三人は、明治三年九月二九日に横浜からチャイナ号に乗船し、一〇月二四日、サンフランシスコに着く（香月は、病気のため遅れて渡米）。その後、鉄道でロッキー山脈を越え、閏一〇月四日のニューヨーク着であった。ニューヨークでは、アメリカ留学中の華頂宮（東隆彦）に随従の柳本・藤本や岩倉具視の息子二人に随従の服部・折田らと会う。また、オランダ改革派教会のフェリスにも会って、当時、大学南校教頭フルベッキからの紹介状を渡している[3]。閏一〇月一一、一二日の両日、高木三郎が松本壮一郎を訪ねてきたので、高木の案内でハドソン川を渡りニューブランズウィックに行く。一一日には旭（岩倉具定）に会い、一二日には龍（岩倉具経）の下宿先を訪問する。南部公にも会う。途中、折田・山本とも出会う。正午頃、折田とともに、勝小鹿の下宿先を訪ね、そこで杉浦（畠山義成）と会い、上のアメリカ留学の日本人名を聞き取ったのであった。

さて、明治二（一八六九）年に入ってから最初にニューブランズウィックに来たのは、長岡藩の白峰駿馬と思われる。白峰は、海舟門下であったから、富田や高木とも旧知であり、富田・高木の緊急一時帰国の際に、偶然にも、香港で出会った人物でもあった（『高木三郎翁小傳』二九頁）。日下部の葬儀の後にいったん帰国するが、華頂宮に随行して、再度、渡米する（第6章第3節を参照のこと）。

次は、鹿児島藩の支藩である佐土原藩の島津又之進・丸岡武郎・平山太郎・橋口宗儀と熊本藩の林玄助・津田亀太郎である。島津又之進は藩知事・忠寛の長男、丸岡武郎は二男であるが、彼らの弟の町田啓次郎が海舟宅に寄宿し教育を受けるなど、海舟とも昵懇であった。彼らは藩費による留学ということもあり、ニューブランズウィック居住等については、海舟が世話をしていたのである（第6章第2節を参照のこと）。

佐土原藩は鹿児島藩に隣接し、しかもその支藩でもあることから、世子である島津又之進らのアメリカ留学は、鹿児島藩士の間では大きな話題となっていたのである。海軍兵学校在学中の松村淳蔵から吉田清成宛の書簡（一八六九年一二月一八日付）の

佐土原世子君にも既に新約克（ニューヨーク）に御安着、即今新ブランジーキ（New Brunswick）にて御滞学（ママ）の哉に被仰聞候、さてさてプリンスの世子として、如斯なかなかの遠国まで御航海被遊候事、実に古今未曽有（ママ）の事にて御同慶の至り御坐候……

は、これを示している（この書簡は、『吉田清成関係文書三　書翰篇3』一三三頁に採録）。

なお、肥後藩（熊本藩）の林玄助・津田亀太郎は、同藩の横井左平太らとの縁で来着したと思われるが、この熊本藩の二人も、藩費による留学であった。

上で取り上げた留学生たちは、一八六九年一二月までにはニューブランズウィックに来着しており、翌一八七〇年四月の日下部太郎の葬儀に参列することになったのである。

さて、岩倉具定は、随行の山本重輔・折田彦市とともに、明治三年二月（一八七〇年三月）に日本を出発する。一八七〇年夏までにニューブランズウィックに来着し、先に紹介したようにルーシー・トムソン方に下宿するが、ほどなく、折田彦市は、コーウィン牧師がいるミルストーンに移る（なお、一八七〇年の人口センサスからは、岩倉具経と服部一蔵に関するデータをいまだ発見できないままである）。

明治三年七月には、華頂宮博経親王（変名は東隆彦）がひとりの書生としてアメリカに留学したい旨を願い出て、皇族の海外留学第一号として許可され、翌八月には随行者とともに渡米する（石附（一九九二）一九八頁）。すなわち、『太政類典　第一編』では、まず「華頂宮東京遊学ノ願ヲ允シ位階返上ノ願ヲ允サス」（明治三年二月一三日、第一一九巻、件名番号〇三二）に続き、「華頂宮米国勤学ヲ命ス」（明治三年七月、第一二〇巻、件名番号〇〇三）である。しかしながら、当時のフェリスの思い出話では、もし日本人を下宿させるなら、この下宿を引き払うとか、アイルランド人の家政婦も暇をもらいたいとかの脅しを下宿の主人にかけていたことから、日本人がニューブランズウィックでの下宿先を探すのは極めて困難であった（Griffis（1916）pp.33-34）。特に華頂宮一行の場合は、礼儀正しい紳士であったにもかかわらず、フェリス自身が二日かけても不首尾に終わったのである。こうした事情もあってか、明治三年閏一〇月には、ブルックリンに滞在していたのである。

南部英麿（前盛岡藩知事の弟）も、華頂宮一行とともに渡米し、ニューブランズウィックに来着する。藤森圭一郎は、元盛岡藩士であったが、渡米時には華頂宮の家臣となっていた。この南部英麿には、奈良真志が随行していた(4)。後に南部英麿は、大隈重信の娘と結婚することから、ニューブランズウィックでは、「Nambu Okuma」と呼ばれるようになる（Griffis（1916）p.26）。

この一八七〇年夏には、岩倉兄弟一行に加えて、丸岡武郎の弟の町田啓次郎と随行の児玉章吉も渡米する。さらに、秋には華頂宮・南部英麿一行のニューブランズウィック来着が決まり、ニューブランズウィックは日本人留学生で溢れ、下宿探しがより一層難渋することが確実になると、渡米から一年近く経ちアメリカの生活も慣れてきた先の佐土原藩一行は、この状況を避けるべく彼らの来着前にボストンに移る。一八七〇年の人口センサスでは、島津又之進・橋口宗儀・平山太郎（及び氏名が特定できない日本人二名）が、ボストン第一四地区に居住していたことが明らかになっている（菅（二〇〇九））。

町田啓次郎・児玉章吉のアメリカ来着もあって、佐土原藩一行は、ボストンと薩摩藩（鹿児島藩）第二次留学生の吉原重俊・湯地定基のいるニューヘブンとに分かれ、留学生活を送ることになる。

上のアメリカ留学生名簿は、畠山義成から聞き取った名前を整理した名簿であることから、その多くが、ニューブランズウィックか薩摩藩（鹿児島藩）のいずれかに関係している。[5] これと関連しない者は、ごく少数である。

畠山義成がまったく把握できていない人物は、「右之外脱走ノ姿ニテ「ミチガン」杯ニモ留学セル本邦人アリト」である。上の名簿には、アーモスト・カレッジに留学中の「新島襄」の記載がないことから、これが新島襄とも想定されるが、アーモスト・カレッジはマサチューセッツ州ハンプシャー郡アーモスト（ボストンの西一五〇キロメートル）に所在していることや、吉原重俊と湯地定基がモンソン・アカデミー在学中にアーモスト大学の新島襄を訪ねており、新島襄の情報が畠山らにも伝えられていると推定されることからすれば、これが新島襄に関する記載である可能性は低い。なお、新島襄は、アーモスト・カレッジ学生寮で生活しており、一八七〇年人口センサスでは、「Neesima Joseph, 27, M, W C, Student, Yeddo Japan」として記録されている。

（1）このパラグラフは、石附（一九九二）の二九、四四、九八―九九、一七八―一八五、一八八―一八九頁及び一九二頁を手短に整理したものである。

（2）『男爵目賀田種太郎』では、本節と同様に、留学地別の名簿の形式をとり、「亜行日記」では、身分別もしくは出身地別の名簿の形式をとっているが、補正すべき個所は共通している。
　後述するように、この名簿は、松本壮一郎が高木三郎に案内されてニューブランズウィックの勝小鹿の下宿先に行った際に、居合わせた畠山義成から聞き出した名前である。こうしたためか、これらに記載された名簿から、「高木三郎」が脱落している。また、ニューブランズウィック近隣のミルストーンは、アメリカの地勢をバード・ビュー的に見れば、同じ地区に区分されるべきであろうが、別地区として区分されている。しかも、松本壮一郎の筆づかい（ペンづかい）のためか、ミルストーンの「ミ」が「シ」や「モ」と判読されている（ちなみに、上のミドルタウンについては、亜行日記では「ミッドルトウン」であるが、『男爵目賀田種太郎』では、「シツドルトウン」となっている）。

　『男爵目賀田種太郎』の執筆者・編者は、「高木三郎」の脱落に気づいたためか、次頁で高木の身分を「辨務使代理」としているが、これは明らかな誤りである。高木の外務省九等出仕（ワシントンの辨務使館書記）は、この一年数か月後の明治五年二月のことである。また、森有禮代理公使が一時帰国のために、高木に「臨時代理公使（辨務使代理）」を委嘱するが、これは明治六年三月のことである（『高木三郎翁小傳』四七―四八頁）。

（3）このときの「教頭」の職は、事実上の「校長」の職にあたる。フルベッキ自身は、一八七〇年七月二一日のフェリス宛の書簡の中で、「数日前に文部卿と大学の当局者は、わたしを大学の校長に推挙したので、私の職務はさらに増し加わりました」と記している（『フルベッキ書簡集』一七九頁）。

（4）奈良真志は、一般には知られていないが、帰国後は、初代海軍主計学校長や海軍省主計総監を歴任した。明治二七（一八九四）年には、彼の父の伝記である『奈良養斎傳　附　奈良孝斎傳』を著している。奈良養斎は、享和三（一八〇三）年七月に尾去沢銅山近くの村で生まれ、二五歳で銅山役人に取り立てられた後、三六歳で盛岡藩藩士に列せられ、安政五（一八五八）年には盛岡藩勘定奉行になっている（髙橋（二〇〇九）を参照のこと）。

（5）一八七〇年人口センサスではアメリカ在留日本人は五五名とされていたが、菅（二〇〇九）はこの五五名をアメリカ国立公文書館マイクロフィルム版から特定するとともに、「出生地 Japan」の記載に着目し、新たに五名を追加している。この六〇名のうち留学生と思われる者は二五名である。菅（二〇〇九）の調査によって、富田鐵之助、高木三郎、大原令之助（吉原重俊）、吉田彦麿（種子島敬輔）、旭小太郎（岩倉具定）、島津又之進、新島襄らの名前は特定されたが、勝小鹿、畠山義成、吉田清成、松村淳蔵、横井左平太のアメリカ留学パイオニア組と龍小次郎

（岩倉具経）、服部一蔵、丸岡武郎らの一八七〇年留学組については、そもそも、この六〇名の中にリスト・アップされていない。

第5章　ブライアント・ストラットン・アンド・ホイットニー・ビジネス・カレッジ

1　ビジネス・カレッジと鐵之助の英語力

明治三（一八七〇）年秋、上で述べた新しいアメリカ留学生たちがニューブランズウィックやミルストーンにやって来る。富田鐵之助のアメリカ留学も三年が過ぎるが、数え三六歳の鐵之助にとっては、学び始めて数年の英語は、まだ荷が重い。コーウィン牧師のもとで一年以上も、英語や欧米の古典・教養を学んではいたが、アメリカの伝統的な由緒ある大学に入学するほどの英語力はなかった。このためアメリカ滞在の経験から実業界で活躍することこそが富国に寄与し、日本のためになると判断して、ビジネス・カレッジに入学し経済学的知識を修得する道を選んだのであった（先に紹介した『高木三郎翁小傳』四三頁を参照のこと）。この時点から、明治一五年の日本銀行創立時に総裁となる吉原重俊と副総裁となる富田鐵之助とは、対照的であった。吉原は、富田よりも一〇歳も年少であるが、薩摩藩第二次留学生の中で、当時から英語のみならず種々の学識にも優れ、他の留学生の心配をものともせずに[1]、一八六九（明治二）年にエール・カレッジに入学したのである。

富田が入学したビジネス・カレッジは、ニュージャージー州ニューアークのブライアント・ストラットン・アンド・ホイットニー・ビジネス・カレッジ（Bryant, Stratton and Whitney Business College）である。このビジネス・カ

第4表　1870年人口センサス：ホイットニーとその家族

家屋番号	世帯番号	氏名	年齢	性別	カラー	職業	出生地
4	6	Whitney Wm C.	44	M	W	School Teacher	Georgetown D.C.
		Anna L.	30	F	W	Keeping House	New Jersey
		Clara	10	F	W		New Jersey
		Addie	7	F	W		New Jersey

レッジは、ブライアント兄弟と義弟のストラットンによって一八五六年に創立された新しいカレッジである。しかも、全米各地で共同経営者を募る連鎖方式（チェイン・システム、フランチャイズ方式）のカレッジであった。一八七〇年頃は、その最盛期にあたり全米で五〇校ほどが設置されていた。ビジネス・カレッジでの授業科目の標準化が徹底され、このフランチャイズに加盟するどのビジネス・カレッジでも、同じ内容のものが教えられ、授業料も、年間四〇ドルと安かった（先に紹介したように、グラマースクールの初級クラスでも一〇〇ドルの授業料であった）。

このビジネス・カレッジのニューアーク校は、ブライアン・ストラットン兄弟とウィリアム・C・ホイットニーとの共同経営であり、ホイットニーが校長を務めていたのである。

富田鐵之助は、明治三年一一月（一八七〇年一二月）、ビジネス・カレッジに入学する。富田は、ニューアークに来た最初の日本人で、快活で気が利くことから友人も多かったが、英語の力が不足していた(2)。そこで、ホイットニーは、富田を自宅に寄宿させ(3)、妻アンナから英語を学ばせようとしたのである。

第4表は、一八七〇年六月三日に実施されたニュージャージー州エセックス郡ニューアーク市第九区の人口センサスの調査結果から抽出したホイットニー家の家族構成である。Whitney（1878）では、ウィリアム・コグスウェル・ホイットニーは、一八二五年一月二五日生まれとされているので（p.704）、人口センサスの年齢は、本来は四五歳とされるべきものであった。妻アンナは、（富田よりも一歳年長の）一八三四年のニューアーク生まれであるので、人口センサスにおいては、本来は、三六歳（もしくは三五歳）と記載されるべきものであった(4)。

ホイットニーの出生地は、この表が示すように「Georgetown, D.C.」である（Whitney（1878）でも「Georgetown, D.C.の生まれ」とし（p.704）、日本語文献では『都史紀要8 商法講習所』が「首都ワシントンの郊外ジョージタウンに生れた」としている（二七頁））。一八七〇年まで「コロンビア特別区（the Discrict of Columbia 一般にD．C．と略記）」は、ワシントン市とジョージタウン等から構成されていた（一八七〇年人口センサスにおけるコロンビア特別区は、ワシントン市第一～七区、ジョージタウン、七番ストリートの東方、（ワシントン郡）西地域の一〇地域に区分され、調査が行われた）。一八七一年にジョージタウン等がワシントン市に編入され、現在では、これらを含めて「ワシントンD．C．」と表記されるに至っている。これらを踏まえると、ホイットニーの出生地は、いまふうに言うと、「ワシントンD．C．のジョージタウン」ということになる。

長女クララは、一八六〇年生まれであり、第4表のように一〇歳であった（このクララは明治一九（一八八六）年に勝海舟の三男・梶梅太郎と結婚する）。この人口センサスでは、クララの妹アディは七歳と記録されているが、(5)「一八六八年六月一七日生まれ」と思われる。渋沢（一九八二）の「家系図」（一〇頁）では、アディは「一八六九年生まれ」とされ、内田（二〇一五a）では「一八六八年生まれ」とされているが、『クララの明治日記(下)』の一八七九年六月一七日条の「今日はアディの一一歳の誕生日なので」（一一五頁）の書き出しからすれば、内田（二〇一五a）の「一八六八年」説が正しいようである。(6)クララの兄ウィリスは、一八五五年生まれであるが、人口センサスの個所には記録されていない。彼は一五歳であり、ホイットニー家から離れて、中等教育を受けていたと思われるのである。

なお、ホイットニー家の「家系図」については、Whitney（1878）及び渋沢（一九八一）、内田（二〇一五b）を参照されたい。ちなみに、Whitney（1878）は、その著書名 *The Whitney Family of Connecticut* が示すように、ホイットニーの先祖が、一七世紀にイングランドからコネチカットに移住以降の一族の家系をたどりまとめたものである。これによれば、ウィリアム・C・ホイットニーは、アメリカ移住の第七世代にあたり、三八七三番目に記載されている（総数は、第一〇世代の二万三六一番まであるが、ウィリアムの子息については、著者（フェニックス・S・ホイットニー）へ報告がなかったことから、この著書から割愛されている）。

ウィリアム・C・ホイットニーは、ビジネス・カレッジの経営に携っていたことから、この人口センサスでは、一万五〇〇〇ドル相当の不動産を所有していたことが記録されている。ニューアーク市中心部の居住者としては目立つほどの資産家ではないが、ニューアーク市近隣の居住者から見れば、相当の資産家であった。

富田鐵之助は、このような家族構成のホイットニー家に寄宿しながら、ホイットニーが校長を務めるビジネス・カレッジで学ぶことになる。しかしながら、アメリカに滞在し三年が過ぎたが、依然として英語力が不足していたことから、ホイットニー夫人アンナから英語を学ぶことになる。そして、富田は、コーウィン牧師から英語を学んでいたこともあってか、聖書は「最も純粋な英語」で書かれているとして、夫人に聖書の勉強まで申し出るようになる（『ドクトル・ホイトニーの思ひ出』八―九頁）。

ホイットニー家は長老派教会に通ってはいたが、ごくふつうの信仰心をもっていたに過ぎなかったので、夫人はこの富田の申し出に衝撃を受けるが、これを契機に信仰を深める。富田に聖書を教えることを通して、「真の幸福を見出し」たのである（『ドクトル・ホイトニーの思ひ出』一〇頁）。やがて、富田を通して日本にも関心をもつようになり、また、夫のビジネス・カレッジの経営が悪化したこともあって、一八七二（明治五）年一二月頃には、日本に行き日本のために働くことを志すようになる。実際に日本行きが実現するのは、一八七五（明治八）年八月のことであった。森有禮と富田鐵之助が日本の商業教育のための教育機関の設置の必要性を説き、これが「商法講習所（一橋大学の前身）」として実現し、ホイットニーがこの講習所の教師として招かれたためである。

渋沢（一九八一）は、「富田の語学力不足がこの物語の発端となったのはなんとも機縁というべきであった」（一六頁）と述べているが、富田の英語力不足を端緒としたホイットニー・ファミリーの来日は、「海舟とホイットニー」の物語の発端となる、すなわち、「商法講習所」の開設、クララと勝海舟の三男・梶梅太郎との結婚、ウィリスによる赤坂病院の開院等の発端となったのである。

2　ビジネス・カレッジのカリキュラム

先に述べたように、富田鐵之助は、ホイットニー家に寄宿しアンナ夫人から英語を学んでいたが、留学先は、ホイットニーが校長を務めるビジネス・カレッジである。一八七〇〜七一（明治三〜四）年頃のこのビジネス・カレッジのカリキュラムは、今のところ不明である。しかしながら、一八七五（明治八）年九月開学の「商法講習所」での講義は、ホイットニーのビジネス・カレッジの教育内容を取り入れ、ホイットニーが英語の教科書を使って英語で行われたとされていることや、連鎖方式のビジネス・カレッジの特徴である「模擬商業実践」も取り入れていたことから、大まかではあるが、明治七年一一月の福澤諭吉の「商學校を建るの主意」や明治九年八月の「商法講習所略則」から、その内容を類推することできる。

森有禮が、代理公使在任中に[7]、商業教育機関の設置を発想し、富田鐵之助もこれに賛成し尽力したが、実際に商法講習所が開学するまでに三年以上を要している。森は、明治六年七月に賜暇《しか》帰国し一二月には外務大丞に任ぜられる。帰国後、商業教育機関の設置に尽力するも実を結ばなかったが、転機は、明治七年の富田鐵之助の賜暇帰国である。「森有禮、富田鐵之助兩君の需に應じて[8]」、福澤諭吉が書いた「商學校を建るの主意」、いわゆる「商法講習所設立趣意書」によるキャンペーンである。よく知られているように、「職業の軽重なし」とし、商業の重要性を説き、商業教育と商学校設立の必要性を力説し、その教師としてホイットニーの招聘を予告したパンフレットであった。

この福澤の「商法講習所設立趣意書」には、「商法學校科目竝要領」が添えられているのである（『福澤諭吉全集第二〇巻』一二五―一二七頁に採録）。『福澤諭吉全集 第二〇巻』の編集者の註では、「恐らく福澤の筆に成つたものではないと思はれるが」（一二五頁）としているが、『都史紀要8 商法講習所』では、「『商法學校科目並要領』は開設前の計画書であり、アメリカにおけるチェイン・システムによる商業学校の規則書をそのまま移し植えたものと思われる」（六二頁）として、この商法學校科目並要領を大いに評価しているのである。

第一の特徴は、ヨーロッパの商会や銀行では、主簿を備え付け、帳簿類をチェックしていることを紹介した上で、帳合法（簿記）には、「本式の帳合法（ドップルエンタリ）」と「略式の帳合法（シングルエンタリ）」があることを紹介していることである。もちろん、前者は double entry（複式簿記）、後者は single entry（単式簿記）のことである。

簿記の教科書としては、ブライアント=ストラットンの共著のテキストが用いられた。これには、

Common School Book Keeping
High School Book Keeping
Counting House Book Keeping

の三種類があり、*Common School Book Keeping* が初心者向けのテキストであった（明治六年に福澤諭吉が翻訳した『帳合之法』は、これを底本としている可能性が高いのである（『商法講習所』九〇―九一頁））。さらに敷衍すると、第Ⅲ部第2章第3節において、ラトガース・グラマースクールの「大学の科学部門（Scientific）を目指すコース」では、「簿記（Bryant, Stratton のテキスト）」を履修することになっていたことを述べたが、この三種類の中では、初心者向けの *Common School Book Keeping* であると思われるのである。

第二の特徴は、「模擬商業実践」方式の導入である。これについては、『商法講習所』でも強調され、実践のための「生徒用貨幣ひな形」の承認を大蔵省から受ける経過も含めて詳しく述べられているが（五九―六二頁）、もともとの「商法學校科目並要領」では、「銀行」「船問屋」「製造品問屋」「その他」の四つに分け、商業実践を行う旨が述べられているのである。

こうしたことから、富田鐵之助も、ホイットニーのビジネス・カレッジでこの二つの特徴をもつカリキュラムを学んだものとみてよいであろう。なお、「商法學校科目竝要領」には、商法学校の生徒は、習字、筆算、読書も、当然に大事であること、また、具体的な授業科目・内容として、税関の事務、輸出入の方法、為替の取り扱い、掛合状・掛取状・仕入帳・積荷送り状、引受金内払方法、証書裏書の方法、証書調印の方法、書状の書き方・折方・封印の方法、暗号を使った電信の送り方等々を学ぶことが記されている。

次に、このビジネス・カレッジのカリキュラムについて傍証とすべき史料は、商法講習所の開学からほぼ一年後に定められた「商法講習所略則」（明治九年八月一七日）である（『商法講習所』六二―六五頁に採録）。これによれば、修業年限は一八か月で三期に分けての教育が行われた。第一期は英語の基礎教育、第二期は簿記と商業教育、第三期は、ビジネス・カレッジの特徴でもある「模擬商業実践」教育である。第二期の具体的な授業科目としては、商用必要算法、証書式、物品目録式、為替手形式、約定書等への書入之法、受取書式金銀納出簿書式、定期預ケ金手形式、海陸運送物品受取書式、其外商売関係ノ諸事概略が記載されている。第三期の「模擬商業実践」では、「銀行其外市店雛形」のほかにも、銀行・物品問屋・物品仲買・保険会社・郵便局等の事務処理の方法も教育内容に入っている。

富田鐵之助のビジネス・カレッジ在学は、一年三か月と推定されるので、どの科目まで学んだかは、ホイットニー夫人から英語を学んだこと以外には、(9) まったく不明である。しかしながら、ブライアントとストラットンの連鎖方式のビジネス・カレッジの教育の特徴が、二人の共著の三種類の簿記教科書と商業用の算術書 *Practical Business Arithmetic* を用いた教育にあったことから、富田鐵之助も、簿記・商業数学を学ぶことに加え、少なくとも商業の概略に関する知識を得たほか、「模擬商業実践」を通して貨幣の循環・物流等の実践的な知識を得たように思われるのである。

（1）例えば、吉原と同じ薩摩藩第二次留学生の吉田彦麿（種子島敬輔）から第一次留学生の永井五百介（吉田清成）宛書簡（一八六九年八月一六日付）には、「○大原令之助（吉原重俊）Yale 行は六ヶ敷かりしが、けれとも弥差越賦に決せり」とある（『吉田清成関係文書二　書翰篇2』二五三頁）。

（2）『ドクトル・ホイトニーの思ひ出』七一一七頁による。この書は、ホイットニー夫人と梶夫人の共著となっているが、ホイットニーの長男・ウィリスの妻・メアリーと妹・クララが語った「ウィリスの思い出」を構成したものであり、全文が日本語で書かれている。

（3）Whitney（1878）によれば、一八七三年のホイットニー家の住所は「711 Broad Street, Newark」である。

（4）妻アンナの出生年・出生地は、Whitney（1878）p.704 による。子供の出生年は、渋沢（一九八一）一〇頁及び内田（二〇一五a）によるが、内田（二〇一五a）では、ホイットニー・ファミリー全員の生年月日、没年月日、婚姻年月日まで調査が行われていることを付記しておく。

（5）『クララの明治日記』では、クララは、妹の名前を常に「アディ」と記しているが、翻訳者による「はしがき」では、「アディことアデレイデ」（九頁）であり、渋沢（一九八一）では、「アデレード」である。

（6）ウィリスは、一八七九年九月、最初のアメリカ人学生として東京大学医学部に通学し始める（内田（二〇一五c））。その後ペンシルバニア大学医学部を卒業し医師になっている。日本に戻った後、アメリカ公使館の通訳官を務めながら医師としても診療所を開いていたが、明治一九（一八八六）年に、勝海舟から敷地を取得し「赤坂病院」を開院している（現在は、跡地の一部が日本基督教団赤坂教会敷地となっている）。

（7）森有禮は、少辨務使（明治三年閏一〇月五日）や中辨務使（明治五年四月一八日）を経て、代理公使（明治五年一〇月一四日）に任命されている（『森有禮全集　第二巻』二一七頁）。他方、富田鐵之助は、ニューヨーク在留領事心得（明治五年二月二日）の後、ニューヨーク在勤副領事（明治六年二月二〇日）に任命されている（『東京府知事履歴書（富田鐵之助履歴）』による）。

（8）富田鐵之助は、賜暇帰国中の明治七年一〇月四日、「行禮人　福澤諭吉、證人　森有禮」のもとで、杉田縫と婚姻契約書を取り交わし結婚している（吉野（一九七四）三六―三七頁）。「商學校を建るの主意」の日付は、そのほぼひと月後の一一月一日である（『福澤諭吉全集　第二〇巻』一二二―一二七頁）。

（9）ホイットニーのビジネス・カレッジでも、ヨーロッパからの移民を対象に「英語」を授業科目として設けていた可能性は残る。

第6章　海舟日記に見るアメリカ留学生

第4章で紹介した明治三（一八七〇）年のアメリカ留学生は、勝海舟を介して富田鐵之助とも関係することから、明治二、三年の海舟日記を中心に海舟と留学生らとの人的関係を見ることにしよう。なお、海舟日記は、明治八年五月一四日までを東京都江戸東京博物館版の『勝海舟関係資料　海舟日記（一）〜（六）』に依拠し、これ以降を勁草書房版の『勝海舟全集18〜21　海舟日記Ⅰ〜海舟日記Ⅳほか』に依拠している。海舟日記の引用にあたっては、これまで同様、日記の本文記載の注記を（　）で、脚注を［　］で、また筆者の注記を〈　〉で表記した。

1　岩倉具視の子息の渡米

海舟は、慶応四（一八六八）年九月二日に、明治政府から静岡藩七〇万石の正式な承認を取り付け、同年の明治元年一〇月以降は、徳川慶喜の赦免嘆願のために、大久保利通らの政府首脳と折衝しているのである。この折衝の過程で岩倉具視とも面談し、その誠実さ・識見に感服・敬服している。すなわち、

明治元年一一月一三日

今夕殿下［岩倉具視、議政官議定・行政官輔相］江可参旨之談り（ママ）、夕刻公館江拝趨、殿公甚御誠実之御識量ニ感服し、心裡を歎願す、公は実ニ敬服すへき美質之御方と奉伺、深夜迄酒食を賜ハり、御真率ニ　仰を蒙る

一一月二四日　本日、岩倉様江参館、御懇切之御話を蒙る

一二月一〇日　早天、岩倉殿江参館、箱館并　宮様［静寛院宮］御上京之事、且当節困弊之情実等言上

である。先に紹介したように、海舟日記の記載では、一一月一八日に富田・高木が緊急一時帰国し、一二月一三日に再渡米するのである。富田と高木の帰国は、海舟にとっては、まさしく徳川慶喜の赦免嘆願で多忙だった時期であったが、この時期に、岩倉具視とも面談し種々の嘆願をしているのであった。

岩倉との面談（「深夜迄酒食を賜ハり」）の中で、小鹿のアメリカ留学も話題となったと推測され、これが翌年七月の小鹿・富田・高木の学資給付の決定にも微妙な影響を与えたことが推測できるし、岩倉具視にとっても、小鹿の留学生活を知ることで、長崎でフルベッキから英語等を学んでいた子息の岩倉具定・岩倉具経兄弟を、後にアメリカ留学に出すことに対する心理的安心感をもったとも推測されるのである。

その後、海舟日記での岩倉具視の記載は途絶えるが、明治二年七月、駿府処分問題に関連して、再び現れる。すなわち、

明治二年七月六日

大久保殿より、岩倉様〈岩倉具視（八日大納言に任ず）〉江今日参館、心裡可申上旨来る、即刻参堂、駿府所置之事申上ル

七月七日　浜口儀兵衛、同人大久保殿江参るニ付、愚存所置書付　御同人より岩倉様江差出す

であるが、問題が解決すると、

七月一八日　外務大丞被　仰付

である。しかし、この外務大丞もすぐに辞任する。この後も、

一〇月八日　岩倉殿より御直書、帰藩候ハ、一応可申上旨、且両三日会集御話可有之旨也

一一月二〇日　岩倉殿様〈「様」は「殿」のすぐ右側に並記〉より御直書、夕刻参館、小臣御挙用之御内命、拙才不任用、一生書生是分と申事を述

となるも、

一一月二三日　海軍局其他之小事を記し、黒田氏と共ニ岩相〈岩倉具視〉江呈ス　十時登　営、兵部大丞被　仰付、即岩倉殿江兵部は不案内、……

と、今度は兵部大丞に任ぜられる。駿府（処分）の件、海舟の外務大丞や兵部大丞の件に関する引用（明治政府と海舟の役割と役職）の説明が長くなったが、最も重要な記載は、

一二月一七日　岩倉様御子息御両人留学之事御出問

である。岩倉具定・岩倉具経兄弟のアメリカ留学についての質問があったが、海舟にとっては、渡米三年にもなる長男・小鹿に想いを馳せ、また、ニューブランズウィックでのこれからの岩倉兄弟と小鹿の交友に想いを馳せる幸福なひとときであったであろう。岩倉兄弟は、翌明治三年二月、大学南校教頭フルベッキからのフェリス宛の紹介

状を持って横浜を出航する。

2　佐土原藩知事・島津忠寛の子息の渡米

実は、海舟は外務大丞や兵部大丞に任ぜられる多忙な中、佐土原世子らの留学・渡航の手続き等の世話をしていたのである。外務大丞に任ぜられた翌日には、早くも佐土原藩知事が海舟を訪れ、数日後には、息子の海舟宅滞留を頼んでいるのである。すなわち、

明治二年七月一九日
佐土原藩知事〈島津忠寛〉来訪
七月二二日　佐土原藩知事侯来訪、御三男〈島津（町田）啓次郎〉、宅江滞留之事御頼ミ有之

である。町田啓次郎は、当時、数え一四歳であったことから、佐土原藩知事・島津忠寛が海舟宅での教育を頼んだのであった。

七月二八日　佐土原町田啓次郎・曽小川彦千代、宅江滞留
七月二九日　曽小川実、子弟両人之食領料（ママ）・金札持参

と島津忠寛の三男・町田啓次郎が海舟宅へ長期滞在する中、海舟は、長男・島津又之進や二男・丸岡武郎のアメリカ留学の世話をする。すなわち、

九月一八日　佐土原御二男留学之事ニ付種々御頼、ウヲルス子江頼可申旨書翰、松田（屋）伊助方江認む

九月一九日　佐土原藩児玉江御二男并御家来米行ニ付、ウヲルス氏之引受世話之事頼度旨、松屋伊助江一封出す

九月二〇日　梅沢太郎、ウヲルス留学之事引請、世話可致旨答候由、猶跡々相頼度段申聞る

である。ウヲルスは、横浜のウォルシュ・ホール商会（横浜居留地二番区画、亜米一商会）の経営者のT・ウォルシュであり、松屋伊助は、その番頭である。なお、海舟日記の九月一八、一九日の上欄には、「佐土原藩　島津久之丞丸岡竹之丞　梅沢太郎　橋口宗儀」と「トーマスワルス江一封」の書き込みがある。彼らの渡米は、岩倉兄弟よりも半年ほど早い明治二年九月下旬であった。すなわち、

九月二二日　佐土原世子初、本日横浜江行、直ニ米国江渡るニ付、ホーペス并悴・ウヲルス氏江一封を託（ママ）す

である。

他方、島津忠寛の三男・町田啓次郎は、依然として海舟宅に滞在し続ける。すなわち、翌明治三年の海舟日記では、

明治三年二月三日の上欄　佐土原世子、御家臣壱人同居之旨申越

である。

七月二六日には、小松帯刀の病死の話を横井大平から聞くが（海舟日記の上欄に記載）、同日、児玉章吉から町田啓次郎への連絡を依頼される。すなわち、

七月二六日　児玉　来月英国江留学、啓殿江話呉候様申聞

である。八月になると、

八月二〇日　佐土原候より縮緬目禄（録）、……佐土原三浦十郎払郎西江留学ニ付、栗本江一封頼状渡す

と御礼の目録が届き、数え一五歳の町田啓次郎も、兄たちよりほぼ一年遅れの明治三年八月下旬に渡米する。すなわち、

八月二七日　児玉章吉・町田啓次郎、本日横浜江出発、明日外国行　悴并島津又之進殿江一封渡す

である。ただし、海舟は、町田啓次郎と曽小川彦千代（時折、小曽川とも記載される）の勝宅での滞在費用のことも忘れてはいない。すなわち、

九月五日　佐土原立山伊平、町田・小曽川之勘定請取、且彦子旅費三拾両預り置

である。

これらを『太政類典　第一編』第一二〇巻で確認すると、明治二年七月二三日の「佐土原藩島津又之進外二名米国留学ヲ許ス」（件名番号〇三一）、九月一九日と翌三年七月二一日の「佐土原藩丸岡武郎米国留学ヲ許ス」（件名番号〇三一・〇三三）である。件名番号〇三一では、島津又之進・橋口宗儀・平山徳太郎（太郎）の「アメリカ留学」が許可されているが、件名番号〇三三では、当初は、児玉章治（章吉）と町田啓治（啓次郎）はイギリス留学の許可であった。

3　白峰駿馬の再渡米

海舟日記には、華頂宮や随行の南部英麿に関する記載は見当たらないが、南部英麿に随行した奈良真志については、

明治三年六月二一日　盛岡公用人奈良真心、織田、小田原書生留学之事申聞

の記載がある。この奈良の留学はすぐに叶う。すなわち、『公文録・明治元年』第三四巻の「奈良真志洋行願」（明治三年七月二八日、件名番号〇〇三）、『太政類典 第一編』第一二〇巻の「盛岡県奈良真志米国留学ヲ許ス」（同三〇日、件名番号〇三四）である。南部家の費用負担でのアメリカ留学であった。

海舟門下の白峰駿馬（坂本龍馬の海援隊にも参加）も、華頂宮との関係で海舟日記に初めて登場する。白峰は、一度、アメリ留学の経験があり、明治三年三月（一八七〇年四月）の日下部太郎の葬儀にも参列した後、日本に帰国している。海舟日記における白峰の記載は、幕末維新の変動期には見当たらず、明治三年七月二八日が初見である。すなわち、

七月二八日　白峰駿馬、米国之話并宮様（華頂宮博経親王（東隆彦））近々米国江御出ニ付御供可被仰旨内話也

である。海舟は、白峰から（ニューブランズウィックの小鹿の話を含めた）アメリカの話を聞くとともに、白峰が華頂宮の随行を命じられたことを聞いたのである。事実、明治三年八月下旬には、正式にアメリカ留学の許可が出る。『太政類典 第一編』第一二〇巻の「元小松玄蕃頭家来白峯駿馬米国へ留学ヲ命ス」である（件名番号〇〇五）。この

文書には華頂宮に関する記載はないが、次節の湯地定基とともに政府からの学資給付が決定したのである。

海舟は、八月一四日にも白峰と会っているが、一八日には、白峰から鵜殿《うどの》団次郎（白峰駿馬の兄、明治元年死亡）の追悼出版を依頼され、一〇〇両を預かる。すなわち、

八月一八日　白峰駿馬、小鹿江端物ニ疋届方頼む、亦鵜殿団二草稿刻之儀被頼
八月二四日　白峰駿馬、団次郎著書彫刻料百両預り

である。また、その上欄には「鵜殿団二郎　養義蔵書は白峯駿馬蔵と認呉候様申聞」の書き込みがある。白峰駿馬は、間もなく、華頂宮に随行しアメリカに出発し、翌年（一八七一年）、ラトガース・カレッジに入学する（Griffis (1916) p.21）。

しかしながら、鵜殿団次郎の追悼集の出版は遅れる。一年以上も経った翌年九、一〇月でも、

明治四年九月八日
今井・藤田、鵜殿之遺稿持参
一〇月二四日　鵜殿之遺書校正頼む

という状況であり、

明治五年一月六日
鵜殿男外雄、団二著述出板之事ニ付東京より来る

である。

4　湯地定基の再渡米

湯地定基は、種子島や吉原らとともに薩摩藩第二次留学生として渡米し、吉原重俊とともにニューヘブンにいたが、経済的困窮等から日本に帰国する。湯地は、第Ⅰ部で紹介したように、種子島や吉原と同様に、海舟門下であった（海舟日記の元治二（一八六五）年二月一〇、一三日条及び慶応二（一八六六）年一月二一日条を参照のこと）。一時帰国した湯地は、海舟を訪問し、アメリカの近況を伝えているのである。すなわち、

明治三（一八七〇）年七月一六日
湯地次（治）右衛門、伊藤四郎左衛門

である。人名のみで用件・面談内容の記載はないが、八月一八日条の上欄には、「湯地次右衛門　上村彦之丞　洋行之事　必死之話」の書き込みがあり、

八月二五日　湯地治右衛門、明日横浜江罷越、其侭米行、悴江伝言頼む

となっている。

この翌日、海舟は、小鹿・（高木）三郎・（富田）鐵之助の三名宛の書状を出し、先の町田啓次郎の渡米や白峰駿馬・湯地定基の再渡米を知らせるとともに、八月一八日条の白峰に依頼した端物三疋（三反）の件を伝えているのである。すなわち、

一筆申入候。……

此度は島津殿御舎弟幷白峰輩及び湯地氏も再渡、多分留学之諸君多く相成候、益憤発勉強之様、万相祈候、白峰氏江頼、端物三反、牡丹少々送り申候。夫々江御届致度候。扇子は白峰氏少々調候内相分候旨被申聞候間、分ち御もらゐ可然候。

欧羅巴洲もし程は戦争の旨種々之風聞相達候絵鞆、……

御国内兎角一静不致、彼是物議多之旨にて空奔而已に疲れ申候。此時に当ては、折角勉強専一と存候。別に手段も無之事と存候。又々後便に相附可申候。不備

である（『勝海舟全集　別巻　来簡と資料』六一六頁）。

この湯地の再渡米は、第Ⅱ部で考察したように、八月に、湯地が学資給付者に追加されたことによる。湯地は、明治二年の英米留学生に対する学資給付者からなぜか漏れていたが、このときの日本への一時帰国（明治政府高官へのアピール）が功を奏したのである。まさに、海舟日記の記載のように、湯地にとっては「洋行之事　必死之話」であった。明治三年八月二八日には、正式に「鹿児島藩湯池（ママ）治右衛門米国へ留学」を命じられ、政府からの学資給付により農政学研究に専念することになったのである（『太政類典　第一編』第一二〇巻、件名番号〇〇六）。

湯地は、日本帰国中であったことから一八七〇年のアメリカ人口センサスの調査からは外れたが（他方、大原令之助（吉原重俊）は人口センサスではコネチカット州ニューヘブン市第三区の居住者として記録された）、この年にアメリカに戻ったことにより、松本壮一郎の「亜行日記」の明治三年閏一〇月一二日条や『男爵目賀田種太郎』では、湯地は、吉原重俊とともにニューヘブン在住とされたのである。

湯地は、アメリカ留学に対する学資給付の決定により、マサチューセッツ州立農科大学に進み、クラークから農政学の指導を受けたとされている。帰国後は、農業試験場長・根室県令を務めるなどして、北海道農業の振興に尽くしたのである(1)。

5　グリーンバックの交換の効果

海舟に関係するアメリカ留学生も、このように明治三年頃から増え始め、翌年にはさらに急増する。留学生が増加する直前に、留学生の経済的状況と直接的に関連する書状がアメリカから届いていたので、これを紹介する。すなわち、

明治三年三月一六日の上欄
米国より来翰、正月十一日附千八百七（ママ）年二月十一日　云紙幣追々引替ニ付紙幣高価ニ相成　其功追々下落と云

である。

アメリカでは、南北戦争（一八六一～六五年）の戦費調達のために、大量の不換紙幣（政府紙幣）「グリーンバック（Greenback）」が発行されたことから、「金」ドルと「グリーンバック」との交換相場が形成されるようになる。一八六四年七、八月には、バージニアで北軍が大敗北し、金ドル＝一〇〇に対してグリーンバックは四〇以下の交換比率まで下落し、金ドルは紙ドルの二・五倍以上の価値をもつようになったのである。

南北戦争が終わったものの、一八六八年（海舟が小鹿・富田・高木の三人に対して最初の送金をした年）は一年間を通じて、紙ドルは金ドルのほぼ七〇％水準（70％±3％）で推移し、金ドルは紙ドルの一・四三倍であった。

その後、アメリカでは、正貨兌換をめぐり、政界・経済界を問わず、正貨兌換よる通貨収縮を危惧する考え方と経済発展のために潤沢な通貨供給を望む考え方とに分かれ、対立が起こるが、一八七一年一月一四日、正貨兌換法（Resumption Act）が成立し、一八七九年一月一日から正貨兌換が再開されたのである（Nussbaum（1957）日本語訳

一三三頁及び塩谷（一九七五）八〇―八一頁）。

上の海舟日記の書状は、この正貨兌換法が成立する前年のアメリカの状況を報告したものであった。これをデータ的に確認すると、第Ⅱ部第2章で紹介した松本壮一郎の「亜行日記」の明治三（一八七〇）年一一月一八日（和暦一〇月二五日）条では、「（メキシコ洋銀百ドルニ付　合衆国金銀銭　百五六ドル……）合衆国紙幣　百十七ドル」である。これを、Mitchell（1908）のデータで見ると、この日の交換レートは、金ドル＝一・一二五～一・一三三紙ドルであった。紙ドルは、最安値を付けた一八六四年七、八月に比して、二倍以上の貨幣価値をもつようになったのである。まさに海舟日記の「紙幣高価ニ相成」である。これとともに、物価も、いくぶんかのラグをともなって、相対的に緩やかに下落し始めたのであった。

アメリカ留学生が急増する時期は、アメリカは、まさにこのような経済状況にあったのである。

（1）湯地の妹静子が乃木希典夫人であることは、よく知られている。また、湯地は、海舟の葬儀の際に富田鐵之助・高木三郎・奈良真志とともに、その棺をかついだともいわれている（樋口（二〇一四）四九頁）。

第7章　海舟日記に見る留学関連の国内状況

前章では、明治二、三年の海舟日記に記載されたアメリカ留学生らを紹介したが、本章では、明治三、四年の海舟日記に記載された「富田鐵之助に関係する国内の状況」「来日したアメリカ人教師の件」「日本からの海外留学に関係する事項」等を紹介する。

1　富田鐵之助に関連する国内状況と福澤諭吉

この節では、海舟日記から富田鐵之助に関連する日本国内での二つの事項について簡単に説明する。

明治三年五月（一八七〇年六月）、永井五百介（吉田清成）が外務省から学費等配達方に任命され、六月には外務省から送金された「洋銀九四〇五ドル」を勝小鹿・富田鐵之助・高木三郎らのアメリカ留学生一二人に対して配分したが、この時期には、海舟が経済的困窮に陥った旧幕臣に対して自費で支援していたことから、海舟自身の経済状況も悪化していたのである。このため、海舟は、これまで立て替えていた富田鐵之助と高木三郎の留学費用を仙台藩と庄内藩（後に大泉藩に名称変更）に催促する。海舟日記では、すでに第Ⅰ部第1章で紹介したように、

明治三年八月二日
岡田斐雄〔庄内藩士〕、太童〔大童信太夫〕之事、留学之金子之事談す
八月八日　仙台藩林権少参事、冨田〈冨田鐵之助〉之礼として来る
九月二五日　仙台・庄内江冨田・高木、学費立替之事催促申遣
閏一〇月一日の上欄　仙台より冨田之事問合返事遣す

である。これに対して、大泉藩は、翌明治四年三月に二〇〇両、一〇月に三〇〇両の計五〇〇両を返済しているが、海舟日記には、仙台藩からの返済の記載はなく、冨田鐵之助自身が八年後に返済しているのである。すなわち、

明治一一（一八七八）年一二月二三日
冨田鉄より、先年留学立替金、二百五十円預り置く〈勁草書房版〉

である。

ところで、上の明治三年八月二日条の大童信太夫は、仙台藩江戸留守居役として慶応三年に冨田鐵之助をアメリカに送り出した人物であり、海舟日記にも、大童に関する多くの記載が見られる。大童は、仙台藩の内部分裂から戊辰戦争の責任を追及され、明治二、三年には、福澤諭吉の庇護を受け、東京で潜伏生活を送っていたのである（大童の潜伏生活については、『新訂 福翁自伝』（二八八―二八九頁）や『福澤諭吉書簡集 第一巻』一八一―一八二頁を参照のこと）。

これに関する海舟日記は、

明治三年九月七日
大童信太夫、国許より探索いたすニ付潜伏すと云

である。さらに

九月二二日　仙台太童、松倉〈松倉恂、後に初代の仙台区長〉之事同人内話、召遣候様可然旨

と続くが、この条の前に、「奥州官県江話、頼遣す」の書き込みがあることから、「奥州官県江話、召遣候様可然旨頼遣す」という趣旨になる。すなわち、大童・松倉の就職斡旋ということになる。

富田の学費立て替えの催促の件も、大童信太夫の件も、明治三年九月下旬（一八七〇年一〇月下旬）であったが、アメリカ在住の富田には、その詳細は伝えられてはいない。富田にとっては、ニュージャージー州ミルストーンのコーウィンの牧師館での勉学も一年を過ぎ、ニューアークのビジネス・カレッジへの入学も決まり、入れ替わりに折田彦市がコーウィンの牧師館で勉学することが決まった時期でもあった。

明治三年閏一〇月頃から福澤諭吉による大童信太夫の助命運動も始まり、「自訴による八〇日の禁錮」と「家名断絶」の処分で決着する。アメリカ留学中の富田鐵之助も、こうした大童信太夫を取り巻く状況を知ってか、福澤諭吉方の大童信太夫宛に書状を出す(1)。すなわち、海舟日記の

明治四年二月一一日

富田ゟ福沢江之書状等頼む

である。『大童家文書』を見ると、明治三年から六年頃までに書かれた富田から大童信太夫宛書状〈当時の変名の岩手逸翁宛書状〉の封筒の裏には、〈届け先として〉「福先生」とか、場合によっては封筒の表に「福澤諭吉先生」の添え書きが見られる。こうしたことからすれば、海舟日記の「福沢」は、福澤諭吉と考えてよいであろう。安政七年〈万延元年〉に海舟が艦長を務めた咸臨丸に福澤が通訳として乗船したことを除けば、明治四年の段階では両者の交流は特になく、海舟日記では、おそらく、この二月一一日条が福澤についての初めての記載になる。

このように富田鐵之助は、大童信太夫との関係から明治四年頃から福澤諭吉とも交流し始め、次第に緊密になっていく（ちなみに、富田の「師の海舟」と福澤との不仲は、福澤諭吉の「瘦我慢之説」を契機とする説も有力となっている）。後日談になるが、富田はニューヨーク副領事在勤中の明治七年一〇月に、杉田縫《ぬい》と結婚する。このときの婚姻契約書に記された「行禮人」は「福澤諭吉」、また、「證人」は「森有禮」であった。また、先に紹介したように、福澤は、翌一一月には「森有禮、富田鐵之助兩君の需に應じて」「商學校を建るの主意（商法講習所設立趣意書）」を書いているのである。富田がニューヨークに戻ると、新婚の縫を福澤宅に住まわせる等の世話をし、富田も、慶應義塾・三田演説館建設（明治八年五月竣工、一九六七年に国の重要文化財に指定）のための建築資料をニューヨークから福澤に送っているのである(2)。

2　グリフィスの来日

すでに紹介したように、日下部太郎は、小鹿・富田・高木よりも半年ほど前にニューブランズウィックに来着し、ラトガース・カレッジ（三年制の科学コース）に入学した。成績優秀でΦＢＫ（ファイベータカッパ）協会会員にも推薦されたが、卒業を目前にした一八七〇年四月一三日に逝去した(3)。

日下部太郎の葬儀には、小鹿・富田・高木も参列しており、逝去の報は、海舟にも伝えられ、さらに福井藩にも伝えられる。海舟日記では、先に紹介したように、

明治三年六月二五日

伊東友四郎〈福井藩士〉江日下部之事申遣す、妻木江届方頼ム

である。

ラトガース・カレッジ在学中の日下部太郎を先輩学生として熱心に指導したのは、グリフィス（William Elliot Griffis）であった。グリフィスは、一八六九年にラトガース・カレッジ古典コース（四年制）を卒業し、ニューブランズウィック神学校に進んでいた。山下（二〇一三）によれば、グリフィスは、生計を助けるためにグラマースクールでラテン語とギリシア語を教えていたが、ここで横井左平太・大平兄弟には英語を教え、さらに大学生の日下部にはラテン語の個人指導をしていたのである（二一頁）。

このグリフィスの来日について海舟日記では

明治三年一一月二六日
米国ゟ悴先生［W・E・グリフィス］越前江被雇候旨一封来ル
一一月二七日　春嶽殿［もと福井藩主］江米国人之事、并同人江悴礼状差出
一二月二六日　昨越老公〈松平春嶽〉より返書、米教師同断

である。海舟の長男・小鹿もグリフィスから英語を教わったが、その小鹿から、グリフィスが越前（福井）の教師に雇われることが決まったとの書状が海舟のもとに届き、海舟は、旧知の（もと福井藩主）松平春嶽にグリフィスの人物等を知らせるとともに、グリフィスにも礼状を書いたのである。なお、海舟日記の明治三年一一月二七日は、西暦一八七一年一月一七日にあたる。

松平春嶽は、若くして福井藩主になり、一八六二年には幕府の政治総裁職に就任し、幕政改革にも参加した。横井左平太・大平兄弟の叔父・横井小楠は、熊本藩士であったが、松平春嶽に招かれ、その政治顧問となり[4]、福井藩に対しては「国是三論」の方針を打ち出し、幕府に対しては「国是七条」の建白を出している。小楠は、一八五二年の最初の福井滞在において「学校問答書」を出し「学政一致」の考えを提唱し、福井藩の学校教育の方針にも影響を与える。すなわち、福井藩では、安政二（一八五五）年に藩校明道館を創設し、西洋科学の振興を図るように

なる。明治に入り、全国各地に新しいタイプの学校が設立され始めると、明道館を明新館と改称し、より一層洋書（英書）・理学・化学等の教育を重視するようになる。

そして、こうしたことを背景に、松平春嶽は、日本滞在の外国人から英語教師を求めることとし、その斡旋をフルベッキ（長崎から大学南校教師へ転任）に依頼し、ルセーを採用した。福井藩は、これに続き、フルベッキを通じてアメリカから理化学教師の招聘に乗り出す。一地方の藩が、外国から直接に教師を採用する最初のケースであった。フルベッキは、オランダ改革派教会外国伝道局のフェリス宛にその斡旋を依頼する手紙（一八七〇年七月二一日付）を書く。オランダ改革派教会において、キリスト教の信仰をもち日本のはるか裏側の地方において物理と化学を教えられる人物として候補者として選考されたのは、ほかでもないグリフィスであった。グリフィスは、一八七〇年九月六日、ライリー（ラトガースのグラマースクール校長）から福井行きを勧める手紙を受け取り、四月に死亡した日下部太郎の郷里の福井行きを決心する。日本に渡航するまでの間は、杉浦弘蔵（畠山義成）から日本語を習い、一緒に化学実験を行う等の準備もする。こうして、グリフィスは、一八七〇年一一月一三日、郷里フィラデルフィアを立ち、前年に開通した大陸横断鉄道でサンフランシスコに向かう。一二月一日、サンフランシスコを出航し、一二月二九日に横浜に着く。

グリフィスは、ほどなく、当時、築地にあった外務省に外務卿の寺島宗則を訪ね、「畠山義成からの手紙を出すと、丁寧に迎えられた」（Griffis（1876）日本語訳九二頁）のであった。グリフィスは、岩倉具視の息子の手紙を持って来日する等、万事そつがない。東京では、もと福井藩主・松平春嶽のもてなしを受け、「首都の政治通語で「岩倉の手足」と呼ばれた」森有禮にも会い、アメリカでの友人の紹介状を渡している（前掲書、九二―九三頁）。海舟は、「静岡にいて留守であったが、日本歓迎のうれしい手紙を送ってくれた」（九三頁）のである。[5] 海舟は、明治三年閏一〇月一四日から四年八月二八日まで静岡に滞在しており、[6] このグリフィスからの引用文は、まさに海舟日記の明治三年一一月二七日条に対応する記述である。

3　グリフィスによる静岡学問所教師クラークの斡旋

静岡学問所は、明治元年一〇月、旧幕府開成所等の蔵書や教師を引き継ぎ、漢学・国学・洋学（英・仏・蘭・独）の教育機関として駿府城内に開設されたものであるが、明治三年閏一〇月末頃から洋学（英学）の教師として外国人を雇う話が起こってきたのである（『勝海舟関係資料　海舟日記（五）』解説一三一、一三三頁）。すなわち、

明治三年閏一〇月二七日

中村敬介［中村正直（静岡学問所一等教授）］、教師之事談

である。先に紹介したように、このひと月後にアメリカの小鹿からグリフィスが福井の教師になることを知らせる書状が海舟のもとに届いたのであった。学問所では、福井藩の動向もあり、次第に外国人教師雇い入れのコンセンサスができ上がってくる。すなわち、

明治三年一二月一三日

中條隊中之者洋人御雇入ニ付異存者多分無之旨中條申聞る

である。

この外国人教師をアメリカ人にするか、イギリス人にするかで議論も起こっている。すなわち、中村正直から海舟宛の書簡では、

教師の目的のみならば米利堅人可なるべく、天子、諸侯其外国政之釣合を以て言へば英人可なるべし（『勝海

舟全集　別巻　来簡と資料』三七一頁）

である。書簡には、この後に、イギリス公使のパークスに頼めば喜んで斡旋してくれるが、必ず高いものを押し付けてくるので、支出が増えて後でかえって面倒になることや、教師には当たりはずれがあり、良いときはよいが、悪いときはどうにもならないことのほかに、イギリス人とアメリカ人一人ずつにしたらどうかとの提案等も書かれていたのである。

このような静岡学問所の状況もあり、明治四年に入ると、海舟と福井藩やグリフィスとの書状往来が頻繁になる。まずは、

明治四年二月六日（一八七一年三月二六日）
松平春嶽公より来翰

に始まり、

三月一二日　越前福井藩御雇米人江写真・白絹一反、村田巳三郎（村田氏寿・福井藩大参事）江一封、同藩飛脚江頼ミ遣す

である。

海舟は、静岡からグリフィスに写真と白絹一反を贈り交際を深め、二か月後の五月には、

五月二五日　福井藩堤五一郎［堤正誼（福井藩権大参事）］、米国グリュービス氏江教師之事聞合せ方頼む

である。これを「グリフィス日記」で見ると、(7)

一九七一年七月二五日（明治四年六月八日）
晴天が続いた。午後暑かった。気温九五度〈華氏九五度、摂氏三五度〉。五大参議の一人が訪ねて来た。駿河の勝安房氏から伝言が届き外国人教師をアメリカから求めたいという。ゆっくり楽しく話した。

である。このときの詳細は、Griffis（1876）の *The Mikado's Empire* にも記載されている。すなわち、

七月二五日　きょうの午後、県の役人の堤氏が……勝安房氏からの伝言を持ってきた。駿河の静岡の学校で、アメリカ人教師を求めている。勝氏の手紙によると、「私は正規の教育を受けた、それを職業とする紳士を望みます。生計をたてるために教えることになった職人や書記はこまります。できればあなたと同じ学校の卒業生を望みます」と言う。勝氏には真の教師とそうでない教師の違いがはっきりわかっているのだ。
わたしは、さっそくエドワード・ウォレン・クラーク文学修士に手紙を書き、その職につくように言った。クラークはかつての級友で、いっしょにヨーロッパを旅行した。（日本語訳二三三―二三四頁）

である。
グリフィスは、クラークに静岡学問所の英語教師を勧める手紙を書くとともに、海舟にも、早速、クラークの紹介とその適否を問う手紙を送っている。すなわち、

明治四年六月一五日（一八七一年八月一日）
越前米教師ゟ吾藩雇入可然者有之早々否申遣候様申越す、浅野江右等談す
六月一八日（八月四日）
越前クリューフス江返答并答書等差出

である。

これ以後の海舟日記には、クラークとの雇用契約や迎え入れの準備状況に関連する記載（七月一〇、二二日条、八月一四、二二、二四、二五日条、九月七、八日条）があるが、紹介を省略する。

クラークは、一八七一年一〇月二五日（明治四年九月一二日）にアメリカ船グレートリパブリック号で横浜に着く（Clark（1878）日本語訳五頁）。また、海舟日記では、

九月二〇日の上欄　夜ニ入、御雇之米教師クラルク〈E・W・クラーク〉来訪、仮条約和文渡す、小鹿并竹村・大久保其他書状持参、明日横浜江参り候由、バラー〈ジェームズ・バラ〉并方江尋候へは居中候旨申聞

である。クラークは、数日、横浜に滞在した後、出迎えの中村正直らとともに、五日間の東海道の旅をし、静岡に着いたのであった（Clark（1878）日本語訳五一―三二頁）。クラークの到着は、すぐさま、海舟からグリフィスにも連絡されたのである。すなわち、

九月二四日　越前グリューヒス氏江クラーク来着之事等申遣、太田源三郎同断、伊藤友四郎江二通共届方頼

である。

クラークとの正式の雇用契約の件も（九月二一、二二日条にも記載があり）、順調に進んだかのようにみえたが

九月二七日　乙骨・名倉ニ条約書之事、教法ケ条之処教師云々申聞之由承る

九月晦日　服部ゟ大儀見已下文部省江可願旨外務省ニ而申聞られ候旨、并米教師宗法之箇条抜キ候旨等申越

である。この件をクラークの立場から見ると、「三年間の契約書は、長文の十三条から成り、漢文、日本語文、英文の三通りのものが、三冊の堂々たる書物になっていた。その契約書に署名せんとした時、キリスト教の宣教を禁

止し、三年間もわたしに宗教上の問題について沈黙を守ることを命ずる箇条が、太政官（内閣）によって巧みにそう入されていることに気づいた」（Clark（1878）日本語訳八頁）である。クラークは、月三〇〇ドルの俸給との兼ね合いもあり迷いながらも、このキリスト教禁止条項の撤回を政府に申し送ったが、三日後に届いた返書には、意外にも、当該条項を削除する旨が述べられていたのである。この件の海舟日記の記載は、上で紹介した条にとどまるが、（後に紹介する）クラークの認識では、「勝と岩倉（クラークがニューブランズウィックで彼らの息子たちに力を貸した）の尽力によってその一条が除かれた」のである。

この直後、クラークは、渡航費用等として五〇〇ドルの支給を受け取り雇用契約も完了する。すなわち、

一〇月一日　人見勝太郎、昨日教師江五百弗渡す、跡三百弗也
一〇月二日　矢田堀ゟ越前クリュービスゟ差越之定約英文并山田之手紙到来
一〇月九日　和田助三郎、教師定約書受取渡相済候旨、十七日頃静岡江出立、十一日邸江来ると云

である。

クラークは、

明治五年一月二日
米教師来訪、新聞之書冊六本、米国海軍歴史二本、歩卒調練書一本、小児教本一冊、ギツタペルカ之団布等借遣す

のように、海舟とも親交を深め、静岡学問所において二年間の教師生活を送ることになる（その詳細は、Clark（1878）日本語訳三五―九〇頁を参照のこと）。

クラークは、明治四年一〇月一日から三年の契約であったが、明治六年一二月二三日に、（この契約のまま）静岡

学問所から東京大学（明治一〇年創設）の前身にあたる開成学校理化学教師に転じ、明治七年一二月までの一年間、教師生活を送っている。当時の開成学校の校長は、畠山義成であった。二人は、ラトガース・カレッジ在学中からの知り合いであったが、畠山義成がニューブランズウィックにいたときには杉浦弘蔵と名乗っていたために、クラークは、開成学校で再会するまでそのことに気づかなかったのであった（Clark（1878）日本語訳一二九―一三一頁）。クラークが静岡学問所に赴任する直前に、畠山はニューヨーク・オルバニーのクラークを訪ねているが、その後、クラークは西（日本）に行き、畠山は岩倉使節団に随行して東（ヨーロッパ）に行ったのであった。

本筋から離れたクラークの逸話がいくぶん長くなったので、最後に、クラークが一九〇四年に、*Katz Awa "The Bismarck of Japan"* を刊行したことを紹介し、この節を終えたい。この書の第一章の書き出しは、

"Who is Katz Awa?" you ask.

から始まっているが（p.7）、この数行後には、

My answer, in the first place is, HE IS THE MAN I LOVE – the man to whom personally I owe more gratitude and respect than to any individual I ever met, and I have met great men both in heathen and in Christian lands.

と「日本のビスマルク」海舟を最大限に賛辞する人物評価がなされている。なお、先に紹介した雇用契約書のキリスト教禁止条項の撤回の件は[8]、

Katz Awa and Iwakura（whose sons I had befriended in New Brunswick）knew this, and by their combined influence the Dai Jo-Kan receded, and the objectable clause was withdrawn.

である（pp.76–77）。

このクラークの人的関係や業績も、静岡学問所や開成学校の教師を退くこと五〇年もすると、次第に忘れられていく。大正デモクラシーの覇者・吉野作造でさえ、一八七二（明治五）年刊行の中村正直（訳）の『自由之理』の英語序文の筆者（E.W.C）を探して、クラークにたどり着き、その業績を再認識するに至っている（吉野（一九二七））。クラークの話は、本節のメイン・ストーリーから離れているが、この点も踏まえ、いくぶん長くした次第である。(9)

4　静岡藩（県）からのアメリカ留学生

(1)　明治四年未年九月迄各国留学生調

明治二、三年の新たなアメリカ留学生については、すでに第4章と第6章において詳述したが、明治三年秋や明治四年になると、留学生数が増加し、海外留学をめぐる状況が大きく変わる。

第3章第4節において、ニューブランズウィックに住まいした経験をもつ吉田清成が、明治三年五月、外務省から「学資配分担当（学費等配達方）」に任命されたことを紹介したが、『吉田清成関係文書五　書類篇1』には、「明治四年未年九月迄各国留学生調／大蔵省」が採録されている（一九九―二一九頁）。これによれば、文部省が留学を認めた留学生数は、二八一人（イギリス一〇七人、アメリカ九八人、プロシア（プロイセン）四一人、その他三五人）である。第4章で紹介したように、「亜行日記」のアメリカ留学生数は、四十数人であったから、少なくともアメリカ留学生については、倍増していたのである。

しかも、留学費用は、官費（国費）が一五三人、県費が九一人にのぼり、自費留学生は、三七人に過ぎなかったのである（アメリカ留学生は、官費が四六人、県費が二八人、自費が二四人であった）。第4章で紹介したアメリカ留学生の多くは、官費留学生であったが、海舟が留学の世話をした佐土原藩（県）の橋口宗儀、平山太郎、丸岡武郎、島津又之進、児玉章吉、町田啓次郎の六人は、佐土原県の県費留学生であったし、林源助（林玄助）と津田亀太郎、高良之助と山口要吉も、それぞれ、熊本県と徳島県の県費留学生であった。他方、自費留学は、盛岡県の南部英麿や随行の奈良真志のほか手島精一らであった[10]。

明治二年にすでに学資給付が決定していた勝小鹿・富田鐵之助・高木三郎も、当然に、官費留学に区分されているが、この三人は、大学南校から派遣された目賀田種太郎とともに「静岡県」出身の留学生とされている。勝小鹿はともかくとしても、富田鐵之助は仙台藩から、また、高木三郎は庄内藩から「海舟に貸し出されて」、小鹿とともにアメリカ留学を果たした経緯によるものと思われる。

なお、この「明治四年未年九月迄各国留学生調／大蔵省」には、新島襄も「安中県　新島七五三太《しめた》」として「官費留学生」の欄に記載されている。新島に関する公式記録は、明治四年五月二五日の「安中藩新島七五三太米国へ留学」である（『太政類典　第一編』第一一九巻、件名番号〇七八）。新島は、慶応元（一八六五）年に密航して渡米したが、明治四（一八七一）年に少辨務使森有禮の尽力により、パスポートが発給され、留学免許状も交付されたのであった（『新島襄全集8』三三―七八頁）。外務省から太政官辨官宛の文書（件名番号〇七八）でも、「森少辨務使ヨリ別紙ノ通申越右新島七五三太」としてこの経緯が記載されているが、この文書は、他の留学生同様に学資を支給することの伺い書でもあった。

この森有禮は、前年の明治三年に少辨務使として渡米するが、このときには、第8章補論で述べるように、旧仙台藩の新井常之進（新井奥邃《おうすい》）らを同伴していたのである。森が新井奥邃の渡米費用を負担したことはよく知られているが（『森有禮全集　第二巻』八二四―八二五頁）、「明治四年未年九月迄各国留学生調／大蔵省」では、「荒井常之進」と記載され「自費留学」に区分されている。新井常之進に関する公式記録も、明治三年一一月二〇日の「仙台藩荒井常之進自費ヲ以テ米国ヘ留学ノ願ヲ許ス」である（『太政類典　第一編』第一二〇巻、件名番号〇五一）。

⑵　アメリカ留学生

第4章の冒頭で紹介したように、海外留学生は、明治政府の留学促進政策により、明治三年に急増し、翌明治四年には留学生数がピークに達する（国別に見ても、フランスを除きピークに達する）。留学生の増加に起因する財政負担の増加を危惧した大蔵省や留学生の修学状況を見た外務省が、次第に留学生を抑制する方向に舵を切り始めたことから、明治五、六年からは、明らかに留学生数が減少したのである（留学生政策の変更については、第8章を参照のこと。この時期の海外留学生に関する先行研究としては、石附（一九九二）や渡辺（一九七七）が卓抜しているので、これらを参照のこと）。

この政策転換の予兆は、『太政類典 第一編』第一一九巻からも見て取れる。すなわち、「南校専門生徒各国へ留学并教官質問ノ為メ洋行ノ規則ヲ定ム」（明治三年閏一〇月、件名番号〇五八）、「外国留学ノ輩華族ト雖モ従者ノ召連レシメス」（同一一月五日、件名番号〇五九）、「大学教官等質問ノ為洋行ノ者ハ留学中官禄三分ノ一ヲ賜ヒ路費学費ハ生徒ニ準シ給与」（同一二月、件名番号〇六〇）に続く、明治三年一二月二三日の一一条からなる「海外留学規則」の布告である（件名番号〇六一）。さらに、同日、私費留学生を対象とした七条からなる「私願留学規則」も布告されたのであった。

政府のこの政策転換は、静岡藩（県）派遣の海外（アメリカ）留学にも影響を及ぼすのである。この影響の変化の過程を海舟日記から見ていく。

まず、明治三年の秋には、イギリス留学の東伏見宮に随行する河島醇《あつし》の件（明治三年一〇月二五日条）、プロシア留学の伏見満宮に随行する寺田弘の件及び黒岡帯刀のイギリス留学の件（同一一月二五日条）、黒田清隆に随行する最上五郎の件（同一一月二八、二九日条）のように、皇族や北海道開拓使の随行者として留学する者も出てくるが、彼らは、「いずれも鹿児島藩士で海舟とも縁が深かった」（『勝海舟関係資料 海舟日記（五）』解説、一三六頁）のである。当時の海外留学生は、ほぼ七割が西日本の出身とされ、維新政府の薩長土肥の藩閥的性格を反映しているとされており（渡辺（一九七七）二六五頁）、随員の人選にもこの傾向が如実に表れているのである。

ところで、イギリス留学の東伏見宮やプロシア留学の伏見満宮に対しては、書生の心得をもって勉学に励むことや辨務使の指揮下に入ることが伝えられている（「東伏見宮外国勤学ノ願ヲ許シ英国へ差遣并留学中ハ尋常書生ヲ以取扱」（明治三年一〇月七日、『太政類典 第一編』第一二〇巻、件名番号〇〇八）及び「伏見満宮孛国勤学ヲ命ス」（明治三年一一月、件名番号〇一三））。しかしながら、東伏見宮には、鹿児島藩の川島新之丞（河島醇）ら七名（宮家の同行者・家従らを含む）が随行し、伏見満宮にも、鹿児島藩の寺田平之進（寺田弘）ら八名が随行することから、留学費用も多額にのぼった。このため、伏見満宮の当主や家令からは、渡航支度料一五〇〇両の拝借願いも出され、このことが、前述の「外国留学ノ輩華族ト雖モ従者ノ召連レシメス」となり、次第に留学生全体の抑制策につながっていく。

このように海舟は、旧薩摩藩士との縁は深いが、海舟日記には旧長州藩士との関係が記載されることは少ない。こうした中、旧長州藩士の富田貞次郎は例外に属する。その富田の海外留学（イギリス留学）が決まる。すなわち、

明治三年一二月三日
富田貞二郎〈富田貞次郎〉ゟ来状、同人洋行出来可致旨　荒木卓爾ゟ来状、南校教師洋人弐人先月下旬暗殺之事ありと云

明治四年一月六日
富田貞次郎ゟ来状、刑部省より留学被仰付候旨段々礼申越

である。

さらに、西園寺公望や万里小路《までのこうじ》通房《みちふさ》らのイギリス留学も決まる。海舟とは縁が薄かったことから、海舟日記の記載（明治三年一二月一七日条）は、

聞く、当月三日西園寺殿・万里小路殿・東久世御子息・岩野殿等、英国江留学出発と云にとどまっている。この西園寺や万里小路の留学は、留学抑制が始まる前に「事実上」決定していたのである。これを『太政類典 第一編』第一二〇巻で確認すると、公式の決定は「万里小路従四位外一名英国留学ヲ命ス」（明治三年閏一〇月二九日、件名番号〇一二）、「西園寺公望仏国留学ヲ命ス」（同一一月二〇日、件名番号〇一五）であった。

海舟の静岡藩では、明治三年一〇月に学問所一等教授から外務省辨務少記に転じた外山正一《とやままさかず》（外山捨八）がアメリカに赴任することが決まると、海舟が東京から静岡に居を移したこともあって[11]、大儀見元一郎《もといちろう》や木村熊二《くまじ》も、外山に同行し留学することを望むようになる。すなわち、

明治三年閏一〇月一七日
外山捨八［外山正一］米国江被遣候ニ付出府被仰渡有之旨也　大木美［大儀見元一郎］并木村熊吉［木村熊二］、心情を歎願す　松造米国江行くニ付悴［勝小鹿］方一封頼ミ且……

明治三年閏一〇月一八日
外山捨八、明十九日東京江出立、米国行被仰付へく旨なりといふ、大木美・木村并黒塚之事内談……且木村・曽谷［曽谷言成］・大木美米行致させへむ（ママ）旨内談、同夜三子来ル、明朝東京江出立之旨、六百両渡す

である。静岡藩大参事・服部常純や権大参事の織田信重・戸川安愛とも相談の上で、大儀見元一郎や木村熊二のアメリカ留学を認め、六〇〇両を渡したものではあったが、翌年二月には、海舟は俸給の一部を返納しこの二人の留学費用を負担としているのである。すなわち、

明治四年二月三日
宮田江附シ、俸金之内弐百両木村・大木美留学料として差引呉候様申談、八十五両返納す、但五ヶ月分也

である。

こうした留学熱もあって、明治四年早々から、竹村謹吾もアメリカ留学を望むようになる。すなわち、

明治四年一月五日　竹村謹吾米行之内談、可然と答

である。竹村に続き、一月九日には川村清雄《きよお》、一一日には浅野辰夫、一二日には大久保三郎（後の東京府知事・大久保一翁の子息）もアメリカ留学を望むようになり、二か月後には竹村はじめ七人がアメリカに出発する。(12) すなわち、

三月八日　瀧村小太郎、当三日竹村初七人出帆、ワルス并松屋厚世話相成候旨書状、并駒井・神保地所之事

である。

ここで、静岡藩士のアメリカ留学に関して注目すべきは、松屋伊助（熊谷伊助）とワルス（トーマス・ウォルシュ）である。順を追ってみると、

一月一四日　竹村謹吾・小野　明日東京江出立ニ付、柳原殿并宮木鳴、松屋伊助江ワルス子江頼遣旨等之書状、且八田知起之一封共頼む

二月一日　竹村・大久保［大久保三郎、大久保忠寛（一翁）の子息］両人帰郷、ウォルス方にて留学之万事受合候旨松屋伊助厚く周旋之趣也、宮木ゟ返書来る　溝口江ワルス并松屋江遣し候物之事談

二月九日　竹村・大久保・浅野、明日東京江出立米国行ニ付、松や伊助并ワルス氏江端物礼状并悴方江白紹二反・書状等附託す

である。慶応三（一八六七）年七月の勝小鹿・富田鐵之助・高木三郎のアメリカ留学に際し、ウォルシュ・ホール商会（亜米一商会）の経営者トーマス・ウォルシュやその番頭の松屋伊助に渡航の世話を依頼して以来、懇意な関係にあったのである。

アメリカへ出発後には、二人に対する礼として

三月一五日　ウォルス氏并松田屋（ママ）伊助江瀬戸物・反物等遣す

である。

静岡藩の留学生派遣を『太政類典 第一編』第一二〇巻で確認すると、まず、明治三年閏一〇月の「静岡藩菊池大麓英国遊学ヲ命ス」（件名番号〇一〇）、同年一二月二〇日の「静岡藩曽谷言成外一名英米国へ留学ヲ命ス」（件名番号〇二二）、翌四年二月二日の「静岡藩浅野辰夫等亜国へ留学ヲ許ス」（件名番号〇六〇）である。「件名番号〇一〇」は、静岡藩菊池大麓《だいろく》の大学南校への出仕と東伏見宮に関係してのイギリス遊学の件である。「件名番号〇二二」は、官費による静岡藩曽谷言成、山口藩富田貞次郎のイギリス留学と山口藩児玉淳一郎のアメリカ留学の決定である。「件名番号〇六〇」は、浅野辰夫（静岡藩権大参事・浅野氏祐の子息）、静岡藩知事家僕の竹村謹吾・大久保三郎・川村清雄・小野弥一の五名のアメリカ留学の許可に関するものであるが、留学費用については、浅野辰夫は父の負担、他は静岡藩知事の個人負担が明記されているのである。

ところで、後年に画家となる川村清雄についての研究は、高階・三輪（一九九四）、林（二〇〇〇）、落合（二〇一一）等が詳しい。また、彼の代表的作品としては、『維新の洋画家 川村清雄』や『近代洋画の先駆者 川村清雄』において紹介されているように、「振天府」「勝海舟肖像」「江戸城明渡の帰途（勝海舟江戸開城図）」「形見の直垂」等が挙げられるが、こうした題材は、海舟がいつも川村の「庇護者」であったことを示唆するものでもあった（丹尾（一九九四）五五頁及び林（二〇〇〇）一五八頁）。実際、海舟は、氷川町の敷地の一角を提供し、日本銀行副総裁

となっていた富田鐵之助がここに画室を建てる資金を提供していたのである。富田と川村は、アメリカ在留時からの知り合いであり、川村は、画の世界に入る前に描いた風景画を富田に贈っている（丹尾（一九九四）六五頁）。関東大震災で焼失した日本銀行第二代総裁・富田鐵之助の肖像画も、川村が描いたものであった（落合（二〇一一）及び日本銀行金融研究所アーカイブ『歴代総裁肖像画関係書類』）。川村は肖像画を制作する場合、写真に細かなマス目をつけ、縦と横に番号を振り、これらのマス目と対応させて肖像画を描いていた（『近代洋画の先駆者 川村清雄』四八、六六頁）。馬頭広重美術館（栃木県那珂川町）には、富田鐵之助の肖像画を描いた際に用いた写真が残されている。同美術館では、これまで氏名不詳の写真とされていたが、本書執筆のために、一橋大学附属図書館『富田鐵之助アルバム』を参照したところ、まったく同じ写真が貼付されており、同美術館蔵の写真を富田鐵之助と確信するに至った。

川村清雄所有の富田鐵之助肖像画制作用の写真
（栃木県那珂川町馬頭広重美術館蔵）

本筋に戻ると、このように静岡藩関係のアメリカ留学の多くは、「徳川家（静岡藩ではない）と海舟の金銭援助があってこそ、行われたものであった」ことから、徳川家と海舟の経済的負担は大きかった（『勝海舟関係資料 海舟日記（五）』解説一三七頁）。折しも、明治四年七月一四日には、「廃藩置県」が断行され、九月には海舟も静岡から東京へ居を移したこともあって、海舟は、私費留学から官費留学への転換をするための折衝を始める。すなわち、

九月一六日　寺島外務太（ママ）輔［寺島宗則外

務大輔〕江、外国江私ニ行き候者所置相談
九月一七日　屋敷江行く、服部江外国留学印章願下案之事談す
九月一八日　服部〈服部常純（静岡県大参事）〉より留学生之艸案差越
九月一九日　寺島江留学生之艸案為持遣す……寺島ゟ返書、何れ、参朝之節可伺旨
九月二〇日　寺島ゟ留学生之事外務局江可願旨申来る
九月晦日　服部ゟ大儀見已下文部省江可願旨外務省ニ而申聞られ候旨
一〇月一日　神田好平〈神田孝平〉大儀見已下之事、文部省江願出す御周旋頼手紙認、服部江渡す

である。この神田孝平は、第4章第3節で紹介した神田乃武《ないぶ》の養父である。

大儀見元一郎らの私費留学から官費留学への切り替えは、寺島宗則外務大輔や外務省の了承も得られるが、文部省との折衝は続く。すなわち、

一〇月六日　町田〔町田久成（文部大丞）〕江行く、留守ニ付置手紙
一〇月七日　服部より文通、外国留学人之事等田辺〔田辺太一（外務大丞）〕受合云々申越
一〇月八日　町田文部大丞ゟ返書、服部江為持遣す
一〇月一八日　町田文部大丞江留学生之談す

である。しかしながら、財政負担の増加を危惧した大蔵省の意向を反映してか、

一〇月二五日　大久保殿〈大久保利通〉江訪ふ、留守　町田大丞ニ逢、留学費用願之事願書引返可申旨話有之候
一一月五日　浅野ゟ文通、留学生之事、文部省江書付出候旨

であり、結果は芳しくなかったのである。

5　その後の横井左平太

横井左平太については、第2章第3節の「横井兄弟の留学事始」で詳しく紹介したように、新島襄に続くアメリカ留学生であり、ニュージャージー州ニューブランズウィックに住まいした最初の日本人留学生である。ラトガース・グラマースクールで学んだ後、一八六九年一二月に、アナポリスの海軍兵学校に入学している。

第3章第4節で紹介したように、*Annual Register of the United States Naval Academy*（一八七〇—七一年版）の「合衆国上下両院の決議（一八六八年七月二七日承認）によって受け入れた生徒」の欄には、「松村淳蔵と伊勢佐太郎（横井左平太）」の名前が特別に注記されていたが（p.20）、この一八七一—七二年版では、松村のみが兵学校二年生修了の名簿の一六番目（四五名中一六番の成績）に記載され（p.13）、横井は、この名簿から除籍され、勝小鹿が次年度の入学予定者の名簿に記載されているのである（p.18）。

松村淳蔵は、四年でアナポリスの海軍兵学校を卒業しているが、横井左平太は、希望に満ちた入学であったにもかかわらず、二年生修了の前に退学していたのである（高木（二〇〇六）によれば、一八七一年一〇月二四日の退学である）。

横井左平太の弟・大平は、第3章第4節で言及したように、肺結核のために一八六九年七月に帰国したが、明治四年四月二日（一八七一年五月二〇日）に二一歳で逝去する。[13] 海舟日記では、

明治四年五月九日

横井　病死ヲ聞

である。

横井左平太は、このような弟・大平の早すぎる逝去や海軍兵学校退学等からこの年に帰国する。すなわち、

明治四年一二月一五日

横井先生甥元塾生伊勢佐太郎、米利堅ゟ帰りニ付話有之

である。

杉井（一九八四）は、こうした弟・大平の夭折もあって、明治四年に、左平太が一時帰国したが、翌明治五年に、政府の命により再び渡米し、アナポリスの海軍兵学校に復学したとの説をとるのに対して（一二五―一二六頁）、高木（二〇〇六）は、横井左平太のフェリス宛の書簡（一八七二年一二月四日付）からは海軍兵学校への復学の意思がみられず、また、海軍兵学校の史料からも復学の事実を確認できないことから、復学はなかったとの結論に達している。確かに、高木（二〇〇六）に採録されたフェリス宛の書簡においては、日本人の海軍兵学校入学の道を開いたフェリスに感謝しつつも、海軍兵学校復学の意思はもはやないこと、また、日本には陸海軍に関する法制に通じた人がいないので、さらに英語と軍事・政治制度を学び、可能な限り早く帰国し、国に貢献したい旨を明確に述べているのである。

横井左平太は、高木（二〇〇六）が示唆するように、再渡米後には、マサチューセッツ州ウエスト・ニュートンのジョセフ・アレンが経営する私立学校において英語等を学んだと思われる。しかしながら、再度のアメリカ留学は二年ほどであり、帰国して間もなく、明治八年六月には元老院権少書記官に任ぜられたが（合わせて正七位にも叙せられたが）、同年一〇月三日、逝去したのである（再渡航後の略歴は、杉井（一九八四）一三一―一三二頁に採録された「伊勢君墓」拓本による）。

（1）海舟日記記載の書状は、明治四年四月二八日に岩手逸翁宛に届けられた書状（封筒の裏に「福先生」の記載（『大童家文書 整理番号三二一』）の可能性もあるが、海舟が静岡滞在中としても、岩手逸翁に届くまでに時間がかかっている。
（2）演説館は、慶應義塾の現存する最も古い建築物であり、パンフレット「慶應義塾大学三田キャンパス 建築プロムナード」や吉野（一九七四）三〇三―三〇五頁等でも紹介されている。
（3）グリフィスが福井・明新館で講義を開始する前日に、日下部太郎の父が会いに来たことから、ΦBK協会のゴールド・キーを渡している（Griffis（1876）日本語訳 一二八頁）。
（4）このパラグラフは、山下（二〇一三）一八―九二頁を整理したものである。なお、小楠と福井藩との関係は、一八五二年から一八六三年まで断続的に続いていたのである（六九頁）。
（5）このあと、Griffis（1876）は、第3章第3節で紹介した神田孝平と養子・乃武の話題に移る。すなわち、「神田氏は英米文学の学徒であり、熱心な思想家であった。神田の息子［乃武］は頭がよくて森氏について行くことになった」（九三頁）のである。
（6）海舟の静岡滞在期間は、『勝海舟関係資料 海舟日記（五）』一一八頁による。
（7）「グリフィス日記」は、山下（二〇一三）の第四章二〇一―三二一頁に採録されている。
（8）この箇所の内容は、Clark（1878）日本語訳の解説（一二三八頁）において示唆されており、本節では、この箇所の原文を採録した。
（9）原著は、一八五九年刊行のジョン・スチュアート・ミルの *On Liberty* である。
（10）手島精一の自費留学の事情は、渡辺（一九七七）二九一―二九二頁を参照のこと。
（11）海舟は、明治三年閏一〇月一四日～明治四年八月二八日の期間と明治四年一二月末以降、静岡に滞在している（『勝海舟関係資料 海舟日記（五）』解説一二八頁）。
（12）海舟日記には、小野弥一（二月一四日条）、名倉弥五郎（三月一三日条）のアメリカ留学に関する簡単な記載も見られる。
（13）『勝海舟関係資料 海舟日記（五）』の脚註（五四頁）では、四月三日逝去としているが、四月二日逝去は、杉井（一九八四）の「墓碑銘」調査による（一二四頁）。

第8章　岩倉使節団と官費留学規則取調

1　岩倉使節団の派遣

日米修好通商条約は、安政五年六月一二日（一八五八年七月二九日）に江戸で調印され、万延元年四月三日（一八六〇年五月二二日）にワシントンで批准書が交換されたものであるが、条約改正の交渉については、第一三条により、「凡百七十一箇月の後（卽千八百七十二年七月四日に當）」（英語条文では「After the（4th of July, 1872）fourth day of July, one thousand eight hundred and seventy-two」）から、一年の事前通告をもって可能となる旨が規定されていたのである。(1) このため、外務省では、明治三、四年から改正のための準備作業に入っていたのである。

岩倉使節団は、欧米諸国との修好通商条約の改正（領事裁判権の撤廃・条約関連条文に明記された日本の関税条項の削除等）の予備交渉のための外交使節として、明治四年一一月一二日（一八七一年一二月一四日）に横浜から出帆し、サンフランシスコに向かった。(2) 予備交渉の使命を帯びた岩倉使節団ではあったが、留学生を帯同したこともあり、出発直前には大人数に膨れ上がり「大規模視察隊」として出帆したのであった。

この外交使節派遣の議を軌道に乗せたのは、参議（外務省条約改定担当）の大隈重信であった。(3) これは、明治四年八月頃と推定されるが、当時は、薩長の間で軋轢が生じ、また、官吏の間での衝突（保守派の大久保らと進歩派の大隈らの衝突）も激しくなり、政務処断が困難を極めていた。当初は、発議した大隈が使節の任にあたることで準備が進んだが、その後の大隈からすれば、政務処断の迅速化を促進するためには、障害となる人物を外国に派遣し、「その間にいわゆる「鬼の留守に洗濯」という調子で、十分な改革をする」ことも選択肢のひとつとなっていたのである。政府内部での確執もあり、最終的には、岩倉具視が使節に決まり、また、（障害を取り除く目的から）多人数の外国派遣となったのである。

この外交使節派遣の基本構想は、『岩倉公實記』の「事由書」に依拠しているものとされている。[(4)] この文書の起草者や起草の時期は、不明とされているが、外国視察論に関しては、フルベッキの「ブリーフ・スケッチ」がもととなっている。「ブリーフ・スケッチ」の外国視察論は、政治、経済、学校、軍事及びキリスト教に関連した施設の訪問先とその調査方法等を提案したものであったが、「事由書」には、キリスト教関連を除いた四項目が記載され、その内容も「ブリーフ・スケッチ」と酷似していたのである。もっとも、「ブリーフ・スケッチ」は、条約改正論を展開したものではなく、条約改正の問題には一切触れられていない。[(5)]

フルベッキは、一八六四年八月に、長崎奉行管轄の英語所（後の「済美館」）の校長（兼）教師となっていたが、一八六六年には、佐賀藩が長崎に開いた「致遠館」の教師も務め、ここでは、大隈重信や副島種臣を教えていたのである。さらに、一八六九（明治二）年には、大隈の尽力により東京に招聘され、開成学校（後に大学南校）の教師になっていたのである。こうした人的関係もあり、「ブリーフ・スケッチ」は、明治二年五月二〇日（一八六九年六月一一日）、大隈重信に対して意見書として提出されたものであった。[(6)]

岩倉は、明治四年九月頃に大使に内定するとともに、使節団の組織や各国との交渉の方法等についての準備に入る。その準備中に、フルベッキの「ブリーフ・スケッチ」の存在に気づき、明治四年九月一三日（一八七一年一〇月二六日）、フルベッキを招き、これを確認する。[(7)] すなわち、

"Did you not write a paper and hand it to one of your chief officers ?" was his first question.（Griffis（1900）p.259）

である。フルベッキは、二年前のことであったので忘れかけていたが、三日かけて、これを復元し、岩倉に提供したのであった。その後、二人は、この問題で話し合う機会を数回もったのであった。なお、すでに述べたように、岩倉具視の子息の岩倉具定・岩倉具経兄弟も、長崎でフルベッキから英語等を学んでおり、明治三年二月、フルベッキのフェリス宛の紹介状を持って、随行の服部、山本、折田とともにアメリカに渡り、ニューブランズウィックで留学生活を送っていたのであった。

上の経緯はともかくとして、岩倉使節団（大副使・随員・（専門分野の調査研究に従事する）理事官・理事官随員の五〇名、随行の華士族四八名、女子留学生五名ら）は、明治四年一一月一二日（一八七一年一二月一四日）、アメリカ号で横浜を出帆し、一二月六日にサンフランシスコに到着する。

ここで、本論から少し離れて、アメリカ号でのエピソードを挿入する。一八六〇年四月に来日したアメリカバプテスト自由伝道協会のゴーブルは、横浜で宣教活動をしていたが、このアメリカ号に同船していたのである。[8] ゴーブルは、病気の妻エリザと子供二人を一八七一年一二月に帰国させていたが、彼自身は『摩太福音書（マタイ福音書）』の聖書翻訳に傾注し、一八七二年一月にこれを刊行していた。[9] 一二月にはバラとの領事裁判にも勝訴し一四三ドルを手に入れ、[10] 一三年ぶりにアメリカへ帰国する途上にあったが、「何らかの使節団への働きかけを意図して」、使節団の日程に合わせてアメリカ号に乗船していたのである。実際、使節団の先導役として乗船していたアメリカ公使デ・ロングを通じて岩倉の要請を受け、岩倉と「神祇官」の役人二人に対してキリスト教独特の教義と慣例・儀式を教えることになったのである。岩倉の意図は、条約改正の予備交渉の場において交渉相手から持ち出されると想定されるキリスト教問題（キリシタン禁制の掟の廃止問題）に対する下準備であった。[11] ゴーブルは、使節団歓迎の呼びかけをサンフランシスコの「イヴニング・ブリティン」や「ニューヨーク・タイムズ」に寄稿したほか、機関誌「アメリカンバプテスト」にも手紙を掲載し、使節団歓迎ムードを高めようとしたのである。しかし、こうしたゴーブルの努力にもかかわらず、川島（一九八八）によれば、アメリカ号の船上の事柄は、「ゴーブル側の記録があるだけで、使節団関係文書には何も見出すことはできない」（九七―九八頁）のであった。

こうした宣教師に関するエピソードは、ともかくとして、使節団一行は、サンフランシスコに二週間ほど滞在した後、鉄道を使って[12]、シェラネバダ山脈を越え、一二月二六日、ソルトレークに着く。ここでは、モルモン教の礼拝堂の見学もしている。さらに、ロッキー山脈を越え、ネブラスカ州・アイオワ州を経て、イリノイ州に入り、明治五年一月一八日、シカゴに到着する。ワシントン着は、一月二一日であり、アメリカ駐在の少辨務使森有禮やアメリカ政府の接伴掛ゼネラル・メヤーの出迎えを受けている。ワシントンでは、グラント大統領との謁見、ホワイト・ハウスへの招待等の公式行事が執り行われた。条約交渉の一方で、使節団一行は、ナイアガラ、フィラデルフィア、ニューヨークにも行き、造幣局や海軍兵学校等の公的施設の見学のほか、観光・観劇もしているのである。そして、七月三日には、ボストンから「英国ノ「キュナルト」会社ノ郵船、「オリンハス号」ノ滊船ニ乗込メリ」（『特命全権大使米欧回覧実記一』三六八頁）、イギリスに向かったのである。

アメリカ留学生関連では、使節団がイギリスに向かう直前の一八七二年八月二日（明治五年六月二九日）、ボストンの日本大使館（原文ではThe Japanese Embassy）において、オランダ改革派教会のフェリスに対して、岩倉具視と大久保利通の連名で「公式」の感謝状を贈っている。これは、留学生に対する支援と奨励に対する感謝を示すものであった（原文は、Griffis（1916）p.36すなわち、*The Rutgers graduates in Japan* の最後のページに採録されている）。

また、先に第2章で「ニュージャージー州ニューブランズウィック」の日本人留学生について説明したが、『特命全権大使米欧回覧実記一』では、岩倉具視の二子がここに居住していることや、この『実記』の記録係の畠山義成がかつて居住していたこともあってか、五月五日にワシントンからニューヨークに向かう途中の記事の中で、ニューブランズウィックについての簡単な説明があることを附言しておく。すなわち、「「ニューデェルセー」州ノ

「ニューブンスウィーキ」ニテ天明トナル、此ハ有名ナル学校ノアル一都邑ナリ」（二五五頁）である。

2　海舟日記

海舟日記にも、使節団の岩倉具視・大久保利通や随員に関する記載があるので、この節で紹介することにしよう。前節で述べたように、明治四年九月頃に、岩倉が使節団の大使に内定し、使節団随員の人選が始まる。海舟は、八月に東京から「御用召状」が届いたことから、住まいを静岡から東京に移しているので、静岡藩が派遣した留学生の費用負担の要請等で政府事務方の要人とも折衝することになる。この件は、すでに前章第4節で紹介しているが、使節団関係を、再度、紹介すると、

明治四年一〇月七日

服部より文通、外国留学人之事等田辺受合云々申越

である。この条の「田辺」は、田辺太一外務少丞であり、翌八日に使節団の一等書記官に任命されている。この一〇月八日の発令は、特命全権大使として岩倉具視、特命全権副使として木戸孝允・大久保利通・伊藤博文・山口尚芳の四名、一等書記官として田辺太一・塩田篤信・福地源一郎の三名、二等書記官三名の計一一名であった[13]。

田辺太一以外の使節団関係者としては、

一一月五日

村田新八殿江暇乞ニ行く　浅野ゟ文通、留学生之事、文部省江書付出候旨……安場一平、洋行ニ付暇乞　肥田浜五郎、竹村江一封恲江一封届方頼遣す

である。

村田新八は、東久世《ひがしくぜ》通禧《みちとみ》侍従長が「理事官」として派遣されることに伴う随行である（「宮内大丞　村田経満」として一〇月二二日発令）。村田は、西郷が「傍らに居た桐野や村田に進撃中止の命令を伝へた」（『氷川清話』三七六頁）とあるように常に西郷の側近であった。このことが、海舟のほうから村田を訪ね惜別を惜しんだ理由かもしれない。しかしながら、村田は、帰国後、西郷軍に加わり、桐野利秋とともに西南戦争で戦死する。

安場《やすば》一平も、使節団随行である(14)（「租税権頭《ごんのかみ》　安場保和」として一一月三日に随行の発令）。海舟からアメリカ留学中の竹村謹吾と勝小鹿への封書の届け方を依頼された肥田浜五郎は、「理事官」としての派遣である（「造船頭　肥田為良」として一〇月二三日発令）。肥田は、当時は横須賀造船所技師長の任にあったが、幕臣・幕府長崎海軍伝習所の第二期生（海舟は第一期生）・咸臨丸の蒸気方（機関長）と、青年時代の海舟と似た経歴をもち、その後も親しく交際していたのである（肥田は、海舟日記にも頻繁に登場するので、ここではその紹介を省略する）。

海舟は、薩摩藩出身の大久保利通（大蔵卿）とも、政務上の関係から親密に交際していたのである（明治元年一〇、一一月については、第Ⅱ部を参照のこと）。明治四年一〇、一一月については、

明治四年一〇月一三日
本多敏三郎、外国行いたし度ニ付大久保殿江申込呉候様申聞
一〇月二五日　大久保殿江訪ふ、留守
一一月四日　大久保殿江暇乞ニ行く、烟艸入呈上

である。使節団の出帆のほぼ一週間前には、大久保利通を訪れ、餞別として煙草入れを贈っているのである。これに対して、大久保も

一一月九日　大久保大蔵卿殿、洋行暇乞として御出、国内御所置之内話

である（この日の条には、「川村兵部少輔、人員之事内話　榎本釜次郎已下近々御免之趣内話有之」も記載されている）。翌一〇日には、使節団一行が東京から横浜に向かうが、その多忙の中、大久保のほうから海舟を訪ね、内政上の種々の話をしているのである。

海舟日記には、使節団派遣決定の前後の時期に、岩倉具視に関する記載は見られない。岩倉に関する記載は、第6章第1節で紹介したように、明治元年一〇、一一月以降の徳川慶喜の赦免嘆願、明治二年七月の駿府処分問題（解決直後に海舟が外務大丞に任ぜられる）、明治二年一一月の海舟の兵部大丞任命に関する事項等である。重要な事項は、すでに紹介したように、岩倉具定・岩倉具経兄弟のアメリカ留学についての記載である、すなわち、

明治二年一二月一七日
岩倉様御子息御両人留学之事御出問

である。海舟の長男・小鹿がニューブランズウィックで学んでいることを知っての質問であり、岩倉具視もこれにより二人の子息をアメリカ留学に送り出す安心感を得たものと思われるのである。このときには、ニューブランズウィックでの勉学の様子のほかに、小鹿がアナポリスの海軍兵学校に進学することや小鹿とともに渡米した富田鐵之助・高木三郎のことも、話していたものと推察されるのである。

使節団が派遣される明治四年では、

明治四年二月二日
大久保〻、岩倉殿御昼休可罷出旨申来候由申越
二月三日　岩倉御通過、知事殿御逢、都合宜敷旨也

である。岩倉具視と大久保利通は、京への途上にあり、海舟は、静岡在留中のことであった。

3　官費留学規則取調の任命と海外留学制度の整備

第1節で述べたように、岩倉使節団は、明治五年一月二一日（一八七二年二月二九日）、ワシントンに着く。二五日にはグラント大統領に謁見し、二七日には国会議事堂を見学しているが、そのかたわら、使節団は、勅旨に従いアメリカ留学生に関する任務に着手する。

明治四年一一月四日の勅旨（特命全権大使の使命に関する勅旨）は、「一　使命の大旨国書ヲ体シ」から始まるもので、九項目の具体的な行動指針・注意事項を示したものである。その第七項目の後半部分は

各国ニ官費ヲ以テ留学スル生徒ノ分科修業ヲ検査案定シ、失行無状ノモノハ帰国ヲ申渡スヘシ　但留学生徒ノ費用ヲ裁省シ其方ヲ検定スヘシ

である。[15] 岩倉使節派遣に先立ち、各省は一〇月に使節への依頼事項を太政官正院に提出したが、大蔵省（井上馨大蔵大輔）も、留学生の取り扱い・学資の取り扱い・留学生の監督方法・学資引受人等に関して意見具申を行い、勅旨にはこの大蔵省の意見も盛り込まれていたのである（渡辺（一九七七）三〇〇頁）。

アメリカに到着した特命全権使節は、明治五年二月、この勅旨を実行するために、

平賀義質、杉浦弘蔵、大原令之助、外山捨八、富田鐵之助、山本重助（重輔）、服部一三、高木三郎、新島七五三太、松村淳蔵、名和緩《ゆるむ》、白峰駿馬

の一二名を「官費留学規則取調」に任じ、森少辨務使と田中文部大丞をこの会議の主宰者に任じたのである。[16] さっ

そく会議が招集され、会議を運営するための「留学生規則取調規律」が定められたのである。この会議は、三分の二の出席で成立し、多数決による決定であったが、より重要な決定は、「一　主宰両人ノ内壱人ハ必ス會議之日出席ノ事」である。これは、単に会議運営のための事務的事項というよりも、会議の決定事項を実行するための担保措置であった。一八七二年三月八日には、「取調」が処理すべき具体的事項を決定するとともに、役割分担も決めている。すなわち、「留学生進学之次第云々」は、（席頭）外山捨八、（書記）服部一三、大原令之助、新島七五三太、松村淳蔵の五名であり、「方今在留生徒行跡病身又ハ修業ニ堪ヘ難キ者等取調之事」は、（席頭）杉浦弘蔵、（書記）名和緩、白峰駿馬、山本十介（重輔）、高木三郎の五名であった。また、この会議の決定として最も重要な「学費ノ数ヲ進業ノ体ニ従ヒ區別スル事」は、（席頭）高木三郎、（書記）富田鐵之助、平賀義質、杉浦弘蔵の四名であった。

一八七二年三月八日に、新島襄がジョージタウンD.C.からハーディ夫妻に宛てた手紙では、

Twelve Japanese students in the States were summoned to meet him to give him some advice. The power was granted them to make any motions or give any advice to him, and the motions would be carried by the vote of majority.

であった（『新島襄全集6』九六頁）。上の「翻刻　杉浦弘蔵ノート」の記載のように、会議は一二名による多数決での決定であった。この手紙の「him」は、「田中文部大丞」のことである。さらに、三月一〇日のハーディ夫妻宛の手紙には、

Several topics for discussion were given out by Mr. Mori. The parties divided the topics and met in different rooms to discuss their own topics. This morning we met together and brought our separately discussed topics into the general assembly.

とあり（同上書、九八頁）、この会議の具体的な進め方が分かる。後には、新島が「遺言」を富田に残すまでの深い信頼関係で結ばれることになるが、ともかくも、この会議が、新島と富田の最初の出会いであった。

ところで、この「取調」は、単なる取調ではなく、非常に有能でアクティブな集団であった。外山捨八（外山正一）と名和緩（名和道一《どういち》）は、明治三年に森少辨務使に従って、それぞれ、「辨務少記」「辨務権少記」として辨務使館に赴任していたが、明治五年二月までには「権大録」や「中録」に昇格していたのである。(17)

富田鐵之助も、明治五年二月二日（一八七二年三月一〇日）、特命全権大使から「ニューヨーク領事心得」に任じられる。すなわち、

明治五年二月二日　紐育在留領事心得ヲ以テ諸事取扱可申
勤候内一ヶ月貮百元下賜候事　　特命全権大使

である（『東京府知事履歴書（富田鐵之助履歴）』）。さらに、高木三郎も、二月一六日に外務省九等出仕（辨務使館書記）に任じられる。(18)海舟日記では、この任命から三か月遅れて

明治五年五月五日
富田鉄之助米国ヨールク〈ニューヨーク〉領事官心得、高木三郎華聖頓〈ワシントン〉九等書記官拝命之旨申来

である。海舟にとっては、うれしい待ちに待った知らせであった。

これまでの外山と名和に加え、新たに富田と高木もアメリカ在外公館勤務となった。この四名は、「官費留学規則取調」ではあったが、「取調」の業務は、副次的な業務に過ぎず、主たる業務は、明らかに使節団の受け入れへ

の対応であり、辨務使の指揮に従って使節団との応接にあたることであった。

他方、杉浦弘蔵（畠山義成）と大原令之助（吉原重俊）は、一二月九日（西暦三月一七日）に使節団三等書記官に任じられ、新島七五三太（新島襄）も三等書記官心得に任じられていたのである。この三名は、いずれもアメリカの大学進学経験者であったが、使節団に同行することになり、次第に「官費留学規則取調」の仕事から離れていく。「官費留学規則取調」はこうした状況にあったが、任命当初にその中心となったのは、おそらく杉浦弘蔵であろう。杉浦は、「取調」に任じられる直前の一八七一年一二月一八日（明治四年一一月七日）、「英國留学生ノ義ニ付陳述書」を提出していたのである（犬塚（一九九〇）に採録）。この意見書はイギリス留学生を対象としたものではあったが、留学を円滑に進め留学成果を上げるためには、日本国内には専門の官吏を置きイギリスにはイギリス人の生徒監督者を置くこと、イギリス側には英文に翻訳した七項目の必要事項を連絡すること、語学・数学に通じていることを留学条件とすべきこと、生徒監督者の職掌の一〇の条件を定めること等の意見を述べていたのである。こうした経験から杉浦が「修業ニ堪ヘ難キ者等取調之事」の「席頭」に推されたと思われるのである。しかしながら、このような見識をもった杉浦であったが、七月には、岩倉使節団の記録係としてイギリスに向かう。

さらに第3章第4節で紹介した吉田清成の動きにも注目しなければならない。吉田清成は、明治三年五月、外務省から「学資配分担当（学費等配達方）」に任命されたが、この年の秋には（同じ旧薩摩藩出身の）上野景範大蔵大丞に見込まれ、アメリカを離れイギリスへ同行し、明治四年二月には「大蔵省出仕」となる。さらに、五月・大蔵少丞、七月・租税権頭、一〇月・大蔵少輔とスピード出世し、（大蔵卿大久保利通が使節団副使として渡米中の）大蔵省内では、井上馨大蔵大輔に次ぐ、実質的にナンバー・ツーの地位にまで昇っていたのである。しかし、その吉田清成も大蔵省理事官として使節団に加わることになり、渡米の際、井上馨大蔵大輔との間で「吉田清成宛米国派遣に際しての廉書（明治五年二月一四日）」の形で打ち合わせが行われたのである（『吉田清成関係文書五　書類篇1』二一九―二二三頁に廉書の原文採録）。この廉書には、アメリカでの公務（カリフォルニア銀行との間で取り決めた二分判

精錬の清算方法・アメリカでの公債発行条件等の二〇項目ほど）の確認・注意事項が記されているが、この中には

一　生徒取締向は整然相届候哉、森弁務使へ御聞糺之上又々御打合有之度事。

一　生徒之内病身又は老人にて往々御用立兼候者は帰朝候様取計之事。

と留学生関係の事項も記されていたのである。

イギリスでも、アメリカと同様の動きがあり、「五年三月、監督者の在英寺島大弁務使からその整理が全権大使に上申」（大久保（一九七六）九四頁）され、「生徒取締」の件も順調に進むと思われた。

しかしながら、アメリカの「取調」は、使節団の行程が進むに従って、メンバーが次第に減っていく。まず大原令之助（吉原重俊）は、「取調」に任ぜられた直後の明治五年二月九日には「三等書記官（令之助儀ハ今般利通随従帰朝致候）」の辞令を受ける[19]。岩倉が条約改正の全権を委任されたものではないと明言したことから、アメリカ側から全権委任状を求められ、副使の大久保利通・伊藤博文がこれを取りに日本に戻ることになったためである。七月にはその役目も終わり、その後は使節随行心得をもって「外政事務取調」の任にあたったのである。新島七五三太（新島襄）も、この会議の主宰者のひとり、文部省理事官田中不二磨の通訳として、使節団に先行し、一八七二年五月一一日（明治五年四月五日）、教育制度の調査研究のため、ジャージー・シティからアルジェリア号でイギリスへ向かう[20]。杉浦弘蔵（畠山義成）も、前述のように明治五年七月、イギリスに向かう。岩倉具視の信任が厚く、久米邦武とともに、常に岩倉に随行し通訳・記録係を務めたためである（周知のように『特命全権大使米欧回覧実記』は、久米邦武の執筆・編集による）。平賀義質も司法省理事官・佐々木高行に随行し、司法制度の調査研究のためにヨーロッパに向かう。さらに、山本重輔も、六月一九日にイギリスでの鉄道研究を願い出て許可され、使節団に随従してイギリスに渡る[21]。こうして、二月に「官費留学規則取調」に任じられた一二名のうち、使節団との関連で五名が不在（主宰者の任にあった田中不二磨文部大丞を含めると六名が不在）となり、「取調」は、辨務使館を中心とし

て実務的に処理されていく。

短期間ではあったが集中的に開かれたと思われるアメリカでの「取調」会議の議論・結論等も踏まえ、国内的には、海外留学の制度が整備される。すなわち、明治五年八月には、明治三年の「海外留学規則」を「学制」の「海外留学生規則ノ事」として改正・整備し直し、留学生はすべて文部省管轄とすることと官費留学生の資格・年限・学資等の詳細を定めたのである（渡辺（一九七七）三〇五頁）。

明治六年三月には、「海外留学帰朝ノ生徒試業法」により、帰国後の海外留学生が文部省に報告すべき事項と帰国者へ学力試験を課すことを定めるとともに、「学制」の不備を補うために細則を追加したのである（渡辺（一九七七）三〇六頁）。さらに、文部省が留学生の主管官庁となったことから、明治七年六月には、文部省によって「留学生監督章程」が定められ、外務省を経由して、これが各国在留の公使・領事等に伝えられたのである（渡辺（一九七七）三一二頁）。この内容は、文部省の管轄のもとで海外留学生監督を設置すること、留学生に対する監督要領を定めること、監督は文部省との報告を密にすること等であった。これは、後述の官費留学生全員引き上げ後の「新しい官費留学制度の実現を期して」の「具体化の第一歩」であった（石附（一九九二）二五〇―二五一頁）。

実は、こうした海外留学の制度整備は、財政問題とも密接な関係があったのである。石附（一九九二）に従えば、各省の財政事情は、次の通りである（二二三―二三〇頁）。大蔵省は、これまで藩から出されていた留学費を、廃藩により、肩代わりしたことから、明治五年には、留学生（三三〇名余、うち旧藩一〇〇名余）のための学資負担が四一万円超となり、留学生の減員と整理を要請していたのである。外務省も、日本からの学資給付金の送金が安定しなかったことから、これを立て替える必要があり、そのわずらわしさを痛感していたし、留学生の修学態度にも問題があるとの認識に立っていたのである。文部省も、予算要求を大幅に削られ、一二二万円ほどの予算となったが、先の四一万円（「学制」によって、各省からの派遣者分を除き、学資給付金は文部省予算での支出に変更）はこのほぼ三分の一を占めるまでになっていたのである。

この官費留学生の削減問題は、緊縮財政とも関係して、政府の重要な政策課題・財政課題になっていく。使節団は明治六年九月に帰国するが、一一月の参議会議では官費留学生の一括引き上げが決定され、一二月には太政官布達によって官費留学生全員に帰国の命令（後に陸軍省関係・女子留学生関係除外）が出されるに至ったのである（石附（一九九二）二三〇―二三一頁）。

4　官費留学規則取調の人々

前節の「吉田清成宛米国派遣に際しての廉書」には、留学生関係以外にも、注目すべき打ち合わせ事項がある。すなわち、

一　留学生徒之内本省へ撰任すべき人物有之候は丶、御銓撰被成、其長所と品等とを略記し御差遣有之度事。
　但高木・富田両人は森弁務使へ御催促之上御遣し有之度候事。

である。大蔵省は、留学生の経費削減のために（成績が思わしくない）生徒の取り締まりを主張しながら、有為な留学生を積極的に任用する方針を固めていたのである。具体的には、森少辨務使の理解と助力を得て、高木三郎と富田鐵之助を任用することを考えていたのである（明治四年七月には、維新前後に海外留学した者を帰国させて、学校や官庁で採用する候補者一六名がすでにリスト・アップされていた、すなわち、「海外留学生採用ノ為メ帰朝セシメン事ヲ請フ・附姓名書（『太政類典　第一編』第一一九巻・件名番号〇八一）」であるが、これには、富田や高木のほか、勝小鹿の名前も見られる）。

前章で見たように、海舟と大蔵卿大久保利通とは政務以外でも懇意であったから、この二人の件は、当然に海舟から大久保に伝えられていただろうし、また、すでに第2章や第3章で言及したように、吉田清成も、ニューブラ

ンズウィックに住まいしていたから、この二人の見識・人格等を十分に把握していたのである。結果は、森少辨務使による外務省での任用（大使岩倉具視、副使木戸孝允・山口尚芳の承認を得ての使節団による富田のニューヨーク領事心得と高木の辨務使館書記としての任用）であったが、東京の大蔵省にはいまだこの報が伝わっていなかったのである。

この例が示すように、留学生の人的関係が錯綜するので、この節では「官費留学規則取調」等の略歴について整理しておく。まず、使節団の岩倉や大久保と海舟との人的関係では

岩倉具視　山本重助〈山本重輔〉・服部一三〈ともに岩倉の二子に随行〉、名和緩〈名和道一〉〈三名とも旧長州藩士〉

大久保利通　杉浦弘蔵〈畠山義成〉・松村淳蔵・吉田清成・森有禮〈以上、四名はいずれも薩摩藩第一次留学生〉、大原令之助〈吉原重俊〉〈薩摩藩第二次留学生〉

勝海舟　富田鐵之助〈旧仙台藩士〉、高木三郎〈旧庄内藩士〉、白峰駿馬〈旧長岡藩士〉、外山捨八〈外山正一〉〈旧幕臣・静岡学問所一等教授〉、新島七五三太〈新島襄〉〈旧安中藩士〉

とに区分できるであろう。

このうち、畠山義成、松村淳蔵、吉田清成、山本重輔、服部一三、白峰駿馬、外山正一については、これまでに紹介した通りである。吉原重俊は、第6章第4節で紹介したように、薩摩藩士でありながら海舟門下でもあった。新島襄は、万延元（一八六〇）年一一月に幕府軍艦操練所に入り、二年ほど学んだ経験をもっていたのである。幕末維新期には、海舟との直接的な交流はなかったと思われるが、明治一〇年代に入ると両者は親密な交際（時には一時的な断絶）をする。幕末には新島の妻八重の兄・山本覚馬（会津藩士）が政務上の問題で頻繁に海舟を訪れていることや、先に紹介した横井兄弟の従兄弟にあたる横井時雄（横井小楠の長男、最初の妻は山本覚馬の二女、時雄

は後に同志社第三代社長）が海舟宅によく出入りしていたこと、さらには新島と富田鐵之助との親交等が、海舟と新島の人的な結節点であった。

名和道一は、幕末の志士であった。元治元（一八六四）年の禁門の変に連座し、終身禁錮に処せられたが、高杉晋作によって禁錮を解かれ（別名の名和緩は縄緩（なわゆるむ）に由来）、その参謀となり、明治に入ってから岩倉具視に仕えたのであった（『春城筆語』一七―一八頁）。海舟日記では

明治二年五月一八日

大久保一蔵殿［大久保利通］・山岡江一封差出す　岩倉殿御内名和緩江一封、共ニ関口江届方頼遣す

である。この後、水原県参事や新潟県参事を経て（同上書、一八頁）、明治三年には森有禮に従って[22]「辨務権少記」として渡米し、その直前の明治三年一二月二日には、森有禮との連名で岩倉具視宛に「私共も明三日四字出帆之積ニて諸事整頓仕候」の挨拶状を出していた（『森有禮全集　第二巻』七三三頁）。

「取調」の中で上のリストに記載がないのは、もうひとりの主宰者の田中不二磨と平賀義質である。平賀義質（旧福岡藩士）は、「長崎海軍伝習所などに藩から派遣された藩随一の洋学者」（塩崎（二〇〇一）一〇七頁）とされている。これが事実とすれば、長崎海軍伝習所の第一期生で（この伝習所に残って第二、三期生の指導にあった）海舟とも接点があったことになる。海舟日記では、

明治三年一二月一二日

米国より十月廿日出之書状并写真・本等、筑前平賀磯三郎［平賀義質］帰朝持参之旨ニ而東京より着

である。平賀義質は、明治三年秋には海舟の長男・小鹿から書状・写真・本等を依頼されて帰国したのである。使節団には、司法少判事として司法省理事官（佐々木高行司法大輔）に随行し、再度の渡米であった。

次に、留学年と主たる留学地について整理すると、最初の留学年（最初の留学先に到着した年）は、

慶応元（一八六五）年
新島襄・畠山義成・松村淳蔵・吉田清成・森有禮
慶応二（一八六六）年
吉原重俊・外山正一
慶応三（一八六七）年
富田鐵之助・高木三郎・平賀義質
明治元（一八六八）年
白峰駿馬
明治三（一八七〇）年
山本重輔・服部一三

であり、主たる留学地は

ニューブランズウィック
富田鐵之助・高木三郎・畠山義成・松村淳蔵・吉田清成（いずれも同時期に滞在）、
白峰駿馬・山本重輔・服部一三
アメリカ東部
新島襄（マサチューセッツ州アーモスト）
吉原重俊（コネチカット州ニューヘブン）

平賀義質（マサチューセッツ州ウスター（ボストン近郊）[23]）

イギリス

外山正一（幕府イギリス留学生）

であった。

また、大学等の卒業・退学については

新島襄（アーモスト・カレッジ一八七〇年卒業、アンドーヴァー神学校一八七四年卒業[24]）

吉田清成（ラトガース・カレッジ一八六九年退学）

吉原重俊（エール・カレッジ一八七一年退学[25]）

畠山義成（ラトガース・カレッジ一八七一年卒業）

松村淳蔵（アメリカ海軍兵学校一八七三年卒業）

である。

こうしてみると、「官費留学規則取調」は、その多くが、明治元年以前に留学し、主としてニューブランズウィックで留学生活を送った経験がある者たちであったが、これに、アメリカ留学生の中でも俊秀として知られた新島と吉原も加わり、非常に有能な集団になっていたのである。さらに、留学経験をもつ現役官僚や辨務使館勤務者が入ることで実効性を確保し、また、岩倉具視との関連においては、留学年数が比較的短い旧長州藩士が入ることで、岩倉との連絡役となっていたのである。

5　官費留学規則取調の人々――その後

第3節で見たように、岩倉使節団の渡英とともにこの「官費留学規則取調」のメンバーもほぼ半減する。富田鐵之助にとっては、短時間ではあったが、このメンバーと知遇を得たことは、後々、仕事上においても個人的にも、非常に有用であった。とりわけ、森有禮、吉田清成、吉原重俊、新島襄とのその後の人的関係は、注目すべきものがある。本書の紙数にも制約があるので、富田鐵之助と彼らとの人的関係について、ここで簡単にふれておく(26)。

森有禮は弘化四（一八四七）年生まれであったから、天保六（一八三五）年生まれの富田からすれば、一二歳も年下の上司であった（富田は、明治五年二月、ニューヨーク駐在領事心得、翌年二月、ニューヨーク駐在副領事であったが、森は、明治五年四月、中辨務使に、また一〇月には代理公使に任ぜられている）。両者の公務外の私的な行動、すなわち、「商法講習所」の件や富田と杉田縫《ぬい》の婚姻契約書（證人・森有禮）の件については、すでに紹介した通りである。

この他にも、森は、帰国後の明治六年に「明六社」を創っている。社員（会員）としては福澤諭吉や西周らが著名であるが、これまで紹介した田中不二磨や畠山義成も会員であったし、アメリカ在住の富田鐵之助と高木三郎は、グリフィスらとともに、この明六社の「通信員」となっていた。

また、先の「商法講習所」は、明治八年に、形式的には、森の私塾としてスタートし、その後は、東京会議所委託、東京府所管、農商務省所管（東京商業学校と改称）と変遷したが、明治一八年五月には文部省所管に変わる（『一橋大学百二十年史』二―四一頁及び二七六―二七七頁）。森は、同年、「東京師範学校監督」「東京商業学校監督」の後、明治一八年一二月二二日、初代文部大臣に任ぜられる。明治二〇年には、やむなく私塾として始めざるを得なかった学校を、自らの手で、「高等商業学校」に昇格させたのである。富田鐵之助は、日本銀行副総裁のかたわら、明治一七年から渋澤栄一（第一国立銀行頭取）や益田孝（三井物産社長）とともに、東京商業学校の「校務商議委員」を務めていたが、明治一九年一二月二四日、この職務により商業教育の振興に尽くした者として文部省から表彰される。森の文部大臣就任からほぼ一年後のことであった。

富田鐵之助は、使節団理事官に追加発令され渡米した大蔵少輔・吉田清成とは、第2章第1節や第3章第4節で述べたように、慶応四（一八六八）年六月頃から明治二年七月頃までの一年間（ただし、富田は半年ほど緊急一時帰国）、ともにニューブランズウィックのチャーチ・ストリートに住まいし、旧知の間柄であった。吉田は、明治七年には大蔵省から外務省に転じ駐米全権公使として赴任し、ニューヨーク駐在領事の富田の上司になる。（吉田は弘化二（一八四五）年生まれなので）富田のほうが一〇歳ほど年長であった。最初の頃の富田から吉田宛の書簡では、「吉田公使閣下　富田鉄之助拝」あるいは「吉田公使閣下　富田鉄之助」のように職務上の上下関係を表したものになっているが、吉田が逝去する直前の明治二四年頃には、直接の上下関係から離れたこともあって、「吉田子爵閣下　鉄」といった表現に変化しているのである（『吉田清成関係文書二　書翰篇2』三〇八—三一一頁）。

富田は、薩摩藩士でありながら海舟門下でもあった吉原重俊とは、渡米以前から面識があった可能性は残る。明らかなことは、「取調」任命を契機に、官界においてほぼ同様のコースを歩んだことである。すなわち、吉原は、帰国後に大蔵省に入るが、富田も、その後、イギリス公使館一等書記官を経て大蔵省に入る。明治一五（一八八二）年、日本銀行創立にあたり、ともに創立委員となった後、吉原が初代日本銀行総裁、富田が初代日本銀行副総裁に任じられる。吉原が病気がちのために富田が事実上の総裁を務めるが、吉原の逝去に伴い、明治二一年、第二代総裁に就任する。

その吉原は、薩摩藩第二次留学生として慶応二（一八六六）年に渡米しているが、翌一八六七年以降は、時にはひとりで、時として湯地定基らとともに、アンドーヴァーの新島襄を訪ねている。その年の秋には夜遅くまで、聖書（マタイによる福音書二八章）を読み、「三位一体」を論じたのであった。新島の一八六七年一二月一日付のフリ

ント宛の手紙の表現では、

> We read together 28th chapter of St. Matthew. I think they understood the chapter quite well, but they found trouble to understand the Trinity; so I explained to them far as I know.

である（『新島襄全集6』二六頁）。また、その日、新島がキリスト教の祈り方を英語で教えたりもしたのである。新島の評価では、モンソンで学ぶ薩摩藩第二次留学生の中では、大原（吉原）と工藤（湯地）が優秀であり、彼らは、まだ英語は自由に話せないが、英語をよく理解しているとの印象をもったのであった。

明治に入っても新島が密航状態になっていることが[27]、（たぶんに）吉原らを通して元薩摩藩士の森有禮少辨務使の耳に入ったものと思われ、森は、明治四（一八七一）年三月、新島のパスポート発給に尽力する。これが、翌年の新島の「取調」任用、田中文部省理事官の通訳・欧米随行につながるが、明治六年一月、ベルリンで田中理事官随行を辞し、ヨーロッパ周遊の後、九月にアンドーヴァー神学校に復学する。この頃富田はニューヨーク駐在副領事に任じられていたから、明治七年七月の富田の賜暇帰朝（新島は一〇月に帰国の途に着く）までのほぼ一年間にわたって、明治五年二月の初めての出会いを縁とした交際があったと思われる。

ずいぶん後になるが、明治一九（一八八六）年、仙台では男子普通教育のための学校設立をめぐって対立が起こっている。富田・新島[28]（さらにデフォレスト（アメリカン・ボード宣教師））が推進する「同志社の分校」設立と押川方義《まさよし》（明治五年、横浜でバラから受洗）・ホーイ（アメリカのドイツ改革派宣教師）が推進する学校設立をめぐる対立であったが[29]、新島・富田の男子普通教育のための「宮城英学校（翌年、東華学校と改称）」設立、押川の神学教育のための「仙台神学校（現在の東北学院）」設立で決着する[30]。押しの強い押川に対して逡巡の色を示す新島を激励・リードしたのは、八歳年長の富田であった。当時、日本銀行副総裁の富田鐵之助は、数回にわたり新島と同行して、宮城英学校設置を「時の文部大臣森有禮」に陳情する。森からは上京した宮城県令松平正直に対して学校設置の内話をした旨を知らされたりもする。第7章第1節で言及した松倉恂（明治一九年当時は、仙台区長）からは、仙台のホーイの動向も伝えられるなどしている。学校設置をめぐる環境は、現職の文部大臣や宮城県令・仙台区長の後ろ盾があり、明らかに富田・新島の側に圧倒的に有利であったのである。

新島は、上京の際、日本銀行に総裁・吉原重俊を訪ねたりもしているが、副総裁・富田とは、富田宅に宿泊するなど、より親しく交際していたのである。しかしながら、明治二一年、吉原が逝去し、翌二二年二月一一日（大日本憲法発布の日）には森が刺殺される。病状が思わしくなかった新島は、明治二三年一月二三日、富田ほか数人に「遺言」を残し逝去する。富田への遺言は、

是迄種々御厄介ニ預リ特ニ昨年病気の節ハ非常ナル御世話ヲ辱ふし此段厚く謝スル所ナリ、今ヤ病重し再ひ見るを得す　富田鉄之助殿

であり、また、伊藤博文・大隈重信・松方正義・井上馨・陸奥宗光・勝海舟・児嶋惟謙《いけん》・渋澤栄一・富田鐵之助ら一五名の連名宛の遺言は、

是迄同志社大学の為ニ不一方御高配の儀感佩仕候、行末長く富田（ママ）御尽（ママ）高配被成候儀乍此上懇請申上候

であった（『新島襄全集4』四〇八頁及び四一二頁）。

前述のように翌二四年には吉田も逝去し、富田のアメリカ留学・ニューヨーク勤務をきっかけに親交があった四人を失うが、富田は、この年に東京府知事に任じられる。明治二六年には、府知事として、東京の水問題解決のために三多摩（北多摩郡・西多摩郡・南多摩郡）を神奈川県から編入したのである。

6　補論――森有禮と富田鐵之助

森有禮と富田鐵之助の関係は、すでに述べたが、森有禮は、複数のルートから富田鐵之助の存在を知り、彼の人格・識見等を把握していたと思われるのである。その第一は、薩摩藩ルートである。富田・高木・小鹿は、薩摩藩の畠山・松村・吉田とともに、ニューブランズウィックのチャーチ・ストリートに住まいしていたから、在米の薩摩藩留学生には彼らの存在が周知のものとなっていたのである。森の帰国後も、森と在米薩摩藩留学生との関係は維持され、このネットワークを通して米英留学生の情報を得ていたと考えるべきなのである。

第二は、あまり知られていないが、仙台藩に関係する二つのルートである。富田の従者・通訳修業の名目で渡米した高橋是清・鈴木知雄ルートと箱館戦争生き残りの金成善左衛門・新井奥邃ルートである。森は、慶応三年にサンフランシスコ経由で帰国するが、サンフランシスコで仙台藩の後藤常と鈴木知雄とに出会う。後藤常、高橋是清、鈴木知雄ら四人は、明治元年一二月に帰国するが、仙台藩等からの捕縛を恐れ、サンフランシスコでの縁を頼りに外国官権判事の森有禮にすがる思いで庇護を求め、森宅で書生生活を送る。その後、三人とも、大学南校教官三等手伝を務めることになるが、後藤常が仙台藩に捕縛され、森が仙台藩に掛け合ってこれを取り戻すと事件も起きる（『高橋是清自傳』七五―八五頁）。このようにみると、高橋是清・鈴木知雄ルートが、森が富田の渡米を知る契機となる仙台藩の一つ目のルートになる。これに加えて、森が廃刀論を主張した頃から刺客に襲われる可能性もあったことから、高橋是清や鈴木知雄も護衛にあたるが（『高橋是清自傳』九五頁）、さらに後藤との縁で箱館戦争生き残りのもと仙台藩士の金成善左衛門が森の護衛にあたる（播本（一九九六）二一一頁）。森は、少辨務使としてアメリカに赴任する際に金成を同行しようとしたが、金成からは、やはり箱館戦争生き残りでハリストス正教（ロシア正教）に改宗した元仙台藩士の新井常之進（新井奥邃）を推薦され、森は私費で彼を同行する（『森有禮全集　第二巻』八二四―八二五頁及び『新井奥邃著作集　第九巻』一四四―一四五頁）。このように、金成善左衛門・新井奥邃ルートが仙台藩の二つ目のルートになる。実際、このとき森は、すでに紹介した外務省関係者の外山正一・名和道一に加え、「外務大令使」の矢田部良吉（前大学南校中助教）を同行し、さらに従者として新井奥邃と内藤誠太郎も渡米させたのであった。森にとっては、（第３章第３節で紹介した神田乃武を含む）大学南校と大学東校から米・英・独・仏に派遣された留学生三一名を率いての渡米であり（渡辺（一九七七）二三五頁）、監督補助者も必要だったのである。同行の矢田部良吉は、高橋是清の推薦によるものとされ、また、内藤誠太郎は是清の書生仲間であった（『高橋是清自傳』九五―九七頁）。

新井奥邃は、明治三二（一八九九）年、三〇年ぶりに帰国したが、帰国後の最初の訪問先は富田鐵之助宅であった（永島（一九三三）四〇頁）。郷里仙台では「明治の浦島太郎」と新聞で報じられるなど、歓迎ムード一色であった（『新井奥邃著作集　第八巻』八三―一一二頁）。その後、奥邃は、東北学院教授・山川丙三郎による『ダンテ神曲』の一連のシリーズ（「地獄」「浄火」「天堂」）の翻訳（日本最初の翻訳）の冒頭にコメントを寄せる等の評論・文化活動も行っている（同上書、七一―八一頁に採録）。奥邃の思想は、足尾銅山事件の田中正造らにも、大きな思想的影響を与えたとされており、現在では、奥邃語録が、ポケット版（『おうすいポケット　新井奥邃語録抄』）として刊行されるまでに至っている。

第三は、当然に、外山正一ルートである。すでに述べたように、外山は、辨務少記として森とともに渡米し、森の部下として辨務使館に勤務したが、旧幕臣で、維新後は静岡学問所一等教授を務めていた。海舟の側近であったから、小鹿・富田・高木のことは十分に知っていたのである。

森から富田宛の書簡（一八七一年七月一日付、ワシントンの辨務使館から発信）は、富田から森少辨務使に出された書簡への返信であり、富田が田邊はじめ六名に対して六〇〇ドル立て替えをしたことに対する確認や、立て替え金を富田宛に為替手形で送ったこと、森が六名の所持金を預かっていることを伝えた書簡である（『森有禮全集　第二巻』八五頁に採録)。事務的な用件を記した手紙ではあるが、明治四年には互いの存在を認識し、信頼して要件を頼める間柄になっていたことを示す書簡にもなっているのである。

(1)日米修好通商条約の条文は、『旧條約彙纂 第一巻(各国之部)第一部』による。
(2)本節のこのパラグラフ以降は、大久保(一九七六)の「第一章 岩倉使節の派遣について」(一五—一〇七頁)及び「特命全権大使米欧回覧実記 年譜」(三二五—三六一頁)を参考にし整理したものである。
(3)大久保(一九七六)三〇頁による。
(4)大久保(一九七六)三四頁による。なお、「事由書」は、一六〇—一六五頁に採録されている。
(5)大久保(一九七六)四一頁による。
(6)Griffis (1900) の手による *Verbeck of Japan* の p.188 には、一八六九年六月一一日に使節団派遣と視察先の具体的な内容を提案した旨が記載されているが、「ブリーフ・スケッチ」についての言及はない。
(7)大久保(一九七六)五四—五五頁によるが、詳細は、Griffis (1900) pp.258-263 を参照のこと(なお、この書の pp.255-262 は、大久保(一九七六)二五二—二五九頁にも採録されている)。
(8)川島(一九八八)九五—一〇三頁及び一四五頁による。
(9)ヘボン・ブラウン・奥野昌綱(共訳)の『馬可伝福音書(マルコ福音書)』『約翰伝福音書(ヨハネ福音書)』の刊行は、一八七二年秋である。ゴーブルは、プロテスタント諸派の聖書翻訳において先陣を切ったことになる。
(10)バラとの領事裁判の件については、川島(一九八八)一三一—二一〇頁を参照のこと。
(11)川島(一九八八)九六—九七頁による。なお、第Ⅰ部では、富田の郷里・宮城県で起こったハリストス教徒(ロシア正教)捕縛事件に言及し、これが岩倉使節団にも伝えられた旨を述べたが、岩倉使節団は、「耶蘇書類」を携帯しており、この中にはこの記事も入っていたとされているのである(山崎(二〇〇六)一二二頁)。しかしながら、この事件は、岩倉使節団出発後の明治五年に起きているので、この事件の使節団への伝達・記録方法等については、今後の課題としたい。
(12)『特命全権大使米欧回覧実記 一』の表現では、「「カリホーニヤ」太平会社ノ蒸気車ニ上ル、○米国ニテハ、昼夜兼行ノ蒸気車イ、「スリピンカール」ト名ク車アリ」（一一三頁）である。

(13) 以下の岩倉使節団に関する発令事項及び日付は、特に言及がない場合には、大久保（一九七六）に採録された「特命全権大使・副使以下使節団人事関係」一六六―一七三頁）による。

(14) 安場一平の件は、明治四年五月九日条、九月晦日条と一〇月一日条にも記載がある。なお、一〇月一日条には、第7章第4節ですでに紹介したように、第3章の神田乃武の養父・神田孝平も、「神田好平」として記載されている。

(15) この勅旨は、大久保（一九七六）一八〇―一八一頁に採録されているので、これを参照のこと。

(16) このパラグラフは、杉浦弘蔵が残した「ノート」に基づいている。犬塚（一九八七ｂ）には、「翻刻　杉浦弘蔵ノート」として採録されている。

(17) 『明治五年二月　官員録改』による。

(18) 『高木三郎翁小傳』四七頁による。高木の外務省九等出仕の件は、『明治五年五月　官員全書改（外務省）』にも記載がある。なお、外務省九等出仕は、外務権大録と同等の職位である。

(19) この大原令之助の辞令は、大久保（一九七六）一七二頁に採録されている。

(20) 『新島襄全集8』九二頁による。

(21) 厳（二〇〇八）三四頁による。

(22) 『森有禮全集　第二巻』八三頁には、森から名和宛の書状（明治二年七月九日付）が採録されている。

(23) 菅（二〇〇九）の「一八七〇年アメリカ人口センサス」に基づく調査による。

(24) 『新島襄全集8』六七頁及び一一〇頁による。

(25) 吉原（二〇一三）による。吉原（二〇一三）は、*The Yale Library Magazine*, Vol.36に基づいて一八七一年一一月、大原令之助が普仏戦争観戦武官・大山弥助（大山巌）に従ってヨーロッパに派遣されることになったことから大学を去ったものと判断しているのである。大原は、武官随行の後、フランクフルトで紙幣印刷に関する仕事もしたとされているので、明治五年二月（一八七二年三月）の「三等書記官」任命は、この直後ということになる。なお、吉原（二〇一三）の著者・吉原重和は、大原令之助（吉原重俊）の曽孫にあたる。

(26) この節は、『森有禮全集　第二巻』『新島襄全集8』『都史紀要8　商法講習所』『東北学院百年史』、吉野（一九七四）及び吉原（二〇一三）等を参考にして整理したものである。表記の複雑さを避けるために、直接に引用した箇所を除き、参考文献名・根拠となるページ等は、表記しない。

(27) 新島は、一八六八年七月頃から横浜のバラとも連絡を取り始める。さらにバラを経由して父・民治との手紙のやり取りをしている。明治七年二月、アンドーヴァー神学校卒業を控えた新島に対して横浜海岸教会は新島の牧師就任を要請するが、この連絡が新島には届かず、バラからこれを知らされ、謝絶している（『新島襄全集8』一一六―

一一九頁)。

(28) 明治四二年の『慶應義塾学報』の一四二、一四三号には「所謂基督教界の名士」と題する評論が掲載されている(『新井奥邃著作集 第八巻』四八八―五〇七頁に採録)。明治のキリスト者の人物評をテーマにしたものである。横井小楠の長男・横井時雄(同志社第三代社長を経て、当時、衆議院議員)が日糖疑獄事件で検挙されたことから、横井批判がこの評論中心であるが、それとともに青山学院の本多庸一批判が展開され、この比較で新島・押川の称賛がなされている。すなわち、「峻烈直ちに人の肺腑を刺す押川氏の雄弁」「而かも新島、押川諸氏が、よく短時日の間に、忘る可かざる深き印象を学徒の胸憶に刻し得たるに反し、本多氏は」「氏には、新島氏の熱誠なく、押川氏の修養なし」「押川方義氏は今の基督教界にはあまり大き過ぎる人物なり」である。一般に、押川の評価は、東北学院院長を辞した後、衆議院議員(愛媛県選出)に当選したほか、キリスト教棄教の噂等もあって、批判者と擁護者の二極に分かれるが、この評論では、「氏が耶蘇を廃業して実業界入りしは、適人適所を得たるものなり」である。

(29) 学校設立をめぐる対立に関しては、髙橋(二〇一七)も参照のこと。

(30) 仙台での男子普通教育のための学校の設立に挫折した押川は、山形にこれを求め、県当局の支援を受けて、山形英学校の設立に尽力する。明治二〇年一一月、山形英学校が開校し、押川は校長に就任する(『東北学院百年史』三一六―三二三頁)。森有禮は、明治一八年四月から学事巡視を実施したが、文部大臣就任後も、国民への教育の啓蒙と教育の普及を目的としてこれを継続し、最後が明治二一年一一月の山形・福島の学事巡視であった(鎌田(二〇一〇))。日時は不明だが、その一環として山形英学校も視察している。視察先のどの学校でも、生徒を門外に整列させて出迎えるが、山形英学校には視察の事前連絡がなく、通常通りに授業を行っていたことから、森文部大臣が「不快の顔色を呈し」、押川を詰問したことから、両者の言い争いの寸前となったところで、同行の知事が間に入ったとのエピソードも残されている(川合(一九九一)六八―七一頁に採録された山形英学校教頭松村介石の手記による)。もしこのエピソードが真実だとすれば、森の頭の中に、宮城英学校設立をめぐる富田・新島 vs. 押川の影響が残っていたことによるためかもしれない。

第Ⅳ部　その後の富田鐵之助——副領事就任と結婚と商法講習所

はじめに

慶応三（一八六七）年七月二五日、勝海舟の長男・小鹿《ころく》のアメリカ留学の監督・同行者として、高木三郎とともに横浜を出帆した富田鐵之助は、戊辰戦争時に一時帰国を余儀なくされるものの、明治二年からは、海舟の尽力により明治政府からの学資給付を受け、アメリカでの勉学に励む（詳細については、第Ⅰ部～第Ⅲ部を参照のこと）。富田のアメリカ留学も、明治五（一八七二）年二月、特命全権大使よりニューヨーク在留の領事心得に任じられることで終わり、官途に就く。翌六年二月二〇日には、「副領事（ニューヨーク）」に任じられ、同年六月二五日には「正七位」に叙される。明治七（一八七四）年七月には、六年ぶりに「賜暇《しか》帰朝」する。賜暇帰朝中に、仙台の祖先の墓参や士族籍から平民籍への変更を行い、また、一一月にニューヨーク副領事として再度渡米するまでの間、外務省の「遣外領事館章程取調」を命じられ、その任にもあたっているが、最大の出来事は、杉田縫《ぬい》との結婚であった。

この結婚は、おそらく日本で初めての婚姻契約に基づく結婚であると思われる。婚姻契約による結婚としては、明治八年二月六日の森有禮と廣瀬常との結婚がよく知られているが、これは、明治七年一〇月四日の富田鐵之助・杉田縫、明治七年一〇月二四日の高木三郎・高島須磨に次ぐものであった（吉野（一九七四）三九頁）。

この三人が、アメリカの公使館・領事館での職務経験を経ての婚姻契約による結婚であることから、第1章では、まず、当時のアメリカの辨務使館（公使館）・領事館の状況について説明する。これに続く第2章は、富田らに関する海舟日記を紹介する。

第3章は、富田と森の婚姻契約書の内容の違いについて検討するとともに、新郎新婦について紹介する。勝海舟の氷解塾《ひょうかい》入門以前の富田のプロフィールについては、これまでまったく述べてこなかったので、ここで補足・紹介する。より重要なことは、富田鐵之助は、杉田玄白の曽孫である杉田縫との結婚によって人的ネットワークを広げている点である。吉野（一九七四）は、「富田鐵之助の一生において、彼に多くの影響を与えた人達は少なくないが、その中で終生師と仰いだ勝海舟を別とすると、福澤諭吉・森有禮・新島襄などは特筆されなければならない重要性をもっている」（三〇二頁）としているが、杉田家系の杉田成卿《せいけい》（縫の父）、杉田玄端《げんたん》、杉田廉卿《れんきょう》らは、いずれも福澤諭吉と関係があり、さらに、玄端は勝海舟との、杉田廉卿は新島襄との関係も深かったのである。

富田鐵之助は、新婚の縫を東京に残したまま、ニューヨークに帰任するが、翌明治八年には、商法講習所（一橋大学の前身）の教師としてウィリアム・C・ホイットニーが来日する。ホイットニーは富田鐵之助が留学したビジネス・カレッジの校長であり、また、その校長宅が富田の下宿先であった関係から、縫がこの一家の世話をしているのである。第4章では、この縫の働きぶりと、商法講習所設立をめぐる海舟の役割について紹介する。

第1章　ニューヨーク領事館とワシントン公使館

1　外務省職制と官員録

森有禮は少辨務使から代理公使に、富田鐵之助は副領事に、また、富田や勝小鹿とともに渡米した高木三郎は外務省九等出仕（公使館書記の後にサンフランシスコ副領事）となるが、当時の外交官の地位は現在よりも高かった。彼らの職務上の役割を理解する上でも、また、外務省内でも外交官職位を知る上からも、外務省職制・官員を理解することが手助けとなるので、これについて簡単に整理することから始めよう。

第1表は、明治五年一月の太政官布告第一六号や同年一〇月の太政官布告第三〇八・三二六号の「官等表」から外務省関係を抜粋し整理したものである（太政官布告は『法令全書 明治五年』に採録）。「卿・大輔〜少録・権少録」までのラインは、他の省とも共通である。卿・大輔・少輔は「勅任官」であり、現在でいえば、卿は大臣、大輔・少輔は次官の職位に相当する。大丞・少丞や六等・七等出仕は「奏任官」で、現在の局部長や課長の職位に相当する(1)。大録や八等出仕以下は「判任官」で、現在の一般職員に相当する。明治五年には、在外公館勤務となる「一等書記官〜三等書記官や一等書記生〜八等書記生」の職位が設けられた。その「官等」は、明治五年一〇月の太政官布告によって定められたものである。

第１表　外務省職制（明治５年）

項目		明治５年１月		明治５年10月		（参考）	明治２年７月	明治３年閏10月
任官区分	官等	職制	在外公館	職制	在外公館	叙任	職制	在外公館
勅任官	一等	卿		卿		正三位	卿	
	二等	大輔	大辨務使	大輔	特命全権公使	従三位	大輔	大辨務使
	三等	少輔	中辨務使	少輔	辨理公使	正四位	少輔	中辨務使
奏任官	四等	大丞	少辨務使	大丞	代理公使	従四位	大丞	少辨務使
						正五位	権大丞	
	五等	少丞	総領事	少丞	総領事	従五位	少丞	大記
					一等書記官			
	六等	大記	領事		領事	正六位	権少丞	権大記
					二等書記官	従六位	大訳官	
	七等	少記	副領事		副領事	正七位	大録・中訳官	少記
					三等書記官			
判任官	八等	大録	代領事	大録	一等書記生			
	九等	権大録		権大録	二等書記生	従七位	権大録・少訳官	権少記
	十等	中録		中録	三等書記生			
	十一等	権中録		権中録	四等書記生			
	十二等	少録		少録	五等書記生	正八位	少録	
	十三等	権少録		権少録	六等書記生	従八位	権少録	
	十四等				七等書記生	正九位	史生	
	十五等				八等書記生	従九位	省掌	
備考		代領事は、明治６年２月廃止		外務省本省勤務でも、一等書記官～三等書記官として発令されるケースがある。		各省の「寮」の「頭」は、「正五位」「権頭」は、「従五位」「助」は、「正六位」である。		
資料出所		『法令全書 明治５年』				『法令全書 明治２年』『法令全書 明治３年』		

これに先立ち明治四年一一月に派遣された岩倉使節団の随員（各省の少丞・大記・少記クラス）にも一等書記官〜五等書記官の肩書も付与されていた。岩倉使節団随行の一等書記官は四等官、二等書記官は五等官、等々とされ、こちらのほうがワンランク上の位置づけになっている（『太政類典 第二編』第一八巻、件名番号一〇〇）。なお、岩倉使節団の理事官随行にも一等書記官・二等書記官等の肩書が付与されたが、こちらは「本官の等級タルヘキ事」であった。第Ⅲ部でも言及したように、在米中に岩倉使節団随行を命じられた畠山義成や吉原重俊は、三等書記官として、また、新島襄は、三等書記官心得としての任用であった。

第2表は、外務省官員録・職員録を整理したものである、すなわち、当時の外務省の幹部職員（勅任官・奏任官名簿、本省幹部職員は「大丞」以上を記載）である。外交官の派遣は、明治三年閏一〇月の少辨務使の鮫島尚信（イギリス・フランス・プロシア）と森有禮（アメリカ）から始まる。明治五年四月には外務大輔・寺島宗則が大辨務使（イギリス）に任ぜられ、外交官は、寺島・鮫島・森の三人体制となり、これが明治六年初めまで続く。領事部門は、明治五年初めの領事心得・富田鐵之助（ニューヨーク）や代領事・品川忠道（上海）の任用から始まっている。明治七年には、欧米主要国と清国に公使館・領事館が置かれ、現在の日本外交の基礎が築かれている。当初、外務省中枢は、旧佐賀藩・旧薩摩藩出身者で占められていたが、この明治六、七年頃からは、他省と同様に政治的マターに関係しない実務的な部署から次第に出身藩によらない人材登用が始まる。富田鐵之助の副領事任用も広い意味ではこの一環であった。

第2表の第3欄は、『官員録 明治七年 毎月改正』（明治七年一〇月発行）に掲載された「特命全権公使」に関して、次に述べるいくつかの点を考慮して整理したものである。[2] 明治六年一一月に、特命全権公使が、一等特命全権公使（月俸二等官）と二等特命全権公使（月俸三等官）とに区分されることになり、鮫島尚信と河瀬真孝《まさたか》が辨理公使から二等特命全権公使へ昇格し、翌年一月には榎本武揚が一等特命全権公使に任ぜられている。さらに、二月には柳《やなぎ》原前光《わらさきみつ》も代理公使から二等特命全権公使へ昇格している。しかしながら、一二月五日には、「従前ノ例規ニヨリ不

第２表　外務省官員録

			明治５年５月	明治６年１月	明治７年10月
任官区分	官等	職制			
勅任官	一等	卿	副島種臣	副島種臣	寺島宗則
	二等	大輔	（欠員）	（欠員）	（欠員）
	三等	少輔	山口尚芳 （岩倉使節団副使）	山口尚芳 （岩倉使節団副使） 上野景範	山口尚芳 上野景範
奏任官	四等	大丞	柳原前光 宋重正	柳原前光 宮本小一 花房義質	宋重正 森有禮 宮本小一 花房義質
勅任官	二等	大辨務使	寺島宗則　イギリス		
		特命全権公使		寺島宗則　イギリス	榎本武揚　ロシア
	三等	中辨務使	（欠員）		
		特命全権公使			柳原前光　清 鮫島尚信　フランス 河瀬真孝　オーストリア・イタリア 〈明治７年９月発令〉 上野景範　イギリス 吉田清成　アメリカ
		辨理公使		鮫島尚信　フランス・ドイツ	佐野常民　ウィーン万国博覧会担当
奏任官	四等	少辨務使	柳原前光　日清修好条規担当 鮫島尚信　フランス・ドイツ 森有禮　アメリカ		
		代理公使		森有禮　アメリカ	青木周三　ドイツ
	五等	総領事	（欠員）	中山譲治　ベネチア 井田譲　福州（厦門）	中山譲治　領事館廃止（病気療養中）
	六等	領事	（欠員）	品川忠道　上海	品川忠道　上海 福島九成　厦門 中村博愛　マルセイユ
	七等	副領事	（欠員）	林道三郎　香港	富田鐵之助　ニューヨーク 高木三郎　サンフランシスコ
判任官	八等	代領事	品川忠道　上海		
	九等			高木三郎　アメリカ	
奏任官	五等	一等書記官		田辺太一ほか１名	花房義質ほか４名
	六等	二等書記官		矢野次郎	矢野次郎ほか３名
	七等	三等書記官		長田銈太郎ほか４名	長田銈太郎ほか６名
備考			柳原前光は、大丞・少辨務使（兼務）	(1)田辺太一は、少丞・一等書記官（兼務） (2)領事心得・富田鐵之助は、記載なし	(1)榎本武揚は、海軍中将で全権公使任官 (2)福島九成は、陸軍少佐で領事（兼務） (3)花房義質は、大丞・一等書記官（兼務） (4)富田鐵之助は、富田鉄太郎と表記されている。 (5)代領事は、明治６年２月廃止
資料出所			『職員録・明治５年５月官員全書改』	『職員録・明治６年１月袖珍官員録改』	『官員録 明治７年 毎月改正』ほか

都合ノ儀モ無之ノ付」として、二等特命全権公使・河瀬真孝のイタリア在勤に対する「国書」では、「一等」「二等」を区別することなく、従来の「特命全権公使」の名称が使われている。また、柳原前光の清国在勤は、外交的には「台湾出兵」への対応であり、明治七年二月一二日に、大丞（四等官）から代理公使（四等官）へ転じた後、一週間後の同月二〇日には二等特命全権公使（三等官）に昇格している。柳原前光手記の『輒誌 明治七年』では、二月二二日条では「任二等特命全権公使」であるが、三月八日条では、一等・二等の別の廃止にともない、二月二二日付で「特命全権公使」柳原前光に対して「三等官月俸下賜候事」の辞令が出されたことを記している。さらに三月一二日条では、外務卿からの連絡として「等昨冬分置一二等故二等特命全權公使爲三等官前日止之廢区別故更爲三等官」とはあるが、『職務進退・叙任録』や『諸官進退・諸官進退状』からは確認がとれないことから、柳原前光については「三等官」とした。さらに『官員録 明治七年 毎月改正』には、上野景範（イギリス）と吉田清成（アメリカ）の記載はないが、同年九月、ともに特命全権公使に任じられ、「三等官月俸下賜」と記載されていることから、第2表では「三等官」欄に記載した。最後に、佐野常民《つねたみ》は、明治六年一月二〇日にウィーン万国博覧会担当を、また、同月三〇日に辨理公使（オーストリア・イタリア在勤）に任じられているが、河瀬真孝の特命全権公使任命とともに、公使の権限は河瀬に移譲されていく。

2　富田鐵之助と高木三郎の外務省採用

すでに第Ⅲ部で述べたように、明治五年二月、富田鐵之助・高木三郎はじめ一二名が、アメリカに到着した特命全権使節から「官費留学規則取調」に任じられ、さらに、富田鐵之助は、特命全権大使から「ニューヨーク領事心得」に、また、高木三郎も、外務省九等出仕に任じられている。富田鐵之助と高木三郎の外務省採用は、これまでの二人の留学の経緯や留学先からすればやや意外であることから、アメリカの辨務使館（公使館）・領事館の状況説明に入る前に、この経緯を紹介する。

富田の領事心得・高木の外務省九等出仕の発令に先立って、明治四年七月八日、「海外留学生採用ノ為歸朝セン〆ヲ請フ」という上申書が大学から太政官宛に出されている（『太政類典 第一編』第一一九巻、件名番号〇八二）。すなわち、維新前後に欧米へ留学した者たちが着々と成果を上げているが、日本国内では学校のみならず官省でも洋学者（欧米事情に精通した者）の採用に支障が出ているので、辨務使に連絡して、留学生の帰朝を促してほしい旨の上申書である。この上申書には、一六名（イギリス留学生一一名、アメリカ留学生三名、ロシア・フランス留学生各一名）の名前が記載されていた。アメリカ留学生は、勝小鹿、高木三郎、富田鐵之助の三名であった。この上申書では、一六名のうち一〇名程度は帰国させたいが帰国旅費の件もあることから、大蔵省とも打ち合わせの上、森辨務使にも連絡していただきたい旨も述べられているのである。

これを受けて大蔵省も、有為な留学生を積極的に採用する方針を固める。具体的にいえば、八月には富田鐵之助と高木三郎を採用することを決め、太政官の承認をとり、外務省とも打ち合わせの上、森辨務使へ連絡する段取りを整えたのである。大蔵省がこの二人に着目した経緯は不明であるが、慶応四年から一年間ほど富田・高木とほぼ同じ場所（ニュージャージー州ニューブランズウィックのチャーチ・ストリート）に住まいし、二人の見識・人格等を十分に把握していた吉田清成が、明治四年二月に大蔵省に入り、五月に大蔵少丞、七月に租税権頭とスピード出世していたこととも関連があるかもしれない。

この大蔵省の動きとは別に、森は、「公使館内事務其外重大ニ渉且館用ノ外留學生會計等多端ニ付」として、七月頃から「元大泉藩ノ者ニテ當時静岡縣士族勝安房家従」の高木三郎を「一時雇い」にして公使館の会計事務を担当させる。(3) 外務省では、この件が公使館の決算書作成にも関係するとして、正式に高木雇い入れの伺（太政官の控え文書なので伺い日の記載なし）を出し、明治四年一二月二日には、太政官正院の承認をとる。正院がこれを大蔵省に伝えたところ、大蔵省は、高木の一時雇いの件は承知したが、上述のように富田と高木の採用を考えているので、

「兩人共早々歸朝相成候様尚外務省へ御達相成度此段御囬答申進候也」と申し立てたのである。

翌明治五年二月、井上馨大蔵大輔は、アメリカ派遣の吉田清成大蔵少輔との打ち合わせにおいて、

一　留学生徒之内本省へ撰任すべき人物有之候はゝ、御銓撰被成、其長所と品等とを略記し御差遣有之度事。但高木・富田両人は森弁務使へ御催促之上御遣し有之度候事

との廉書（明治五年二月一四日）を書き、大蔵省採用の人選を吉田に委ねているのである（『吉田清成関係文書五　書類篇1』二一九―二二三頁）。さらに、井上と吉田の間では、高木・富田を大蔵省で採用するとの既定方針に従い、森辨務使にこれを催促することを確認していたのである。

しかしながら、こうした大蔵省の採用方針にもかかわらず、吉田のアメリカ到着前に、外務省が二人を採用することで決着する。すなわち、森は、（岩倉使節団副使の大久保利通と伊藤博文は一時帰国中であったことから）大使・岩倉具視、副使・木戸孝允、副使・山口尚芳（外務少輔）の承認を得ることにより、富田と高木を外務省採用としたのであった。

『公文録・明治五年』第五巻（外務省伺、件名番号〇一一）の「米国留学生高木三郎外一人採用伺」には、二人の採用に関する多くの文書・書簡等が添付されている。冒頭の文書（明治五年一月五日付の外務省から太政官正院宛）は、高木三郎と富田鐵之助には（政府の）御用のために早々に帰朝をするように下命があったが、この度、森少辨務使から別紙を送付してきたので太政官のご沙汰をいただきたい旨の伺い書である。添付された文書・書簡等は、記載時期が異なり齟齬も見られるが、整理すると次のようになるであろう。

(1)　森は、これまで名和道一《どういち》に公使館の記録・会計を担当させてきたが、高木三郎が渡米して五年ほど商法学を学んだことから、高木に公使館の会計を担当させ、名和には、民政に関する調査と留学中の華頂宮の世話

を担当させたいと考えていたこと（冒頭文書に添付された別紙（九月八日付の森書簡の抜粋））

(2)（森に随行して公使館を立ち上げた）外山正一《とやままさかず》権大録と名和道一中録が辞職を申し出ていること(4)

(3)名和は、「我愚ヲ追悔シ晩年ナカラ語學等ニ打立候際ニテ元ヨリ壮年日進ノ輩トハ日ヲ同シク論ズベカラス候ドモ少シナリトモ其効ヲ得他日國家ノ一助ニ供シ度」としてアメリカでの勉学を願い、「何卒當職被免候様奉願候」と辞職を申し出ていること（明治四年九月の名和から森宛の辞職願）

(4)高木には、八か月ほどワシントンの公使館において「一時雇い」の形で「会計事務」を担当させてきたが、今や公使館は、高木なしには立ちいかない状況になっていること

(5)こうした事情から、高木は、正規の公使館要員として採用したいこと（一一月七日付の外務省宛森書簡の抜粋）

(6)富田は、帰朝にあたり、駅逓規則等の調査等を希望しているので、この旨を外務省から関係部局へ連絡してもらいたいこと（一一月七日付の外務省宛森書簡の抜粋）

このように整理すると、外務省から太政官正院宛「採用伺」の主旨は、外山と名和から辞職申し出があったことから、高木を公使館・正規職員として採用したい旨の伺いと富田から提出された願い書の伝達ということになろう。ところで上の(6)の「森書簡の抜粋」には、明治四年一〇月、「米國留学生富田鐵之助」から「森少辨務使」に出された願い書が添付されていたのである。森から富田宛書簡（一八七一年七月一日（明治四年五月一四日）付）が示すように、二人は一八七一年の早い時期には交流があったと思われるが、この一〇月の願い書はこうした交流の中で出されたものであった。その主旨は、「維新後に日本では種々の制度変革があったが、自分としては「書状運送ノ法則（方法）」を立ち上げることでお役に立ちたいと思っているので、アメリカのポスタルシステム（postal system）を学び、伝習（郵便の実務経験）をしたいと考えている、ついては、この件をアメリカ政府に依頼してほし

い」であり、さらに「先に帰朝すべき旨を伝えられたが、まだ商法学校に在学中で、また修業年限に達していなかったことから、ここで商業、金銭出納、庶務関連等の勉強を止めると、知識も中途半端になり、政府のお役に立てなくなると考えて、帰朝の延期を願い出ていた」であった。

富田は、八月には大蔵省が富田を採用する方針を固めたことを知らずに、森宛にこの願い書を出したと思われるが、この段階での森の判断は、帰朝して「驛遞規則等取締罷歸リ候ヘハ幾何ノ御國益ニ可相成ト奉存候間此段其筋へ御申入可被下候」（一一月七日の外務省宛森書簡）であった。明治四年には、富田と同じ天保六（一八三五）年生まれの前島密の手によって近代郵便制度の整備が進められていたのである。

『公文録・明治五年』第五巻（外務省伺、件名番号〇一一）には、上で整理し紹介した文書等の後に、明治五年四月二四日付の外務省から太政官史官宛文書（森少辨務使が外務省へ伝達した採用辞令の内容とこれに関する採用推薦状）が採録されている。この文書が、件名番号〇一一の全体の結論である。その内容は、高木三郎を外務省九等出仕に採用し辨務使館書記とすること、富田鐵之助をニューヨーク領事心得とすることであり、太政官正院宛「採用伺」にもかかわらず、「右ノ通壬申二月十六日ヲ以米少辨務使ヨリ申越候ニ付御届候」であった。これに添付された高木三郎の採用推薦状（明治五年二月一四日付）は、森少辨務使からワシントン滞在中の使節団の「大使岩倉、副使木戸、同山口　諸公閣下」に宛てたものであり、その主旨は、「公使館会計事務が増えている中、外山正一・権大録や名和道一・中録が辞職を申し出ているので、高木三郎を「権大録」として採用し、会計事務にあたらせる」というものであった。この推薦状では、「別紙に記載」としてニューヨーク領事館にも言及しているが、なぜか別紙は、件名番号〇一一には採録されていない。

四月二四日付文書を受理しこれを承認した太政官史官は、四月二八日、外務省に対して大蔵省との連絡を促す文書（四月二八日付）を出すとともに、文部省に対して森少辨務使が連絡してきた採用辞令の内容を伝えているのである。

『太政類典 第二編』第八三巻（外国交際二六・公使領事差遣一）の「（件名番号〇七一）高木三郎外一名ヲ弁務使館ニ任用」にも、上で紹介した『公文録・明治五年』第五巻（外務省伺、件名番号〇一一）と基本的には同じ文書等が採録されているが、「海軍省申立」が付けられている点が異なっている（この文書に日付の記載はないが、一つ前の外務省宛文書は四月二八日付である）。この海軍省申立の主旨は、「高木と富田が「海軍志願ノ趣」のアメリカ留学生であることから、帰朝の際に申し出があれば「海軍生徒」を申し付けるところであるが、在米中に方向転換し、弁務使書記勤務の届け出をしたので海軍省としてこれを承認した。ついては、二人が海軍省管轄から外れることを承認していただきたい」ということであった。

海軍省は、留学生を総括する文部省からの明治五年五月の問い合わせに対して、太政官史官から連絡を受けたことを踏まえ、富田・高木については「右云々ノ義有之當五月十五日ヨリ正院へ申立之上當有管轄相除」旨の回答を行っているのである。第Ⅱ部で言及したように、富田・高木は、アメリカ留学中に六〇〇ドルの学資給付を受けることになったが、それ以降の公文書の記録を追うと、富田・高木の留学目的が、何らかの理由で（アメリカ海軍兵学校留学生ではなかったが）海軍修業になったために、主管省が「外務省」から「兵部省」「海軍省」に変更されており、明治五年の段階では、「海軍省」主管の留学生であった。富田・高木は、公的にも勝海舟家従という位置だったことから、この主管省の変更は、明治政府での海舟の役職と連動している可能性も高い。この五月九日には、その海舟が（現在の次官にあたる）海軍大輔に任じられたこともあり、二人に対する海軍省のクレームも解消される。

富田・高木をめぐる状況は、上述のようなものであったが、公式には「右ノ通壬申二月十六日ヲ以米少辨務使ヨリ申越候ニ付御届候」から確認できるように、明治五年二月一六日、富田鐵之助はニューヨーク領事心得に、また、高木三郎は外務省九等出仕（辨務使館書記）に任命されたのである。『高木三郎翁小傳』では、「米國在留辨務使館書記に任命せられ外務省九等出仕申付けられしは明治五年二月十六日三十二歳の春にして故森有禮氏代理公使たりし時代となす」として、任命日を正しく明治五年二月一六日としている。『東京府知事履歴書（富田鐵之助履歴）』では、富田の領事心得の任命日を明治五年二月二日としているが、上述の諸々の状況を勘案すると、正しくは明治五年二月一六日であると思われる。

3　森有禮の帰朝

日本外交の海外での展開は、明治三年閏一〇月の少辨務使・鮫島尚信と少辨務使・森有禮の派遣から始まる。森は、アメリカ着任後、日米外交それ自体というよりも、より広義の文化交流の推進や教育制度の調査研究に力を注ぐ（犬塚（一九八六ａ）一二六―一三七頁）。前者は、アメリカ農務長官ホーレス・ケプロンの日本招聘、国立博物館（スミソニアン博物館）初代理事のジョセフ・ヘンリーや当時のアメリカ有数の文化人チャールス・ランマンらとの交流である。後者については、日本の国家興隆の基本は新しい教育制度にあるとして、日本の実情に合わせた教育制度の導入という考え方にたどり着く。

明治五年一月、岩倉使節団がワシントンに到着する。条約改正、すなわち、欧米諸国との修好通商条約の改正（領事裁判権の撤廃・条約関連条文に明記された日本の関税条項の削除等）の予備交渉を目的とした米欧訪問であったが、アメリカ各地の友好歓迎ムードから、日本側が本格的な条約改正に方針を変更することになる。この方針変更の推進役は、森少辨務使と使節団副使・伊藤博文であった。これに対して、アメリカ側のハードルは高く、使節団に対して全権委任状を求めたことから、伊藤博文・大久保利通の両副使が、これを日本に取りに戻る事態となり、交渉そのものも行き詰まる。

副使・木戸孝允は、「余等伊藤或は森辨務使等の粗外國事情に通せしに託し匆卒其言に随ひ天皇陛下之勅旨を……實に余等の一罪也」（二月一八日の日記）として、外交事情に精通した伊藤や森に従って条約改正交渉に臨んだ

ことの責任を痛感する。森は、こうした使節団との軋轢から少辨務使辞職願を書き、大久保らに託す。(5)

この辞職願は、形式的には天皇宛（別紙）であり、これに副島外務卿宛の表書き（明治五年壬申二月）が付されている。別紙には「米國在留日本少辨務使従五位森有禮恭シク辭職ノ表ヲ天皇陛下ニ進ル」のタイトルが付けられているが、この別紙の本文では、「幼齢不肖ノ身」での少辨務使任用を感謝した後、「自ラ不能ヲ」承知しながら「心脳ノ全力」を尽くしてきたが、自分のような「不練ノ少齢」の者ではなく「一大臣」を撰んでアメリカに「留官」してほしい旨を述べられ、別紙の末尾は、「陛下右ノ情状ヲ洞察シ……今日ヨリ六ケ月乃チ當年七月ヲ期トシ臣ヵ解任ヲ允シ玉ハンコトヲ拜顔ス」と結ばれている。条約改正交渉の進展度合いを見て、半年後の七月解任を望んでいたのである。期日を明示した辞職願は考えられることではあるが、現代的視点から見れば、形式的とはいえ、天皇宛文書の中での期限を区切っての辞職願には驚かされる。

第Ⅲ部では、森と同じく薩摩藩第一次留学生の吉田清成・大蔵少輔も大蔵省理事官として岩倉使節団に後から加わることになったことを紹介したが、その吉田清成も、明治五年四月八日にワシントンに到着する（『木戸孝允日記二』一七四頁及び犬塚（一九八六ａ）一四八頁）。吉田清成は、「カリフォルニア銀行との間で取り決めた二分判精錬の清算方法」「アメリカでの公債発行条件」等について井上馨・大蔵大輔との間で「吉田清成宛米国派遣に際しての廉書（明治五年二月一四日）」の形で打ち合わせをした上で渡米し、ワシントンに到着したのである。この廉書には

一　今般目途之公債は何れ米金貨にて借入候筈には候得共、価位と都合とを謀り可成丈金地金にいたし品位適当なることは勿論之事輸送有之度事。……

一　公債之年限は六ヶ年間利足払のみ、七ヶ年目より七八ヶ年又は十ヶ年位之割済にいたし度候事。……

と記載されているように（『吉田清成関係文書五　書類篇1』二一九―二二三頁）、大蔵省首脳の井上と吉田は、アメリ

カでの楽観的な公債発行を予想していたのである。ところが、「森は、あらゆる手段を弄して、吉田の起債活動を妨害した」のである（犬塚（一九八六a）一四八頁）。この公債発行の目的は、華士族の秩禄買い上げ資金や鉱山・鉄道等の殖産資金を得るためであったが、森は、留守政府の秩禄処分案（華士族秩禄の三分の一削減と残余の禄券交付）を批判し、秩禄資金を外国債で賄うことに反対したのであった。

『木戸孝允日記二』によれば、吉田清成が到着した夜に渡米の主意説明がなされ（四月八日条）、早速アクションを起こすが（同一五日条）、吉田と森の議論が決着せず「内外齟齬」するようになる（同一七日条）。そして、「吉田少輔より書翰到来彌一手渡歐に決せしよし　森内外を不關國債一條に付新聞を出し不都合不少」である（五月三日条）。

こうして吉田は、森の妨害によってアメリカでの起債をあきらめ、五月にはイギリスに向かうが、最終的にまとまるのは、翌明治六年一月のことであった（『公文録・明治六年』第九三巻（明治六年四月・外務省伺録）、件名番号〇〇九）。すなわち、外務省大少丞から太政官史官宛文書（明治六年四月一四日付）には、「先般為公債派出相成候吉田大蔵少輔儀英國へ着後追々其筋へ探索及ヒ終ニ廉利借入ノ儀都合相成候旨英國公使館ヨリ別紙寫ノ通リ申越……」とあり、その別紙には「一昨年春頃ヨリ公債ノ為吉田大蔵少輔御發遣相成米國ニテハ右ノ都合不相調候ニ付當國ニテ同人其筋へ廉利借入ノ都合探索ニ及漸正月十三日公使調印渡ニテ……」と記載されているのである。利息は、「各國ニテ信用ヲ得ル國ニ非サレハ如此廉利ニテハ難借入由世評有之候」であった。

この件に関して、『公文別録・太政官』第五巻には、「（件名番号〇六九）日本及各国公債比較表」が採録されている。大蔵省・外国人雇いウィリアムが作成した公債比較表に、渋澤栄一・正五位の表書き（明治六年三月四日付、太政官正院宛）が付けられたものである。公債比較表を記載した文書の前文には、吉田大蔵少輔が一八七三年一月に七分の利息で公債を約定したことを電信で連絡してきた旨も述べられている。

第3表の「上欄」は、この公債比較表の原データを「参考欄」の形式に合わせて整理し直したものである。「参

第３表　公債比較表

	クーポン	発行価格	発行金利	発行額
	(%)		(%)	(百万ドル)
日本	7.0	92.5	7.56756	10.0
エジプト	7.0	91.666	7.63636	317.0
ロシア	4.75	86.87	5.46762	240.0
フランス	5.333	84.0	6.34881	100.5
ブラジル	5.0	81.5	6.13497	49.8
イタリア	5.2	75.42	6.89472	641.0
トルコ	6.0	66.5	9.02255	139.6
スペイン	4.5	55.5	8.10810	116.5
	クーポン	発行価格	発行金利	発行額
(参考)	(%)		(%)	(百万ポンド)
アメリカ	5.0	102.375	4.9	60.0
アルゼンチン	6.0	89.5	6.7	2.0
チリ	5.0	94.0	5.3	2.0
ハンガリー	5.0	80.0	6.3	5.0
資料出所	上段：『公文別録・太政官』第５巻、件名番号 069 参考欄：富田（2005）の 1873 年データ			

考欄」の公債は、一八七三年発行のものであるが、「上欄」は、一八六一～一八七三年と発行年にバラツキがある。「発行金利」については、公債の償還条件が不明であることから、永久債とみなして「クーポン÷発行価格」を計算し、これを原データと比較したところ、小数点四位以下に差異が出る程度であったので、「発行金利」欄には、原データをそのまま計上した。

この公債は、一八七〇（明治三）年の外債発行（一〇〇万ポンド、償還期間一三年、年利九%、担保・関税収入）に次ぐ二番目の外債発行であったが、日本人の手による初めての国際市場（ロンドン市場）での起債であった。この外債は、実際には（第3表の表記とは異なり）ポンド建てで「二四〇万ポンド（一一七一万円）」が発行され、発行条件は、償還期間二五年、発行価格は額面の九二・五%、年利七%、利払いは半年ごと、元金支払いは二年半後から開始、担保は米であった（富田（二〇〇五））。第３表の発行金利を見ると、スペインやトルコよりも低く、ほぼエジプト並みであったが、これ以外の国と比較すればはるかに高かったのである。一八七六年には、トルコとエジプトがデフォルトに陥ったとされることから

（富田（二〇〇五））、日本は、国際金融市場からデフォルト寸前の国とみなされ、高い信用プレミアムを支払うことを余儀なくされていたのである。ちなみに、当時、最も信用力が高かった「三％ソブリン公債（イギリス）」の金利は、三・二〇～三・二七％で推移していたのである。

吉田がアメリカで起債に失敗した原因は、森による妨害活動がすべてではない。はじめのバンク・オブ・カリフォルニアとの交渉では、公債発行額を一〇〇万ドルまでに限定とすれば約定は可能であったが、渡米目的の一〇〇〇万ドルの資金調達のためには一二％の金利支払いを求められたのである。日本経済に対する信用力のなさから、アメリカでの巨額の資金調達にも、高い信用プレミアムを必要としたのである。吉田清成の手による、いわゆる「七分利付外債」については、これ以外にも財政学・日本経済史の観点から分析検討すべき点が多く残されているが、これ以上、立ち入ることはしないで、本論に戻ろう。

話を前年に戻すと、岩倉使節団との不協和・森の辞職願の提出の経緯や吉田清成・大蔵少輔に対する職務妨害の詳細が外務省に伝わっていなかったためか、明治五年四月一八日、森有禮は、中辨務使に昇格する。(6)もっとも、四月二五日に外務大輔・寺島宗則が大辨務使（イギリス）に任ぜられ、五月三日には少辨務使・鮫島尚信も中辨務使（フランス・ドイツ）に昇格していたことからすれば、これらの人事は、外務省内の通常人事の一環であったかもしれない。ところが、一〇月一四日には、大中少辨務使・大少記等が廃止され特命全権公使・辨理公使・代理公使等が置かれたことにともない、大辨務使の寺島宗則は「特命全権公使」に、中辨務使の鮫島尚信は「辨理公使」に横滑りするものの、森有禮は、少辨務使相当の「代理公使」とされ、事実上の降格処分であった。しかも、一週間後の一〇月一九日には、五月に大蔵少輔から外務省に転じた上野景範に対して「辨理公使（アメリカ）」の辞令が出される。同月二五日には、矢野次郎（二郎）も外務省に入省し（二等書記官）、上野景範に随行してのアメリカ勤務を命じられたのである。(7)

上野景範は、森よりも三歳年長ではあったが、文久三（一八六三）年、森が一七歳で英学を志したときの「師」

であり、「峻厳な師の礼をもって接した」のであった（犬塚（一九八六a）一四頁）。森の更迭人事としては絶妙な人事ではあったが、一か月後には、この人事が凍結される。すなわち、明治五年一一月一八日、外務卿・副島種臣が清国使節を命じられ、翌年二月二七日には特命全権大使に任じられ、三月九日には全権委任の権限を与えられる。明治四年に締結された日清修好条規の批准書交換と、明治七年の台湾出兵の発端となる宮古島島民漂流事件（明治四年一一月）を打開するためであった。外務省では、外務大輔・山口尚芳が岩倉使節団副使として訪欧中であったために、副島種臣の清国派遣により、現在の大臣・次官に相当する卿・大輔が長期に欠く事態となったのである。上野景範は、従僕一人を連れての渡米準備をしていたが、これを回避すべく、一一月二六日、辨理公使と同格（三等官）の外務少輔に任じられ、[8]外務省留守チームのトップになる（事実、後日、「外務卿代理」・外務少輔上野景範として太政官宛の伺い書を出すことになる）。これにともない、上野景範随行の二等書記官・矢野次郎の渡米も延期される。

明治五年七月の少辨務使解任を求めた森有禮であったが、こうした事情から引き続き「代理公使」を務めることになる。しかしながら、東京の詳細な事情をよく知らない森は、明治六年二月三日、外務卿宛に「一時帰国の許可願いと来月に日本に向けて出帆」の旨の電報を発信する。[9]他方、東京では日米郵便交換条約の最終段階に達していたことから、その交渉の場をアメリカに移すことを決め、森に対して、明治六年二月二二日、日米郵便交換条約締結の全権を付与する。ところが、この委任状がワシントンに届くのは四月中旬であったから、森は、（多分にこの委任状の件を知らずに、正式の許可がないまま）一時帰国を決断し、三月一七日、高木三郎にその間の代理公使「臨時代理」を委任する。すなわち、『公文録・明治六年』第九四巻、件名番号〇〇二では、「余森有禮一旦歸朝に付其間貴氏……臨時代理公使の職相任候公使館の公印を此に附し以て之を證とす」である。[10]これには別紙が付けられ、日米の外務省・公使館関係の事務等の委任事項が記載されている。森は、これに先立ち、一三日にはハミルトン国務長官宛に一時帰国と高木三郎の臨時代理を書面で伝え、翌日には同意を書面で得ていたのである（特命全権公使は、相手国の元首に対して信任状を提出するのに対して、代理公使の提出先は、相手国の外務大臣・国務長官である）。他方、日本国内では、こうした状況を記載した種々の文書（後述の日米郵便交換条約交渉にあたっていた駅逓寮外国人雇ブライアンからの電信文等を含む）に上野外務少輔が表書きを付けて太政官正院に提出し、五月八日に太政大臣の承認を得たのである。

ただし、この公式の職務命令は、（なぜか）前日の五月七日付である、すなわち、

五月七日　在米代理公使森有禮歸　朝中公館事務代理ヲ外務省九等出仕高木三郎ニ命ス

である（『太政類典　第二編』第八三巻、件名番号〇七七）。高木は、このようにして、公式にアメリカ公使館の「事務代理」を命じられる。なお、これに添付された外務省届の冒頭には、「森代理公使一時歸朝トシテ歐州へ向フ」とあり、森のヨーロッパ経由での帰国も、このときに初めて公式に承認されたのである。

森有禮は、こうして自分自身の一時帰国と高木の臨時代理についての事務的準備を終えると、公式の承認を待たずに、三月二九日、アメリカを立ちヨーロッパに向かう。[11] 岩倉使節団のヨーロッパでの交渉成果を自分自身で確認するとともに、ハーバード・スペンサーに会い、日本の諸制度の再組織化についての意見を聞くためであった（犬塚（一九八六ａ）一五八―一五九頁）。ヨーロッパには二か月ほど滞在した後、六月八日、岩倉使節団に先立って帰国する副使・木戸孝允とともに、マルセイユから帰国の途に着き、七月二三日に帰朝する。

帰国後の森は、「待命、処分待ちであったが」、明治六年一〇月、いわゆる「明治六年の政変」が起こり、「副島に代わって、寺島宗則が参議兼外務卿に就任したため、謹慎を免れ」（犬塚（一九八六ａ）一六五頁）、一二月一二日、代理公使と同格（四等官）の外務大丞にスライドしたのである。

4 「学制二編」と森有禮・富田鐵之助

すでに述べたように、富田鐵之助は、明治五年二月、特命全権大使よりニューヨーク在留の領事心得に任じられたが、その岩倉具視特命全権大使の一行も、七月三日（一八七二年八月六日）、ほぼ半年に及ぶアメリカ滞在を終えイギリスへ向かう。こうして、大使一行の接遇という最大の任務も無事に終わり、通常の領事活動が始まる。また、同じ明治五年二月、富田ら一二名が特命全権大使より「官費留学規則取締」に任じられたが、ほぼ半数が岩倉使節団と行動をともにすることになったことから、使節団の滞米中から「官費留学規則取締」の実質的運営・決定は、森・富田・高木らの公使館・領事館職員によって行われたと思われるのである。このときの経験を踏まえた富田のニューヨーク在留領事心得としての最大の業績は、森代理公使らとともに「学制二編」の条文化に寄与したことである。富田は、アメリカ留学生について彼らを監督する立場から常々意見をもち、かつ現場の視点から「米國留學生會計規則（案）」や「米國公費留學生證書の雛形（案）」を考えていたのである。森は、富田に留学生の取り扱いを指示する一方で、富田の考え方にコメントを付け、一〇月二一日、外務省へ書簡を送る。この富田や森の考え方が、翌年三月の「学制二編」に盛り込まれるのである。以下では、この経緯を述べる。

明治五年八月二日、「必ス邑ニ不學ノ戸ナク家ニ不學ノ人ナカラシメン事ヲ期ス」で知られる「学制（太政官第二一四号）」が公布され、近代的学校教育制度がスタートした。この「学制」は、一〇九章（条）から構成され、大別すると「大中小学区」「学校（小学・中学・大学）」「教員」「生徒及び試業」「海外留学生規則」「学費」の六項目が規定されている（『法令全書 明治五年』一四六―一七一頁）。

明治六年三月一八日には、「海外留学生規則」「神官僧侶学校」「学科卒業証書」に関する条文が追加され、「学制二編（文部省第三〇号）」として文部省から布達されているが、その中心は、「海外留学生規則」にあった（『法令全

書 明治六年』一四六一―一四七八頁)。まず、文部省は、この「海外留学生規則」を策定するにあたり、明治五年九月二五日、各国在留の辨務使に対して、「今般學制御確定ニ付海外留學生徒改正ノ儀正院ヘ申上ノ趣意ハ先便委曲申入置候處差向キ左ノ通處分可有之候」の書き出しで始まる一〇項目の依頼事項を記載した書簡を送る(『法令全書 明治五年』一三八八―一三八九頁)。

これに対して、寺島宗則・特命全権公使や森有禮・代理公使に加え、在英中の伊藤博文・岩倉使節団副使からも、意見や提案が寄せられる。すなわち、『公文録・明治六年』第五一巻の「(件名番号〇〇一)留学生学資輸送等ノ儀森代理公使協議」「(件名番号〇〇二)留学生ノ儀ニ付特命全権大副使寺島全権公使合議草案」「(件名番号〇〇三)留学生ノ儀ニ付伊藤副使并倫敦博士チヤルレスグラハム建議」及び「(件名番号〇〇四)生徒帰朝御達ニ付森代理公使意見」がこれである。これらの提出の日付は、いずれも明治五年一〇月下旬、もしくは一一月上旬であるが、イギリス関連の草案等は、正院や参議・文部卿に「直接に」提出されているのに対して、アメリカ関連の意見等(「件名番号〇〇二」のニューヨーク領事心得富田鐵之助の意見・提案等を含む)は、いったん外務省に送付された後に、翌明治六年二月に、改めて外務省(外務卿)から正院を経て文部省に伝えられているのである。

文部省では、これらの意見や提案を「文部省評議」を開いて検討・取捨選択した後、明治六年三月八日、文部卿大木喬任《たかとう》から正院宛に「特命全権副使伊藤博文特命全権公使寺島宗則代理公使森有禮並ニ領吏心得富田(ママ)鐵之助等ヨリ進達書類追々御廻相成」の書き出しで始まる「海外留學生所分之儀ニ付伊藤特命全権副使等江回答云々申上」を提出し、意見を寄せた各人にも、「天」「地」「人」に区分して、個別に回答している(「(件名番号〇〇五)前条四件復議上申」)。そして、この一〇日後には学制二編の「海外留学生規則」を布達する。

森への回答(「地」)は、「第一号(件名番号〇〇一に対する回答)と第二号(件名番号〇〇四に対する回答)」とに分かれる。件名番号〇〇一は、留学生に対する学資配分について森有禮代理公使と富田鐵之助領事心得が協議した結果の報告であった。すなわち、明治五年一〇月五日、富田は「意見書」に前述の「米國留學生會計規則(案)」と

「米國公費留學生證書の雛形（案）」を付し森に提出する。これに対して、森は、一〇月九日、「本邦政府ヨリ一定之規則来達マデ」と限定しながら四項目の指示を出し、一〇月二一日には、富田案と森の指示内容を記載した書簡を外務卿宛に送ったのである。

森から富田への指示四項目は、すべて学制二編の第一三八・一三九・一四〇章（但し書き含む）として採択された。例えば、「公費留学生学資金ハ西暦毎三ヶ月即第二月朔第五月朔第八月朔及ヒ第十一月朔四度ニ配達之事」は、[12]「第一三八章　官撰留學生學資金領事館ヨリ諸生徒へ配達スルハ毎年第二月一日第五月一日第八月一日第十一月一日ノ四度ト定ムヘシ」である。

富田の「意見書」の中では、領事館が（変名ではない）正しい姓名や留学先を把握することや公費留学生への学資配達の点から、「留学生證書」の件が重要であった。この件は、学制二編の第一二一・一二二章として採択され、富田の「米國公費留學生證書の雛形（案）」も、文部省でさらに形を整えられ、「留学生證書」様式として条文本文の中で規定されることになった。

領事館では、公費留学生学資金の文部省からの送金も、領事館の資金繰りの点から重要であった。富田は「四月と一〇月」の送金を希望したのに対して、森は「毎年一度」のコメントを付していた。文部省評議の結果、第一二九章には、「文部省が横浜のオリエンタル・バンクに年二回（六月と一二月）振り込むことにより、各国領事館に送金される」旨が規定されることになったのである。

アメリカからの帰国旅費や留学中の病気その他のための予備金に関しては、第一一九章において「往返途中ノ旅費米國ハ金貨四百五十圓」と規定され、また第一一六章において「疾病事故ノ爲メ又學科ニ因テ書器費用ノ爲メ」として「豫備金三百圓」が規定され、第一一七章には、この公私予備金を領事館預かりとし、規則に従って渡すべき旨も規定された。

また、富田は「洋銀ト米金之相場ハ六分ホルセントト相定メ申度候」という考えであったが、[13]森のコメントは

「学資金ハ惣テ我金円ヲ以被渡其時之相場必記領事官ヘ廻達之事」であった。森のコメントに従って、第一二〇章では、留学生への送金額は「金円」で決められることになり、為替会社で相手国通貨に交換の上（為替相場の詳細を付して）「手形」で各国領事館に送られることが規定された。

また、富田の「米國留學生會計規則（案）」は、一五条で構成されていたが、テクニカルな提案であったためか、第一・三・五・七・八・九条は、学制二編の第一二五・一二七・一三八（但し書き）・一四二・一四一章として採択されている。例えば、第一条の「留學生新克府着之上領事館之名冊ヘ自カラ姓名ヲ書記ヘキ事」は、「第一二五章　公私留學生其國ヘ到着セハ直チニ領事館ニ出テ文部省ノ證書ヲ達シ館中名簿ニ苗字名ヲ自記シ且在留國大禁ノ概略ヲ聞クヘシ」であり、また、第七条の「留學生十九歳以下ナレハ辨務使ヨリ後見命シタル者エ學資相渡候事」は、「第一四二章　十九歳以下ノ留學生アレハ領事官ヨリ他生徒ノ中ヨリ其後見人ヲ命シ學費ハ後見人ヘ渡スヘシ」である。

さらに、富田の第一〇条（留学生の転居届の件）や第一一条（姓名やその英文スペルの変更の件）も、第一三五章や第一一三章として採択されているが、学制二編では「第一三五章　……領事館ヨリ文部省ニ報知スヘシ」のように、領事館から文部省への報告義務も盛り込まれている。第一二・一三・一四条は、中途帰国・病気私用による帰国・帰国旅費に関する意見であったが、第一四三・一四四・一四五・一一九章として採択されている。例えば、「第一四三章　官撰留學生ハ官命ノ外年限中半途帰朝ヲ許サス故ニ私願ヲ以テ半途帰朝ヲ乞フモノハ旅費ヲ渡サス」である。

森への回答の第二号は、海外留学生派遣方針等に関する三項目の意見と留学生の学力や富裕者の公費留学等に関する五項目の意見に対する回答であった。文部省の「中学普通科以下修業ノ者ハ一般帰朝」の派遣方針に対しては、表現は異なるもののイギリスの伊藤特命全権副使と寺島全権公使も、森と同様にややネガネィブな意見を出したことから、文部省も評議の結果、「我カ本邦留學生ハ彼國生徒ト異ナリ先ツ初等即チ下等學校「イレメントリー」或ハ「プライメリー」等ニ入リ次ニ中等學校即チ「ミツドル」或ハ「グランマルスクール」等ニ登リ順序ニ卒業不致トモ當人之望ニ任セ上等学校即チ専門學校「コルレージ」或ハ「ユニベルシチー」等へ直ニ入學致シ授業講義等聴聞致候者モ不少却テ夫等ノ人物ヨリ學業優等之者ニテ先ツ小學ニ入リ順序ヲ逐ヒ修業致居候者モ有之……今般改正之主意ハ学制ニ據リ規律ヲ立候事ニテ」と方針を変更し、これを両者に「朱書き」で伝えている。また、森は、富裕者の公費留学に関して、三條・岩倉・西郷その他の子弟でも例外扱いせず、「親戚ニ三千圓以上ノ入リアル者ハ公費ヲ止メ」といった当時としてはドラスティックな意見も述べているが、文部省評議は、「この弊害については承知しているが、条文については、後で文部省から通知する」ということになった。

伊藤は、外国留学生の弊害を述べるとともに、日本人留学生の教育に携わっていたチャールズ・グラハムの意見を添付した書簡（明治五年一一月四日付）をロンドンから大隈参議・大木文部卿・井上大蔵大輔宛に送っているが、これに対する文部省の回答（「人」）は、「我文部省ノ見ニ相符スルヲ喜フ」とし、前年から施行した学制の概略を述べて、より一層の理解を求めている。

伊藤・寺島に対する文部省の回答（「天」）は、海外留学生派遣方針、「外國学生派出之規則（案）」、「外國留学生規則（案）」に対する回答である。最重要項目の海外留学生派遣方針については、当然ことながら、森への回答とまったく同じであり、これを「朱書き」し伝えている。また、「外國学生派出之規則（案）」の七項目のうち、一項目はすでに第八一章として施行されていたが、残る六項目が、学制二編（第一一五・一一六・一一七・一二一・一二七・一二七章）として採択された。また、「外國留学生規則（案）」に関しては、一〇項目のうち二項目が、すでに第八二・八六章として施行されていたが、六項目が、新たに学制二編（第一三五・一三六・一三七・一三八・一四二・一四五章）として採択された。この二つの「規則（案）」は、富田とも共通する意見（案）が多かった。こうしたことから、第一一六・一一七・一二二・一二七・一三五・一三八・一四一・一四二章の八章の成文化は、富田と伊藤・寺島、そして文部省の合作と考えてもよいであろう。

学制二編の「海外留学生規則」においては、第一一〇～一五三章が追加布達された。上で紹介したように、自らの留学経験の上に留学生監督者となった森と富田の意見は、ほとんどが採択され、二〇を超える条文（追加布達条文の半数以上、うち富田の素案が四割以上）として成文化されたのである。また、伊藤・寺島からのテクニカルな提案も、同様に一〇項目を超えるものが条文となった。両者の重複を除いても、米英公使館の二五項目余の意見・提案が採択され、成文化されることとなったのである（「海外留学生規則」の六割超となった）。まさに、学制二編は、「教育・留学政策を決定する文部省」と「海外留学生を監督する公使館（外務省）」とのコラボレーションの結果であった。

5　ニューヨーク領事館

(1)　ニューヨーク副領事発令

富田鐵之助は、明治五年二月、特命全権大使よりニューヨーク在留の領事心得に任じられる。領事業務にも精通し、一年後の明治六年二月二〇日には「副領事（ニューヨーク）」に任じられる。三月七日にはニューヨーク在留副領事に対する委任状案が奉勅・裁可され、三月九日には領事館予算も示達される（『公文録・明治六年』第九二巻の「(件名番号〇〇五) 紐育在勤富田副領事へ御委任状」及び「(件名番号〇〇九) 米国紐育領事館費用ノ儀伺」）。上司の森有禮代理公使がアメリカを離れるほぼ一か月前の副領事任命であった。

『諸官進退・諸官進退状』第一一巻を見ると、太政官の（縦罫線）所定用紙一枚に富田ただ一人について

富田銕之助
六年二月廿日

任、副領事

米國紐育在勤

と記録されている。ただし、この記録では、富田鐵之助ではなく、富田銕之助となっている。『職務進退・叙任録』でも、富田銕之助であるが、辨理公使・佐野常民に対する「工部省御用掛」兼務の辞令等とともに、こちらは、明治六年二月一九日の欄に記載されている。

『公文録・明治六年』第九二巻の「件名番号〇〇五」には、日米両国民の「親昵ヲ厚クシ交誼ヲ深クシ」、アメリカでの「我國民ノ商業ヲ盛大ニ至ラシメン為」にニューヨークに領事を置く必要があること、「英敏篤實ナルヲ信愛シ」富田鐵之助を副領事に任ずること、アメリカ（ニューヨーク）に居住し商業活動を行っている日本国民の「権理及商船貨財貿易等ヲ保護シ其自由ヲ充分ナラシメント盡力スヘキ特權ヲ」与えることが記載されている。外務卿副島種臣から奉勅され、「東京宮城ニ於テ親ラ名ヲ署シ璽ヲ鈐ス」である。この「御諱國璽」の日付は、三月七日である。

同じ公文録の「件名番号〇〇九」の第一文書は、二月二〇日、外務卿副島種臣が正院に対してニューヨーク領事館の予算請求（年間・洋銀六四二九元、また領事館内の諸具購入代として一時金一二〇〇元）した文書であるが、「米國在留富田鐵之助副領事ニ被任」の書き出しから始まっているのである。これに対して正院は、二月二二日、これを大蔵省の渋澤栄一（正五位）に回付し意見を求めたところ（第三文書）、二七日に渋澤からコメントが寄せられ（第四文書）、三月九日に決着している（第二文書）。洋銀六四二九元の予算要求の中には、富田と領事館職員の給料も入っていたので、領事館予算からこれを除いた副領事の在勤手当一五〇〇ドルと物件費四八〇ドルの計一九八〇ドルが（仮）示達された。領事館立ち上げの諸具購入代（一時金）一二〇〇ドルは、全額が了承された。[14]

(2)　ニューヨーク領事館報告書第一号

ニューヨーク領事館は、明治六年五月二五日から活動を開始し、ほぼ半年後には、副領事富田鐵之助から外務卿寺島宗則宛に「在紐育領事館報告書第一號（明治六年一二月三一日付）」が提出されている。さらに、四か月後の明治七年五月八日にはこれに一枚の表書きが付けられ、外務卿寺島宗則から太政大臣三條實美に提出されている。外務卿からは、内務・大蔵両省にも伝達してほしい旨が述べられ、六月四日になって両省にも回付されている（『公文録・明治七年』第二五巻（明治七年五月・外務省伺一）の「（件名番号〇〇九）紐育領事館報告書内務大蔵両省へ御達ノ儀上陳」）。

この領事館報告書第一号は、領事館の一般的概況報告のほかに、「紐育府商業ノ景況」と「日本産茶幷生糸ノ景況」のリポートから構成されている。

この一般的概況報告によれば、領事館は、副領事富田鐵之助、アメリカ人雇入ウィリレムイ・チャーチの二人体制であり[15]、また、明治六年一二月三一日のニューヨーク在留の日本人は、九四名（官員五名、男八五名、女四名）であった。

「紐育府商業ノ景況」には、ニューヨークの人口一一五万人等の報告のほか、日米両国の貿易物品細目表が付されている[16]。アメリカから日本への輸出額は、八〇六万五七二五USドル、日本からの輸入額は、九二五万三三七四USドルであった。

第4表は、領事館報告書第一号の第5表を本節の趣旨に即して整理し直したものである。すなわち、上の輸出額・輸入額には、貿易決済のための金貨・銀貨等も含まれているので、これを下欄に別に区分し直したものである。第4表のアメリカの輸入額は、非関税品七五五万USドル余、関税品三五万USドル余の合計七九〇万USドル余であり、これに対する日本側への支払いは、（過年度の調整分を含め）六五〇万USドル弱であった。他方、日本への輸出額は、一一七万USドル弱に過ぎないが、（貿易外取引を含め）一三五万USドル弱を受け取っている。

第４表　日米貿易物品表

金額：US ドル　数量：ポンド(またはガロン)

	日本への輸出品	金額	数量	日本からの輸入品	金額	数量
				〈非関税品〉		
1	製皮	170,227		茶	6,843,500	17,829,696
2	油	141,956	491,905	生糸	240,964	40,936
3	鉄・鉱鉄諸種	118,974		雑物	218,088	
4	掛け時計・同諸品	72,310		樟脳	118,751	903,652
5	食物	68,404		木綿・麻布類	42,399	2,809,482
6	大小麦・トウモロコシ等、同種	63,790		アメリカ産物	29,238	
				帰港諸品		
7	ランプ	58,495		錫諸類	28,613	
8	ガラス・ガラス器具	58,449		毛皮類	18,063	
9	書籍	45,203		製薬品・絵具	7,101	
10	紙・文墨諸具	44,041		家具	2,736	
11	木綿	35,345		コーヒー	883	4,540
12	その他	290,778				
	小計	1,167,972		小計	7,550,336	
				〈関税品〉		
1				銅・鉱銅	87,665	522,603
2				小間物	84,722	
3				米	55,966	3,728,424
4				その他	125,105	
				小計	353,458	
	日本への輸出 計	1,167,972		日本からの輸入 計	7,903,794	
				(対日貿易収支)	△6,735,822	
	〈金銀貨取引〉			〈金銀貨取引〉		
	金銀	6,496,086		金	335,500	
				金貨	1,007,630	
				銀貨	6,450	
	小計	6,496,086		小計	1,349,580	
	合計	7,664,058		合計	9,253,374	
		うち			うち	
		7,601,814(アメリカ船)			5,775,302(アメリカ船)	
		63,244(他国船)			3,478,072(他国船)	

したがって、日本の対米輸出超過額は、六七三万ＵＳドル余（五一五万ＵＳドル余の金銀貨での純受取）となる。対米輸出品の中には、「コーヒー」や「米」等も見られるが[17]、最大の輸出品は、何といっても「茶」であった。すなわち、「茶」の輸出額は、日本の対米輸出超過額にほぼ相当する六八〇万ＵＳドル超（輸出額のほぼ九〇％）に達したのである。次が「生糸」であるが、この年は、たまたま二四万ＵＳドル余と「茶」輸出のほぼ三〇分の一に停滞していた。

このように「茶」や「生糸」が日本の主要な輸出品であったことから、領事館報告書には、「日本産茶幷生糸ノ景況」と題する特別リポートも添付されたのである。この前半には、アメリカにおける日本産茶の概況報告や領事コメントとともに、一八六〇年から一八七三年まで日本茶の輸入量や一八六七年から一八七三年までの日本茶の価格（問屋中値平均）も記載されている。領事コメントで注目すべき点は、良品質の日本茶の輸出の奨励である。すなわち、日本茶は優れているけれども、「支那ノ偽製に比して上品」であって極めて良品というわけではないので深く注意して「精又精を加え国産ノ名譽を永ク日本商賈ノ手に保有せんを計ん事交易の一大緊要也」である（この後に、支那茶商が抹塵と碎茶を雑合して装箱しウーロン茶として輸出しているとして、三つの雑合の仕方を図解している）。

さらに、「日本産茶幷生糸ノ景況」の後半には、改めて「日本生糸之景況」の見出しを付けた後に、生糸の概況報告や、富田がアメリカ生糸公会社やニューヨーク生糸商レッチャヅリンへ送った書簡の訳文が記載されているのである。この書簡の訳文の末尾には、生糸は、ヨーロッパ製にならって注意を払って製造すれば「支那歐州産生糸のおよぶ所に無之遥かに上等たる事論を俟たズ」とあり、これが領事コメントに代わる結論でもあった。

(3)　東京日日新聞

この領事館報告書第一号の「日本産茶幷生糸ノ景況」は、東京日日新聞（明治七年五月一九日）の「江湖信報」欄に「在紐育日本領事館報告書中日本産茶幷ニ生糸ノ景況」と題して掲載されている（この東京日日新聞の記事掲載を指摘したのは、吉野（一九七四）三一—三二頁である）。両者を比較すると、いくぶんかの表記上の差異があることを除き、同文が掲載されている。(18)

外務卿寺島宗則から太政大臣三條實美《さねとみ》への領事館報告書第一号の提出は、明治七年五月八日であり、太政官史官から内務・大蔵両省（内務大少丞・大蔵大少丞）へ公式に回付されたのは、六月四日のことであったことから、内務・大蔵両省への公式の回付前に、領事館報告書第一号の「日本産茶幷生糸ノ景況」が東京日日新聞に掲載されたことになる。

東京日日新聞は、明治五年二月二一日（一八七二年三月二九日）から発行された新聞であるが、後に新聞の題字を「官許 東京日々新聞」と改めることからも分かるように、政府広報の役目も担った新聞であった。紙面トップの「公聞」欄は、まさに現在でいう「官報」にあたるものであった。これ以外では「江湖信報」「海外新報」「審理公判」「物価日報」「諭言一則」「投書」の各コラムが設けられ、発刊日によってコラムが選択・編集されていた。また、紙面の最後には、現在の「新聞広告」に相当する「報告」欄も設けられていた。発行当初は、表一枚刷りの新聞であったが、次第に紙面が充実し、明治六（一八七三）年三月二日号からは、精巧な活字による（表裏）両面印刷で発行されている。ちなみに、このときの新聞の定価は、一枚一銭六厘（定期購読は、一か月三八銭、半年二円、一年三円五〇銭）であった。さらに、明治七年一二月二日号からは、再度、新聞の題字が「東京日日新聞」と改められている。題字の「官許」に替わり、新聞末尾の発行所欄には「太政官記事印行御用」と印刷され、縦長版四頁の紙面構成で発行されている。

東京日日新聞は、このような政治的立場の新聞ではあったが、「茶」に関する掲載記事は、明治七年においては、「日本産茶幷生糸ノ景況」掲載直後の明治七年五月二二日の一件（紅茶の製法に適した茶葉）に過ぎない。

「生糸」に関しては、当時の産業上の重要性から、明治六年頃から掲載が始まっている。まず、二月一二日には、一月三〇日制定の「生絲製造取締規則」の全文を掲載している。生糸は、日本の名産品であるが近年の製造法が

「塵抹ニ相流レ随テ品位相劣リ加フルニ詐偽ノ所業」もあるとの認識からの規則制定であった。この規則の目的が、製造責任の重視と印紙税納入の確保にあったことから、[19]「製造人封印」「印紙貼付」が導入されたのであった。この規則には、生糸の形状ごとに「封印」「貼付」場所を示すイラストも添付されているが、東京日日新聞にもこのイラストも省略されずに印刷されていたのである。[20] さらに、六月二日と七月九日にも、この規則の関連事項（開港場・生糸改会社・海外輸出等）が掲載されている。

明治六年九月一八日付の東京日日新聞では、前年から操業を始めた官営富岡製糸場で製造した生糸が、ウィーン博覧会で未曽有の佳品と評価され、イタリアでもイタリア最上の生糸と同等と評価を受けていることも報じている。「日本産茶幷生糸ノ景況」掲載後では、「勧業寮」をニュース・ソースとした明治七年六月五日の「清国生糸の価格下落の件」である。すなわち、「清国領事館からの連絡として、近年、清国の生糸が粗悪になったことから、価格が下落し、また貿易にも適さず、破産する者も出ている。他方、日本の生糸生産は増加しているが、粗悪品を生産すると清国の轍を踏むことになるので、今後とも一層注意して良品を製造する工夫をしてほしい」という内容のものであった。

当時の産業政策上（農業政策上）の大問題は、生糸とも関連する「蚕紙（蚕卵紙・蚕種紙）」の件であり、東京日日新聞でも、蚕紙に関する掲載記事は枚挙がないが、茶と生糸の掲載記事は、このように非常に少なかったのである。明治初年の産業振興（外貨獲得）の大要は、茶輸出、生糸輸出、そして蚕紙輸出に尽きるが、明治六、七年には蚕紙輸出に「黄色信号」が燈り始めたのであった。こうした中、茶輸出の隆盛を報告し、良質の茶の製法を奨励し、生糸の上質性を称えた「ニューヨーク領事館報告書第一号（明治六年一二月三一日付）」が出されたのである。

先に述べたように、この領事館報告書第一号は、明治七年五月八日に外務卿から太政大臣に提出されたが、内務・大蔵両省へ公式回付（六月四日）の前の五月一九日に東京日日新聞に掲載されている。明治六年の政変や明治七年の佐賀の乱等の政治事項とは異なり、産業振興や外貨獲得の推進に関する事項は、官民一体となって取り組むべき事項であった。しかも、今後の方向性を示した富田鐵之助のコメントは、民への警鐘（かつ処方箋）でもあったことから、内務・大蔵両省へ公式回付をまたずに、茶摘み時期や収繭時期に合わせて掲載したのである。まさにタイムリーな掲載であった。

6　高木三郎と日米郵便交換条約

富田鐵之助や勝小鹿とともに渡米した高木三郎も、前述のように、明治五（一八七二）年二月一六日、特命全権大使よりアメリカ辨務使館書記（外務省九等出仕）に任じられる。翌六年三月には、森有禮代理公使の帰朝不在中の「臨時代理」を（森から）委任され、五月には公式に「事務代理」を命じられる。さらに、六月二〇日には、太政大臣三條實美から日米郵便交換条約交渉の「事務代理」も委任される。

外務省と駐日公使デロングとの日米郵便交換条約交渉が最終段階に達したことから、駅逓寮外国人雇のブライアンは、森有禮に対する日米郵便交換条約締結に関する委任状（明治六年二月二一日付）と外務省からの書簡（同二三日付）を携えて、四月一四日にワシントンの公使館に着く。ところが、森は、すでに三月二九日にヨーロッパに出発した後であり、日本側の責任者不在では、アメリカ側との「最終交渉」も始められない。

この状況に困惑したブライアンは、翌四月一五日に外務省宛に電報を発信する。すなわち、

Mori left here for Europe twenty ninth ultimo. What shall I do by my instructions I can not act same through Japanese minister here.

である。これに対する上野景範外務少輔からの返電（一八七三年四月二五日付）は、

Act through one in charge at the Japanese legation in Washington

であり、さらに、上野景範から高木三郎宛電報（一八七三年五月三日付）は、

Act instead of Mori in Postal Convention matter.

であった（電報や条約交渉「事務代理」の委任の件は、『公文録・明治六年』第九四巻（明治六年五月・外務省伺録）、件名番号〇〇二に採録）。

明治政府は、日米郵便交換条約の締結を重要な政治課題と考えていたことから、森が帰朝不在中の事態にあって、高木三郎を「代理公使事務代理」に正式に任命し、あわせてアメリカでの条約交渉の最終責任者に任命し条約案の作成を急がせたのである。

先に述べたように、森有禮代理公使は、岩倉使節団との不協和から辞職願を提出していた（前年明治五年二月に「七月に解任の願」を提出）。吉田清成とも公債起債をめぐる軋轢を起こしていたことから、森の後任として、明治五年一〇月に上野景範が辨理公使に任ぜられ、矢野次郎（二郎）二等書記官も、ワシントン勤務を命じられたのである。ところが、この直後の一一月に外務卿副島種臣が、宮古島島民漂流事件打開等のために、清国使節を命じられたことから（翌年二月二七日、特命全権大使）、外務省では、卿・大輔が不在となる事態となり、上野景範が、急きょ、外務少輔に任じられ、辨理公使としての赴任も取りやめになったのである。これにともない矢野次郎二等書記官の明治五年秋の渡米もいったん延期されたが、矢野は、明治六年春から渡米準備に入る[21]。すなわち、「妻携帯」の願い（三月二四日付）を太政官史官に提出し、同月二七日に許可される。四月上旬には、上野景範外務少輔から太政官正院へ（そして太政官正院から大蔵省へ）矢野の妻の旅費支給願いが出され、四月二三日に、浅野二等書記生（九等出仕と同じランク）とともに、横浜を出港したのである。

公使不在ならば、公使館の最上位者が職務代理を務めるのが慣例であろう。ワシントン公使館の最上位者は、高木三郎（九等出仕）であったから、森は、高木に臨時代理を依頼し、三月二九日に（ヨーロッパ経由で）帰朝の途に着き、他方、外務省では、これまで延期となっていた矢野を急がせ、四月二三日に渡米させたのである。ワシントンと東京における独立した判断・決定と、当時の両地間の情報伝達の遅さから、ボタンの掛け違いが起こる。高木三郎について、まず五月に代理公使「事務代理」が公式に追認され、六月には日米郵便交換条約の「事務代理」も任命される一方で、渡米した矢野次郎は、七月九日に代理公使「事務代理」に任命されたのである。[22]

日米郵便交換条約は、明治六（一八七三）年八月六日に、「臨時代理公使 高木三郎」と「合衆國驛逓頭 インス・エ・アイ・クレスウヰル」との間で合意が成立し、一〇月一二日には、この二三条からなる日本語条文・英語条文が、「外務卿代理 外務少輔上野景範」から「太政大臣 三條實美」に上申されている。[23]

この条約の末尾に高木とクレスウヰルの署名に続いて、合衆国印とグラント大統領の署名、さらにハミルトン国務長官の署名があったことから、第二三条の「此條約ヲ確證スルニ臨シテ雙方ヨリ速ニ手書記名ヲ交付スヘシ」に関する国内手続きについて議論も起きたが、

朕此條約ヲ定證セン為メ茲ニ大日本國ノ印章ヲ鈐ス

明治七年二月七日

御名　國璽

奉勅　外務卿　寺島宗則印

を付す形で決着した。

明治七年四月一八日には、「臨時代理公使 矢野次郎」と「合衆國驛逓長 ジョン・エー・ジエー・クレスウエル」との間で批准書が交換され、六月三日には、この旨が「外務卿 寺島宗則」から「太政大臣 三條實美」に上申され

る。

東京日日新聞（明治七年六月一五・一六・一七日号）も、「太政官布告第六二号（明治七年六月七日）」として日米郵便交換条約を取り上げ、三日間に分けて、コメント・解説も付けずに、太政官布告の全文を掲載している。この太政官布告は、『公文録・明治六年』第一〇三巻や『公文録・明治七年』第二七巻の二に採録された訳文とは、いくぶん、異なっている。例えば、先の第二三条の規定は「此條約は批准を受へき者にして雙方共可成丈速に之を交換すへし」に改められている。東京日日新聞も、ほぼ太政官布告の文言の通りに（「受べき者」「交換すべし」等を除き）掲載している。

この条約は、翌年の明治八年一月一日から発効した。東京日日新聞（一月三日付）は、条約の趣旨について

日本の郵便切手がアメリカまで通り又アメリカの切手が日本まで通る事となり是からハ東京よりニウヨルクへ手紙を出す時もわざゝ外國の切手を買て張付るにも及バず日本の切手で差支なくニウヨルクまで其手紙届くべし

と紹介し、駅逓頭前島密の功績を称えるとともに、一月五日に、（大久保利通・内務卿が不在につき）伊藤博文工部卿が各国公使を招いて祝賀会を（新築されたばかりの）横浜郵便役所において開くことを伝えている。

明治政府は、イギリスやフランスとも郵便交換条約交渉に入ろうとしたが、両国からは日本国内の郵便制度（郵便配達ネットワーク）の未整備を理由に拒絶されていたから、東京日日新聞も郵便制度を整備した前島密の功績を称え、政府も各国公使を招いて祝賀会を開き、郵便制度が先進国並みになったことを顕示したのである。(24)

日米郵便交換条約の説明が、やや長くなったが、明治六年八月六日に「臨時代理公使 高木三郎」が締結したこの条約は、上述のように、すぐに高木の手を離れる。しかしながら、森有禮から「臨時代理」を委任され、条約交渉の件もあって、後に公式には「事務代理」として承認された高木三郎（九等出仕）と、（森代理公使不在中の）ワ

シントン公使館の最上位者として赴任した矢野次郎二等書記官（六等出仕と同格）の間では、職務上の円滑さが失われ、高木は、森に対してワシントン公使館からの転任を願うようになる。これ対して森からは、森が代理公使の身分のまま、外務省内の職務（条約書案、事務章程改正案、公使領事等への常例示令書案等の調査作成）に専念していること、矢野を呼び戻して吉原重俊一等書記官を派遣すること、高木をサンフランシスコ副領事とすること等の返書が来る（明治六年一〇月五日付の森書簡、『高木三郎翁小傳』五〇頁に採録）。

森の返書の中では、矢野と吉原の交代人事は実現せず、第2表で説明したように、明治七年九月に、吉田清成大蔵少輔がアメリカ駐在特命全権公使に任命される。吉田清成は、すでに述べたように、慶応四年から一年間ほど富田・高木とほぼ同じ場所（ニュージャージー州ニューブランズウィックのチャーチ・ストリート）に住まいした旧知の間柄であった。矢野は、明治九年に外務省を辞し、商法講習所所長に就く。

森は、明治六年七月の帰国後、啓蒙結社の設立を提案し、九月には「明六社」を立ち上げていた。一〇月には、明治六年の「政変」が起こり、副島種臣外務卿が下野し、これに代わって寺島宗則が外務卿になった。こうしたこともあって、森は、一二月一二日に外務大丞に任じられる(25)。

また、高木三郎も、森の連絡のように、明治六年一二月四日に正式にサンフランシスコ副領事に任じられる(26)。高木は、これまで外務省九等出仕であった。副領事は七等出仕同格であることから、日米郵便交換条約締結の功を認められての功労人事であった。その高木も、翌明治七年に帰朝し、富田よりも一年遅れて「正七位」に叙される。

外務省では、富田と同様に、「遣外領事館章程取調（明治七年九月一二日）」を命じられるが、サンフランシスコに帰任するまでの間の最大の出来事は、富田と同様に、やはり結婚であった。

（1）ちなみに、勝海舟は、明治政府での任用は、明治二年七月に外務大丞、明治三年一一月に兵部大丞、明治五年五月に海軍大輔、明治六年一〇月には海軍卿に発令されているので、現代風にいえば、局長、次官、大臣を経験したことになる。

（2）このパラグラフは、順に、『太政類典 第二編』第一五巻の「（件名番号〇〇五）特命全権公使更ニ一二等ヲ置ク」『職務進退・叙任録』（明治六年九月～一二月の五一―五二頁、明治七年一月～三月の七頁、一三頁、三七頁及び五一頁、『輒誌』、『公文録・明治七年』第三一巻の件名番号〇一一・〇一二、『職務進退・叙任録』明治七年八月・九月の三三―三四頁、明治六年一月～八月の一八頁、二四頁を参照して整理した（掲載ページ数は、デジタル版による）。なお、野口（二〇〇五）では、『輒誌』の記載から「三月八日、一等特命全権公使に昇格」と判断しているが、『輒誌』の趣旨は、一等・二等の区別の廃止、「三等官月俸下賜候事」と「前日止之廢区別故更爲二等官」であり、決して一等特命全権公使に昇格した訳ではない。また、上述のように、同年九月の上野景範・吉田清成の辞令は、特命全権公使・三等官月俸下賜である。

（3）このパラグラフは、『太政類典 第二編』第八三巻（外国交際二六・公使領事差遣一）の「（件名番号〇七〇）米国留学生高木三郎ヲ公使館ヘ僱入」等に基づいている。なお、本文中の大泉藩は、維新前の庄内藩のことである。

（4）外山正一は、辞職後、ミシガン大学に入学し、明治九（一八七六）年に帰国した。その後、東京大学教授（日本人最初の教授）、東京帝国大学総長、文部大臣等を務めた。名和道一は、辞表提出後に、渡米前に水原県参事であったことや幕末の岩倉具視との関係から、岩倉特命全権大使からアメリカでの三年間の地方規則取調を命じられボストンで留学生活を送っていたが、明治六（一八七三）年一二月一七日に死亡した（『公文録・明治七年』第二一巻、件名番号〇二五及び第二五巻、件名番号〇一一）。第Ⅲ部では日下部太郎（一八七〇年四月一三日逝去）について言及したが、彼の墓地取得・埋葬費用（七九九USドル余）を参考として、名和の墓地取得・埋葬費用は三八〇USドルとされた（『公文録・明治七年』第二八巻、件名番号二八及び第二九巻、件名番号〇三〇）。日下部太郎に関する費用は、ウィロー・グローブ・セメタリー（ニュージャージー州ニューブランズウィック）の日本人墓地区画の取得費用を含むものと想定される。

（5）木戸日記は、『木戸孝允日記二』一四八―一四九頁からの引用である。犬塚（一九八六a）は、木戸日記の二月一八日条を参照し、「森は辞表を書き、帰国する大久保と伊藤に託した」（一四五頁）としている。この森の辞職願については、その全文が『森有禮全集 第二巻』二一一―二一二頁に採録されている。

（6）このパラグラフの四月一八日、四月二五日及び五月三日の件は、『職務進退・叙任録』明治五年一月～五月の一四四―一四五頁、一五三―一五四頁、及び一六六頁による。一〇月一四日、一九日及び一〇月二五日の件は、明治五年六月～一二月の一五三、一五八頁、及び一六七頁による。また、上野と矢野の件は、『公文録・明治五年』第七巻の件名番号〇二九・〇三七にも記載がある。『諸官進退・諸官進退状』第六、七、一一巻にも、これらの記載がある。

(7) 明治八年九月、商法講習所（一橋大学の前身）は、富田鐵之助の尽力によってホイットニーを外国人教師として迎え、「形式的には」森の私塾として創設され、東京府知事・大久保一翁の助言により東京会議所（会頭渋澤栄一）の経済的支援のもとに運営されていたが、明治九年五月に東京府に移管されるとともに、矢野次郎（二郎）は、渋澤栄一と副会頭益田孝（現在の三井物産や日本経済新聞の前身を設立、矢野の義弟）の推薦により、所長に就任している（『商法講習所』三〇―五一頁及び『一橋大学百二十年史』二一―一三頁）。なお、『商法講習所』では、矢野が森代理公使の「臨時代理」や商法講習所所長を務めたことから、矢野の外務省入省が森の勧めによるとしているが（五一頁）、これまでの種々の考察からするとその可能性は低く、むしろ渋澤栄一や勝海舟の推薦によるとの見解のほうに分があるように思われる。

(8) このパラグラフの一一月一八日及び一一月二六日の件は、『職務進退・叙任録』明治五年六月～一二月の一九八頁及び二〇四頁による（『諸官進退・諸官進退状』第一一巻にも、日付は一日違いではあるが、ほぼ同文が記載されている）。従僕の渡米の件は、『公文録・明治五年』第八巻の件名番号〇〇六による。明治五年一二月三日から太陽暦が採用されたことから、これに続く外務省関連の公文録は、『公文録・明治六年』第九一巻となるが、その冒頭は、「上野少輔父死亡届（件名番号〇〇二）」である。明治六年二月二四日の件は、『職務進退・叙任録』明治六年一月～八月の五二頁に、また、三月九日の件は『公文録・明治六年』第九二巻の件名番号〇一一による。

(9) 電報の件は、『公文録・明治六年』第九九巻の「（件名番号〇一三）森代理公使帰朝ノ儀米国ヨリ電報」による。また、日米郵便交換条約締結の全権付与の件は、（『森有禮全集2』の「履歴書」欄（二一七―二一八頁）及び『公文録・明治七年』第二七ノ二巻（明治七年六月・外務省伺附録（郵便交換始末）に採録された文書による。

(10) ただし、委任状の文面は、『高木三郎翁小傳』四八頁から引用した。

(11) 三月二九日のアメリカ出発の件は、第6節のブライアンの外務省宛電報による。六月八日・七月二三日の件は、『木戸孝允日記二』、『森有禮全集 第二巻』、犬塚（一九八六a）による。

(12) 以下の引用は、すべて件名番号〇〇一による（件名番号〇〇四では、「留學生」や「學資金」等々のように一部の漢字表記が異なっている）。

(13) 洋銀（メキシコ銀貨）とアメリカ金貨の交換比率については、第Ⅱ部を参照のこと。

(14) 東京日日新聞（明治六年六月一〇日付）に掲載された「明治六年歳入出見込會表（日本で最初の政府予算）」によれば、「紐育外六港領事官」の予算は、二万一六〇円であった。

(15) 日本人書記生が「欠員」であったことから、富田はその補充を要望していたが、これが実現するのは、明治七年一〇月一七日の外務二等書記生深澤勝典の辞令発令まで待たなければならなかった（『職務進退・叙任録（明治七年九月二九日―一二月二九日）』）。

(16) この貿易物品細目表（報告書の第5表）には、明治六年七月から明治七年六月三〇日までの一二か月と記されている。領事報告日との間で齟齬が見られるが、富田の誤記か公文録編集者の転記ミスのいずれかと思われる。

(17) コーヒーの日本での栽培は、明治一一年に小笠原で試みられたとされているので、日本からの「コーヒー」の輸出は、ジャワ産品等をアメリカに再輸出した可能性が高い。

(18) 領事館報告書第一号では、「手書き文書」「ひらがなカタカナまじり文」「之」「事」「銕之助」「日本無色茶合衆國へ輸入ノ量」等となっているのに対して、東京日日新聞では、「活字印刷」「カタカナまじり文」「此」「ヿ」「鐵之助」「日本無色茶合衆國へ輸入表」等となっている。

(19) この規則の主管は大蔵省であった。大蔵省にとっては、税収確保が眼目であり、第一二条では、前年に創業した官営富岡製糸場の「生絲なりとも結印紙用方の儀ハ同様」の旨が規定されていた。

(20) このイラストは、『官省 規則全書 四篇 五篇』に採録された「生絲製造取締規則」に添付されているが、『太政類典 第二編』第一五四巻の「生絲製造取締規則」においては、その附属文書に「雛形ノ通」と記載されているのみであり、イラストは添付されていない。

(21) このパラグラフ等は、『太政類典 第二編』第八三巻、件名番号〇七六・〇七七及び『公文録・明治六年』第九二巻、件名番号〇三三・〇三四による。なお、『一橋大学百二十年史』は、矢野のアメリカ赴任日を、辞令の通りに一八七二（明治五年）年一〇月としているが（一二頁）、明治六年四月二三日に「出港」しているのである。なお、矢野の「妻携帯の願」の件は、東京日日新聞（明治六年四月六日号）にも掲載されている。

(22) 矢野次郎の「事務代理」の件は、上の註21の件名番号〇七七に添付された「文書」によっているが、翌月の日米郵便交換条約には、高木三郎が「臨時代理公使」として署名していることから、矢野の「事務代理」の件が、いつアメリカへ伝えられたかは不明である。

(23) 日米郵便交換条約の件は、『公文録・明治六年』第一〇三巻の「（件名番号〇一六）米国ト郵便条約書進達」及び『公文録・明治七年』第二七巻の「（件名番号〇〇四）米国ト郵便約定ノ批准書交換済上申」と第二七ノ二巻「外務省伺附録（郵便交換始末）」による。この「郵便交換始末」は、日米郵便交換条約交渉の全過程を記録した「特別版」であり、総数一〇〇頁に及ぶ。この条約交渉は、明治五年八月七日の外務卿副島種臣とアメリカ大使デロングとの会談を機に開始されたものであった。明治七年四月の批准書交換の後、七月には条約文（日米対照条文）が外務省によって活字印刷され、八月五日には五〇部が外務省大少丞から太政官史官に引き渡されている（『公文録・

明治七年』第三〇巻の「(件名番号〇〇二）米国政府ト御取結ノ郵便交換条約書刻成届」)。

(24) 日本は、日米郵便交換条約の後、これに関する細目規則（一八七四年七月一五日、日本側、矢野次郎臨時代理公使)、日米郵便税前払条約（一八七五年四月二六日、日本側、吉田清成特命全権公使)、日米郵便追加条約（一八七六年二月八日、日本側、吉田清成特命全権公使）を締結した。日米間の国際郵便業務の経験を踏まえ、一八七七年三月三日には、「万国郵便連合」への加入を認められ、青木周三ドイツ駐在特命全権公使が「万国郵便連合創立に係る条約（一八七四年一〇月九日、二二か国が締結）に署名した。なお、この註の記述は、『郵便条約編彙纂』に基づいている。

(25) 森の外務大丞任命日（一二月一二日）は、『森有禮全集　第二巻』の「履歴書」（二一八頁）による。『諸官進退・諸官進退　第一七巻（明治六年一〇月～一一月)』二二四―二二五頁では、一一月二七日に、森の外務大丞の件が寺島宗則外務卿から岩倉具視右大臣に奏上され、翌日に決裁されている。高木三郎のサンフランシスコ副領事任命日（明治六年一二月四日）は、『職務進退・叙任録（明治六年九月～一二月)』六一頁及び『公文録・明治六年』第一〇四巻の「(件名番号〇一〇）高木三郎九等出仕桑港副領事ニ任シ米人フルークスヲ助勤ニ命シ度伺」による。「件名番号〇一〇」は、高木三郎のサンフランシスコ副領事任命にともない、幕府以来、サンフランシスコ名誉領事を務めていたブルークスを「助勤」としたい旨の伺い書にもなっている。

(26) 高木は、領事報告「合衆國へ商品舩積ノ義ニ付日本人民ヘノ報告（明治七年三月二七日付)」を外務省へ提出している。この報告書は、五月二四日に外務卿から内務・大蔵両省へも回付されたい旨の要望を付して太政大臣三條實美に上申されている（『公文録・明治七年』第二六巻、件名番号〇三二)。

第2章　海舟日記

明治六年七月、森有禮は、後藤常・一等書記生とともに帰朝し[1]、明治七年七月、富田鐵之助と高木三郎も、賜暇休暇により六年ぶりに帰朝する。富田の帰朝中の最大の出来事は、杉田縫との結婚であるが、第Ⅳ部の冒頭で言及したように、富田鐵之助は、勝海舟を終生の師と仰いでいるので（吉野（一九七四）三〇二頁）、富田の結婚の考察に入る前に、富田らに関連した海舟日記の記載を紹介する。ただし、次章で見るように、この結婚には、福澤諭吉と森有禮が関与しているが、海舟はまったく関与していない。

まず、明治五年は、

明治五年三月二六日（一八七二年五月三日）

米国、外山并富田・高木より来状、二月十二日御使節華聖頓江着と云

である。ただし、実際の岩倉使節団のワシントン到着日は、明治五年一月二一日（一八七二年二月二九日）であった。これに続いて

明治五年五月五日（一八七二年六月一〇日）

富田鉄之助米国ヨールク之領事官心得、高木三郎、華聖頓九等書記官拝命之旨申来

である（高木の「九等書記官」は、すでに紹介したように、正しくは「九等出仕」である）。

明治六年から太陽暦が採用されたことから（明治五年一二月三日を以って明治六（一八七三）年一月一日）、以後、西暦と和暦の日付は、共通になる。その明治六年は、

明治六（一八七三）年五月一四日

富田鉄之助ゟ来状

八月二九日　米国悴并富田ゟ一封、同人戸籍之事申越

九月九日　松屋伊助方頼ミ、米国悴江遣す弐百両ワルス氏江為替為持遣す

である。海舟の長男・小鹿は、富田と高木とともに渡米し、当初は私費留学であったが、明治二年七月に政府から学資を支給され、明治四年一〇月にはアナポリスの海軍兵学校に入学している。兵学校での成績は思わしいものではなかったが、それでも明治六年一〇月には第三学年に進級している。海舟は、小鹿の学資給付決定後（正確には明治二年四月以降）、小鹿への送金をしていなかったから、四年ぶりの送金になる(2)。

明治六年一〇月には、帰朝した森有禮と会い、富田と高木の人物評を聞く。すなわち、

一〇月九日　本日開成学校御開、　臨幸御供因所労御断……大臣殿ゟ明午後三字岩倉右大臣家江可致参上旨御手翰有之　米国ブロックス［ブルック（もとアメリカ海軍軍人咸臨丸の渡米航海を指揮）］来訪、……亦タイモン氏并森金之允［森有礼］、黒岡帯刀同道、世態之見込を述ふ

一〇月一〇日　出省　ブロックスを訪う　森弁務使、戸山捨八学費之事、富田・高木両人可然人物ニ成しと云

一〇月一五日　浜御殿にて森氏米公使［ビンガム］饗応ニ付出席

である。なお、明治六年一〇月一〇日の「出省」の記載は、海軍省への出省のことである。海舟は、前年の明治五年五月一〇日、海軍大輔に任じられたが、まもなく、海舟邸で家僕同士の殺人事件（明治五年七月一五日）が起こり、加害者が無籍者で、しかもを無届けで雇用していた責任を問われ、八月二五日、「謹慎三〇日」を司法省から申し渡されている。これも明治五年九月一五日には特命で謹慎免除となり、これ以降、海軍大輔として省務に精勤していたのであった(3)。

この明治六年一〇月下旬には、いわゆる「明治六年の政変」が起こり、西郷・板垣・後藤らが下野し、海舟は「参議・海軍卿」となる。すなわち、

一〇月二五日　出省　朝鮮使節之事六ヶ敷、西郷氏免職即帰郷、陸軍紛擾と聞く
参議兼海軍卿　御直ニ被命、岩公［岩倉具視］江不才勤難く旨申述　吉井氏江訪らふ

である。

富田のニューヨーク副領事任命（明治六年二月二〇日）や高木のサンフランシスコ副領事任命（同年一二月四日）は、ひとえに森の人物評のように「富田・高木両人可然人物ニ成」によるものであるが、この時期は、海舟は海軍大輔や海軍卿を務めていた時期とも重なっているのである。

さらに、

一一月一〇日　米博士モルリー来訪、米国悴世話いたし呉候人物、厚礼申述、杉浦同伴也

である。モルリー（David Murry デイビット・マレー）はラトガース・カレッジ教授（数学・天文学）を務め(4)、カレッジやグラマー・スクールで学ぶ多く日本人留学生（畠山義成、勝小鹿、岩倉具視の二子ら）の世話をしていたのである。開成学校の開学（海舟日記の一〇月九日条）に際して、文部省学監・開成学校教頭として招聘され、一八七三

年六月三〇日に来日している。開成学校校長は、当初は空席であったが、間もなく、マレー（モルリー）の教え子の畠山義成（杉浦弘蔵）が初代校長に就任する。勁草書房版海舟日記の編集者の註は、『高橋是清自傳』一六三―一六七頁のエピソード（高橋是清がマレーの勝海舟宅訪問の段取りをつけ、通訳として海舟宅に出向いた際、海舟が粗服だったことから海舟本人を家僕と見誤ったこと）に基づき、この「杉浦」を「高橋是清」と推定している。また、江戸東京博物館版『海舟日記（六）』の解説でも、マレーの二回目以後の海舟宅訪問の通訳は、畠山義成が務めたこともあってか、「海舟もまた是清を杉浦弘蔵すなわち畠山義成と見誤った」としている（二三六頁）。

また、一一月下旬には

一一月一七日　参宮（ママ）　森弁務使江頼み、外山捨八方江三百円届方頼ミ遣す

一一月二七日　参官　松村淳蔵・川村少輔、段々見込等内話

である。松村淳蔵は、第Ⅱ部や第Ⅲ部でも紹介したように、富田・高木・勝小鹿とともに一年以上もニュージャージー州ニューブランズウィックに住まいした後、一八六九（明治二）年秋にアメリカ海軍兵学校に入学し、一八七三（明治六）年に卒業している。この明治六年の一二月二日には、海軍卿勝海舟から右大臣岩倉具視宛に「海軍中佐」任官伺いが出され承認されている（後に、初代海軍兵学校長を務めることになる）。

明治七（一八七四）年に入ると、新年早々、岩倉具視が暴漢に切り付けられる、すなわち、

明治七年一月一四日

此夜、岩倉殿、喰違ニ而暴客之為に疵付らる、右ニ付宮内省江出仕、色々評議有之

一月一六日　山岡、岩倉殿江口上、警衛向取締之事申聞　杉田玄端

である（なお、杉田玄端については、第3章で詳述する）。

この後は、もとのアメリカ留学生関連では、

四月一九日　外山捨八父、忰之礼申聞ル

である。また、第Ⅲ部で紹介した伊勢佐太郎（横井左平太）についても、五月一九日条や二三日条に記載があり、六月八日条には、「高木三郎ゟ洋書二冊差越」の記載も見られる。

この節の最も重要な記載は、

七月二一日　高木三郎・富田鉄之助米国ゟ帰府、暫時之御暇也と云

である。富田鐵之助は、『東京府知事履歴書（富田鐵之助履歴）』では、明治七年二月に「賜暇帰朝」と記載されているが、東京日日新聞（明治七年七月二四日号）によれば、富田は、六月二一日夕方のサンフランシスコ到着であった。さらに、東京日日新聞は、高木三郎とともに、数日以内にグレート・リパブリック号に乗船し帰朝すること、二人が六年ぶりで帰国すること、アメリカ在留領事に選任された最初の人であることも伝えているのである。こうして、富田と高木は、二人そろって七月二〇日に帰朝、その翌日に、海舟へ帰国報告したのであった。帰朝後の二人は多忙であり、海舟日記での記載は、高木の七月二九日条や富田の三一日条と少ない。ところが、二人が知らないところで、川村海軍少輔から重要な人事案件が持ち出される。すなわち、

八月一三日　富田・高木之内一人海軍会計伝習江加度旨、川村申越

である。これは、一一日条のアメリカ公使やアメリカ海軍主計士官と兵学寮で面会し、主計士官の訪日の趣旨を聞き、ミニストルからの書状を受け取ったことと関係すると思われるが、詳細は不明である。ともかくも、商法学を学び会計にも精通している富田、高木のうち、一人を海軍主計として採用したいということが川村海軍少輔の要望

であったが、この件は、奈良真志の帰朝（一二月一七日条）と海軍省九等出仕採用（明治八年二月一六日条）で決着する。奈良真志は、第Ⅲ部で紹介したように、明治三年夏に華頂宮に随行した南部英麿（前盛岡藩知事の弟）に従って渡米し、ニュージャージー州ニューブランズウィックに住まいした。その後に、アメリカ海軍兵学校主計コースに入学したとされている（海軍入省後は、主計畑を歩み、初代海軍主計学校長や海軍省主計総監を務めることになる。なお、奈良真志については、樋口（二〇一四）四九、七五―七五頁のほか、髙橋（二〇〇九）も参照のこと）。

富田鐵之助の結婚式は、明治七年一〇月四日に、また、高木三郎の結婚式は、一〇月二四日に行われたが、海舟日記では、九月一七日条には「高木三郎」、二九日条には「昨日富田鉄之助江、忰方江遣し候弐百円之儀相頼ミ」、さらに、一〇月一九日条には「富田鉄之助」や一一月一三日条に「富田鉄之助」と記載されているのみであり、二人の結婚についての記載はまったくない。この後の明治七年一一月の記載も、一一月一五日条の「高木三郎暇乞」と翌一六日条の「米国江届物高木・富田江頼遣す……富田鉄之助暇乞　大久保一翁方江一封認遣す」にとどまっている。

海舟に「暇乞」をした富田・高木であったが、高木三郎は、矢野次郎にならって「妻携帯願」を出して認められ、妻・須磨と甥・黒川道徳を携えて渡米するが、富田は単身での渡米であった。

なお、明治七年に関して上記以外でのとどめおくべきことは、九月四日条の「津田仙　米人某、鉄艦之事申談」と一二月八・九日条の「明九日金星大（太）陽経過天覧ニ付参宮之様申来る」「本日金星太陽経過を見る」であろうか。明治期の海舟日記では、富田鐵之助、大久保一翁、杉田玄端、津田仙らの記載（名前のみの記載を含む）が頻発するが、津田仙（現在の津田塾大学創立者・津田梅子の父）についての記載は、九月四日条が最初であると思われる。日本では、二〇一二年に金星が太陽面を通過する皆既日食が観察され大きな話題になったが、一八七四年にも太陽面通過があり、これが大きな話題だったのである。当時は、太陽面通過の天体現象とともに、観測のために外国から持ち込まれる観測機材に対する「課税・非課税」についても大きな話題となったが、「非課税」で決着する。

（1）後藤常は、旧仙台藩士であったが、慶応三年、渡米中にサンフランシスコで森と出会う。これが縁となって、明治二年、同じ仙台藩の高橋是清や鈴木知雄とともに、森宅の書生となり、大学南校教官三等手伝となっている（第Ⅲ部を参照のこと）。

（2）送金の理由は不明であるが、二年半後の富田から海舟宛の書簡（明治九年一月一九日付）に「若公幷に国友次郎分金子、校内入費大学頭に相託し置、一銭も御手許に指出不申候故、餘程御困り模様に候得共、夫れ故先づ無事に相はこび居申候間、御安易奉願候」とあることから推測すれば、小鹿の学資紛失の可能性もある。この措置は、学制二編の「第一四二章　十九歳以下ノ留学生アレハ……學費ハ後見人へ渡スヘシ」を準用したものと思われるが、このとき小鹿は満二〇歳であった。

（3）謹慎処分・免除の日付は、海舟日記の明治五年八月二五日条・九月一五日条の記載に従っている（『勝海舟全集　別巻　来簡と資料』の「年譜」も同様である）。公式には『諸官進退・諸官進退状　第一〇巻（明治五年九月）』の「（件名番号〇二九）海軍大輔勝安房謹慎被免ノ件」から、「特命ヲ以テ謹慎被免候事　九月十五日」を確認することができる。この事件がひと段落すると、海舟は、明治五年一一月、古荘嘉門の件で司法省から尋問を受ける。東京都江戸東京博物館都市歴史研究室編『勝海舟関係資料　海舟日記（五）』の「解説」によれば、古荘嘉門は、戊辰戦争時に新政府軍に対抗して、肥後藩と奥羽諸藩との連携を画策した人物であったが、明治に入ってから静岡在住の勝海舟の庇護を求めて訪ねていたのである（一二六頁）。海舟は、庇護を断ったものの、「通行・潜居候事者勝手次第」と伝えたとされ、自訴・捕縛後の古荘嘉門が司法省臨時裁判所で、この件を供述したことから、海舟にも累が及んだのであった。まさに、明治五年頃の海舟は、「当局から要注意人物としてマークされていた」のである（『勝海舟関係資料　海舟日記（六）』の「解説」二三四頁）。

（4）デイビット・マレーの肩書は、Griffis（1916）p.19 及び『東京開成學校一覽』四四頁による。

第3章　富田鐵之助の結婚

1　富田鐵之助の婚姻契約書

前章で述べたように、富田鐵之助は、高木三郎とともに、賜暇休暇により、明治七年七月二〇日、六年ぶりに帰朝する。(1) 二人は、八月一〇日から九月六日までの帰郷願が認められ、富田は、この期間に、仙台に帰り、祖先の墓参や士族籍から平民籍への変更を行い、九月一二日には、二人とも外務省において「遣外領事館章程取調」を命じられ、アメリカに帰任するまでの間、その任にもあたっている。しかしながら、二人の帰朝中の最大の出来事は、それぞれの結婚であった。富田は、仙台から東京に戻ってひと月もしない、一〇月四日、杉田縫《ぬい》と結婚式を挙げる。しかも、この結婚式は、当時としては珍しい婚姻契約書に署名する形で進められた。これは、高木三郎や森有禮の結婚式にも影響を与え、彼らの結婚式も婚姻契約書に署名する形で進められたのである。さらに、一一月一日には、森と富田が福澤諭吉に依頼した「商學校を建るの主意（商法講習所設立趣意書）」ができ上がり、商法講習所（一橋大学の前身）の設立構想が動き始めるのである。

しかしながら、何といっても、帰朝中の最大の出来事は、杉田縫との結婚であることから、二人の婚姻契約書から始めよう。

この婚姻契約書は、石河（一九三二）四六五―四六七頁や『福澤諭吉全集 第二一巻』二九六頁や吉野（一九七四）三六―三七頁に採録されているが、前二者がひらがな交じり文、吉野（一九七四）がカタカナ交じり文という違いが見られる。石河（一九三二）では、婚姻契約書に記された四人の「署名そのもの」を複写・印刷していることから、ここでは、この婚姻契約書を紹介することにしよう。

婚姻契約

一　男女交契兩身一體の新生に入るは上帝の意にして、人は此意に從て幸福を享る者なり。
一　此一體の内に於て、女は男を以て夫と爲し男は女を以て妻と爲す。
一　夫は餘念なく妻を禮愛して之を支保するの義を務め、妻は餘念なく夫を敬愛して之を扶助するの義を行ふ可し。

右に述る所の理に基き當日卽ち二千五百三十四年十月四日、富田鐵之助と杉田阿縫と互に婚姻を契約し、各自から姓名を茲に記し其實を表して誓ふ者也。

東京二千五百三十四年十月四日

男　富田鐵之助
女　杉田　お縫
行禮人　福澤　諭吉
證　人　森　　有禮

である。

富田鐵之助は、第Ⅲ部で紹介したように、一八六九年に再渡米したが、ニュージャージー州ニューブランズウィックに住まいし、一日おきに、近隣に住む（前章で言及した）畠山義成のもとに出向き聖書の手ほどきを受け、キリスト教を理解することに努めている。その後（一八六九年夏以後）は、ニュージャージー州ミルストーンのオランダ改革派教会の牧師館に移り、コーウィン牧師の指導を受けているのである。さらに、翌一八七〇年一一月には、ニューアークのビジネス・カレッジに入学し、その校長宅に寄宿し、校長夫人アンナ・ホイットニーから英語を学ぶが、そのときの英語教材は、富田からの申し出により「最も純粋な英語」で書かれているとされる「聖書」であった。こうした宗教的体験をした富田であったから、上で紹介した婚姻契約書も、この視点から現代風に訳せば、

この結婚を神の導きと受け取り、富田鐵之助は杉田縫を妻とし、杉田縫は富田鐵之助を夫とし、夫は（良い時も悪い時も、富める時も貧しい時も、病める時も健やかな時も）一心に妻を礼愛し支えることを誓い、妻は一心に夫を敬愛し助けることを誓います

となる。まさに現代のキリスト教会における結婚の誓いの言葉とほぼ同じ内容である。ただし、四年前に夫を亡くし未亡人となっていた縫への配慮からか「死が二人を分かつまで」という表現は見られない。

婚姻契約書の冒頭の「両身一體の新生に入るは上帝の意にして」は、旧約聖書『創世記』の「二人一體となるべし」（文語訳第二章二四節）の影響を受けていると思われるが、上述の宗教的体験をした富田ではあったが受洗の事実を確認できないことから、キリスト教の影響は大きいものの、この「上帝」を直ちに「神」と訳すことには問題があろう。

柳父（二〇〇二）は、一八四〇年代から一八五〇年代にかけて、中国語訳聖書の翻訳において「ゴッドは神か上帝か」をめぐる大議論があったが、一八六〇年代の日本では、アメリカ人宣教師の主導のもとで「Ｇｏｄ」の日本語訳は「神」となったと述べている（一一九頁及び一二一頁）。中国語の「上帝」は、「至高の存在（Supreme Being）」の意味であり（一二七頁）、唯一の神ではなく、相対的な上位の神であり、また、「多分に政治的、現世的な存在」であった（二四一頁）。したがって、婚姻契約書の「上帝」が、この中国語的意味ではないことは context

から明らかである。さらに、金（二〇一五）は、明治初期のクリスチャン、植村正久のＧｏｄの用語法を考察し、「超越する絶大な勢力」という意味では「上帝」と「神」との区別がなく、唯一性・絶対性を強調するときに「上帝」を使い、礼拝対象となるときに「神」を使っているとしているのである。

吉野（一九七四）は、富田鐵之助に関する優れた先行研究であるが、畠山義成による聖書の手ほどきやコーウィン牧師による指導の件を把握していなかったこともあり、この「上帝」という語を、当時中村敬宇（中村正直）などが用いた概念（キリスト教と儒教とを結合した概念）と解釈している（三七頁）。しかしながら、中村の種々の翻訳を検討した山口（二〇〇四）によれば、Ｇｏｄは「上帝」と翻訳されているというのである。

富田のキリスト体験や「兩身一體の新生に入るは」の表現からすれば、富田自身は、キリスト教の強い影響を受けていることは明らかであるが、富田にとっての「上帝」は、中村敬宇のＧｏｄの翻訳「上帝」の意味でも、植村正久的用法の礼拝対象となる「神」の意味でもなく、植村正久的用法の「超越する絶大な勢力」の意味であったと思われる。この直接的な証拠はないが、次に示す事項から概括的にいえそうである。

第一に、当時アメリカに留学し受洗し官途に就いた者にとっては、「受洗の事実を明らかにすることなく行動することこそが、後々、役に立つ」とのコンセンサスが在日宣教師団との間でできていたから[2]、帰朝した富田も、彼らと同様に、キリスト教の影響を受けていることすら示すつもりはなかったのである。しかも、第二に、第Ⅰ部で紹介したように、富田家を継承した当主の小五郎（長兄・實行の長男）が箱館戦争時に糧米を送った責任を問われ「家跡没収・禁錮」の処分となり、小五郎嫡子の一之進も、明治五年二月のハリストス正教（ロシア正教）事件に連座して拘束され「親類預」の処分となっていたのである。これらが、帰朝した富田の立場にも大きな影響を及ぼし、士族籍から平民籍へ変更するに至ったと推測されるのである[3]。明治七年一〇月の結婚は、明治六年二月のキリスト教禁制の高札の撤廃・布教の黙認から一年半ほどしか経ない時期でもあり、キリスト教的な考え方をできる限り排除して式を挙げることが、富田本人にとってはベストな選択であったのである。第三に、当時、森有禮は、近代的婚姻観に基づいて一夫一婦論を主張し『明六雑誌』に「妻妾論」を連載中であったし、また、福澤諭吉も同様の考え方を「学問のすゝめ」の中で述べていたのである。[4] 人々の耳目を引かない結婚式を望んだ富田ではあったが、対米経験も長く、森や福澤の考え方にはまったく同感であったことから、婚姻契約書への署名を一夫一婦論の象徴として捉え、森に先立ってこの方式を実行したと思われるのである。

さて、当時の結婚の儀は、新郎宅・新婦宅のいずれか（あるいは新郎新婦宅の双方）で行われるのが通例であったが、賜暇帰朝した富田には、東京に自宅がなかった。富田は、結婚の前後から「福澤之住所裏坐敷」を借り受け、ここに仮住まいしていたのであった。[5] こうして、二人の結婚式は、明治七（一八七四）年一〇月四日、上の婚姻契約書に自署する形式をとり、行禮人・福澤諭吉宅で行われた。[6] 福澤は、今でいう仲人であり、主賓は上司の外務大丞森有禮であった。富田と森の関係は、第1章で述べた通りであり、福澤と富田の関係及び杉田家との関係は、後述する。

ところで、富田が福澤宅の裏座敷に住まいするなか、福澤は、森有禮と富田鐵之助の要望によって「商學校を建るの主意（商法講習所設立趣意書）」を書き上げ、一一月一日付で発表する。福澤は、「職業の軽重なし」として商業の重要性を説くとともに、商業教育と商学校設立の必要性を力説し、教師としてホイットニーが東京に来着することを予告するパンフレットを書いたのであった。富田鐵之助の結婚を契機として（あるいは式の打ち合わせの中で）、森、富田、福澤の三人の間で（一橋大学の前身の）商法講習所設立構想が練られ、福澤がこれをPRする役を担ったのであった。

なお、この「商法講習所設立趣意書」には、「商法學校科目竝要領」が添えられていた。『福澤諭吉全集　第二〇巻』の編集者の註では、「恐らく福澤の筆に成つたものではないと思はれるが」（一二五頁）とする一方、『都史紀要8　商法講習所』では、「「商法學校科目竝要領」は開設前の計画書であり、アメリカにおけるチェイン・システムによる商業学校の規則書をそのまま移し植えたもの」とみなしている（六二頁）。そうだとすれば、富田がアメリカのビジネス・カレッジ（商業学校）の規則書を持ち込み、（福澤の門下生ではなく）富田自身がこれを翻訳したものか、あるいは、富田の翻訳素案に福澤が手を加えたものと考えることもできよう。

ともあれ、賜暇帰朝中の富田が仙台から戻ってすぐの杉田縫との結婚、仲人・福澤諭吉、主賓・森有禮、福澤宅（裏座敷）での新婚生活という偶然が偶然を呼び、おおまかな商法講習所設立構想ができ上がり、福澤の商法講習所設立趣意書によって世間の耳目を引くところとなったのである。第4章の結論を先取りし極論をいえば、商法講習所は、富田鐵之助と縫の結婚によって誕生したのである。

そして結婚から一か月後の一一月四日には、「謁見仰せ付けられ」、天皇皇后の写真・鈍子《どんす》一巻・酒肴並びに幣物を「下賜」され、その数日後には、福澤宅に新婚の縫を残したまま、グレート・リパブリック号に乗船しサンフランシスコ経由で、ニューヨークに帰任する。縫を残したまま渡米する理由は、「何レニも米國江ハ携へ不申都合ニ候　旅費之多端ヲ厭へ候故也」であった(7)。しかしながら、前年に矢野次郎が「妻携帯願」を出し認められ、上等クラスの「船車賃並旅籠料等」を支給されていたのである(8)。高木も「妻携帯願」を出し認められていることからすれば、富田が単純に「妻に対する旅費支給」を知らなかったとは考えにくく、杉田家側の事情からか、あるいは、ホイットニー一家の東京来着を見越して、縫を福澤宅に残した可能性が強い。その結果は、吉野（一九七四）が述べているように、「日本におきざりにされた「ぬい」はさだめし心細かったであろうし、折角「佳人」を得た富田も、さぞや心残りであったに違いない」である（三九七頁）。

2　森有禮の婚姻契約書

本筋から外れるが、富田は、森有禮の大きな影響を受けていることから、この節では森有禮の婚姻契約書を紹介し、比較・検討するが、その前に、比較の便宜上、まず高木三郎の結婚について簡単に言及する。

富田とともに賜暇休暇で帰朝したサンフランシスコ副領事の高木三郎も、富田の結婚から二〇日後に結婚する。やはり婚姻契約書に自署する形式での婚姻であった。両者を比較すると、前節で紹介した富田と縫の婚姻契約書と（新郎・新婦の氏名、日付、句読点の有無を除き）まったくの同文である（石河（一九三二）四六五―四六七頁及び『高木三郎翁小傳』九三―九四頁）。日付は、「十月二十四日」、署名人は、「男　高木三郎」「女　高島須磨」「行禮人　森有禮」であり、「證人」はいなかった。高木の場合は、上司の外務大丞森有禮がいわば仲人役であった。高木は、前章で言及したように「妻携帯願」を出して認められ、妻・須磨と（従者として）甥・黒川道徳を連れて渡米する。

さて、森有禮の婚姻契約書は、次の通りである。[9] すなわち、

婚姻契約

現今十九年八ヶ月ノ齡ニ達シタル靜岡縣士族廣瀬阿常同二十七年八ヶ月鹿兒島縣士族森有禮各其親ノ喜許ヲ得テ互ニ夫婦ノ約ヲ爲シ今日即チ紀元二千五百三十五年二月六日即今東京府知事職ニ在ル大久保一翁ノ面前ニ於テ婚式ヲ行ヒ約ヲ爲シ双方ノ親戚朋友モ共ニ之ヲ公認シテ茲ニ婚姻ノ約條ヲ定ムルヿ左ノ如シ

第一條

自今以後森有禮ハ廣瀬阿常ヲ其妻トシ廣瀬阿常ハ森有禮ヲ其夫ト爲ス事

第二條

爲約ノ双方存命ニシテ此約條ヲ廢棄セザル間ハ共ニ餘念ナク相敬シ相愛シテ夫婦ノ道ヲ守ルヿ

第三條

有禮阿常夫妻ノ共有シ又共有スベキ品ニ就テハ雙方同意ノ上ナラデハ他人ト貸借或ハ賣買ノ約ヲ爲ザル事

右ニ掲ル所ノ約條ヲ爲シ一方犯スニ於テハ他ノ一方ヲ官ニ訴テ相當ノ公裁ヲ願フ事ヲ得ヘシ

紀元二千五百三十五年二月六日

東京ニ於テ

森　有　禮
廣瀬　阿常
證　人　福澤　諭吉

である。

この婚姻契約書の「男（森有禮）は女（廣瀬お常）を妻とし、女（廣瀬お常）は男（森有禮）を夫とし」「余念なく相敬し相愛し」の文言は、富田鐵之助・縫の婚姻契約書と共通する。これは、森が一夫一婦論を主張し『明六雑誌』に「妻妾論」を連載中であったことを強く反映したものと思われるが、「上帝の意」や「支保・扶助する義務」等の文言は見られない。代わりに「二人が存命でこの婚姻契約を破棄しない限り……夫婦の道を守ること」という限定条項が入った契約書であった。しかも、第三条には「夫婦の共有物を同意なしに他人と貸借しないこと」といった物権貸借の約束事（契約）や違約時には訴訟も可能とする附則も付けられている。現代的視点からは「両家の親の喜びの許しを得、親戚・朋友もこれを祝う」場での婚姻契約として違和感をおぼえる条項でもある。

森有禮の孫・関屋綾子は、森について「どこにもクリスチャンであったとの証拠が無いにもかかわらず……その生き方そのものが……真にクリスチャン的な人であった」と述べているが（関屋（一九八一）七三頁）、この婚姻契約書に関しては、「両身一体の新生」や「上帝の意」といった強い表現はなされておらず、先の一夫一婦論を示唆した文言に規範的な（キリスト教的な）影響を見ることもできる程度である。しかも、この婚姻契約書の全体を通読すると、ハリスのコロニーでの生活体験に根ざした森のクリスチャン的な行動の現れというよりは、むしろ、森の持論の一夫一婦論のアピールの場としての「婚姻契約書」、さらには、欧米流の「契約」を応用・実践する場としての「婚姻契約書」の側面を感じとることができるのである。

この「婚姻契約」に関して、吉野（一九七四）は、森のほうが先生格であり、森に先立って結婚式を挙げた富田が森の考え方に共鳴したものと考えている。確かに、富田は、森や福澤の一夫一婦論に同感していたから、新郎と行禮人・證人との結婚式の打ち合わせの中で「婚姻契約」が話題となり、富田がまずもってこれを実行したものと考えられる。しかしながら、富田がニュージャージー州ミルストーンのオランダ改革派教会の牧師館に一五か月も居住しコーウィン牧師の指導を受けていた点や富田は森の部下とはいえ一二歳も年長であった点に着目すれば、富田が、単に森の考え方に共鳴したというよりは、富田の長いアメリカ体験からの自然な発露であると見たほうが適切であろう。しかも、婚姻契約書の内容も、森と重複する部分はあるものの、かなりの部分で異なっていることからすれば、どちらかが先生格というよりは、相互に影響し合いながらも、それぞれの個性を盛り込んだものと捉えたほうが適切であろう。

ところで、この結婚式は、明治八年二月六日、築地采女《うねめ》町の精養軒を背にした新郎・森有禮宅で行われた。福澤諭吉が證人であり、主賓は、婚姻契約書にあるように東京府知事大久保一翁であった。森は、一年以上も前から（明治六年一〇月頃から）、商法学校（商法講習所）設立について、大久保一翁に相談しその支援も受けていたのである[10]。しかも、この結婚式場となった森有禮の自宅は、商法学校を設立するつもりで建てたとされる西洋造りのきれいな建物であった（東京日日新聞、明治八年二月七日号）。森は、前年一一月の福澤や富田との商法講習所設立構想を具体化し始めていたのである。これらの詳細は、第4章で述べることにする。

3　富田鐵之助と杉田縫

(1)　富田鐵之助のプロフィール

これまで、アメリカ留学以前の富田鐵之助については、ほとんど紹介していなかったので、『仙臺先哲偉人録』

に基づいて簡単に紹介する（一部について、吉野（一九七四）、小西（二〇一三）、内田（二〇一五a）や本書の第I部等によって補足することにし、これらの参照頁については記載を省略する）。

富田鐵之助は、天保六年一〇月一六日（一八三五年一二月五日）、仙台・良覚院丁《りょうがくいんちょう》の生まれであったから、結婚は、四〇歳（数え歳）のときであった。仙台藩奉行（他の藩の家老職）を務めた富田實保の四男であったが、「母は岩淵英七道貫の女で、鐵之助だけ他の兄姉と異なり母が別」であった（吉野（一九七四）一一頁）。生まれつき体質強健・頭脳明晰で神童の誉れ高かったが、勝気で我を通す性格であった。

天保一五年の一〇歳（数え歳）のときから一三歳までの間、仙台藩儒者・氏家省吾について漢学の素読・講義・習字を習い、また、嘉永四年の一七歳のときから二二歳までの間、馬術、槍術、剣道、居合道、弓術を学んでいる。安政三（一八五六）年、二二歳のときには、指南役・真田喜平太に入門し、西洋砲術（高島流）を修めた。[13] この年の六月二六日に父・實保が逝去し、兄・實行が家督相続した。鐵之助も、一一月二五日、「若老」を申し渡される。[14] 仙台藩の職制では、若老（若年寄）は、奉行の補佐役とされ、江戸番頭、小姓組頭、公義使（江戸留守居役）、目付等を支配するものとされているが、鐵之助に対する藩命は、江戸での三年間の西洋砲術（高島流）伝習であった。

江戸では、真田喜平太の師・下曽根金三郎（下曽根信敦）に入門するかたわら、仙台藩蘭方医・赤坂圭斎について「オランダ語の読解」を習う。三年の西洋砲術伝習の予定であったが、翌年の安政四年四月には仙台に戻り、真田喜平太から西洋砲術の道統を継ぎ、西洋兵法講武所場主（兼西洋砲術教授）になる。

五年後の文久二（一八六二）年一二月には、蒸気機関並びに海軍術講武所の稽古人（訓練生）を命じられ、翌文久三年一月に江戸にのぼる。

その半年後の文久三年七月一〇日（一八六三年八月二三日）、鐵之助が二九歳（数え歳）のとき、勝海舟に入門を乞い、七月二一日、「氷解塾《ひょうかい》」入塾である。このときの塾長は、佐藤与之助で、塾生は八九名であった。入塾後、間もなく京都の形勢不穏との報があり、藩より情報収集の命を受け、九月には氷解塾生・講武所稽古人という身分で幕府軍艦鯉魚門丸《ライモンまる》（後に太平丸と改称）に便船し、大坂・天保山沖まで行き京都にのぼっている。

これ以後については、すでに述べた通りである。すなわち、

慶応三（一八六七）年七月二五日　海舟長男・小鹿や高木三郎とともに、コロラド号で横浜出帆
一八六七年一二月二三日　ボストンからニュージャージー州ニューブランズウィックに転居
明治元（一八六八）年一一月一七日　高木三郎とともに、緊急一時帰国
明治元（一八六八）年一二月一九日　高木三郎とともに、横浜から再渡米
一八六九年三月二四日　ニュージャージー州ニューブランズウィック到着
明治二（一八六九）年七月　明治政府からの留学承認と学資給付
一八六九年七月　オランダ改革派教会（ニュージャージー州ミルストーン）のコーウィン牧師のもとで一五か月間勉学
一八七〇年一一月　ニューアークのビジネス・カレッジに入学
明治五（一八七二）年二月　ニューヨーク領事心得（官費留学規則取締併任）
明治六（一八七三）年二月二〇日　副領事（ニューヨーク在勤）
明治七（一八七四）年一〇月四日　杉田縫と結婚

である。

(2)　杉田縫の家系

杉田縫については、公人たる富田鐵之助と異なり、明らかになっている点は少ない。まずもって誕生年からして

不明である。逝去年から推測すると、弘化四（一八四七）年か嘉永元（一八四八）年の生まれと見られ、鐵之助よりも一二歳ほど年下になる。鐵之助との結婚は二七歳（数え歳）のときであったが、二度目の結婚であった。以下では、家系をたどることを通して、縫の境遇を見ることにしよう。

杉田玄白（一七三三～一八一七年）は、当時の日本を代表する蘭医であり[15]、また、『解体新書』等の翻訳や『蘭學事始』等の著作でも著名な人物であるが、公式には若狭国・小浜藩医（二二〇石）である。玄白五四歳のとき、玄白と後妻「いよ」との間に杉田立卿《りゅうけい》（一七八六～一八四六年）が生まれる。この立卿の子が、縫の父・杉田成卿《せいけい》（一八一七～一八五九年）である。したがって、成卿は玄白の「孫」、縫は「ひ孫」にあたる（杉田玄白―立卿―成卿―縫）。

文化四（一八〇七）年四月、玄白が隠居し（養子）伯玄が杉田本家を継ぐが、立卿は、これに先立ち文化元（一八〇四）年に、玄白の知行高から五〇石を分け与えられ、分家（小浜藩医）となっている。立卿は、西洋眼科を専門としていたことで知られている。『眼科新書』等のオランダ語の翻訳書も多数あり、文政五（一八二二）年には、幕府天文台の翻訳方も務めている。

成卿も、天保一一（一八四〇）年に幕府天文台の翻訳方を命じられ、オランダの政治書やオランダ国王から幕府への親書の翻訳等にあたり、弘化二（一八四五）年には、立卿の跡を継ぎ小浜藩侍医となっている。安政元（一八五四）年、幕府天文台翻訳方を辞職し、いったんは西洋砲術書の翻訳に専従するが、安政三（一八五六）年に、幕府に蕃書調所が設置されると、その「教授職」となっている。

成卿には、多数のオランダ語の翻訳書があるが、生まれつき病弱で、安政六年二月に四三歳の若さで逝去する。杉田分家では、杉田廉卿《れんけい》（駿河国・沼津藩医武田簡吾の弟）を養子とする旨の願いを小浜藩に出し、安政六年四月三日、これが認められ、五月二五日、廉卿は、知行高一四〇石を給される[16]。当時、杉田廉卿は一五歳（数え歳）と見られるが、成卿の三姉妹の長女・縫（数え歳一三歳）との結婚が養子縁組の当然の前提であった[17]。

廉卿は、オランダ語のほか英語にも通じており、元治元（一八六四）年四月には、外国奉行手付翻訳御用（二〇人扶持）も合わせて務めるようになる。明治元（一八六八）年には、福澤諭吉から杉田玄白の『蘭學事始』の出版を勧められ、翌年春に「天真樓蔵版」を出版する。[18] しかしながら、間もなく、労咳（肺結核）の治療のために生まれ故郷の沼津に移るが、薬効なく、明治三（一八七〇）年二月二〇日、二六歳で逝去する（縫二三歳のときであった）。[19]

沼津で廉卿を世話し治療にあたったのは、杉田玄端《げんたん》（一八一八～一八八九年）である。維新後、沼津藩五万石は、菊間（現在の千葉県市原市）に移封され、菊間藩となり、沼津は、旧幕府の静岡藩（駿府府中藩）七〇万石の管轄に入った。静岡藩は、旧幕府陸軍の組織・兵員を引き継ぎ、陸軍士官養成を目的として開いた「沼津兵学校」を設立したが、杉田玄端は、この兵学校と関連が深かった「沼津病院頭取（病院長）」を務めていたのである。[20] 玄端は、尾張藩医・幡頭《はず》信珉《しんみん》の子であったが、天保五（一八三四）年、一七歳のとき杉田立卿に入門し、天保九年には、立卿の養子（したがって成卿の養弟）となっている。縫の父・成卿の一歳下であったが、成卿が杉田分家を継いで小浜藩医となった弘化二（一八四五）年に、玄端は四谷塩町に開業し、その翌年には杉田「本家」の（伯玄の子の）白玄の養子となり、さらに、文久二（一八六二）年には本家の家督を相続している。玄端は立卿の門弟ではあったが、優秀な門弟を単に養子にしただけとは考えにくく、病弱な成卿に代わって杉田分家を支えるための縁組、すなわち、成卿の妹との縁組とも推測できるのである。玄端の妻「俊」が成卿の妹であったとすれば、杉田玄端と廉卿は、義理の叔父・甥の関係になり、俊と縫は、「実」の叔母・姪の関係になる。

ところで、廉卿の兄・武田簡吾は、玄端の門人であり、安政五（一八五八）年、「輿地《よち》航海図」を翻訳したことで知られている。「輿地航海図」は、メルカトル図法によるイギリス製の世界地図を翻訳したものである。安政元年に下田沖に停泊していたディアナ号（日露和親条約締結のためにロシア使節プチャーチン乗船）が安政東海地震に起因する津波によって難破した。「輿地航海図」は、この船が搭載していた地図を精緻に模写し、翻訳をつけたものであった。武田簡吾は、正式の手続きを踏まずに、翻訳・出版したことから、幕府や沼津藩の咎めを受けたのである。樋口（二〇一二）は、この処罰の時期を安政六年五月頃とみなし、四月の廉卿の養子の件は、この事件の最中だった可能性があり、簡吾の扶持召し上げ、武田家の沼津追放、一家離散の結果、廉卿が杉田家に拾われる形になったとの見解を示している(21)。

しかしながら、杉田分家のほうも、二月に成卿が逝去したことから、（当時、家の断絶を避けるために半ば公認されていた）逝去日の前にさかのぼって養子縁組願を早急に出す必要性に迫られていたのである。「輿地航海図」は、玄端の校閲のもとに翻訳されたが、玄端自身は処罰されることがなかった。玄端は、武田家の一家離散の責任を十分に痛感しており、杉田分家の存続のために、能力的には申し分のない廉卿を杉田分家の養子としたと思われるのである。

玄端は、いったん杉田「分家」の養子になったものの、文久二（一八六二）年には、杉田「本家」を相続していたから、労咳にかかった廉卿を案じ、さらには、分家が途絶えることや縫のいくすえを心配し、廉卿に生まれ故郷の沼津での転地療養を勧めたのである。しかしながら、廉卿は、その一年後に二六歳で逝去する。なお、杉田本家の系譜は、「杉田玄白―（玄白長女）扇・（仙台藩支藩の一関藩医・建部清庵五男）伯元―白元―（養子）玄端―（玄端二男）武」であり、杉田分家は、廉卿の逝去後しばらくして、玄端と俊の五男・盛が継ぐことになる(22)。

4　福澤諭吉と富田鐵之助の関係

富田鐵之助と杉田縫は、行禮人・福澤諭吉の媒酌によって結婚したので、福澤と二人との関係について論考する。この節は、富田との関係を述べることにするが、これまでも、すでに第Ⅰ部や第Ⅲ部でも紹介してきたので、ここでは要約的な紹介にとどめることにする。

福澤諭吉は、江戸で蘭学塾（慶應義塾の起源）を開いていたが、咸臨丸での渡米後には「幕府」の翻訳方に雇われ、また、元治元（一八六四）年には「外国奉行翻訳方」（禄高一〇〇俵、勤役中五〇俵増高）となり、外交文書の翻訳に携わる。(23) 横浜で発行された各種の英字新聞を翻訳することも、翻訳方の仕事の一環であった。福澤は、この英字新聞翻訳文の書き損じや（公務外の）英字新聞の中で福澤自身が関心をもち翻訳したものを、福澤の郷里・中津の塾生に浄書させて、福澤と交流があった諸藩に買い取ってもらい、これを彼らの学費・生活費等に充てていたのであった。なかでも仙台藩や佐賀藩は、福澤の最大の得意先であった。

仙台藩の担当者は、富田鐵之助や高橋是清・鈴木知雄をアメリカに送り出した江戸留守居役・大童信太夫であった。大童は、天保三（一八三二）年生まれで、福澤諭吉や富田鐵之助よりも三歳年長であった。江戸留守居役として、仙台藩江戸詰の有望な若い武士の世話をするとともに、開明派であったこともあり、福澤諭吉らから海外情報を仕入れていたのである。

慶応三年の福澤の（幕府の軍艦受取委員としての）再渡米の際には、仙台藩は、武器購入を依頼し多額の購入費を渡しているが、福澤は、これで大量の「洋書」を買い入れて帰国する。大童から事前の了解を取りつけてのことであった。また、仙台藩を脱藩し渡米し、経済的に困窮していた（サンフランシスコ在留の）一條十二郎と大條清助《おおえだきよすけ》の二名に対して、福澤は、合わせて一五〇ドルを貸しているが、帰国後に、これをしっかりと大童信太夫に請求しているのである（一條・大條の福澤宛の借用書が、大童信太夫の手元に残されている）。

こうしたことから推測すれば、大童と福澤の関係は、仙台藩の開明派の藩士には周知の事柄であったから、富田も、この頃から大童を通して福澤と顔見知りだった可能性が高い（『福澤諭吉書簡集 第一巻』では、富田とともに渡米した高木三郎の人物紹介において、論拠は不明であるが、「勝海舟の門下で、そのころ福沢と出会う」（三三三頁）と判断していることも、この補強材料になろう）。

しかしながら、富田と福澤の交流を示す確実な証拠は、明治に入ってからのものである。大童信太夫は、戊辰戦争後に、仙台藩内部の告発によって明治政府から戦争責任を追及され、（国元から東京に逃れ）福澤の庇護のもとで潜伏生活を送る。明治三年閏一〇月頃から福澤は精力的に助命活動を行い、大童が自訴することにより、家名断絶・禁錮八〇日で決着する。この時期以降の数年間、富田の大童宛書簡は、福澤諭吉を経由して届けられていたのである。

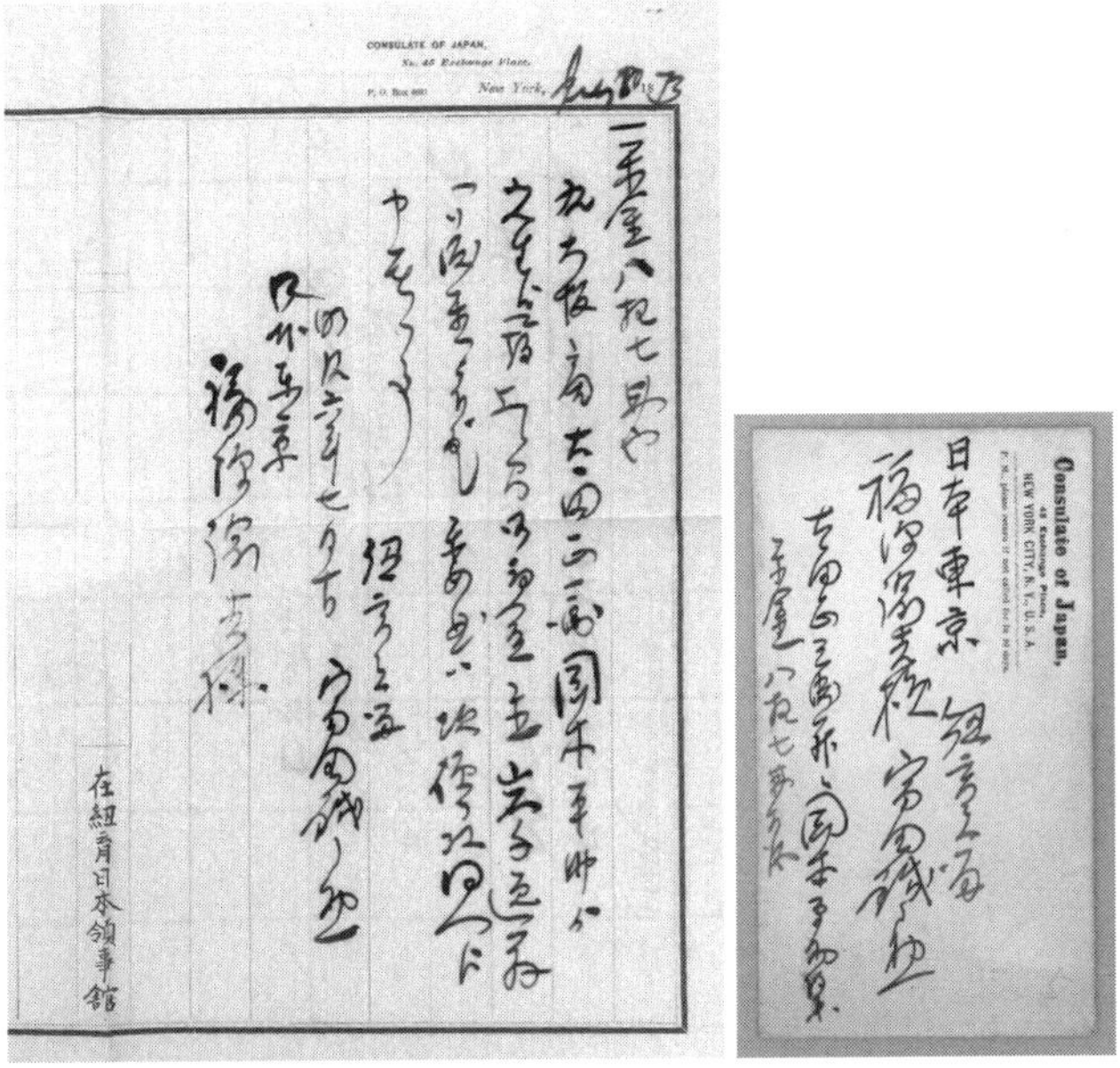

富田鐵之助から福澤諭吉宛の覚書と宛名
（『大童家文書』、仙台市博物館寄託）

『大童家文書』を見ると、明治三年から六年頃までの富田から大童信太夫宛書簡（当時の変名の岩手逸翁宛書簡）の封筒の表や裏には、（届け先として）「福澤諭吉先生」「福澤先生」「福先生」の添え書きが見られるのである。

例えば、一八七三（明治六）年四月五日付の書簡は、「又小生今度副領事とやら申事ニ而紐育ニ在勤とやら」と富田のニューヨーク副領事就任を伝えたものであったが[24]、この書簡の封筒の宛名は、「東京　福澤諭吉先生方　岩手逸翁様」であった。

また、明治六年七月一〇日には、富田から福澤へ届けられた八七ドルに関する覚書が書かれている。すなわち、富田が、アメリカから帰国する大阪商人の太田正兵衛・岡木（岡本）平助に八七ドルを託して福澤に届けさせたもので、福澤から経済的に困窮していた岩手逸翁に渡してほしい旨の覚書である。なお、この覚書の全文が、『福澤諭吉書簡集 第一巻』の二七五―二七六頁に採録されている。この書簡集では、末尾の宛名が「福沢先生」と読まれているが、『大童家文書』の覚書の原文では、「福澤諭吉様」である。また、『大童家文書』の封筒と覚書を確認すると、封筒の上欄には、「Consulate of Japan」「45 Exchange Place」「NEW YORK CITY, N. Y., U.S.A.」と印字されたニューヨーク領事館の封筒であった。この封筒の表には、宛名として「日本東京　福澤諭吉様」、発信人として「紐育富田鐵之助」、また、注意書きとして「太田正兵衛并岡本平助」「米金八拾七弗」と記載され、封筒の裏は、無記載であった。覚書は、領事館用箋に用件のみが記載されていた。ちなみに、この用箋は、中央に「在紐育日本領事館」と「青字」で印字され、また、右側上部に「CONSULATE OF JAPAN」「No. 45 Exchange Place」「P. O. Box 4621 New York.（数文字分空白の後に）18」と「青字」で印字された「縦書き・横書き兼用」の用箋であった（この書簡では、手書きで、「July 10」「（18 の後に）73」と記載されていた）。

富田鐵之助は、この覚書からほぼ一年後に賜暇休暇により帰朝し、その三か月後の明治七年一〇月に福澤諭吉の媒酌で杉田縫と結婚することになる。(25)

5　福澤諭吉と杉田家の関係

(1)　縫の父・杉田成卿

福澤諭吉は、安政二（一八五五）年三月九日、本格的な蘭学修行を志して、大坂の緒方洪庵の「適塾」に入門するが、この当時の蘭学の第一人者は、縫の父・杉田成卿（玄白の孫）と諭吉の師・緒方洪庵であった。福澤は、「（江戸で）最も有名なるは杉田成卿先生なり。此人は眞實無垢の學者にして、其蘭書を翻譯するには容易周到一字一句を苟くもせず原文の儘に翻譯するの流儀なれば、字句文章極めて高尚にして俗臭を脱し、一寸手に執りて讀下したるのみにては容易に解す可らず、熟讀幾回趣味津々として儘きざるの名文にして、此先生の世に出したる譯書も亦尠なからず。此二先生は東西學問の兩大關（当時の事実上の最高位）にして名望學識相下らず」と評価しているのである（『福澤諭吉全集 第一巻』の「福澤全集緒言」四頁）。

話は、いくぶん変わるが、東京大学（国立大学法人）は、明治一〇（一八七七）年に東京大学（第一次）として創立され、帝国大学、東京帝国大学、東京大学（第二次）と研究教育の伝統を引き継いで、現在に至っている。平成九（一九九七）年には、東京大学創立一二〇年目にあたり、『学問のアルケオロジー』が刊行されたが、これに所収された宮地（一九九七）によれば、東京大学の前身機関は、一般的には蕃書調所とその発展形態の開成所とされる(26)。

幕府は、嘉永六（一八五三）年のペリー来航以降、西洋の情報や技術を収集しこれらを翻訳し、我が国に移植する必要性を痛感し、安政三（一八五六）年に蕃書調所を設置したのであった。この立ち上げには、前年一月に「蘭書翻訳（蛮書掛）」を命じられた勝海舟と小田又蔵があたったとされるが、（蘭学者には、蘭学それ自体が禁制・処罰との恐怖心があり）、杉田成卿も、一時は、これを恐れて引きこもったとされている（宮地（一九九七））。

こうしたエピソードはともかくとして、安政三年、蕃書調所が設置されると、杉田成卿は、四月四日、蘭学の第一人者として「教授職（三〇人扶持・金二〇両）」に任ぜられる（『洋学先哲碑文』二五〇頁）。このときの頭取は古賀謹一郎、教授職は、箕作阮甫《みつくりげんぽ》、杉田成卿、川本幸民《こうみん》の三名、また、教授手伝は、手塚律蔵、杉田玄端、寺島宗則（当時は松木弘安）らであり(27)、寺島の場合は、二〇人扶持・金二〇両であった（『寺島宗則自叙傳』の安政三年四月の条）。なお、教授の役目は、組織全体の取り締り・翻訳御用・稽古人のチェックであり、教授手伝のうち上位ランクの五名は、「教授に従って翻訳御用を勤め、教授に支障が起こった場合には、「内密御用等」も名代として勤め」、下位ランクの七名は、翻訳御用のほかに、稽古人の教育にあたっていたのである（宮地（一九九七））。

さらに、宮地（一九九七）の表現を借りれば、「この混沌とした幕末情況下、全国レヴェルにおいてその頭角を截然とあらわしつつあった数十人の俊英な洋学者集団が、箕作阮甫と杉田成卿という名実共に備った蘭学界の元老を表に押したてつつ」という状況に至っている、まさしく、箕作阮甫と杉田成卿という二人の蘭学者のもとに、俊英な洋学者たちが集まり、対訳辞書の編纂や海外の種々の文献（医学書はもとより、外交文書、理学書、砲術書や横浜発行の英字新聞等々）の翻訳を行っていたのである。

ところが、蘭学の第一人者の杉田成卿は、前節で述べたように、安政六（一八五九）年二月に四三歳の若さで逝去する。福澤諭吉は、安政五年一〇月に江戸出府を命じられ、その冬に江戸に出る。すなわち、「安政五年の冬にして、梅里杉田成卿先生の長逝に先だつこと僅に数月、當時出府早々、都下の方角も不案内、遂に一度も先生に謁するの機を得ずして畢生の遺憾に思ひしに」であり、杉田成卿と福澤諭吉の出会いはなかった(28)。しかしながら、福澤の成卿に対する私淑の念は強く、「成卿先生は醫を名として讀書を實にし、専心一向、其讀書推理の緻密なる、遠く他の企て及ぶ所に非ざりしが如し」「實に當時讀書推理の一點に於て、蘭學者中の鬼神として仰がれたる者は獨り先生ならんのみ」である。

(2) 外交文書の翻訳

しかしながら、世の中は蘭学から英学に急速に変化する。安政五（一八五八）年の「五か国条約」では、オランダ語を五年間だけ外交文書に使用できることが定められていたが、翌年に貿易が開始されると、ビジネス上、英語での取引が圧倒的多数となっていくことを反映し、文久二（一八六二）年には、洋書調所（蕃書調所からの名称変更）の「稽古人」も一〇〇人のうち六〇～七〇人は英学修業となり、その指導の中心は、堀改蔵と箕作麟祥に変わっていく（宮地（一九九七））。

一方、幕府にとっての最重要文書は外交文書であったから、英語も理解できる有能な人材を洋書調所（蕃書調所）との兼務や出向の形で「外国奉行」の下に置く人事政策を採用するようになる。安政六年には、蕃書調所の教授方定員二二名のうち七名を「外国奉行手附除切」とし、外交文書の翻訳にあたらせる。手塚律蔵、杉田玄端、箕作秋坪《しゅうへい》らのほか、外国奉行の命により、一年間、横浜運上所の訳官となった寺島宗則も、この「外国奉行手附除切」を務めたと見られるのである（宮地（一九九七））。

杉田玄端は、安政三（一八五六）年に蕃書調所・教授手伝とされているが（『寺島宗則自叙傳』）、別資料では、成卿逝去の前年の安政五年に教授手伝とされている。これに続いて、成卿逝去の安政六年に教授職並、翌年に教授職となり、さらに慶応元（一八六五）年には外国奉行支配翻訳御用頭取となっている（『国史大辞典』七一頁）。いずれにしても、上で述べたように、安政六年からの数年間は、「外国奉行手附除切」であった(29)。

福澤諭吉は、咸臨丸での渡米・帰国後の万延元（一八六〇）年一一月、中津藩士の陪臣身分のまま、外国奉行支配翻訳御用御一属となるものの、元治元（一八六四）年一〇月四日には、外国奉行翻訳御用を命ぜられ「幕臣」となる(30)。

杉田廉卿は、杉田成卿の逝去後に養子入りが認められ、杉田成卿家を継ぎ、元治元年四月、二〇歳（数え歳）のとき、外国奉行手附翻訳御用になっている(31)。

こうして、福澤諭吉、杉田玄端、縫の夫・杉田廉卿の三名は、外国奉行の翻訳方として、ともに外交文書等の翻訳に携わることになる。『福澤諭吉全集 第二〇巻』には「幕末外交文書譯稿」が所収されているが（四八一―八一四頁）、十数点の杉田玄端らとの共訳等も採録されているのである（この時期の福澤は、イギリスやアメリカ等の外交文書にオランダ語訳の副書が添付されていたことから、これを参考として英語から直接和訳することを試みていた）。

最初の二つの文書は、一八六一年一月の薩摩藩士によるヒュースケン殺傷事件に対する抗議文の翻訳（オランダ語からの訳文）である。一月二六日付の「ヒュースケン事件に付諸外國公館の江戸引拂ひに當ての幕府への勸告」は、プロシア公使館のオイレンブュルクからの抗議文（「本月十五日、亜米利加公使館の書記官ヒュースケン余が居に来り、其家に歸らんとせし途中に於て襲れ、残酷なる仕方にて殺されたり」「英吉利佛蘭西ミニストル及び和蘭コンシェルゼネラールも復た、此地にては安全ならざれば、江戸を去り横濱に赴んとせるを、臺下必ず聞給しならん」）であり、「箕作秋坪　譯」「杉田玄端・高畠五郎・福澤諭吉」の三名の「校」であった。同じく一月二六日付の「ヒュースケン事件に付フランス公使館を横濱に移すに當って抗議文」は、フランス公使ベルクールからの抗議文であり、「杉田玄端・高畠五郎・福澤諭吉」の三名の「謹譯」であった。

一八六一年七月七日付の「高輪東禪寺のイギリス公使館を浪士の襲撃したる事件に就いて」や八月六日付の「イギリス公使館襲撃一件に關し警衛士に禮謝を表するの件」は、ともにイギリス公使オールコックから発信された文書である。前者は、事件発生の直後の重大性からか、慎重を期しての「杉田玄端・村上英俊・高畠五郎・手塚律蔵・福澤諭吉」の五名の「同譯」であるが、後者は、警護にあたった日本人一人が死亡したことに言及した上での謝意であったことからか、「杉田玄端・福澤諭吉」の二名の「謹譯」であった。

以下、紹介を省略するが、この二人の外交文書の共訳（複数人による翻訳・校閲を含む）は、一八六一年一二月一四日付のアメリカ公使ハリスの「ドルの引換への件」で、いったん途絶える。文久元年一二月二二日（一八六二年一月二一日）、福澤諭吉が遣欧使節（開市開港延期交渉使節）に随行して日本を離れたためである。やがて杉田玄端も、本来の洋書調所に戻る。

慶応元（一八六五）年、杉田玄端は外国奉行支配翻訳御用頭取として外国奉行所に戻り、外国奉行翻訳方の責任者になるが、その前年の元治元（一八六四）年には、杉田廉卿が外国奉行手附翻訳御用となっており、ここで三名が翻訳に従事することになる。一八六五年三月二一日付の「箱館のイギリス及びロシア領事館焼失の件」は、「杉田廉卿　譯」「福澤諭吉　校」である。ただし、『福澤諭吉全集　第二〇巻』には「筆蹟は杉田の原稿に傍點の文字のみ福澤の加筆したもの」の註記がなされている。実態は、翻訳文のほとんどに傍点が付けられており、傍点がない箇所のほうが珍しい。一年後の一八六六年六月三〇日付の「アメリカ公使館手狭に付別場所を求むる件」も、同様であり、杉田廉卿の「教育係」福澤諭吉の面目躍如といったところである。

『福澤諭吉全集 第二〇巻』に採録された「杉田廉卿 譯」「福澤諭吉 校」は、この二件のみであるが、三〇代の福澤と二〇歳の青年・廉卿との翻訳を通ずる直接的交流を示す明白な証拠となっているのである。

杉田玄端が、洋書調所から翻訳御用頭取として外国奉行所へ戻ると、廉卿らへの指導や福澤らとの共同作業も復活する。一八六五年五月二日付の「オランダ留學生内田恒次郎へ金子支拂方の件」は「杉田玄端 譯」「福澤諭吉 校」である。これ以降、「杉田玄端 譯」「福澤諭吉 校」のパターンでの翻訳が数多く見られ、一八六六年一〇月一二日付の「ハワイ國との條約取結の件」や一〇月二二日付の「シーボルトその他の外人暴行の件」まで続く[32]。当然のことながら、これらには福澤による「傍点」の箇所は少ない。また、なぜか、この逆の「福澤諭吉 譯」「杉田玄端 校」のパターンや二人の共訳は、ほとんど見られない。

なお、三人によるものとしては、一八六五年八月一六日付の「未條約國の臣民日本在留の件」の「杉田廉卿・福澤諭吉 謹譯」「杉田玄端 校」と一〇月九日付の「イギリス假公使館造營工事延滯の件」の「杉田玄端 譯」「杉田廉卿・福澤諭吉 校」が挙げられるが、実質的には、杉田玄端・福澤諭吉の譯（校）と考えるべきであろう。また、杉田玄端と廉卿の翻訳（廉卿訳・玄端校）としては、一八六七年五月三〇日付のオランダ公使ポルスブルックから外国事務執政宛文書「オランダ軍医官ボードウィンの一時離日の件」がある（『長崎医学百年史』一二七頁）。

杉田玄端と廉卿が、いつまで外国奉行所で翻訳の任にあたったかは不明だが、上の日付をもとに推定すれば、福澤と廉卿とは少なくとも二年間、二度目の玄端とも少なくとも一年半ほど、外国奉行所において、共同して翻訳に関する種々の作業を行っていたと思われるのである。

(3)　維新後の杉田玄端と福澤諭吉

一八六八（慶応四・明治元）年は、江戸城無血開城や戊辰戦争もあり、混沌を極める。薩摩藩出身の寺島宗則は、神戸居留地を抱える兵庫で「民生」にあたった後、横浜裁判所判事として、実質的に外交実務等にもあたる。「今の地方官の職務は勿論にして外務大臣たり、判事たり製鐵所長官たり、燈臺電信建築長官たるが如し」である（『寺島宗則自叙傳』）。

他方、幕臣となっていた杉田玄端と福澤諭吉は、これとは別の道を歩む。杉田玄端に関する海舟日記の記載は、会津藩若松城の落城寸前の「慶応四年九月一日条」である。[33] すなわち、

奥州此程迄は弱かりしか、阿隈川（阿武隈川）近傍迄ニ押詰甚強しと云……内田恒次郎　本日、杉田玄端より文通、同人何分朝廷より召されしを恐怖して病と成る、御免之事偏ニ頼む旨来翰、内田江頼、長谷川氏江其情を告け御ゆるし之事頼ミ遣す

である。

この玄端の朝廷への出仕辞退から三か月後の明治元年一二月には、玄端は、旧幕府の駿府府中藩（静岡藩）と行動をともにし、翻訳の仕事を離れ、本来の医師に戻る。すなわち、杉田玄端は、沼津に設置された陸軍医局（医学所）の陸軍附医師頭取に就任する。ここで、医学教育を行う準備に入るものの、翌明治二年九月、陸軍医局は、沼津病院として改組・改称され、医学教育を行うことをやめ、病院業務を行うこととなる（樋口（二〇〇五）六三―六四頁）。この組織改組に伴い、杉田玄端は、沼津病院頭取となる。

他方、福澤諭吉は、慶応三（一八六七）年一月、幕府の軍艦受取委員として渡米し、六月に帰国する。慶応四年二月、戊辰の混乱の中、万延元年に軍艦奉行木村摂津守の従者の名目で咸臨丸に乗船し渡米したことに恩義を感じ、この木村邸を塾生に警備させる。さらに重要な件は、塾を芝の「新銭座《しんせんざ》」に移転し「慶應義塾」と名づけたこと（同年二月）と病気と称しての明治政府等への出仕拒否の件である。

出仕拒否の件は、慶応四年三月の「私儀も一昨日御用召なるもの來り、無據病氣引いたし居候」（三月六日付の大童信太夫宛書簡）、「近來益々病弱相成、既に當三月四日御用召の砌も御斷申上候程の義にて……今般御恩招を奉辭」

（明治政府への出仕命令を辞する願書）である。前者の「御用召」は、幕府からの「御使番」と解釈されているが、後者の「御恩招を奉辭」は、明治政府（大坂の「外国官」）への出仕を辞する文書（召命辞退の願書の草稿とされている文書）である（『福澤諭吉全集　第一七巻』の註、『福澤諭吉全集　第二一巻』の「福澤諭吉年譜」及び『福澤諭吉書簡集　第一巻』八七頁及び『福澤諭吉全集　第二〇巻』一九—二〇頁を参照のこと）。

さらに、同年六月頃と一一月頃にも、新政府から出仕の命令を受けたが、これも固辞している（『福澤諭吉全集　第二一巻』五二一—五二二頁）。『新訂　福翁自伝』には、この六月のやや詳しい状況が書かれている。すなわち、神田孝平《たかひら》と柳河春三《やながわしゅんさん》と福澤の三人が、新政府から大坂行きの命を受け、神田孝平がこの命に従っているが、福澤は病気を理由に断っている。その後、神田が出仕を勧めに来るが、「大いに論じて、親友の間であるから遠慮会釈もなく刎ね付けた」のであった（二四一頁）。

次に時系列的には、『蘭學事始』の出版について述べなければならないが、多くの紙面を要するので、この件を後に回し、杉田玄端の明治七年までの動向を簡単に述べることにしよう。

『蘭學事始』の出版後、杉田玄端は、前節で述べたように、肺結核の廉卿をその生まれ故郷でもあった沼津に引き取り世話をするが、明治三（一八七〇）年二月二〇日、逝去する。こうした中、沼津病院と関係が深かった静岡藩の沼津兵学校は、廃藩置県により静岡県管轄を経て、明治四年九月に兵部省（翌年二月に陸軍省）に移管され、明治五年には東京の陸軍兵学寮に合併されることになるが、沼津病院は、廃藩後も地元が引き継ぐことで決まる。杉田玄端は、明治五年八月、病院存続の決意表明「壁書」を出し、徳川家から資金援助を得て個人経営の形で病院を存続させる（樋口（二〇〇五）二九二頁）。患者を思っての決意であったが、失敗を覚悟し、地元有志がこの病院経営を引き継ぐことを期待してのことであった。明治六年一二月、この病院の経営等に目途がついたことから上京し、開設されたばかりの慶應義塾医学所の診療所「尊生舎」の主任となる。

縫も、沼津で廉卿の看病をし、廉卿の逝去後も玄端夫妻の庇護・支援のもとにあり、夫妻に従って上京したと思われる。上京した玄端は、医学教育に専念するとともに、福澤諭吉や森有禮らとも交流を深め、明治六年九月設立の「明六社」にも、遅れて畠山義成らとともに加入が認められる。福澤諭吉が媒酌した縫と鐵之助の結婚は、玄端が沼津から上京して一年もたたない、明治七年一〇月のことであった(34)。

(4)　『蘭學事始』の出版

ここで、明治二（一八六九）年の『蘭學事始』の出版に話を戻そう。『蘭學事始』は、この出版以降、世に知られるようになるが、この出版は、周知のように福澤諭吉の勧めによるものであった。

『明治二年己巳新刻　蘭學事始　天真樓蔵版』は、杉田玄端の「序文ニ代フ」、杉田廉卿の「蘭學事始序」の後に、杉田玄白の『蘭學事始』の本文が始まっている(35)。「序文ニ代フ」は、「曽孫」玄端が大槻玄沢作成の「杉田家略譜」から玄白に関する箇所を抜き出し、序文（明治二年一月付）に代えたのであった。「蘭學事始序」は、「是書ハ只先生ノ漫筆ナレドモ古人苦心ノ一斑ヲ窺フベケレハ或ハ懦夫ノ志ヲ立テント思ヒ且ツ祖先ノ功勞ヲ沒セザルハ子孫ノ務メナリト思フテ茲ニ刊行ス　明治二己巳孟春　四世孫杉田鵠廉卿謹撰」で結ばれている。なお、「天真樓」は、玄白の晩年の居の名称であり、杉田家からの出版物には、「天真樓蔵版」と刻されることが多かった。

『明治廿三年四月　蘭學事始』は、一八九〇年四月の日本医学会第一回総会を記念しての『蘭學事始』の再刊であった。冒頭に福澤諭吉の「蘭學事始再版の序」と総会を記念した「祭前野杉田桂川大槻兩宇田川六先生文」が加わり、その後に、「序文ニ代フ」「蘭學事始序」『蘭學事始』の本文という構成になっている(36)。

福澤諭吉の「蘭學事始再版の序」は、明治二年の『蘭學事始』再版の経緯を述べたものである。この要旨は、次の通りである。

① 蘭学事始の原稿は杉田家が所有していたが、安政二（一八五五）年の江戸大地震による火災で焼失し、写

本も残っていなかった。

② 旧幕府の「末年」に、神田孝平が江戸・本郷通りを散歩中に、聖堂裏の露店で蘭学事始の写本を見つけた。

③ これは、杉田玄白の自筆本で、大槻玄沢に贈呈したものであった。

④ 神田孝平は喜んで、事の次第を学友同志に話したところ、皆が争って写し取る状況になった。「而して之を再生せしめたる恩人は神田氏にして、我輩の共に永く忘れざる所なり」である。

⑤ 当時、福澤諭吉は、箕作秋坪と親交があり、二人でこの写本を繰り返し読んでは、ターヘルアナトミアに取り組んだ玄白の労苦を思い、「感涙」に浸ったのであった。

⑥ こうしているうちに、「一両年」が過ぎ、世は「王政維新」の変乱の時代となり、学友らも方々に散っていった。

⑦ 明治元年に、「小川町」の杉田廉卿宅を訪ね、『蘭學事始』の出版を勧め、出版費用を出したのである。すなわち、「天下騒然復た文を語る者なし、然るに君が家の蘭學事始は我輩學者社會の寶書なり、今是を失ふては後世子孫我洋學の歴史を知るに由なく、且は先人の千辛萬苦して我々後進の爲めにせられたる其偉業鴻恩を空ふするものなり、就ては方今の騒亂中に此書を出版したりとて見る者もなかる可しと雖も、一度び木に上するときは保存の道これより安全なるなし、實に心細き時勢なれば賣弘などは出来ざるものと覺悟して出版然る可し、其費用の如きは迂老が斯道の爲めに資く可しとて、持参したる數圓金を出し懇談に及びしかば」である。

⑧ 当時は、まだ活版印刷がなく、草稿を校正し、(版下を廻し)桜の版に彫刻する時代だったので、出版は、明治二年になった。

⑨「不幸にして廉卿氏世を早ふせられ、版本も世間に多からず」であるが、今回、日本医学会によって再版されることになり、「迂老の喜び喩へんに物なし」である。

その後の研究では、(1)神田孝平が見つけた『蘭學事始』は、杉田玄白の自筆本ではなかったこと、(2)写本もいくつか存在し、そのタイトルも、『蘭東事始』『和蘭事始』『蘭學事始』の三種類が存在すること、(3)杉田玄白が自筆草稿の追加・訂正等を弟子の大槻玄沢に依頼し、玄沢がこれに応えて整備の上、「玄澤大槻茂質序文」を付け、『蘭東事始』と題して玄白に進呈したこと、(4)明治二年の出版の段階でのタイトルは、『和蘭事始』となっていたが、福澤によって『蘭學事始』に変更されたこと等が明らかになっている。(37)

ところで、聖堂裏で蘭学事始の写本を見つけた神田孝平は、天保九（一八三八）年九月生まれで、嘉永六（一八五三）年七月から一年ほど、縫の父・杉田成卿に入門し、蘭学を学んでいる。成卿は、「理解ノ能力健全ナレハ将来必ラス有爲ノ士トナラント」と評し、その「才幹ヲ愛シタ」という（『神田孝平略傳』五頁）。その後、長崎に遊学し、福澤諭吉と知り合いになったとされており、江戸に出て英学の必要性を感じた福澤からは、ともに学ぶことを説かれるが断っている（『神田孝平略傳』八頁及び『新訂　福翁自伝』一二五―一二六頁）。神田も、文久二（一八六二）年二月には、蕃書調所の教授方として出役し、慶応二（一八六六）年には、開成所の教授並となっている。この経歴からすれば、杉田玄端が外国奉行所に異動するまでの期間、開成所（洋書調所・蕃書調所）において、玄端の部下だったことになる。また、先の「蘭學事始再版の序」では、蘭学事始の写本の発見から「一両年」が過ぎて「王政維新」とされていることからすれば、玄端が開成所から外国奉行所へ異動する前後の時期の発見と推定される。そして、前述のように外国奉行所では、福澤と玄端と廉卿がともに外交文書の翻訳に従事することになる。二年後の慶応四（一八六八）年六月、神田は、開成所御用掛に転じ、さらに新政府からの出仕要請に応じて、七月に京にのぼり、大坂の小松帯刀の指揮下に入り、九月には一等訳官となっている。以後の略歴は省略するが、明治七年頃は、富田と同じく「明六社」の「通信員」であり、官職は「兵庫県令」であった。

福澤が、杉田廉卿宅を訪ね、『蘭學事始』の出版を勧め、出版費用まで出したのは、洋学の歴史を知り、先人が千辛万苦して偉業を達したことを後世に伝えようとする目的ではあったが、これまでの考察からすれば、福澤の玄白に対する尊敬の念、縫の父・成卿に対する私淑の念、玄端や廉卿との翻訳作業を通じての一体感等、杉田家に対する畏敬の念があったと見るべきであろう。福澤には、一貫して「洋学」こそが、日本の文明進歩を導くという固い信念があったのである（大久保（二〇〇七）一八四頁）。杉田家は、まさしく「洋学」の先駆者そのものだったのである。

6　廉卿の友人たち——乙骨太郎乙・尺振八・津田仙と新島襄

福澤と杉田家の関係は、上で述べた通りであるが、ここで、縫の死別した先夫・杉田廉卿とその友人（福澤とも関係が深い人々）との交流について考察する。彼らの多くは、後に、富田鐵之助とも交流し始めるからである。

第一は、「今川小路」の杉田廉卿宅には、乙骨太郎乙《おつこつたろうおつ》（華陽）が寄寓していたことである。(38) 乙骨も、万延元（一八六〇）年一二月に蕃書調所書物御用、文久二（一八六二）年二月に蕃書調所翻訳筆記方、元治元（一八六四）年九月に開成所教授手伝並、さらに慶応三（一八六七）年六月に外国奉行支配調役、明治元年に沼津兵学校二等教授（明治三年に一等教授に昇格）となっている（樋口（一九九八）及び『沼津兵学校とその時代』八〇―八一頁）。したがって、乙骨も、杉田玄端の部下だった時期があり、福澤や廉卿とも仕事を通じて知り合いだったのである。事実、「幕末外交文書譯稿」には、一八六七年一二月二六日付の「貿易通用銀貨の件」ほか一件が「乙骨太郎乙 譯」「福澤諭吉校」として掲載されているのである（『福澤諭吉全集 第二〇巻』八〇六―八〇七頁）。

幕府「遊撃隊」の伊庭八郎は、箱根で新政府軍との戦いに敗れ負傷した。その後、榎本艦隊の「美加保丸」に乗船し箱館に向かうが、慶応四年八月二六日、台風に遭い今の犬吠埼の北で座礁する。再度、箱館まで行くことを決め、新政府の捕縛を逃れられるような比較的安全な経路を探していたのである。伊庭とともに美加保丸に乗船していた中根淑《きよし》（香亭）が、乙骨太郎乙が杉田廉卿宅にいることを知り、この件を相談に来たのであった。居合わせた廉卿は、熟考の上、今は横浜の知人も少なくなり、大事を託せるのは尺振八《せきしんぱち》のみとし、尺を推挙したのであった[39]。中根は、尺の説得に応じて箱館行きを断念するが[40]、伊庭は、尺の助力により外国艦に乗船し、一一月二八日、無事に箱館に到達することができたのである。

この尺振八は、万延元（一八六〇）年に中浜万次郎（ジョン万次郎）から英語の手ほどきを受けた後、通弁御用出役となり、益田孝や矢野次郎とともにアメリカ公使館詰となった。文久三（一八六三）年には、彼らとともに第二回遣欧使節団（池田使節団、横浜鎖港談判使節団）の通訳としてヨーロッパに渡っている[41]。一八六六年九月五日には、アメリカ公使館のポルトメンから外国奉行宛に、「尺振八をアメリカ公使館に逗留せしめる件」の要望が出され、三か月ほど公使館の通訳も務めている（この要望書は、「福澤諭吉訳」である（『福澤諭吉全集 第二〇巻』七六九―七七〇頁）。さらに、慶応三（一八六七）年には、福澤諭吉や津田仙とともに、軍艦受取委員の通訳として渡米するが、福澤や尺らは、その船内で飲みながら壮語快談の末に幕府批判を行い、帰国後には、福澤が尺宅に宿泊するなど親しい交際をしていたのである（富田正文校訂の『新訂 福翁自伝』二〇六―二〇八頁及び尺（一九八九））。江戸城開城後には、横浜に移りアメリカ公使館に勤務する傍ら英語塾を開くが、直に兵庫のアメリカ領事館の通弁官となっている。

第二は、杉田廉卿は、維新の混乱の中、牛込・毘沙門手前横町に転居するが、その隣には、津田仙が住まいしていたことである。杉田廉卿宅に寄寓していた乙骨太郎乙は、明治元年、中根淑を伴い沼津兵学校に赴任し、翌明治二年春には前述の『蘭學事始』も出版される。そうした時期の転居であった。

慶応三年に福澤諭吉とともに通訳として渡米した尺振八と津田仙の二人は、この渡米以前からの「新島襄」の友人であり、しかも、「廉卿と新島と津田」は、「聖書研究仲間」であった[42]。新島襄の蘭学研究については、種々諸説があるが、安政六（一八五九）年には、再び蘭学の勉強を思い立ち、杉田玄端に入門する[43]。杉田廉卿も、この安政六年、縫の父・成卿の逝去にともない杉田成卿家を継ぐが、この廉卿が玄端に替わって、年上の新島襄の蘭学の手ほどきをしたとの見方も出されているほどである（『新島襄全集6』一〇頁及び森中（一九五九））。廉卿（一五歳）と新島（一七歳）の交際も、この時期から始まったと見られることから、縫（一三歳）も、廉卿を通して、多分にこの頃から新島を見知っていたと思われるのである。(44)

新島は、翌年の万延元（一八六〇）年一一月には、（数学を学ぶ目的をもって）幕府・軍艦操練所に入学し、（数学等を基礎科目とする）航海術を学ぶものの、元治元（一八六四）年六月には箱館からアメリカ船で密航し、西回りで、ほぼ一年後にボストンに着く。ハーディの支援を受け、アンドーヴァーのフィリップス・アカデミーにも入学し、生活も軌道に乗った慶応二（一八六六）年二月になって、新島は、初めて、父・民治宛に箱館脱出からの経緯を伝える手紙を書くが、その一週間後には、家族と杉田廉卿・飯田逸之助に対して「何レ様へよろしく御伝言被賜候」の手紙を送っていることから見ても、廉卿は、新島の無二の親友であったことが分かる（『新島襄全集3』三〇頁）。

新島のアメリカ密航の露見を恐れて、新島からの書簡は、横浜のオランダ改革派宣教師バラから（横浜在留時には）アメリカ公使館通訳尺振八を経て津田仙へ、さらに津田から父・民治に届けられることが多かった。(45) 民治宛書簡の中で注目すべきは、「ハーディ夫妻のため日本の草花の種を杉田廉卿に頼んで送ってもらいたい旨」を記した一八六七年一二月二五日付の書簡である（『新島襄全集3』四八頁及び『新島襄全集8』四七頁）。しかしながら、書簡の到着時は、維新の混乱期であり（新島家も東京から安中に戻っており）、これが実行に移されるのは、明治二年に入ってからのことであった。すなわち、明治二年一月（一八六九年二～三月）に、民治が「牛込」に住む杉田廉卿を訪ね、新島の写真を渡すとともに、アメリカに送る草花の種について相談をしているのである（『新島襄全集8』五七頁）。明治二年二月九日付（一八六九年三月二一日付）の新島民治から襄宛の書簡は、維新の動向を知らせる長文の書簡であるが、この中には、杉田廉卿が「牛込辺へ引移候由ニ付……毘沙門手前横町之趣ニ而聢と相分」「書面幷写真像遣候処」「申越候種物之義相談いたし候処」の記載が見られるのである（『新島襄全集9（上）』二〇一―四一一頁）。

さらに、同年四月一二日付（同年五月二三日付）の民治からの書簡では、「右種物取集方杉田君江相談候処、小嶋仙弥隣家ニ住居」であり、小嶋が懇意にしている巣鴨の植木屋に頼んで集めてもらったことを伝えるとともに、その小嶋は「同人も当時津田仙弥と申候」であり、アメリカへの種物の送達に関しては、横浜の尺振八の世話になったことも伝えている。

これに対して、新島襄は、父・民治宛の書簡において杉田廉卿への感謝の伝言と再度の写真の届けを依頼する。すなわち、一八六九年五月一〇日付書簡の「大人義杉田君に御逢被成、其上先生より草木の種小子の為に御取集め可被下とし御深切之至名難有そんし候、何卒御逢ひニ候ハヽ、よろしく御伝言可被下候」と一八六九年六月一六日付書簡の「書面に封し候一の写真像ハ何卒杉田廉卿先生へ御届け、かつよろしく御鶴声被成候様奉希候」が、これである（『新島襄全集3』七〇頁及び七七頁）。

ところが、この数か月後の七月二六日（一八六九年九月二日）、弟・新島双六は、旧知の神田孝平、吉田賢輔、松本良純、川田剛らの消息を伝えるが、杉田廉卿については、「杉田君ハ重病にて「労咳症之由」玄端君沼津え連帰り候由」である（『新島襄全集9（上）』四六頁）。これにより、明治二年夏に杉田玄端が結核にかかった廉卿を沼津に引き取ったことが判明する。さらに、これに対する双六への返信（一八七〇年四月二一日付）では、(46)「杉田君重病の由甚気之毒千万ニ御座候」と病状を心配し、直接に書状を出せないので、代わりに「余の事も書認、かつ先生の起居を問ひ呉候様いたし度候」との依頼もしているのである（『新島襄全集3』八一頁）。

しかしながら、廉卿は、この返信の直前の明治三年二月二〇日（一八七〇年三月二一日）に逝去した。その報はアメリカの新島には届かなかった。いつ新島が廉卿の死を知ったかは不明だが、樋口（二〇一一）によれば、明治三年一二月二九日頃の静岡藩士・曽谷言成の日記には、アメリカ経由でのイギリス留学の直前に、乙骨太郎乙の訪問を受け、吉田賢輔・尺振八・乙骨の三人が健在でいることと杉田廉卿が死亡したことを新島に知らせてほしい旨を依頼されたことが記載されているのである。

樋口（二〇一一）は、曽谷がアメリカで新島に会えたか否かは不明としながらも、一八七二年三月には、田辺太一から廉卿の死を聞かされた可能性があると見ている。第Ⅲ部で言及したように、岩倉使節団がワシントンに到着すると、新島は、富田鐵之助や畠山義成らとともに、「特命全権使節」から「官費留学規則取調」を命じられている。三月八日には、この「取調」の初めての会合が開かれ出席し、使節団一等書記官の田辺太一外務少丞（幕末に二回渡仏し、外国奉行支配組頭や維新後に沼津兵学校一等教授方の経歴をもつ）から吉田賢輔と尺振八の消息を聞いたのであった（『新島襄全集3』九七頁の吉田賢輔・尺振八宛書簡及び『新島襄全集8』八三頁）。おそらく、このとき、樋口（二〇一一）の推測のように、新島は、田中から廉卿の消息を伝えられたものと思われるのである。ちなみに、前日の三月七日には、ジョージタウンの新島の宿所から二マイルのランマン宅に滞在していた（使節団同行の）女子留学生の津田梅子（新島の聖書研究仲間の津田仙の娘で、当時八歳、後に津田塾の創立者）とも会っている。

周知のように、この後、新島は、使節団理事官の田中不二麿文部大丞の通訳としてヨーロッパの教育事情の視察に出るが、それはともかくとして、上で取り上げた種々のエピソードから、杉田廉卿と新島襄（さらに津田・乙骨・尺）との濃密な人的関係を知ることができるのである。

7　結婚エピソード

明治七年一〇月四日、上で述べたように杉田家と深い関わりをもつ福澤諭吉の仲人によって、富田鐵之助と縫は結婚式を挙げた。縫の回想によれば、「福澤先生などが口を利いて下さった」ことで結婚の話が進み、式も福澤宅で行われた（石河（一九三二）四六六頁）。式は、「万事書生流」で至極簡単に、万事略式で進められ、「婚姻契約書」もその一環であった。二人は、式の後、西洋風に江の島まで新婚旅行に出かけるが、福澤も馬に乗って品川駅まで見送りに出る。[47] 新婚生活は、福澤宅の裏座敷であった（鐵之助がアメリカに戻った後のしばらくの間、縫は福澤宅に住むが、後に福澤の旧主であった中津・奥平家の長屋に移る）。縫の回想では、「先生はほんとに非常にマメな方で、毎朝お米を一臼づゝ搗かれる、お臺所の掃除まで自分でなされるといふ方」で、「私共は時々御一緒に御飯をいたゞいたこと」もあったという。

富田鐵之助は、一〇月一三日、この福澤宅の裏座敷（三田二丁目一三番地）から大童信太夫宛に結婚報告の書状を送っている。(48) すなわち、

爾後御不沙汰　爾御安康奉賀候　當方小生之景況ハ　岩淵より御聞取被下候事……福澤初メ諸友人之周旋ニ而東京一ノ佳人ヲ得申候　之ハ杉田成卿ノ娘ニ而　此節杉田玄端ノ養女ニ可相成候者也　而して福澤之住所裏坐敷ヲ借リ受　假住居ト極メ　暫時留守致居候　尤可相成ハ直々此ノ一局中江残シ置申度候　何レニも米國江ハ携へ不申都合ニ候　旅費之多端ヲ厭へ候故也……

である。鐵之助は、四〇歳（数え歳）での初めての結婚であり、「東京一ノ佳人ヲ得申候」と素直にその喜びを表している。他方、杉田廉卿と死別した縫は、二度目の結婚であったが、幼少時に父・成卿を亡くしており、親代わりの杉田玄端を（当時の結婚時の慣習であった）仮親としての結婚であった。なお、冒頭の「岩淵より御聞取被下候事」の岩淵は、母の実家の岩淵家の関係者（多分に岩淵英喜）と思われる。

ところで、縫の回想の「福澤先生などが口を利いて下さった」や大童宛書状の「福澤初メ諸友人之周旋ニ而」の「など」「諸友人」とは誰なのか。気になるところではあるが、まったく不明である。杉田玄白は、大槻玄沢に『蘭學事始』の草稿を預け、追加・編集を依頼した。その玄沢の二男であった大槻磐渓は、自分の三男・大槻文彦に宛て、富田と縫が福澤らの世話で結婚したことを知らせる書状（明治七年一〇月一二日付）を送っている。(49) 富田にとっては、磐渓は、「など」「諸友人」や「ら」を越える存在であったことは確かであるが、磐渓も、富田や福澤の周辺にいたのである。

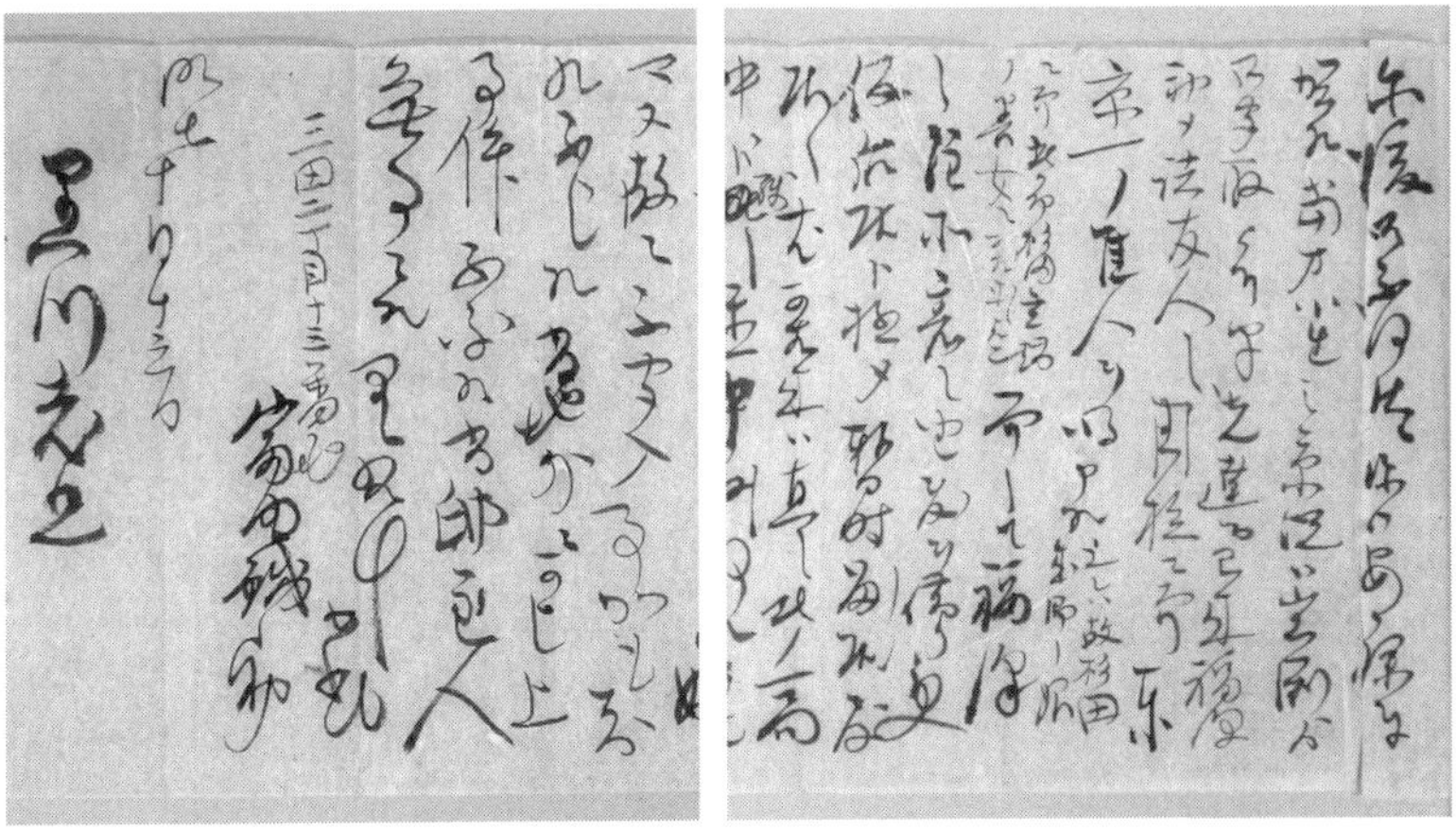

黒川剛（大童信太夫）宛の結婚を知らせる書状の書き出しと終わり
（『大童家文書』、仙台市博物館寄託）

ちなみに、大槻磐渓は、慶応元（一八六五）年には仙台藩校養賢堂学頭を務めているが、それ以前から玄白の孫・杉田成卿と交流し、福澤とも書簡を交換していたのである[50]。こうしたことからか、明治七年の『学問のすゝめ』で展開された福澤の所説（楠公権助論）が世間の批判にさらされたことに対して、大槻磐渓は、上の文彦宛の書簡の半月後の一〇月二七日、「朝野新聞」に長文の弁護の筆を執り、福澤は、一〇日後には、これに対する礼状を出す（『福澤諭吉全集 別巻』二八―三〇頁）。

福澤は、富田の結婚からほぼ二年後の明治九年九月二八日の大槻玄沢逝去五〇年忌において、「今を去ること凡そ百年、我日本洋學の先人たる前野、杉田、大槻等の諸先生が、始て蘭學に従事せしときの有様を追想するに、其事業の困難は固より論を俟たず」と述べ、「故大槻磐水先生五十回追遠の文」を捧げ（『福澤諭吉全集 第四巻』四〇七―四〇九頁）、洋学こそが日本の文明を進歩に導くという固い信念と洋学先人に対する熱い思慕を示すのである（大久保（二〇〇七）一八四頁）。

（1）富田と高木の帰朝日と帰郷期間は、『太政類典 第二編』第八三巻、件名番号〇九四による。平民籍の件と「遣外領事館章程取調」の辞令（九月一二日）の件は、『東京府知事履歴書（富田鐵之助履歴）』による。『仙臺先哲偉人錄』では、明治七年六月一五日、ニューヨーク出発、七月二〇日東京着、また八月四日「仙臺に下り祖先の墓参」である（九〇頁）。「遣外領事館章程取調」の辞令は、九月二〇日とされている。

（2）『フルベッキ書簡集』に採録されたフェリス宛書簡（一八六九年六月二八日付、一五六頁）及び吉原（二〇一三）による。

（3）平民籍の件は、前述のように『東京府知事履歴書（富田鐵之助履歴）』による。ところで、明治六年から秩禄奉還が始まっている。高橋是清と鈴木知雄は、慶応三年に富田鐵之助の従者・通弁修行の名目で渡米するが、明治七年には、両家ともに、永世家禄米三石六斗の奉還と家禄金六年分の家禄公債の下げ渡しを願い出て認められている（『還禄願書綴 明治七年分弐冊ノ内二』一三三―一三四頁、一六一―一六二頁及び『家禄奉還諸事綴込 明治七年』一三、一五頁）。すなわち、高橋是清の養父で旧仙台藩足軽であった高橋是忠（通称は覚次、明治四年一〇月に宮城縣から東京府に貫属替）と鈴木知雄本人（通称は六之助、明治六年七月に東京府に貫属替、文部省四等教諭の肩書）から「御請書」が出された。これは、東京府貫属士族（元宮城縣貫属士族）四九名の連名の御請書であった。富田の平民籍への移籍は、この東京府貫属士族（元宮城縣貫属士族）の秩禄奉還の動きとの関連は薄く、多分に本文で述べた事情によるものと思われる。

（4）「学問のすゝめ」の第八編は、明治七年四月の発表である。この第八編の現代語訳には、例えば、「不合理な「女大学」の教え」「「妾」正当化論の馬鹿馬鹿しさ」とか、「「女大学」が女性を奴隷化した」「愛人を囲うのは男側の身勝手な論理」といった「見出し」が付けられている（奥野（訳）（二〇一二）及び岬（訳）（二〇〇四））。
　ところで、石河（一九三二）は、先の富田の婚姻契約書について、「此契約書は先生（福澤諭吉）の筆に成ったように思はるゝ節がないでもない」（四六六頁）とコメントしているが、この契約書（行禮人・福澤諭吉、證人・森有禮）が高木三郎のものとほぼ同文（行禮人・森有禮、證人・なし）であることからすれば、森のコメントを考慮してき上がった可能性は否定できないが、福澤の筆になるとは考えにくい。

（5）富田鐵之助から黒川剛（大童信太夫）宛の結婚を知らせる書簡（明治七年一〇月一三日付）に記載された住所は、「三田二丁目十三番地」であった。これは、『大童家文書』所収の書簡であるが、吉野（一九七四）三九六頁には、その全文が採録されている。

（6）『福澤諭吉全集 第一七巻』に採録された富田鐵之助宛書簡（明治八年四月二九日付）に付けられた註記「この前年福澤の家で富田と結婚式を挙げた杉田成卿の長女縫」という表現による（一八四頁）。この書簡は、『福澤諭吉書簡

集 第一巻』にも採録されているが、こちらにはこの註記はない。

（7）「謁見」と「下賜」の件は、『仙臺先哲偉人録』九〇頁による。「旅費多端」の件は註5の書簡による。

（8）『公文録・明治六年』第九二巻、件名番号〇三三による。これにはいくつかの文書が採録されているが、その中に「（明治六年の太政官）布告第一二六号」を適用する旨の記載がある。この布告は、布告第九〇号（勅任官の召連れ従者を二名、奏任官のそれを一名とし、渡航旅費を下等する等の布告）の規定に準じながらも、旅費を上等に変更する旨のものであった（『法令全書 明治六年』）。

（9）婚姻契約書は、東京日日新聞（明治八年二月七日号）から引用した。『森有禮全集 第二巻』七七一―七七二頁や『福澤諭吉全集 第二一巻』二九六頁、吉野（一九七四）三七―三八頁にも、ほぼ同文が採録されている。ただし、『森有禮全集 第二巻』では「即」や「掲」の異字体が使われ、『福澤諭吉全集 第二一巻』と吉野（一九七四）では、ともに、ひらがな交じり文になっている。

（10）大久保一翁は、旧幕臣であり、幕末に海舟の建白に最初に着目し、海舟を登用した人物であった（詳細は、第4章の註17を参照のこと）。廣瀬常の父・秀雄が旧静岡藩士（旧幕臣）であったことも、藩閥政治を嫌う森が、大久保に立会人（主賓）を頼んだことの第二の理由になるかもしれない。当時、外務大丞（四等官）の森よりも上位の職位にあった旧幕臣は、参議・海軍卿の勝海舟、東京府知事（二等官）の大久保一翁、特命全権公使（二等官）の榎本武揚くらいであった。その中、海舟は、台湾出兵に反対だったことから海軍卿の辞意を表明し、閣議を欠席する状況であったし（海舟日記でも「出省」「参官」「参」等の記載が見られない）、榎本は、ロシア駐在公使であったのである。

（11）良覚院丁の名称は、修験道の寺を統括する「一門格」の寺院「良覚院」が置かれたことに因む。良覚院跡地や武家屋敷跡地は、現在、「良覚院丁公園・緑水庵庭園」（仙台市青葉区片平一丁目）敷地や「仙台法務庁舎（仙台高等検察庁舎）」敷地等になっている。良覚院丁から目と鼻の先に広瀬川に架る「大橋」があり、これを渡るとすぐに仙台城大手門に至る。

（12）奉行（他の藩の家老職）は、通常は、六名体制（江戸詰二名、城詰二名、在所二名）であり、一門・一家等は藩政には携わらず、奉行は、「宿老（着座一番座）」や「着座（着座二番座）」から選ばれることが多いとされている。富田家は、「着座（着座二番座）」の家柄で、知行高は二〇〇〇石であった。仙台藩は、地方（じかた）知行制をとっていたことから、富田家の知行地は、小野（現在の東松島市小野）であった。

（13）真田喜平太は、戦国武将・真田幸村の一一世の子孫（幸村の二男、守信の子孫）にあたる（小西（二〇一三）一一頁）。真田の西洋砲術の師は、仙台藩大槻磐渓（藩医・蘭学者の大槻玄沢の二男）であった（『江戸文人の交友録』八頁）。大槻磐渓は、嘉永元年に大塚同庵から西洋流砲術の皆伝を受け、安政二年に江川太郎左衛門に入門し、安政四年に江川家学頭となり、砲術の皆伝を受けていたのである（『大槻磐渓』四六頁）。

(14) 若老の職務は、年齢的に見て若すぎるようにも思われるが、『仙臺先哲偉人録』の記載による（八五頁）。

(15) 杉田玄白は、享保一八（一七三三）年九月一三日生まれ、文化一四（一八一七）年四月一七日逝去（享年八五歳）である（『校定 蘭學事始』の「杉田家系譜」六頁及び岩波書店版『蘭學事始』の「年表」一〇五―一一三頁）。以下、本節の玄白・伯玄・立卿・成卿の記述は、『校定 蘭學事始』『蘭學事始』及び『蘭学者傳記資料』に所収の『洋學先哲碑文』『洋方醫傳』『近世名醫傳』等による。また、合わせて『国史大辞典』七〇―七二頁も参照した。

(16) 樋口（一九九五）では、杉田廉卿の素性についていくつかの異説が紹介されているが、本節の説明は、『洋學先哲碑文』の杉田成卿・廉卿の履歴書（二四九―二五五頁）及び樋口（二〇一一）に採録された杉田廉卿の履歴書に基づいている。

(17) 江戸期では、女性は一三歳で成人とみなされ、結婚適齢期は、男性は遅く四〇歳前後まで、他方、女性は二〇歳までとされていた（『江戸のくらし風俗大事典』二一六、二一一頁）。なお、「縫」は、「継（つぎ）」「結（ゆい）」との三姉妹であり、二女・継は、乙骨太郎乙の妻となっている（『沼津市明治史料館通信』第六巻第三号）。

(18) 「天真樓」は、晩年の杉田玄白の住まいの名称である（『国史大辞典』七一頁）。

(19) 廉卿の墓は、沼津市の長谷寺にある「S」の一字が彫られたキノコ型の墓と見られている（樋口（二〇一一））。

(20) 「沼津兵学校」関連の文献として、樋口（二〇〇五）、樋口（二〇〇七）、『図説 沼津兵学校』『沼津兵学校とその時代』『沼津市明治史料館通信』等を参照した。

(21) 一家離散後の武田簡吾・杉田廉卿の兄弟の父・武田悌道の消息について、樋口（一九九五）は「横浜」在住を指摘している。さらに、樋口（二〇一一）では、勁草書房版に採録された海舟日記、第九号（ラベル番号）の表紙の裏の書き込みに「横浜元弁天内 武田悌道娘」の記載があることを紹介した上で、「何を意味しているのだろうか。海舟日記の本文には関連記事はないようであり、謎である」としている。この書き込みは、江戸東京博物館版「海舟日記（五）」では、「海舟日記７（明治三年一〇月二五日～明治四年一月一五日）」の表紙見返しからも、確認することができる。後日の「東京日日新聞」の記事（明治七年二月九日付）では、横浜の医師・武田悌道（悌堂）の孫娘「あや」は、元菊間藩服部某の娘とされていることから、武田簡吾・杉田廉卿の兄弟には、姉（または妹）がいて、さらに姪「あや」もいたことになる。「あや」は、この年一六歳であったが、一二、一三歳からヘボン夫人のもとで英語を学び、一昨年からは「東京女学校」の「助教」となっていたのである。（海舟日記表紙見返しの）明治三年一〇月は、外国人居留地に隣接する日本人街の「元弁天」にいた「あや」が、ヘボン夫人のもとで英語を学んでいた最中であった（海舟も明治三年閏一〇月上旬まで東京に滞在していた）。表紙見返しの書き込みは、海舟が二人と東京（あるいは横浜）で面談したことを示唆するものとも考えられる。

(22)『校定 蘭學事始』の「杉田家系譜」七頁による。

(23)福澤諭吉による外交文書の翻訳は、万延元年一一月二一日（一八六一年一月一二日）から慶応四年一月二九日（一八六八年二月二二日）まで行われ、同僚との共訳や校閲を含めると三三〇件を超える（『福澤諭吉全集 第二〇巻』の「幕末外交文書譯稿」四八〇—八一四頁及び『福澤諭吉全集 第二一巻』の「福澤諭吉年譜」四九一—五一九頁）。また、『福澤諭吉全集 第七巻』の「幕末英字新聞譯稿」には、横浜の英字週刊新聞の一八六五年一〇月七日から一八六六年九月二九日までの抄訳四〇件が採録されている（四九五—六一八頁）。なお、こうした福澤の翻訳は、福澤自身の政治思想形成にも大きな影響を及ぼしたと見られている（長尾（一九八七）を参照のこと）。

(24)この書簡は、吉野（一九七四）の三九五頁に全文が採録されている。封筒裏を確認すると、「西五月三十一日届」であった。なお、富田は、一八七二年五月九日付の書簡（青インクで書かれた書簡）において「領事心得」の件をサンフランシスコから伝えている（吉野（一九七四）三九四—三九五頁に採録）。これも封筒裏には（青インクで）「福澤先生　富田鐵之助」の記載が見られるのである。

(25)第1章で言及したように、森有禮は、明治六年七月の帰国後、啓蒙結社の設立を提案し、九月に「明六社」を立ち上げた。設立時のメンバー（定員）は、西村茂樹、津田真道、西周、中村正直、加藤弘之、箕作秋坪、福澤諭吉、杉亨二、箕作麟祥、森有禮の一〇人とされ、後に杉田玄端や畠山義成らが加わったとされているが（大久保（二〇〇七）三七頁）、そのほとんどが旧幕臣（開成所教授ら）であった。また、「明六社制度規」では、遠隔在住者を「通信員」とすることも定められ、富田鐵之助、高木三郎、神田孝平、グリフィス、柏原孝章が選ばれている（『森有禮全集 第二巻』四五三頁及び大久保（二〇〇七）七九頁）。このように「明六社」を通じても、富田と福澤の交友関係が見られる。

(26)蕃書調所は、文久二（一八六二）年に洋書調所と改称し、翌文久三年には開成所となる。

(27)明治七年（富田と縫の結婚のとき）、副領事の富田が勤務する外務省の最高責任者は外務卿寺島宗則であった。ほぼ二〇年前には、寺島宗則（もともとは蘭医。当時の名は松木弘安、薩摩藩士）の上司は、縫の父・杉田成卿だったし、縫の義理の叔父・杉田玄端は同僚だった。また、松木弘安は、文久二年に遣欧使節に随従し訪欧するが、陪臣の福澤諭吉や箕作秋坪（箕作阮甫の養子）と常に行動をともにしていた。

(28)『福澤諭吉全集 第一〇巻』の「明治一八年四月四日梅里杉田成卿先生の祭典に付演説」二五〇—二五三頁からの引用である。

(29)勝海舟が蕃書調所の立ち上げに関与したことは先に述べた通りであるが、咸臨丸での渡米・帰国の直後の万延元（一八六〇）年六月二四日、蕃書調所頭取介に任命される（『勝海舟全集 別巻 来簡と資料』一〇〇二頁）。頭取古賀謹一郎の補佐役と見られるが、『寺島宗則自叙傳』では「勝麟太郎其長となる。古賀謹一郎と二名の長官なり」

である。この時期に、寺島宗則は、横浜運上所訳官から蕃書調所に戻り、仕事も、生徒の教育から外交文書の翻訳に変わっている。後の明治六年一〇月には、海舟は参議・海軍卿に、また寺島も参議・外務卿に任ぜられ、（翌年の）台湾出兵問題の対応に追われることになるが、この十数年前は、上司と部下の関係であった。

(30) 『福澤諭吉全集 第二一巻』の「福澤諭吉年譜」及び長尾（一九八七）による。

(31) 『洋學先哲碑文』の杉田廉卿の履歴書（二五二―二五五頁）による。

(32) ただし、「シーボルトその他の外人暴行の件」は、「杉田玄端 譯」「福澤諭吉 校」「箕作貞一郎 再校」である。

(33) 杉田玄端は、明治六年の上京後に、海舟の主治医を務めることから、海舟日記にも名前が頻出するが、幕末維新の記載は少ない。初出は、元治二年二月二三日条の

「杉田玄端・福田鳴鵞来訪、聞く、越前敦賀に捕ハれ居る水藩竹（武）田耕雲初刑と云、……」

である。また、慶応元年四月二二日条は、玄端が外国奉行支配翻訳御用頭取となってひと月後に海舟を訪問し、長州藩の上海での動きを伝えている、すなわち、

「香取并杉田玄端来る、聞く、長藩海船を上海ニ而米商に譲り、此船にて近傍を交易すと、藩人廿人計ありと云……」

である。このほか、慶応二年三月一〇日条にも玄端来訪の記載があるが、この時期に注目すべきは、慶応元年一二月二四日条の

「小鹿、調所ニ而銀三錠を賜ハる」

である。調所（開成所）生徒の海舟の長男・小鹿が、成績優秀で褒美として銀三錠を与えられたとの記載である。玄端は、開成所教授であったが、この年の三月には外国奉行支配翻訳御用頭取として異動したのであった。

(34) 石河（一九三二）に従えば、「尚ほ縫子は杉田成卿の長女で、父の歿後は其家を繼いだ杉田玄端に養はれて成長した。先生［福澤諭吉のこと］は玄端と懇意であったので其媒妁人となられたのであらう」（四六六―四六七頁）である。しかしながら、この文の前半部分は、すでに考察した点からすれば正確さに欠けるが、成卿逝去後に玄端夫妻の支援のもとにあったことは確かなように思われる。

(35) 杉田玄端の「序文ニ代フ」と杉田廉卿の「蘭學事始序」は、明治二年と明治二三年のオリジナル版のほか、和田信二郎校定の『校定 蘭學事始』の一―六頁と一三―一四頁に採録されている。緒方富雄校註の『蘭學事始』は、和田信二郎校定からの引用として、大槻玄沢が作成した「杉田家略譜」を掲載している（一二三―一二六頁）。

(36) 福澤諭吉の「蘭學事始再版の序」は、『福澤諭吉全集 第一九巻』七六九―七七一頁による。明治二三年のオリジナル版では、タイトルの記載はなく、本文から書き出しが始まっている（また句読点もない）。和田信二郎校定では「明治二十三年福澤諭吉序」として（九―一四頁）、また、緒方富雄校註では「蘭學事始再版序」として（一二〇―

一二二頁）、採録されている。

(37) これらの成果は、緒方富雄校註の一一四—一三〇頁による。なお、「玄澤大槻茂質序文」は、この一一七—一一九頁と和田信二郎校定の一七—二〇頁に採録されている。

(38) 乙骨の寄寓の件は、中根（一九一六）の「尺振八君の伊庭八郎を救ひたる始末」、樋口（二〇一一）及び中村（二〇一四）による。中根（一九一六）では、「乙骨華陽が今川小路なる杉田廉卿氏に寓居せると聞き往復いて」と記載されている。「今川小路」は、現在の東京・神田神保町であるが、中村（二〇一四）は、なぜか「深川今川小路」としている（一五二頁）。また、樋口（二〇一一）は、「福沢諭吉が小川町（今川小路と同じ）の杉田廉卿宅」とのコメントを付けている。確かに、当時、小川町と今川小路とは隣接していたから、書き手（福澤諭吉と中根淑）が杉田廉卿宅の住所を大まかに述べていたとも考えられるが、第二の件で述べるように、廉卿がよく引越をしていたことを勘案し、書き手の住所表記に忠実に従えば、近隣の別の住まいと考えたほうが適切であるようにも思われる（すなわち、廉卿は、小川町、今川小路、牛込の順に住まいを変えたとも推測される）。

　中村（二〇一四）では、「成卿の次女つぎを娶っていた乙骨」が「廉卿の家へ転がり込んだのだ」と述べているが（一五三頁）、（二人の結婚の時期が不明であり）乙骨の寄寓が縁となって、縫の妹・継と結婚した可能性は残る。

(39) 伊庭八郎は、池波正太郎の小説『剣士伊庭八郎——幕末遊撃隊』（青樹社、一九六七年）等でも取り上げられている。横浜での中根と尺の出会いについては、『伊庭八郎のすべて』一三四頁を参照のこと。また、尺宅（英語塾）での伊庭のエピソードは、前掲書の一三五—一四一頁および中村（二〇一四）一五七—一五八頁を参照のこと。

(40) 箱館行きを断念した中根は、この後に、乙骨の従者の名目で沼津に行き（中村（二〇一四）一五六頁）、乙骨は沼津兵学校の「二等教授方（英蘭漢）」、中根は「三等教授方（漢）」となる。

(41) 尺振八の略歴・エピソードは、尺（一九八九）による（明治に入ってからのことではあるが、尺家は、乙骨家から東に二〇〇〜三〇〇メートルのところにあったという）。

(42) 森中（一九六〇）及び樋口（二〇一一）による。

(43) 新島が杉田玄端に入門した時期は、安政六年四月二五日から七月一日の間（『新島襄全集6』一〇頁）、もしくは、安政六年夏頃とされている（鏑木（一九六五）（一九六六）（二〇〇三）を参照のこと）。

(44) 二〇年後の明治一九年頃には、宮城英学校（後に東華学校と改称）設立に関して、富田鐵之助は新島宛に頻繁に書簡を出す。その中には、縫に関係する書簡（明治一八年一二月二七日付の「御添書之義愚妻よりも申聞候、宜敷申上候様申出候」）や、上京の際に無駄な出費を省き、相談をスムーズにするために富田宅への宿泊を申し出る書簡（明治一九年一月一三日付）や、縫の病状を心配する新島に対して縫を「山妻」と表現しその様子を伝える書簡（二月六日付の「山妻も追々軽快方ニ候得共」、同一七日付の「山妻も追々快方ニ御坐候」、三月七日付の「山妻江之御添筆奉謝候」）も残されている（それぞれ、『新島襄全集9（上）』の二〇八、二一四、二一八、二二六頁による）。これらの書簡から、新島と縫とが古くからの知り合いであることが示唆される。

(45) 当初は、オランダ改革派宣教師ブラウン・浜田彦蔵ルートやブラウン・杉田廉卿のルートを考えたようであるが（『新島襄全集3』三八―三九頁）、バラ・尺・津田のルートに落ち着いた。ただし、慶応三（一八六七）年の尺振八と津田仙の渡米中は、膳所藩士・安食桂二郎（粟津高明）によって民治のもとへ届けられている（『新島襄全集8』四三頁）。

(46) この年の七月、新島はアーモスト大学を卒業し多忙であったためか、明治三年の書簡としては、この書簡のみが『新島襄全集3』に採録されているに過ぎない。

(47) 縫の回想では「途中まで」となっている。「品川駅」の記載は、『福澤諭吉全集 第二一巻』五八九頁による。

(48) 『大童家文書』による。この書簡は、吉野（一九七四）三九六頁にも採録されており、ここではこれを引用した。

(49) 書簡は、宮城県仙台二華中学校・高等学校「富田鐵之助」特別展（平成二八年四月二〇日～五月二三日）において展示されたものである。

なお、大槻文彦は、明治五年に文部省に出仕し、明治七年当時は、宮城師範学校の校長であった（宮城師範学校は、東京師範学校に次いで、大阪師範学校とともに我が国二番目の師範学校として開校した）。大槻は、その後文部省を辞し、我が国最初の近代的な国語辞典『言海』の編纂に専念した。明治二四年に富田らが発起人となって『言海』出版祝賀会が開かれたが、祝辞の順番（伊藤博文の次に福澤）をめぐって福澤から異論が出され、富田がその収拾にあたり、伊藤博文のみの祝辞で決着している。

(50) 杉田成卿については、『江戸文人の交遊録——大槻磐渓をめぐる人々』一一頁を参照のこと。福澤との書簡の往復の状況については、福澤から磐渓宛の書状（文久三（一八六三）年四月一日付）を参照のこと（『福澤諭吉書簡集第一巻』三一―三四頁に所収）。

第4章　商法講習所の誕生

1　商法講習所の胎動

(1)　文部省と東京府

明治五（一八七二）年四月一七日、文部省から商法学校設立が提起される。『公文録・明治五年』第四七巻（文部省伺）の「（件名番号〇一九）「商法学校興立ノ儀伺」がこれである。[1]

この日、文部省は、正院に対して「外国との通商交易が盛んになってきていることから、外国人教師による商法学校を興す必要があること、この外国人教師には大学東校のワグネルを充てたいこと、ワグネルの後任の人選を帰国予定のプロシア辨理公使のフォン・ブラウンに依頼したいこと」についての伺い書を出す。正院は、これを了承し、四月二〇日、大蔵省に対して予算措置の検討を命じる。ところが、四月二八日付の大蔵省の回答は、「普通の「学制」さえも整備されず、充分な学校施設もなく、ひたすら「理論（原文は「管理論」）」を学び通商交易等の学科を学んでも、実際の所得の増加にはつながない」「校舎等は、人民とともに創建すべきであり」「不急の事項なので、これを見合わせるよう「下知」していただきたいので、別紙の伺書も返却したい」であった。当時の状況からすれば、大蔵省の見解にも理があり、商法学校設立は非常に厳しい状況にあった。

正院は、この反論を受け、渋澤栄一・従五位の参朝の際に、再検討を求め、五月三日、大蔵省にも文書で連絡する。こうした事態を受けて、文部省も、七月二日に、外国人教師の赴任旅費を一〇〇〇円から六五〇円に減額して（三年契約、給料一か月三〇〇円、赴任支度料四〇〇円は変更なし）、再度、伺い書を正院に出す（翌日、正院から大蔵省へ伝達される）。

ワグネルは、この年の二月に大学南校から東校へ移り[2]、化学・数学等を教えていたから、商業教育とは無縁の人物であった。文部省（大学東校）の伺い書のねらいは、商法学校の設立や外国人教師の雇い入れではなく、外国人教師の増員であったと思われる。このためか、七月の正院から大蔵省への二度目の通知にもかかわらず、文部省が提起した商法学校設立は、ここでいったん止まる。

同じ明治五年七月、大蔵省の意見を斟酌するかのように東京府は、正院に対して次の主旨の伺い書を出す[3]。すなわち、「文明開化の時代に学校設立は地方の急務である。文部省からの通知もあり、東京府では、これについて府下の者とも相談し「商学舎」を建てることにしたが、教師人件費だけでも一か月七〇〇円ほど必要になる。江戸では、寛政以来、凶備に備えて蓄えをしてきたが、明治元年には一〇万石となった。昨年（明治四年）、これを売却したところ、一〇万一五〇四両であったので、この利子一〇五〇両（利率は一か月一分（一％））を学校運営費に充当したいので、これを認めていただきたい」旨の伺い書である[4]。この伺い書には、「平民の積立金が原資であるので、利金のみをこれに充てること」や「「商学舎」という名称ではあるが、華士族でも入学できる」旨も述べられているのである。なお、上の伺い書の中で、「両」と「円」が併用されているのは、明治四年の「新貨条例」において、新旧貨幣の接続面から「一両＝一円＝金一・五グラム」（対外的には「一円＝一USドル」）と規定されたことによる。

ところが、明治五年八月二日、「必ず邑に不学の戸なく家に不学の人なからしめん事を期す」として知られる「学制（太政官布告第二一四号）」が布告され、大学・中学・小学を基本とする三段階の単純な学校体系等が定められた。[5] 実業教育については「工業」「商業」「通弁」「農業」「諸民（実業補習）」の各学校を「中学校レベルの学校」とする学校体系であった。さらに、翌明治六年四月二八日には、「学制二編」の追加布達（文部省第五七号）が行われ、「外国教師にて教授する高尚な学校」として「専門学校」の規定が追加された。これにより、「法」「医」「理」「諸芸」「鉱山」「工業」「農業」「商業」「獣医」を専門学校とする学校の制度設計ができ上がった。[6] 五月には、「外国語学校」「外国法学校」「外国理学校」「外国諸芸学校」「外国工業学校」「外国鉱山学校」の各教則が、次々と制定され、一一月には「外国教師にて教授する医学校教則」も制定されるが、「外国商業学校教則」は、追加された「学制二編」本文には「別冊あり」と記載されるものの、（商業学校は、専門学校の中では最後に設置するとされたためか）実際には頒布されることはなかった。

このように、学制で規定された学校体系の速やかな整備や学制二編の「外国教師にて教授する高尚な学校」として「専門学校」の規定等もあり、明治五年七月の東京府から正院宛に出された伺い書は、この段階では、陽の目を見なかったのである。

(2) 森有禮と大久保一翁

森有禮は、少辨務使や代理公使として在米中から教育の在り方や制度に関心をもち調査研究していたこともあり、[7] 一国の強さは「富資」の充実にあり、「富資」の源は有為有識の人材が実業界で指導的役割をすることにあるとの考え方に至ったとされる（『都史紀要8　商法講習所』二五頁）。現代的視点からすれば、日本の経済発展のために経済や商業に精通する人材を育成し、彼らを産業界のリーダーとするとの考え方であった。

在米中の森は、第1章で述べたように、明治六年の「学制二編（文部省第三〇号）」の「海外留学生規則」の整備にも関与していたことから、学制の新たな学校教育制度について十分に把握していたし、また、明治六年七月二三日に帰朝することから、学制二編に追加された「外国教師にて教授する高尚な学校」としての「専門学校」についても承知していたのである。

こうして、森は、帰朝後、「国立の商業学校設立の希望を文部省に打診」するが、「文部卿大木喬任はこれを受けなかった」のである（『一橋大学百二十年史』六頁）。『一橋大学百二十年史』では、大木が拒否した理由は述べられてはいないが、⑴商業学校設置は専門学校の中では最後とされたこと、⑵大蔵省から商法学校校舎等は民間と協力して創立すべきという意見が出されたこと、⑶岩倉使節団副使木戸孝允の森に対する人物評価、⑷学制二編成立過程における森の文部省への関与等を総合的に判断したためではないかと推測される。第1章第3節において、明治五年二月に森が少辨務使辞職願を出したことを紹介したが、この時期の森は、「自分は外交の仕事には向かない。文教の府こそ渾身自らの力を注げる場所」と考え、文部省入りを希望していたが、森に批判的な岩倉使節団副使木戸孝允は、大蔵大輔井上馨に書簡（明治五年三月一一日付）を送り、「国家のために、万が一にも森のような人物を文部省に入れないように、と井上に念を押している」のである（犬塚（一九八六a）一四六頁）。文部卿の大木には、商業学校設立を足掛かりにしての文部省入りと捉えられ警戒されたのかもしれない。これも勘案されてか、ともかくも、森の国立の商業学校設立の願いは却下されたのである。

文部省と森の商法学校設置計画の関係について、細谷（一九九〇）は、「この二つの商法学校設置計画は互いに全く関係なく進められ、森は六年七月に帰国し、大木と面会して初めて文部省の商法学校設置計画を知ったのではなかろうか」としているが（一五七頁）、少なくとも、森は、文部省が学制二編に規定された「外国教師にて教授する高尚な学校」としての専門学校を設置する方向にあることは意識していたものと思われる。

森の願いが却下される中、二七歳と若かった森は、明六社を結成するなどアクティブな行動をとり、さらに、大木の拒否にもかかわらず、商学校（商法講習所）設立に向けて具体的な行動を起こす[8]。森は、商法講習所の必要性を東京府知事大久保一翁に説き、大久保は、これにともなう財政的支援を会議所が管理する「七分積金」に求め、会議所にその検討を要請したのである。『都史紀要7　七分積金』に整理・採録された二つの文書、すなわち、

「明治六年十月　森有禮氏商学校ヲ設ケテ西洋商法ヲ講習スルハ当時ノ要務ナルヲ大久保知事ニ協議シタルヲ以テ、知事ヨリ会議所ニ申論アリ、会議所ハ其旨ヲ奉シテ木挽町八丁目十三番地ノ下付ヲ稟議シ、講習所ノ敷地ヲ定メタリ」（一五三頁）と「先ニ前ノ米国駐在ノ我ガ弁理公使森有礼君が帰朝ノ後ニ当リ西洋商法講習所開設ノ事ヲ協議セシ事アリ。明治六年十月三十一日府庁ト会議所ニ該校ヲ開設スベキ事ヲ説諭シ其地位ヲ指示ス。乃チ之ヲ奉ジ木挽町八丁目十三番地ヲ下与セラレン事ヲ申稟ス」（一九六頁）がこれである。

この結果、明治六年一一月四日、公式に「東京府知事大久保一翁」から「太政大臣代理　右大臣岩倉具視」宛に「木挽町八丁目八番地へ商法講習所相設ノ届」が出されるに至ったのである。(9) この届けには、東京会議所総代（藤田東四郎・田畑謙蔵）から、「商業書籍により講習を行うことについて森有禮と相談したところ、会議所内では、商法講習所創設で合意が得られた。ついては、木挽町八丁目八番地の地所を払い下げていただきたい」旨の別紙（一〇月三〇日付）も添付されていたのである。

これに対する「東京府知事大久保一翁」からの一一月一〇日付の回答は、「森有禮の商業書籍講習の件を正院に届けたところ承認されたが、木挽町八丁目八番地の地所を払い下げの件は、決定までに日数を要すること」であった。これを受け、会議所は、一二月三日、再度の地所払い下げの願い書を関係各位（御掛御中）に出すに至っている。

この「商法講習所相設ノ届」が出されたのは、「太政大臣代理　右大臣岩倉具視」の肩書が示すように、明治六年一〇月の朝鮮出兵をめぐる政変の直後のことであった。周知のように、明治六年八月に、廟議ではいったん朝鮮派遣を決定したが、九月に岩倉使節団が帰国すると、岩倉、大久保利通、木戸孝允がこの決定に反対し、廟議は二つに割れる。(10) 太政大臣三條實美が所労となったことから、一〇月二〇日、「太政大臣所労中右大臣代理候條此旨相達候事」により、岩倉具視が「太政大臣代理」となる。一〇月二四日、岩倉は、天皇に対して、廟議決定の朝鮮派遣を上奏するとともに、太政大臣代理としては「反対」である旨を述べ、朝鮮派遣の無期限延期が決定される。これにより、西郷隆盛、副島種臣、後藤新平、板垣退助らが参議を辞職する。

このような政変の直後ではあったが、商法講習所の創設の駆動輪となる森の帰朝もあって、最初の明治五年七月の東京府の伺い書から大きく前進し、この創設届が受理される。しかしながら、この後の商法講習所の実際の創設までの歩みは遅く、このとき払い下げを求めた木挽町《こびきちょう》八丁目に校舎が建設されるのは、二年後の明治八年一一月まで待たなければならなかったのである。

(3)　富田鐵之助とホイットニーの来日

森有禮が商法講習所の創設の駆動輪とすれば、重要な補助輪は富田鐵之助であった。森は、明治五年四月、中辨務使に昇格し、一〇月には、大中少辨務使制の廃止にともない、代理公使となるが、翌年三月の森の離米までの間、富田は、ニューヨーク領事心得や副領事として森の指揮下にあったから、明治五年五月頃の森の動き（森が商業講習の教育所の必要性を東京府知事大久保一翁に伝えたこと）を知っていたのである。富田は、森の考えを忖度してのことか、あるいは、指示を受けてのことかは判明しないが、師であるニューアークのビジネス・カレッジの校長ウィリアム・C・ホイットニーに日本行きの可能性の有無を打診したものと見られる。この打診が、ビジネス・カレッジの経営困難もあって[11]、ホイットニー夫人アンナの「渡日の願望、一八七二年一二月一九日」につながったのである（『ドクトル・ホイトニーの思ひ出』一〇頁）。日本での具体的な進捗状況を知らない富田にすれば、渡日の可能性についての、とりあえずの打診であった。

先に述べたように、明治六（一八七三）年一一月、商法講習所創設の願いは受け入れられたが、その後、具体的な進展はなかった。翌年の富田の賜暇帰朝の結婚は、この大きな転機になった。前章で述べたように、明治七年一〇月四日、富田は、福澤諭吉の仲人によって、杉田縫《ぬい》と結婚する。外務大丞森有禮が主賓であったが、結婚式は、福澤宅行われ、新婚の夫婦は、そのまま福澤宅の裏座敷に住まいする[12]。

この濃密な人間関係の中、福澤は、一一月一日、森と富田の要請に応じて、「商學校を建るの主意（商法講習所設立趣意書）」という小冊子を出版する。[13] この中で、福澤は、「職業の軽重なし」として商業の重要性を説くとともに、武士に剣術の道場があるように、商法を学ばなければ外国商人には対抗できないこと、必ず商学校があること、剣術を学ばなければ戦場には出られないのと同じように、商法を学ばなければ外国商人には対抗できないこと、森・富田の知人であるホイットニーが来日して商法を教える志があること、学校設立の資金も募集していること等を述べているのである。本節の視点から見て特に重要なことは、「外国教師にて教授する高尚な学校」に位置づけられた商学校の外国人教師としてホイットニーを想定していることであろう。

ともかくも、富田の賜暇帰朝と結婚、福澤による仲人、主賓の森、福澤宅（裏座敷）での新婚生活といった見えざる手に導かれて、商法講習所設立構想につながったのである。

ところが、富田は、この三日後の一一月四日に、「謁見仰せ付けられ」、その数日後には、福澤宅に新婚の縫を残したまま、副領事としてニューヨークに帰任する。縫を残して帰任した理由は、「旅費之多端ヲ厭ヘ候故也」とされているが、矢野次郎や高木三郎が「妻携帯願」を出し認められ、「船車賃並旅籠料等」を支給されていることからすれば、富田が「妻に対する旅費支給」の件を知らないとは考えにくく、ホイットニー・ファミリーの東京来着を見越して、縫を福澤宅に残した可能性が強い。

ホイットニー夫人アンナの回想では、「私は日本からの消息が待遠しくてならなくなった。あの遠い國へ若干の家具を送ってからもうほとんど一年になるのに、そのことに就いても渡航のことに就いても何の便りもなかった」、さらに、富田が階下で待っていると言われて行くと、「富田氏は荷物が總て無事に着いたこと及び渡航の道が開かれたといふ消息をもっていらしたのであった」である（『ドクトル・ホイトニーの思ひ出』一四頁）。この渡航の道が開かれた時期がいつかは不明であるが、少なくとも、明治七年一一月の富田のニューヨークに帰任以降であることは確かであろう。「渡日の願望」から二年以上も経過していたのである。

この『ドクトル・ホイトニーの思ひ出』の回想はともかくとして、ホイットニー・ファミリーは、明治八（一八七五）年八月三日、オーシャニック号で横浜に到着する。(14) ホイトニーの娘クララ（八月三〇日の誕生日に満一五歳）の日記では、「いよいよ日本に着いた！　あんなに一生懸命に祈っていた国に着いたのだという実感がほとんど湧かない」（『クララの明治日記（上）』一八頁）であったが、一家は、東京に出て築地の精養軒ホテルに宿泊の後、富田夫人・縫の世話を受けることになる。八月一九日の初対面の際の印象は、「上流階級の出で、本当に上品できれいな方」（二〇頁）であった。

2　商法講習所の誕生

ウィリアム・C・ホイットニーは、富田との打ち合わせに従って、妻アンナ、息子ウィリス（来日当時、二〇歳）、娘クララ（一五歳）、アディ（同七歳）をともなって来日したものの、東京での商法講習所の設立準備は、思いのほか進んでいなかったし、ホイットニー・ファミリーの公的な受け入れ態勢も整っていなかった。この節では商法講習所の設立までの動きを『一橋大学百二十年史』に所収の「一橋大学年譜」に基づいて紹介し、コメントを付すことにしよう。

(1)　教師館

「一橋大学年譜」は、明治八（一八七五）年八月三日の「ホイットニー、家族とともに横浜に上陸」から始まる。続いて、「木挽町一〇丁目の森有礼の宅を教師館とし、ホイットニー一家を住まわせる。ついでそこに講習所を建設しようとして、その準備中、尾張町鯛味噌屋の二階を仮教場とする」である。

すでに述べたように、森の結婚式は、明治八年二月六日、築地采女《うねめ》町の精養軒を背にした森の自宅で行われたが、この家は、東京商法学校（商法講習所）を設立するつもりで建てたとされる西洋造りのきれいな建物であった（東京日日新聞、明治八年二月七日号）。

先に紹介した明治六年一一月四日の「木挽町八丁目八番地へ商法講習所相設ノ届」では、「木挽町八丁目」となっているが、翌明治七年に「木挽町八丁目」は「木挽町八・九・一〇丁目」に三分されたので、当該の地は、正しくは九丁目、一〇丁目に対応する（『都史紀要8　商法講習所』四七頁）。したがって、森は、「木挽町八丁目八番地」を借り受け、商法講習所の教場を建てる予定でいたが、洋館（自宅）を建てて、間もなく、ホイットニー一家が来日したのである。

来日から二週間後には、ホイットニー一家は、ここに住むことになる。一八七五（明治八）年八月一九日のクララの日記には、「私たちの家はこの辺で一番大きい家で、馬車道がついている門が二つあって……客間は故国のと同じ位広大な部屋で、長さは家の長さ分だけある。客間の反対側に食堂と書斎があり、その裏に廊下に平行してホールと教室がある。台所はこの家と森さんのご両親の家の間にあり、台所の隣は浴室」であった（『クララの明治日記（上）』二一頁）。

そして、富田夫人の縫は、三田の福澤諭吉宅からこの教師館に引っ越して、ホイットニー一家の世話をすることになる。すなわち、福澤諭吉から富田鐵之助宛書簡によれば、「（明治八年八月二一日）商学先生着、……明日と申処ニ定り、唯今おぬい様ハ拙宅へ御出、荷物運送斗等之御話したし居候処なり」、また、「（明治九年三月三日）御令閨様御機嫌能、不相替木挽丁（ママ）へ御同居ニ御坐候」である（『福澤諭吉書簡集　第一巻』三二九頁及び三三九頁）。

クララは、ここに「ホールと教室がある」と記しているが、手狭なために、その拡張工事が必要となり、その間、商法講習所は、尾張町鯛味噌屋の二階を仮教場とすることになる。

(2)　海舟の寄附

「一橋大学年譜」に記載された次の項目は、八月二八日、「勝安房、商法講習所開設をきき、千円の寄付を申し出る。勝安房は、門下富田鉄之助を通じ、商業教育の必要性と、商法講習所開設までの経緯を熟知していた」である。この海舟の千円の寄附の件は、第4節で詳しく述べる。

(3)　ホイットニーの雇用

「年譜」の次の項目は、明治八（一八七五）年九月一三日の「ホイットニー雇入れについて東京会議所とホイットニーとの間に約定書、東京会議所と森有礼との間に約定書が定められる」である。これは、東京会議所（渋澤栄一・大倉喜八郎）がホイットニーを雇い、商法講習所（森有禮）に貸し出す形をとったことから、二通の契約書（約定書）が取り交わされたのである（『商法講習所』三八—四六頁）。

前者の約定は、商法講習所教員としての雇用であり、雇用期間は（さかのぼって）一八七五年五月から一八八〇年六月までの五年、年俸は二五〇〇円（月割払い）であった。

後者の約定では、商法講習所は「森の私立学校」であり、「福澤諭吉と箕作秋坪」とともに運営にあたること、東京会議所は「ホイットニーの年俸二五〇〇円と運営経費五〇〇円」を支出すること、東京会議所は無税地の商法講習所用地（四四七四坪余）を貸与することが取り決められたのである。

翌九月一四日には、東京府知事大久保一翁から「外務大少丞」宛に、「ホイットニー雇入免状」の下付願いが出され、同日に、外務省から「免状」が下付されている。言うまでもなく、このときの外務大丞は、森有禮であった。

さらに、九月一九日には、この件がアメリカ総領事トーマス・ビー・ヴァン・ブレン・エスクワイア（Thomas B. Van Buren Esquire）にも通知され、雇用手続きは完了する。

(4) 商法講習所創立

「一橋大学年譜」の次の記載事項は、明治八年九月二四日の「銀座尾張町二丁目二三番地に商法講習所の開業を東京会議所から東京府知事大久保一翁に届け出る」である（この経緯から一橋大学では、この日を「創立記念日」としている）。

東京会議所は、この日、東京府知事大久保一翁宛に「商法講習所之儀ニ付伺書」を提出し、商法講習所の開業を届け出て、一〇月一二日付で「書面申立之趣聞届候事」となる。

この「伺書」とともに、商法講習所の「営繕」がまだ終わっていないことから、当分の間、「仮リニ第一大区尾張町二丁目二拾三番地ニ於テ開業仕候此段御届申上候也」の届け出をしたのである。

授業は、鯛味噌屋の二階で行われた。昼夜開講制であったが、夜間部の場合は、（土・日曜日を除く）七時から九時まで授業が行われ、授業科目は、簿記、英習字、英会話、英文法、和洋算術、地理書の六科目であった（『一橋大学百二十年史』一一頁）。なお、簿記のテキストは、ブライアントとストラトン（共著）、福澤諭吉（訳）の『帳合之法』ともされるが、ホイットニーによる授業は、当然のことながら、すべて英語で行われた。

この鯛味噌屋の二階での授業は、半年ほど続き、木挽町一〇丁目への移転は、翌年の五月であった。すなわち、「一橋大学年譜」によれば、明治九年五月一五日、「商法講習所を尾張町より京橋区木挽町一〇丁目に落成した校舎に移す（「沿革史」による）」である。「東京府職官表」では、八月二一日の校舎移転となっている。

「鯛味噌屋」（銀座尾張町二丁目二三番地、現在の銀座六丁目）の「二階説」は、商法講習所第一回生の成瀬隆蔵の証言に基づくものとされ、酒井（二〇一六）が、この鯛味噌屋の場所に関する綿密な考証を行っているので、これを参照されたい。ちなみに、この成瀬隆蔵は、第Ⅲ部第7章で紹介した洋画家・川村清雄の従兄弟にあたる（落合（二〇一一））。

酒井（二〇一六）には、「鯛味噌屋の二階が商法講習所になっていたので、その看板がかかっていたことやこれを見て福澤の慶應義塾から転校したこと」のほかに、「森が永田町に自宅を移し、これまでの森の住居を教師館とし、ここで十数名に対して商業教育を始めたこと、その裏に新しい教師館を新築したので、ホイットニー家は新館に移り、旧館を校舎に充てる準備のために、鯛味噌屋の二階で授業が行われていた」旨の成瀬隆蔵の証言が採録されている。

しかしながら「一橋大学年譜」では、明治九年五月一五日に鯛味噌屋から落成した校舎に移るが、その直前の五月三日に、教師館の新築にかかり、「(同年七月二六日)教師館竣工し、二八日ホイットニーこれに移る」である。成瀬証言は、ホイットニーが移った後の旧館を校舎として整備するために鯛味噌屋の二階を仮教場としたということなので、いくぶんニュアンスが異なっている。

(5)　商法講習所の東京会議所委任と東京府管轄

商法講習所が尾張町の鯛味噌屋の二階に開業した二か月後に、「私立学校」の「商法講習所」の運営責任者の森有禮が、江華島事件を処理するために清国在勤の特命全権公使を命じられる。すなわち、「一橋大学年譜」では、明治八年一一月二二日、「森有礼、特命全権公使二等官に任ぜられ、清国在勤を命ぜられたため、校事を東京会議所に委任、以後同会議所の管理に属す」「渋沢栄一は、この時会議所会頭であったので、この交渉に与かり積極的に助力する」である。

急を要する北京への赴任であったことから、森は、これまで支援を受けていた東京会議所に商法講習所事務を委譲するとともに、これまで森が私財を投じて建設した教師館・教場等も、そのまま寄附したのであった。すなわち、明治八年一一月、森と東京会議所との間で、「今般講習所一切之事務を森有禮より名實共會議所江引渡候ニ付而は、追々造營いたし候木挽町十三番地ニ有之西洋館貳棟和製家屋貳棟、並勝安房より寄附金授業料殘金、假講習所ニ而相用候教場附屬器械は勿論門戸一切、別紙目錄書之通森有禮方より會議所江其儘寄附いたし候事」の「約定」

がなされたのである（『森有禮全集 第一巻』三二八頁）。森は、六〇〇〇円余を要してこれらの家屋を築造したが、築造を依頼した工部省外国人雇人に対して、元利合計四〇五九円余の借財が残っていたことから、会議所がこれを肩代わりすることになったのである（したがって、実質的な意味での森の寄附は、二〇〇〇円弱と教場の器械ということになろうか）。

さらに、翌年の明治九年五月二〇日には、商法講習所の校地・校舎と運営事務を委譲された東京会議所も、これを東京府の管轄としたのである。すなわち、「一橋大学年譜」の「商法講習所、東京府（勧業課）の管轄となる（「沿革史による。「商法講習所」は五月二六日」）」である。同年五月二五日の東京会議所から東京府への「引渡目録」によれば、土地は、（東京会議所が森に貸与した）木挽町九丁目三四・三五・三六番地と一〇丁目一二・一三・一四番地の合計四四七四坪余、家屋は、西洋造り家屋（二階建て）一棟、同（平屋建て）一棟、日本家屋（中二階建て）一棟であった（『商法講習所』五五―五六頁）。

東京会議所（当初の名称は、東京営繕会議所）は、幕政時代に江戸市民が飢饉等に備えるために備荒貯蓄した共有金（七分積金）を管理するために、明治五年に組織されたものであったが、当時、この共有金は、ガス事業、養育院、商法講習所、墓地の四つの事業に支出されていたのである。商法講習所の管轄が東京府に変更されても、明治一二年三月の「東京府会」において商法講習所への共有金の支出が廃止されるまでは、商法講習所の運営経費は、東京会議所の共有金から支出されたのである（『商法講習所』一三五頁）。

(6)　高木貞作と矢野二郎

次節と密接に関連する事項は、一八七五（明治八）年一一月の「高木貞作を商法講習所掛とし、ホイットニーとともに教務を司らせる　▽講習所学生数二六名」である。森は、当初、ホイットニーを（商法講習所）所長にするとの約束をしたとされるが、来日したホイットニーの「人品才能」に失望して、「不適任」とした問題である。これに関連し、先に紹介した東京会議所とホイットニーとの間の約定書（九月一三日）の第四条には、講習所の運営に関する諸規則や科目等の決定の権限は、ホイットニーにあるとしながらも、「講習所主任ノ者」と協議の上、決定すべき旨が規定されたのである。こうして、高木貞作が「講習所主任ノ者」とされたのである（『一橋大学百二十年史』一〇頁）。以下、この『一橋大学百二十年史』に従うと、高木貞作は、旧桑名藩士で、維新後に大蔵省留学生として渡米し、ホイットニーのビジネス・カレッジで学び、帰国後は、商法講習所の設立準備に携わっていたのである。高木は、商法講習所の授業ではホイットニーの助教を務めたが、講習所の運営に関しては、主任としてホイットニーの上位に置かれたのである。これについて、『一橋大学百二十年史』では、「第四条は、この処置に不満なホイットニーと森との妥協の産物」との見解が示されている（一〇頁）。

そして、事態が落ち着いた半年後の明治九年五月二六日の「一橋大学年譜」の記載は、「矢野二郎、（東京府）商法講習所所長に任ぜられる」である。矢野二郎（矢野次郎）は、第1章で紹介したように、ワシントン駐在の外務省二等書記官であった。森代理公使の離米に伴い、高木三郎（外務省九等出仕）が森から「臨時代理公使」を委任されたが（後に「事務代理」として正式に追認）、この高木に代わって正式に外務省から「代理公使事務代理」を命じられたのは、矢野二郎であった。矢野は、明治六年七月から「事務代理」を務めるが、その矢野も、二年後の明治八年九月には、「矢野二郎（次郎、晩年好んで二郎と書し、これを通称する）、任地アメリカより帰国する。一〇月外務省書記官を辞す」であった。

明治九（一八七六）年五月、商法講習所は、東京府に移管され、公立学校となったことから、その確実な運営責任者として、矢野二郎が所長に任命されたのである。前年一二月、東京府知事大久保一翁が文部省の教部少輔に転出し、代わって楠本正隆が東京府権知事に就任したが、その楠本は、商法講習所所長の人選を東京会議所会頭の渋澤栄一に依頼したのであった。渋澤は、会議所副会頭の益田孝と協議の上、益田の義兄の矢野を推薦したのであった（『一橋大学百二十年史』一二—一三頁）。

矢野二郎は、これ以後（数か月の辞職期間があるものの）、明治一六（一八八三）年一一月まで商法講習所所長を続ける。商法講習所は、明治一七年三月、東京府から農商務省に移管され、「東京商業学校」となるが、矢野も、明治一七年七月に、東京商業学校校長となる。その後、明治一八年五月の文部省移管の後、明治二〇年一〇月には「高等商業学校」と改称されるが、矢野は、明治二六（一八九三）年四月まで、高等商業学校校長としてその任にあたる。したがって、商法講習所所長に就任して以降、実に一六年以上にもわたって所長・校長を務めることになるのである。

3　森の心変わり

前節で少し言及したように、森が来日したホイットニーに失望し、彼を不適任とする事態が起こった。この節では、この事態について考察する。

(1)　ことの始まり

富田鐵之助は、縫との結婚式や、福澤による「商法講習所設立趣意書」の発表の後、明治七年一一月に単身でニューヨークに戻り、それ以後、（多分に森との打ち合わせ通りに）ホイットニー・ファミリーの渡日の準備に取りかかる。

これに対して、森のホイットニーを迎える決意は、「（明治八年三月七日）商法學校はホウヰツニー着次第相始可申候」であった（森からサンフランシスコ副領事の高木三郎宛の書簡（『高木三郎翁小傳』五四頁及び『森有禮全集第一巻』三三三頁）。

また、明治八（一八七五）年四月二九日の福澤諭吉から富田宛の書簡でも、

「商学先生も近日其地出立可相成よし、着之上ハ何卒首尾能く行はれ候様所祈候。おぬい様御事も其節ハ森氏江相談、先生之方へ御引移相成候事ニ可有之候」である(15)(『福澤諭吉書簡集 第一巻』三二三頁)。

こうした中、八月三日、ホイットニー・ファミリーは横浜に到着する。しかしながら、商法講習所設立準備もファミリーの迎え入れの準備も整っていなかったのである。先に紹介したクララの日記によれば、「(八月一九日)……二週間経ったが、ある意味では大変憂うつで、うんざりするような二週間だった。というのは、ある当事者とトラブルがあって、私たちはまだ住居も定まっていなかったのである。その人(森有礼)は家も提供し、何とか助力してくれると約束していたのに、私たちが現実にやって来るとわかった時、その「約束を破って」、予定されていた地位に父は不適任だ、と言ったので、大変困ったことになったのだ」という状況であった(『クララの明治日記(上)』二一頁)。

先に述べたように、ホイットニー・ファミリーは、この日(八月一九日)、森の家に移り、以後、このファミリーを縫が世話することになるが、森は、ホイットニーが商法講習所の所長として不適任と考え、これを阻止したのであった。

(2) 森の失望の理由

不適任の理由は、森がホイットニーの「人品才能」に失望し、日本に招聘したことをいまさら致し方ないとして悔やんだことにあった。すなわち、同年九月一〇日の森から高木三郎宛書簡では、「ホウヰツニー氏来着近日中より開校可相成、同人義は人品才能案外失望仕候廉有之候得供今更致方無之候、先づ五ケ年間會議所雇入相成相試申事ニ決候、勝先生金千圓を寄附して學校を助けられ候、福澤箕作兩氏の盡力なり」である(『高木三郎翁小傳』五五頁及び『森有禮全集 第一巻』三三三頁)。

これに関し、『一橋大学百二十年史』は、森がアメリカでホイットニーと会い、商法講習所構想について意見交換をしたということに疑問を呈している。事前に、一度でも面談していれば、ホイットニーの考え方等を知り得たと思われることから、この見解は、多分に正しい。

「人品才能」の失望の理由として、『一橋大学百二十年史』は、(1)ホイットニーが経営不振だったビジネス・カレッジの後始末と日本への長旅で疲労困憊であったこと、(2)商法講習所の準備が進んでいないことに対して、ホイットニーが森に不信感をもったこと、(3)二人の商業教育に対する理念の相違があったことを挙げている（八頁）。

この第三の理由に関して、『一橋大学百二十年史』は、ホイットニーの教育目標が、当時のアメリカ経済界が最も必要としていた「大量のクラーク（読み、書き、計算のできる実務家）」養成にあったのに対して、森の目標が、外国商人の「貿易独占を排除し」「海外に進出し外国人実業家と対等に交際できる人材の養成」にあったことからくる理念の相違と見ているのである。

これに加えて、第四に、森がアメリカ人有識者と深い交流をしていたことから、彼らとの比較において「人品才能」を欠くと判断した可能性も残る。森は、代理公使の在任中に、教育の在り方や制度に関心をもち調査研究を行い、一国の強さは「富資」の充実にあり、「富資」の源は有為有識の人材が実業界で指導的役割をすること（『商法講習所』二五頁）、「国家独立の基礎は経済の富強」にあること、「経済人の育成が急務であること」との考え方に至ったとされている。この思想形成の過程でアメリカ人有識者と深い交わりをもっていたのである。また、一八七二（明治五）年には、森は、いわゆる「英語の国語化」を提唱し、ホイットニーの「親戚」にあたる当時世界的に著名であったエール・カレッジ教授のウィリアム・ドワイト・ホイットニーにも、五月二一日付の書簡を送っている（『森有禮全集　第一巻』三〇五―三一〇頁）。結果は、アルファベット表記について賛成が得られたのみであったが、これも森のアメリカ人有識者との交流を示すエピソードである。ちなみに、このホイットニーからの回答は、

This last matter, the writing of Japanese for the use of its own people in a phonetic mode, with the European alphabet, appears to me the first and most important of possible reforms.

であった（一八七二年六月二〇日付のホイットニーから森宛の書簡、『森有禮全集 第三巻』四一四—四二三頁）。『一橋大学百二十年史』は、「この森の商法講習所建学の精神は、「商学校ヲ建テルノ主意」で福沢が説いた思想と共通の精神からでている。森がホイットニーに失望したのはやむをえなかった」と総括しているが、しかしながら、このような森の商業教育についての考え方は、学制二編の第二〇〇章に規定された「商業学校（予科三年・本科二年）」の本科科目「1記簿法　2算計法　3商用物品辨識　4商業学　5商法」から推定される設立の趣旨・目標とも異なり、商法學校科目竝要領において目標とされた商業実践とも大きく異なっていたのである。(16)

(3)　福澤諭吉の見解

森はホイットニーを人品才能が欠けていると判断したが、森の行動は、一般にはどのように捉えられたのであろうか。ここで、当時、森と並ぶ識者であり、森と富田の依頼によって「商法講習所設立趣意書」を書いた福澤諭吉の書簡を紹介しよう。

先に紹介した福澤諭吉から富田鐵之助宛書簡（明治八年八月三一日）の「商学先生着、……唯今おぬい様ハ拙宅へ御出、荷物運送斗等之御話したし居候処なり」の続きは、「是ハさておき、此度ホヰトニー氏渡来之処、森氏ハ少し素志を転し候哉、あまり相手ニなり不申、旧宅ハ明渡し候、貸すことハ貸したれども、実ニ明ケ渡してからあきなり、第一此教師の雇主ニなることがいやニなりしと見へ、今日までもぐづゝ埒明不申。私と箕作君ハ掛り合ひニ而相談相手の筈なれバ、固より余所ニ見ることハ出来ず。どふする積りだと度々催促すれども、かんじんかなめの張本人たる森有礼様が引込思案ニ而、ヘンテコライナ味なり。委才之事情ハ高木氏ゟ可申上、併し此儘捨置へき事柄ニもあらず。大鳥圭介君も様々ニ周旋、兎ニ角ニ大造な不外聞ニ者不相成様始末ハ付き可申、深く御心配ハ御無用ニ候得共、一応ハ御驚愕可被成候」であった。

森と富田の依頼により商法講習所設立趣意書を書いた福澤諭吉であったが、富田鐵之助・縫夫妻の仲人となり、鐵之助の単身赴任後には「縫」を裏座敷に住まいさせていたから、森の「心変わり」に辛辣で、富田夫妻に同情的であった。

この福澤書簡には、ホイットニーの人品才能の記載はなく、森の消極性（嫌気）が強調されている。ホイットニーが来日すると、森がなぜか心変わりし、森の自宅を教師館として明け渡すことを渋り、雇用することもいやになり商法講習所設立にも消極的になっていく。こうした状況の中、福澤諭吉と箕作秋坪が説得にあたり、これが、先に紹介した明治八（一八七五）年九月一三日の東京会議所と森有禮との間の約定書の「第一条」につながっていく。すなわち、「商法講習所ハ森氏私立学校ニシテ福澤諭吉箕作秋坪両君其相議者ト為リ所轄ハ右三名ノ協議ニ帰ス……」である。

上の書簡の大鳥圭介は、箱館戦争において政府軍に抗戦し捕えられ投獄されたが、このときは、工部省四等出仕となっていた。その大鳥も事態収拾に乗り出す。ジョン万次郎に英語を学んだ経歴をもっているが、幕臣の経歴から、東京府知事の大久保一翁や東京会議所の渋澤栄一・益田孝[17]らとの調整に入ったのであろうか。あるいは、さらに工部省勤務の経歴からすれば、森の自宅建築の借財先である工部省外国人雇人との調整に入ったのであろうか。

なお、クララの日記では、福澤諭吉についての記載は、一八七五年九月五日の「福沢さんが、郊外の別荘に招待して下さり、森さんは浜御殿と呼ばれる天皇の大庭園の入場券を何枚か下さった。出来るだけ近い中に行ってみるつもりでいる」が初出である。また、大鳥と箕作の記載としては、同年一一月二六日の「感謝祭の日の午後、勝さん、大鳥さん、箕作さん、杉田さんといった一団のお客さんがあった。準備のためとても忙しかったが、おいでになってからはとても楽しかった。大鳥さんは私たちの古い友達で、私たちが困窮していた時とても親切にして下さったし、箕作さんは富田さんの親友でいらっしゃる。前にも書いた杉田さんは……勝さんは非常に著名な提督で、今のところ血気にはやる悪人から命を狙われておられて……それで、来られた時刀を差しておられた。しかし、客間に入ると刀をはずして……」である。ともかくも、来日したホイットニー・ファミリーを取り巻く人間関係がよく分かる日記である。

(4)　富田鐵之助の総括

森から高木三郎宛書簡（明治八年九月一〇日）の「勝先生金千圓を寄附して學校を助けられ候、福澤箕作兩氏の盡力なり」や次の書簡に見られる「勝海舟の千円寄附の件」は、次節で論考することとし、この事件に対する富田の総括を紹介することにしよう。

翌一八七六（明治九）年一月一九日付の富田から海舟宛書簡は、「新正奉拝賀候……折々杉田玄端より之通書にて、御壮健に被為入段奉拝承居候」から始まり、海舟の長男・小鹿の健康と、小鹿と国友次郎のアメリカ海軍兵学校への授業料等預託に触れた後（第Ⅳ部第2章の註2を参照のこと）、「商学校方に付ては、段々厚く御配慮被下候由、右教師一家中より申越、知人之義、小生におゐて難有奉拝謝候」と海舟に感謝し、本論に入る。すなわち、「森氏之挙動、更に難解得、当秋中事故に付度々送書致候得共、一片之返書も無之、困却之内、同氏清国行公使の上進之事より、学校之方は却て好機会に相はこび候由。先以一ト安心仕候。着目之主任不在となり、却て安堵致し候様之次第、実に奇なる世の中に候」である。

富田の立場からすれば、森といろいろ調整の上、ホイットニー・ファミリーを来日させたのであって、今回の森の心変わりは理解できなかったのである。森に問い合わせの書簡を送っても、一切、返事がなく困惑していたところ、森が清国駐在公使になったことから、かえって商法講習所の運営がうまく機能するようになり、ひと安心したし、講習所所長が任命されなかったことにも、安堵したのであった。

しかしながら、この年の五月には、商法講習所は東京府立となり、また、ワシントンで代理公使事務代理を務め、富田とも旧知の矢野二郎が講習所所長に任ぜられることになる。

4　海舟日記――商法講習所関係

現在のところ、江戸東京博物館版の海舟日記、すなわち、『勝海舟関係資料　海舟日記（一）～（六）』は、明治八年五月一四日までの採録であるので、これ以降は、勁草書房版の海舟日記（『勝海舟全集　第一九巻～第二一巻　海舟日記Ⅱ～海舟日記Ⅳほか』）を引用・参照する（江戸東京博物館版と同様に、勁草書房版の注記事項等を（　）に、また筆者の註記を〈　〉に記載する）。なお、廃藩置県が行われた明治四年秋以降、海舟日記での日々の記載事項は極端に少なくなっていることを付言しておく。

海舟日記のホイットニー来日以降の記載は、千円寄附の話から始まる。すなわち、

明治八年八月二七日
杉田玄端、森有礼、商法教師相招く云々。金これ無く困却、不都合の話これあり。
八月二八日　森有礼へ、商法教師用度として千両、相助け申すべき旨申し遣わす。
八月三〇日　紐育富田鉄之助より、過月差し送り候三百円受納の返書来る。(18)
森有礼より、過日の返書。千円領納、商法学校取建成るべき意、空しからざるべしの返書。杉田玄端。

である。

八月二七日条と二八日条は、簡潔すぎる日記なので詳細が分かりづらいが、二八日付の海舟から森宛の書簡からその内容が判明する（『勝海舟全集2　書簡と建言』二三九頁）。すなわち、八月二七日は、体調不良だったので、杉田玄端に往診を頼んだところ、貴兄がアメリカ人商法教師を招き、後年の商業教育の基礎を築く旨を聞き、自分も

これが不可欠な事業だという思いになったが、杉田からは、種々の事情から商法学校の事業を開始することが困難であることも聞いたので、些少ではあるが、金千円を出し、貴兄の高挙を手助けしたい旨の書簡であった。

八月三〇日条の森からの返書は、「謹て盛意を領候。……何れ近日開校励精、盛意を空（むなし）ふせざるべし。謹報」であった（『勝海舟全集別巻　来簡と資料』四二〇頁）。勁草書房版海舟日記では、上述のように「空しからざるべしの返書」と判読されているが、江戸東京博物館蔵（マイクロフィルム版）を参照すると、「森有禮より過日の返書千円領納、商法学校取建て成可意を空しう為ずの返書　杉田玄端」であった。こちらは森書簡とほぼ同内容になっている。

富田は、前年の賜暇帰朝の際、数回、海舟宅を訪れているが、「帰国、結婚、ニューヨーク再赴任の報告・挨拶」が用向きと思われるし、ニューヨーク赴任後も、海舟の長男・小鹿への送金に関する数回の書簡の往復があるだけなので[19]、この段階では、富田が縁となって来日したホイットニー・ファミリーのことは、詳しくは知ってはいなかったと思われるのである。その中、富田の新妻・縫の義理の叔父にあたる（結婚式で仮親を務めた）杉田玄端が海舟の往診に訪れ、多分に縫から聞いた彼らの内情を含めて、商法学校（商法講習所）の進捗の具合を海舟に話したのであった。ちなみに、先に紹介したように、杉田玄端は、静岡藩の沼津病院頭取の後、明治六年一二月には、慶應義塾医学所の診療所「尊生舎」主任を務め、海舟とも福澤諭吉とも親交があった（明治八年八月以降、杉田玄端に関する記載が海舟日記に頻出する）。また、海舟日記には

明治三年八月一日

川島真之丞聞く、薩藩士横山正太郎政弊建言、集議院前にて割腹すと、

と記載されているが、横山正太郎は森の実兄にあたる。海舟は、この実兄の件もあって、森に対して好意的な関心をもち、交際していたのである（渋沢（一九八一）二一頁）。『都史紀要8　商法講習所』では、この千円寄附の件を、

「福沢が森、富田の両人の依頼によって起草した設立趣旨書に賛同」（五二頁）としているが、上の海舟日記の状況からすれば、杉田玄端がたまたま海舟を往診し、商法学校の進捗度やホイットニー・ファミリーの内情を知ったことが契機であった。

他方、ホイットニー・ファミリーは、日本到着とともに直ちに、商法講習所教師（所長）に雇用され、即座に給与が支払われるものと信じ、アメリカの財産を処分して来日したのであった。

これをクララの日記で見ると、「（八月二四日）財政上の困難ついては事態は変らない。まるで森さんが私たちを借金で恥をかかせるか、餓死させるためにここに連れてきたみたいに思われる」や「（九月五日）私たちがここに着いた時、私たちの財政問題はすっかり整えられているものと思っていた。しかし、約束をして下さった森さんは、期待通りにして下さらず、私たちが到着した時は、何の準備もされていなかったのである。すぐにお金が手に入ると思っていたので、私たちはほんのわずかしかお金を以って来なかった」である（『クララの明治日記（上）』二二頁及び二八頁）。来日後のホテル住まいと生活費がかさみ、来日してから一か月後には、持ってきたお金がなくなり、「たった一ドル半しか残っていないことに気がついた時の私たちの状態はどんなものだったか……」であった。

この状態のときの海舟からの千円の援助であったから、ホイットニーは、海舟宅を訪問し、礼を述べる。

明治八年九月一日

富田〈高木〉貞作、森氏の手紙持参。六百三十円金渡す。商法教師米人某来訪。礼、申し聞く。

である。実際、森は、千円寄附の申し出から二日後には、高木貞作に手紙を持たせ、海舟宅に遣わし、これにホイットニーも同行させたのであった。すなわち、

過日御恵示之商法学校資金として御寄附之千円、頂戴旁之為、同校助教師高木貞作、此書……、

右教師ホウヰツトニー氏、……機に依り拝面願出候哉も可有之間、其節は宜御接被下度奉願候。匆々頓首。

であった（『勝海舟全集 別巻 来簡と資料』四二〇頁）。

ところが、商法講習所設立の話が捗らず、

九月一五日　高木貞作、商法学校、兎角云々にて捗取り申さず、千円の跡今少し見合せ置き然るべしと云う。

である。高木貞作は、多分に、前々日（九月一三日）に東京会議所が結んだ二通の約定書を知らなかったのである。事態は好転するが、ホイットニー家の台所は火の車のままであった。会議所が東京府に商法講習所開業を届け出る前日に、ホイットニーの妻アンナが、高木貞作とともに海舟宅を訪れる。海舟は、実情を知り、寄附の半分がホイットニーに渡るように申し渡す。すなわち、

九月二三日　商法教師の妻、高木貞作、教師兎角困究（窮）の旨内話。森氏へ寄附金千円、半ば教師へ、半ば学校へ附候旨申し渡す。

である。

この日、海舟は、早速、森宛に日記の記載の通りの書簡を送る。すなわち、「兼て差出候千円の内、残金、同人達手元用に相成候様致度、御都合も在せられべき事やとも考候へども、右様半分宛振分ち度、此段鳥渡申上候。御承知下されべく候。以上」である（『勝海舟全集2 書簡と建言』二四〇頁）。

しかしながら、その承知の連絡は、一〇日後であった。すなわち、

一〇月三日　昨夕、高木貞作より書通、森氏より小拙寄附金の内、六百三十円は教師手元遣わし候事承知の旨につき、同人、近日参るべき旨申し越す。

である。海舟は、これを受けて

一〇月八日　高木貞作、商法学校寄附金残三百七十円、同人へ渡す。

となる。

ここまでの海舟日記を読むと、当初の商法学校に対する寄附千円の趣旨は変更され、最終的には、ホイットニー・ファミリーへ六三〇円、商法講習所へ三七〇円の寄附になっている。

しかしながら、東京日日新聞では、すでに千円の寄附として報じられていたのである。すなわち、商法学校のことを知り、「本月一日金千圓を助力せられたり」（東京日日新聞、明治八年九月四日号）である。海舟は、明治六年一〇月に参議・海軍卿に任ぜられた後、翌七年八月に辞表を出し、また、明治八年四月には元老院議官に任命され直ちに辞表を出したが、その承認は一一月のことであった。この間、海舟は、引きこもって元老院に出勤しなかったが、給料は支払われていた（海舟日記の五月二九日条では三一五円、六月一七日条では三五〇両〈ママ〉）。海舟は、仕事もせずに月給をもらうことを気にしながらも、「政府に返すも變なものなり」と考えていたので、商法学校に対する寄附は、海舟にとって心理的な負担を軽くする行為であった。

こうした新聞報道により寄附の件が知れわたったためか、後日、この海舟の寄附がホイットニー個人に対するものなのか、商法講習所に対するものなのかが、問題となるが、海舟自身が問題の所在を自覚していなかったこともあって、いったんはあいまいに終わる。すなわち、一年二か月後の明治九（一八七六）年一二月二〇日付の商法講習所所長矢野二郎から東京府権知事楠本正隆へ提出された寄附金始末の報告書では、「寄附ノ義挙ト恵贈ノ恩意ト判然分界之レナク終ニ教師ノ私費相充候捗ヒニ之レアリ……」である（『商法講習所』五三頁）。

ところが、明治一一年六月六日付の商法講習所の「勝安房寄附金仕払明細書」では、「海舟からホイットニーへ直に渡したもの、三七〇円」「商法講習所の費用不足のために森有禮が寄附金の中から支出したもの、三円二一銭四厘」、そして「森有禮から東京会議所に引継がれ東京府出納課に入ったもの、六二六円七八銭六厘」であった（『商法講習所』五四頁）。

この「明細書」が正しいものとすれば、寄附金の半分はホイットニーに、残る半分は商法講習所にという海舟の思いは届かず、生活が苦しかったホイットニー・ファミリーへは、三七〇円（想定の四分の三）が渡されたに過ぎなかったのである。

『クララの明治日記』にあるように、ホイットニー・ファミリーの日常生活は、富田鐵之助夫人・縫が世話をしていたが、この寄附金問題を契機に、海舟・ファミリーとホイットニー・ファミリーの親しい交際が始まる。まさに、渋沢（一九八二）の『海舟とホイットニー』の物語の幕開けである。すなわち、ホイットニーが、契約期間前（明治一一年五月）に商法講習所との雇用契約を打ち切られたとき、海舟は、このファミリーのために自宅敷地に住宅を新築し住まわせる。このことが、明治一九（一八八六）年四月のクララと海舟の三男・梶梅太郎との結婚につながっていく。二人は、いわゆる「デキ婚」だったが、富田鐵之助の仲介により結婚に至り（海舟日記の明治一九年四月二九日条・五月三日条）、その後、二人の間に「海舟の孫」の一男五女が誕生する。さらに、同じ明治一九年には、クララの兄ウィリス・ノートン・ホイットニーが海舟から購入した四〇〇坪の敷地（氷川町一七番地に赤坂病院の建設を開始）、明治二一年一月に開院する。

（1）この節で参照した「公文録」は、国立公文書館デジタルアーカイブ版であるが、細谷（一九九〇）にも、同文が採録されている。

（2）『公文録・明治五年』第四六巻、件名番号〇二六による。

（3）『公文録・明治五年』第八四巻、「（件名番号〇五一）凶備金商学舎資本へ振替ノ儀申立」による（ただし、この文書の件は、『都史紀要7　七分積金』では言及がない）。

（4）酒井（二〇〇八）に採録された如水会館開館式における渋澤栄一の挨拶（大正八年九月二九日）によれば、「渋澤が役人をやめて第一銀行に入った頃に、森が、アメリカから、商業講習のために教育所を設ける必要性があることを、時の東京府知事大久保一翁に伝えて来た。大久保は、共有金をもってこの端緒を啓きたいと考えた」というのである。商法講習所設立から四四年後の挨拶であり、必ずしも時系列的に正確とはいえない点もあるが、大筋は合致している。森は、第1章で述べたように、明治六年三月二九日、アメリカを立ちヨーロッパに向かうことから、アメリカからの大久保への連絡は、当然にこれ以前のことになる。しかも、大久保一翁の府知事就任の月（明治五年五月）と東京府の伺い書の月（明治五年七月）とに着目すれば、森が商業講習の教育所の必要性を大久保に伝えたのは、明治五年五月からの二か月に限定されることになる。しかしながら、第一国立銀行の営業開始は明治六年六月（国立銀行条例公布は前年一一月）であり、渋澤栄一の第一銀行入行の時期とは齟齬が生じる。

（5）名実ともに「大学」と称される教育機関は、明治一〇（一八七七）年に始まる。すなわち、安政三（一八五六）年の蕃書調所を起源とする幕府・開成所は、「開成学校」として明治政府に引き継がれ、いったんは「大学南校」と称されるが、明治五年の学制により「第一大学区第一番中学」と改編される。翌年四月には、学制二編の布達により、「中学校」から「専門学校」に転換され、再び「開成学校」と称されることになる。一一月には、開成学校から外国語部門が分離され、「東京外国語学校」（東京外国語大学の前身）が設立される。その後、明治一〇（一八七七）年、開成学校（東京開成学校）と東京医学校との統合により、東京大学（第一次）が設立される。なお、東京大学医学部の源流に関しては、神谷（一九九七）を参照のこと。

（6）『法令全書　明治五年』一五三頁及び『法令全書　明治六年』一五〇七頁に記載された「学制」の条文による。『法令全書　明治六年』には、各教則も採録されている。商業学校を最後に設置する件は、『都史紀要8　商法講習所』六頁による。なお、蛇足ながら、「経済学」は、「学制二編」本文において「法学校」の教育科目と規定され、「商業学校」科目ではなかった。

（7）森は、帰朝に先立ち、一八七二年二月、アメリカの有識者に対して教育の効果に関する質問を発し、多数から（とりわけラトガース・カレッジのマレー教授から）、日本の経済発展のためには、商業教育や経済学教育が重要である旨の回答を得ている（『一橋大学百二十年史』三－四頁）。

（8）第2章で紹介したように、海舟日記の明治六年一〇月一〇日条の「森弁務使、戸山捨八学費之事、富田・高木両人可然人物ニ成しと云」も、この時期のことであった。

(9) 明治六年一一月四日付、一一月一〇日付、一二月三日付の各文書は、『商法講習所』一二一―一二四頁による。ただし、明治六年一一月四日付の文書については、『公文録・明治六年』第二二巻（東京府伺（一））の「件名番号〇〇二」に基づき、「東京会議所総代」「別紙（一〇月三〇日付）」と補正した。『商法講習所』では、この文書の日付は、「明治六年一〇月」であり、また、岩倉具視には「太政大臣代理」の肩書は付けられていない。

(10) 『公文録・明治六年』第一〇巻（各課伺）の「（件名番号〇〇四）太政大臣所労中右大臣代理布告案」による。

(11) ビジネス・カレッジの経営困難の原因としては、南北戦争直後の商業学校の急増と一八七三年の金融恐慌による学校淘汰の中で、ブライアントとストラットンの連鎖式商業学校が、イーストマンの連鎖式商業学校との熾烈な生徒募集の宣伝合戦に敗れたことが挙げられよう（細谷（一九九〇）四七―四八頁）。

(12) 新婚の富田夫妻は、福澤宅の裏座敷に住まいしていたが、この事情を知らないと、『一橋大学百二十年史』のように「彼（富田）は森に同行して三田の福沢諭吉邸を訪れ、商法講習所設立基金募集の趣意書の執筆を依頼した」（六頁）のような表現になる。

(13) この小冊子は、「木版刷りの現在の文庫本の型」であり（渋沢（一九八一）二四頁）、「主意」は、『福澤諭吉全集第二〇巻』一二五―一二七頁に採録されている。

(14) 内田（二〇一五b）には、一八七五～一九一一年のホイットニー・ファミリーの横浜入出港情報が整理されている。

(15) これに続く手紙文は、「建物之絵図入書籍壱冊御送り被下、御用繁中御心頭ニ被掛候段、万〻難有奉存候。私方之集会所も此節こそ漸く落成相成、五月一日より発会之積りニ御坐候」である。「私方之集会所」は、明治八年五月竣工の慶應義塾の「演説館」（一九六七年に国の重要文化財に指定）である。富田から送られた数々の図本を参考に設計され、福澤が私財二〇〇〇円余を投じて建設されたものである（『福澤諭吉書簡集 第一巻』三二五頁）。

(16) 「学制二編」の教科は、『法令全書 明治六年』一五一〇頁による。また、「商法學校科目竝要領」については『福澤諭吉全集 第二〇巻』一二五―一二七頁を参照のこと。

(17) 大久保一翁は、黒船到来に伴い意見書を提出した勝海舟を見出す。幕末には、蕃書調所頭取、駿府町奉行、京都東町奉行、外国奉行、会計局総裁、若年寄等を歴任し、維新後は、静岡藩権大参事、静岡県参事等を歴任し、東京府知事に就任した（酒井（二〇〇八）を参照のこと）。渋澤栄一は、一橋慶喜に仕えるが、慶喜が将軍になると幕臣となる。慶喜の弟・徳川昭武の随員として渡欧し、維新後に帰国し、静岡藩に出仕する。その後、大蔵省（三等出仕）に入る。益田孝は、アメリカ公館でハリスから英語を学び、横浜鎖港談判使節団の通訳としてフランスに行くが、帰国後は、幕府陸軍に入り、騎兵頭並となる。維新後は、大蔵省に入り、造幣権頭となる。

(18) 海舟の長男・小鹿がアメリカ海軍兵学校寮を卒業し、いったん退寮の後、専攻科入学が認められ、再度、寮に入った。海舟は、小鹿の校費や小遣いとして、富田宛に三〇〇円を送金した。「三百円受納の返書」は、その受領書である。

(19) 賜暇帰朝中の富田についての海舟日記の記載は、一八七四（明治七）年七月二一・三一日、八月一三日、九月二九日、一〇月一九日、一一月一三・一六日の七回、また、ニューヨーク再赴任後においては、明治八年四月二四日、六月一〇・一一・二九日、八月三〇日の五回である。

参考文献

論文・研究書等

石井孝（一九八七）『幕末開港期経済史研究』有隣堂

石河幹明（一九三二）『福澤諭吉傳 第二巻』慶應義塾蔵版、岩波書店

石附実（一九九二）『近代日本の海外留学史』中央公論社（中公文庫）（初刊、ミネルヴァ書房、一九七二年）

犬塚孝明（一九八五）「仁礼景範航米日記」『研究年報（鹿児島県立短期大学地域研究所）』第一三号、六一―九〇頁.

犬塚孝明（一九八六a）『森有礼』吉川弘文館

犬塚孝明（一九八六b）「仁礼景範航米日記 その二」『研究年報（鹿児島県立短期大学地域研究所）』第一四号、一―三六頁

犬塚孝明（一九八七a）『明治維新対外関係史研究』吉川弘文館

犬塚孝明（一九八七b）「翻刻 杉浦弘蔵ノート」『研究年報（鹿児島県立短期大学地域研究所）』第一五号、九五―一二九頁

犬塚孝明（一九九〇）「翻刻 杉浦弘蔵メモ」『研究年報（鹿児島県立短期大学地域研究所）』第一八号、三一―五四頁

和泉敬子（二〇〇八）「吉野作造と「六号雑誌」」『吉野作造研究』第四号、一一―一七頁

磯田道史（二〇一二）『無私の日本人』文藝春秋

鵜飼幸子（一九八三）「大槻家の人々」渡辺信夫（編）『宮城の研究5 近世篇Ⅲ』清文堂、二三七―二八二頁

内ケ崎作三郎（一九三四）「緑陰閑話」『文藝春秋』昭和九年八月号、二二三―二二七頁

内田和秀（二〇一五a）「横浜山手病院について15 解説編 ホイットニー一家(1)」『聖マリアンナ医科大学雑誌』第四二巻、二七五―二七九頁

内田和秀（二〇一五b）「横浜山手病院について16 解説編 ホイットニー一家(2)」『聖マリアンナ医科大学雑誌』第四三巻、五五―五九頁

内田和秀（二〇一五c）「横浜山手病院について17 解説編 ウィリスと赤坂病院(1)」『聖マリアンナ医科大学雑誌』第四三巻、九三―九七頁

内田和秀（二〇一五d）「横浜山手病院について18 解説編 ウィリスと赤坂病院(2)」『聖マリアンナ医科大学雑誌』

第四三巻、九九―一〇二頁
榎戸通夫（二〇一〇）「仙台藩首席奉行但木土佐の生涯」『藩報きずな』第四四号、二―三頁
榎戸通夫（二〇一二）「幕末・仙台藩米国留学 偉人・富田鐵之助の生涯」『藩報きずな』第四七号、四―六頁
海老沢有道・大内三郎（一九七〇）『日本キリスト教史』日本基督教団出版局
海老沢亮（一九五九）『日本キリスト教百年史』日本基督教団出版部
大江満（二〇〇〇）『宣教師ウイリアムズの伝道と生涯――幕末・明治米国聖公会の軌跡』刀水書房
大口勇次郎（二〇一三）『勝小吉と勝海舟「父子鷹」の明治維新』山川出版社
大久保利謙（編）（一九七六）『岩倉使節の研究』宗高書房
大久保利謙（二〇〇七）『明六社』講談社（講談社学術文庫）
大島英介（二〇〇四）『大槻磐渓の世界――昨夢詩情のこころ』宝文堂
大島清（一九六九）『高橋是清――財政家の数奇な生涯』中央公論新社（中公新書）
大野彰（二〇一〇）「アメリカ市場で日本産生糸が躍進した理由について」『京都学園大学経済学部論集』第一九巻第二号、一―五五頁
太田雅夫（二〇〇七）『新島襄とその周辺』青山社
岡部一興（二〇一五）「オーバン神学校に学んだ人々」『明治学院大学キリスト教研究所紀要』第四七号、四〇七―四四八頁
小野寺宏（編著）（二〇〇七）『内ケ崎作三郎の足跡をたどる』（私家本）
落合則子（二〇一一）「明治後期における川村清雄の作品売買の一様相――川村家の親族と三井系人脈の関係にみるパトロネージの実態」『東京都江戸東京博物館紀要』第一号、三―三〇頁
片子沢千代松（一九五七）『日本新教百年の歩み』日本YMCA同盟
片平六左（一九七九）『仙台額兵隊記』（私家本）
鏑木路易（一九六五）「新島襄と蘭学研究」『新島研究』第三一号、三〇―四二頁
鏑木路易（一九六六）「新島襄の蘭学研究（下）」『新島研究』第三二号、六―一九頁
鏑木路易（二〇〇三）「維新前後の新島襄の書簡と来簡に関する一覧表の作成」『新島研究』第九四号、二四五―二七二頁
鎌田佳子（二〇一〇）「森有礼の学事巡視――その行程をめぐって」『立命館文學』第六一八号、一九九―二一

一頁
神谷敏郎（一九九七）「幕末から明治初期における医学教育」東京大学（編）『学問のアルケオロジー』東京大学出版会、一二四―一三八頁
川合研（二〇〇二）『アメリカ決済システムの展開』東洋経済新報社
川合道雄（一九九一）『武士のなったキリスト者 押川方義 管見（明治篇）』近代文藝社
河北展生（編著）（二〇〇六）『「福翁自傳」の研究 注釈編』慶應義塾大学出版会
川島第二郎（一九八八）『ジョナサン・ゴーブル研究』新教出版社
菊池道男（二〇〇五）「幕末・維新期の日本経済と貨幣・金融――横浜正金銀行前史」『中央学院大学商経論叢』第一九巻第二号、四七―六五頁
金香花（二〇一五）「キリスト教の神の日本語訳「神」――「用語問題との関連で」」『京都大学キリスト教学研究室紀要』第三号、三五―五六頁
工藤直太郎（一九八四）『新井奥邃の思想』青山館
栗原伸一郎（二〇一五）『幕末戊辰仙台藩の群像――但木土佐とその周辺』大崎八幡宮（国宝大崎八幡宮仙台・江戸学叢書）
栗原伸一郎（二〇一七）『戊辰戦争と「奥羽越」列藩同盟』清文堂出版
小西幸雄（二〇一三）『真田幸村子孫の仙台戊辰史』ミヤオビパブリッシング
権田益美（二〇一〇）「横浜と神戸の居留地における外国人商人――ウォルシュ・ホール商会を通してみるそのビジネス」『港湾経済研究』第四九、二一三―二二四頁
斉藤寿彦（一九八三）「外国為替銀行の成立」『国連大学人間と社会の開発プログラム研究報告』一―六〇頁
坂井達朗（二〇〇〇）「大童信太夫と福沢諭吉」『福澤手帖』一〇六、五―一五頁
酒井雅子（二〇〇八）「商法講習所の創立から東京外国語学校との合併まで」一橋フォーラム資料（二〇〇八年五月一三・二〇日）
酒井雅子（二〇一六）「商法講習所と鯛味噌屋――一橋大学の源流を求めて」『一橋大学創立一五〇年史準備室ニューズレター』第二号、七〇―一三五頁（識別子：hermes-ir.lib.hit-u.ac.jp/da/handle/123456789/10342）
坂田啓（編）（二〇〇一）『私本 仙台藩士事典 増訂版』（私家本）
佐志傳（二〇〇六）『「福翁自傳」の研究 本文編』慶應義塾大学出版会

塩崎智（二〇〇一）『アメリカ「知日派」の起源――明治の留学生交流譚』平凡社
塩野和夫（二〇〇五）『一九世紀アメリカンボードの宣教思想Ⅰ』新教出版社
塩谷安夫（一九七五）『アメリカ・ドルの歴史』学文社
渋沢輝二郎（一九八一）『海舟とホイットニー――ある外国人宣教師の記録』TBSブリタニカ
尺次郎（一九八九）「資料「尺振八」拾遺――尺振八生誕一五〇年記念」『英学史研究』第二二号、一六九―一七八頁
新保博（一九七八）『近世の物価と経済発展』東洋経済新報社
菅（七戸）美弥（二〇〇九）「五五名の「ジャパニーズ」――一八七〇年米国人口センサスの調査票（population schedule）への接近」『東京学芸大学紀要 人文社会科学系Ⅱ』第六〇集、一三七―一五一頁（東京学芸大学リポジトリ）
杉井六郎（一九八四）『明治期キリスト教の研究』同朋舎出版
鈴江英一（二〇〇〇）「函館・仙台洋教事件における〝寛典の処置〟と禁教政策への影響」『史学』第六九巻第二号、一―二六頁
関屋綾子（一九八一）『一本の樫の木――淀橋の家の人々』日本基督教団出版局
瀬戸口龍一（二〇一〇）「松本壮一郎「亜行日記」」『専修大学史紀要』第二巻、九〇―一一〇頁
高木不二（二〇〇五）「黎明期の日本人米国留学生――日下部太郎をめぐって」『大妻女子大学紀要（文系）』第三七号、二三三―二四八頁
高木不二（二〇〇六）「横井左平太・大平のアメリカ留学生活――アメリカ側の史料から」『大妻女子大学紀要（文系）』第三八巻、一九八―二一八頁
高木不二（二〇一五）『幕末維新期の米国留学――横井左平太の海軍修学』慶應義塾大学出版会
高階秀爾・三輪英夫（編）（一九九四）『川村清雄研究』中央公論美術出版
高橋克己（一九七四）「アメリカ銀行制度の初期的展開（三）――第二合衆国銀行の展開過程と解散をめぐって」『東北学院大学論集 経済学』第六四号、六三―九五頁
高橋秀悦（二〇〇九）「江戸期尾去沢の銅の道――平成一九年度東北産業経済研究所公開シンポジウムに触発されて」『東北学院大学東北産業経済研究所紀要』第二八号、七三―一〇三頁
高橋秀悦（二〇一四a）「「海舟日記」に見る「忘れられた

元日銀總裁」富田鐵之助――戊辰・箱館戦争後まで」『東北学院大学経済学論集』第一八二号、九三―一二四頁

髙橋秀悦（二〇一五a）「幕末・横浜洋銀相場の経済学――「海舟日記」に見る「忘れられた元日銀總裁」富田鐵之助(3)」『東北学院大学経済学論集』第一八四号、一―三六頁

髙橋秀悦（二〇一五b）「幕末・金貨流出の経済学――「海舟日記」に見る「忘れられた元日銀總裁」富田鐵之助(4)」『東北学院大学経済学論集』第一八五号、七―八六頁

髙橋秀悦（二〇一七）「東北学院大学ホーイ記念館敷地と六軒丁と「ヒストリカル・トライアングル」」『東北学院史資料センター年報』第二号、二五―四二頁

武田泰（一九七二）「富田鉄之助素描」『松の実』（宮城県第二女子高等学校）第二一号、六二―一一三頁

立脇和夫（一九八六）「幕末明治期におけるわが国通貨主権と外国資本（上）」『経済学部研究年報』第二号、二三―四七頁（長崎大学学術研究成果リポジトリ）

立脇和夫（一九八七）「香港上海銀行の対日戦略――戦前期を中心として」『東南アジア研究年報』第二九号、一―三五頁（長崎大学学術研究成果リポジトリ）

立脇和夫（一九九七）「香港上海銀行の経営戦略（上）」『早稲田商学』第三七五号、一八三―二二〇頁

田中生夫（一九七〇）「紹介 吉野俊彦「忘れられた元日銀総裁――富田鉄之助伝」」『岡山大学経済学会雑誌』第一巻第三・四号、一五五―一六二頁

田中智子（一九九六）「幕末維新期のアメリカ留学――吉田清成を中心に」山本四郎（編）『日本近代国家の形成と展開』吉川弘文館、二一―三六頁

田中智子（二〇一二）『近代日本高等教育体制の黎明』思文閣出版

丹尾安典（一九九四）「川村清雄研究寄与」高階秀爾・三輪英夫（編）『川村清雄研究』三九―七二頁

千葉茂（二〇一七）『幕末・維新と仙台藩始末』創栄出版

筒井正夫（二〇一〇）「富士紡績株式会社設立に至る企業家ネットワークの形成」『彦根論叢』第三八四号、四四―五八頁

土肥昭夫（一九八〇）『日本プロテスタント・キリスト教史』新教出版社

富田俊基（二〇〇五）「明治維新期の財政と国債」『知的資産創造』二〇〇五年一月号、七二―九三頁

長尾政憲（一九八七）「幕臣福沢諭吉の政治思想発展過程――「西洋事情」成立の背景として」『法政史学』第三九号、二三―四三頁

永島忠重（一九三三）『新井奥邃先生』奥邃廣録刊行會（復刻版、大空社、一九九一年）
中根淑（一九一六）「尺振八君の伊庭八郎を救ひたる始末」新保磐次（編）『香亭遺文』金港堂書籍、八二二—八三一頁（『香亭遺文』は国立国会図書館デジタルコレクション版による）
中村彰彦（二〇一四）『ある幕臣の戊辰戦争——剣士伊庭八郎の生涯』中央公論新社（中公新書）
永山三男（二〇〇七）「小名浜二ツ橋古戦場に建つ「仙台藩戦死者之碑」」『藩報きずな』第三七号、一〇—一一頁
野口真広（二〇〇五）「明治七年台湾出兵の出兵名義について」『ソシオサイエンス』第一一巻、一二九—一四四頁
林えり子（二〇〇〇）『福澤諭吉を描いた絵師——川村清雄伝』慶應義塾大学出版会
播本秀史（一九九六）『新井奥邃の人と思想』大明堂
樋口雄彦（一九九五）「「輿地航海図」の訳者武田簡吾について」『沼津市博物館紀要』第一九号、一—一二頁
樋口雄彦（一九九八）「沼津兵学校関係人物履歴集成」『沼津市博物館紀要』第二二号、一—五九頁
樋口雄彦（二〇〇五）『旧幕臣の明治維新——沼津兵学校とその群像』吉川弘文館（歴史文化ライブラリー）
樋口雄彦（二〇〇七）『沼津兵学校の研究』吉川弘文館
樋口雄彦（二〇一一）「新島襄の聖書研究仲間杉田廉卿について」『同志社談叢』第三一号、一—一五頁
樋口雄彦（二〇一四）『勝海舟と江戸東京』吉川弘文館
藤野正三郎（一九九〇）『国際通貨体制の動態と日本経済』勁草書房
藤野正三郎（一九九四）『日本のマネーサプライ』勁草書房
藤野正三郎（二〇〇八）『日本の経済成長と景気循環』勁草書房
逸見英夫（一九八四）「宮城県下耶蘇教講説事件」渡辺信夫（編）『宮城の研究6　近代篇』清文堂、一五一—一八六頁
逸見英夫（一九八五）「大童信太夫宛の福澤書簡と計算書」『福澤手帖』四六、一—五頁
逸見英夫（二〇〇〇）「一條十二郎と大條清助」『福澤手帖』一〇六、二三—二七頁
星亮一（一九九五）『奥羽越列藩同盟』中央公論新社（中公新書）
星亮一（二〇一四）『戊辰戦争と仙台藩』大崎八幡宮（国宝大崎八幡宮仙台・江戸学叢書）
細谷新治（一九九〇）『商業教育の曙（上）』如水会学園史刊行委員会（一橋大学百年年史稿本）

洞富雄（一九七七）『幕末維新期の外圧と抵抗』校倉書房
本田勇（編著）（二〇〇三）『史料 仙台伊達氏家臣団事典』丸善仙台出版サービスセンター
本多繁（一九六五）「東華学校について——自明治一九年至明治二五年」『研究紀要（宮城学院中学校・高等学校）』第一集、一—一四頁
本多繁（一九九一）『米国のプロテスタンティズムと日本人』（製作）丸善
松浦玲（二〇一〇）『勝海舟』筑摩書房
松山恵（二〇一四）『江戸・東京の都市史』東京大学出版会
三上隆三（一九八九）『円の誕生 増補版』東洋経済新報社
三谷博（二〇〇三）『ペリー来航』吉川弘文館
宮城建人（二〇〇五）「郷土が生んだ日銀総裁富田鐵之助伝」『七十七ビジネス情報』第三〇号（夏季号）、一四—一九頁
宮城建人（二〇〇六）「江戸・東京の中の仙台」『七十七ビジネス情報』第三三号（春季号）、一二—一八頁
宮地正人（一九九七）「混沌の中の開成所」東京大学（編）『学問のアルケオロジー』東京大学出版会、二〇—四九頁
宮田美智也（一九八九）「第二合衆国銀行と外国為替取引」『金沢大学経済学論集』第九巻第二号、一〇一—一三八頁
本井康博（一九九二）「宮城英学校——新島襄と押川方義」『新島研究』第八〇号、四—三六頁
元綱数道（二〇〇四）『幕末の蒸気船物語』成山堂書店
森中章光（一九五九）「新島先生と蘭学の師杉田玄端との関係」『新島研究』第二〇号、九—一四頁
森中章光（一九六〇）「津田仙翁が語る若き日の新島先生」『新島研究』第二一号、二八頁
柳父章（二〇〇一）『「ゴッド」は神か上帝か』岩波書店（岩波現代文庫）
山口茂（一九五二）「日本金融史の一節」新庄博・高橋泰蔵・塩野谷九十九（編）『貨幣理論と貨幣制度』同文館、二三三—二六〇頁
山口茂（一九五七）『国際金融』春秋社
山口隆夫（二〇〇四）「上帝か神か——明治初年GODはいかに表現されたか」『電気通信大学紀要』第一六巻二号、一二五—一三六頁
山崎渾子（二〇〇六）『岩倉使節団における宗教問題』思文閣出版
山下英一（二〇一三）『グリフィスと福井 増補改訂版』エクシート
山本有造（一九七九）「幕末・明治期の横浜洋銀市場」新

保博・安場保吉（編）『近代移行期の日本経済——幕末から明治へ』日本経済新聞社、二九五—三一四頁
山本有造（一九九四）『両から円へ』ミネルヴァ書房
厳平（Yan Ping）（二〇〇八）『三高の見果てぬ夢——中等・高等教育成立過程と折田彦市』思文閣出版
吉野作造（一九二七）「静岡學校の教師クラーク先生」『新舊時代』二月号、一八—二三頁（国立国会図書館デジタルコレクション）
吉野俊彦（一九五六）『我が國の金融制度と金融政策 全訂第一版』至誠堂
吉野俊彦（一九七四）『忘れられた元日銀總裁——富田鐵之助傳』東洋経済新報社
吉野俊彦（一九九七）「解説」『地球人ライブラリー 高橋是清伝』小学館、二六五—二七二頁
吉原重和（二〇一三）「新島襄と吉原重俊（大原令之助）の交流」『新島研究』第一〇四号、三一—三二頁
渡辺實（一九七七）『近代日本海外留学生史（上）』講談社
Ballagh, James H. (2010), *Shinonome, Day-Dawn, or The Beginnings of the Kingdom of God in Japan.*（バラ、井上光（訳）『宣教師バラの初期伝道——しののめ 夜明け 日本における神の国のはじまり』キリスト教新聞社、二〇一〇年）
Cary, Otis (1909), *A History of Christianity in Japan*, vol.2, Fleming H.Revell Company.（O・ケーリ、江尻弘（訳）『日本プロテスタント宣教史——最初の五〇年（一八五九—一九〇九）』教文館、二〇一〇年）
Clark, Warren E. (1878), *Life and Adventure in Japan*, American Tract Society.（E・W・クラーク、飯田宏（訳）『日本滞在記』講談社、一九六七年）
Clark, Warren E. (1904), *Katz Awa "The Bismarck of Japan": Or the Story of Noble Life*, B. F. Buck & Company. (Internet Archiev)
Corwin, Charles E. (1922), *A Manual of the Reformed Church in America (Formerly Ref. Prot. Dutch Church), 1628-1922, Fifth Edition, Revised and Enlarged*, Board of Publication and Bible-School Work of the Reformed Church in America, New York.（東北学院大学図書館蔵）
Corwin, Edward T. (1859), *A Manual of the Reformed Protestant Dutch Church in North America*, Board of Publication of the Ref. Prot. Dutch Church, New York. (Internet Archive)
Corwin, Edward T. (1869), *A Manual of the Reformed Church in America, Second Edition, Revised and*

Enlarged, Board of Publication of the Reformed Church in America, New York.（Internet Archive）

Corwin, Edward T.（1879）, *A Manual of the Reformed Church in America (Formerly Ref. Prot. Dutch Church), 1628-1878, Third Edition, Revised and Enlarged,* Board of Publication of the Reformed Church in America, New York.（HATHI TRUST Digital Library）

Corwin, Edward T.（1902）, *A Manual of the Reformed Church in America (Formerly Ref. Prot. Dutch Church), 1628-1902, Forth Edition, Revised and Enlarged,* Board of Publication of the Reformed Church in America, New York.（東北学院大学図書館蔵）

Corwin, E. T., Dubbs, J. H. and Hamilton, J. T.（1894）, *A History of The Reformed Church, Dutch, The Reformed Church, German and The Moravian Church in the United States,* The Christian Literature Company.（東北学院大学図書館蔵）

Denzel, Markus A.（2010）, *Handbook of World Exchange Rates, 1590-1914,* Ashgate.

Friedman, Milton and Anna Jacobson Schwartz（1963）*A Monetary History of the United States 1867-1960,* Princeton University Press.

Griffis, William E.（1876）, *The Mikado's Empire,* Harper & Brothers, Publishers.（グリフィス、山下英一（訳）『明治日本体験記』平凡社（東洋文庫430）一九八四年）

Griffis, William E.（1900）, *Verbeck of Japan: A Citizen of No Country,* Fleming H.Revell Company.（Internet Archive）

Griffis, William E.（1916）, *The Rutgers graduates in Japan: an address delivered in Kirkpatrick Chapel, Rutgers College, June 16, 1885,* the second edition, Rutgers College.（Internet Archive）

Linderman, Henry R.（1877）, *Money and Legal Tender in the United States,* G.P.Putnam's Sons, New York.（The Internet Archive）（California digital Library, University of California）

Loetscher, Frederick W.（1921）, *Papers of the American Society of Church History,* Second Series Volume VI, G.P.Putnam's Sons, New York.（東北学院大学図書館蔵）

Mitchell, Wesley C.（1908）, *Gold Prices and Wages under the Greenback Standard,* University of California Press.（Reprinted 1966 by Augustus M. Kelley・Publishers）

Morison, Samuel E.（1967）, *"OLD BRUIN": Commodore Matthew C. Perry, 1794-1858*, Little, Brown and & Co.（サミュエル・モリソン、後藤優（訳）『ペリーと日本』原書房、一九六八年）

Nussbaum, Arthur（1957）, *A History of the Dollar*, Columbia University Press.（A・ヌスバウム、浜崎敬治（訳）『ドルの歴史』法政大学出版局、一九六七年）

Perrone, Fernanda（2017）, "Invisible Network: Japanese Students at Rutgers during the Early Meiji Period."『近代日本研究』第三四巻、四五一―四六八頁

Pineau, Roger（ed.）（1968）, *The Japan Expedition 1852-1854: The Personal Jouranal of Commodore Matthew C. perry*, Smithonian Institution Press.（ピノオ（編）金井圓（訳）『ペリー日本遠征日記』雄松堂出版（新異国叢書第Ⅱ輯1）一九八五年）

Smethurst, Richard J.（2007）, *TAKAHASHI KORE-KIYO, JAPAN'S KEYNES*, Harvard University Asia Center.（リチャード・J・スメサート、鎮目雅人・早川大介・大貫摩里（訳）『高橋是清――日本のケインズその生涯と思想』東洋経済新報社、二〇一〇年）

Smith, G. W. and R. T. Smith（1996）"Greenback-Gold Returns and Expectations of Resumption, 1862–1879," *Queen' Economics Department Working Paper* No. 1255, pp.1–29.

Whitney, Phoenix S.（1878）, *The Whitney Family of Connecticut, and its affiliations, Vol. 1~3*, privately printed, New York.（HATHI TRUST Digital Library）

Willard, K. L., Guinnane, T. W. and H. S. Rosen（1995）"Turning Points in the Civil War: Views from the Greenback Market," *NBER Working Paper* 5381, pp. 1–40.

Williams, Samuel Wells（1910）, *A Journal of the Perry Expendition to Japan 1853-1854.*（ウィリアムズ、洞富雄（訳）『ペリー日本遠征随行記』雄松堂書店（新異国叢書8）、一九七〇年）

全集・史料等

『新井奥邃著作集　第八巻・第九巻』新井奥邃著作集編纂会（編）、春風社、二〇〇三年・二〇〇五年
『維新の洋画家　川村清雄』東京都江戸東京博物館ほか（編集・発行）、二〇一二年
『伊庭八郎のすべて』新人物往来社（編）、新人物往来社、一九九八年
『江戸のくらし風俗大事典』棚橋正博・村田裕司（編著）、柏書房、二〇〇四年
『江戸文人の交友録――大槻磐渓をめぐる人々』一関市博物館、二〇一六年
『おうすいポケット――新井奥邃語録抄』三浦衛／コール・ダニエル（編）、春風社、二〇一五年
『大久保利通日記一・二』日本史籍協會（編）、東京大學出版會、一九二七年（一九六九年再刊覆刻）
『大槻磐渓――東北を動かした右文左武の人』一関市博物館、二〇〇四年
『大童家文書（仙台市博物館寄託資料）』
富田鐵之助から大童信太夫宛書状（慶応三年一一月九日付・慶応四年一月三日付・同一月二六日付・同三月一一日付）
富田鐵之助から福澤諭吉宛覚書（明治六年七月一〇日付）
富田鐵之助から大童信太夫宛書状（明治七年一〇月一三日付・明治二七年八月一三日付）
勝海舟から大童信太夫宛書状二通（慶応四年四月二五日付）
黒川剛出奔に関する仙台藩書状四通（明治二年四月二六日付・同五月一九日付）
富田鐵之助から岩手逸翁宛書状（明治四年四月二八日付）
『学問のすすめ』福澤諭吉（奥野宣之（訳））、致知出版社、二〇一二年
『学問のすすめ――自分の道を自分で切りひらくために』福澤諭吉（岬龍一郎（訳））ＰＨＰ研究所、二〇〇四年
『鹿児島県史料　大久保利通史料一』鹿児島県歴史資料センター黎明館（編）、鹿児島県、一九八八年
『鹿児島県史料　忠義公史料　第六巻』鹿児島県維新史料編さん所（編）、鹿児島県、一九七九年
『海舟全集　第九巻・第一〇巻』勝安房（海舟全集刊行会（編））、改造社、一九二八年・一九二九年（国立国会図書館デジタルコレクション、永続的識別子 info:ndljp/pid/1177471・1177491）
『勝海舟関係資料　海舟日記（一）～（六）』東京都江戸東

京博物館都市歴史研究室（編）東京都・（財）東京都歴史文化財団・東京都江戸東京博物館、二〇〇二〜二〇一七年
『勝海舟関係資料　文書の部』東京都江戸東京博物館都市歴史研究室（編）東京都・（財）東京都歴史文化財団・東京都江戸東京博物館、二〇〇一年
『勝海舟言行録』浅海琴一、東亜堂書房、一九一六年（国立国会図書館デジタルコレクション、永続的識別子 info:ndljp/pid/953304）
『勝海舟全集1　幕末日記』勝海舟全集刊行会、講談社、一九七六年
『勝海舟全集2　書簡と建言』勝海舟全集刊行会、講談社、一九八二年
『勝海舟全集10　海軍歴史Ⅲ』勝海舟全集刊行会、講談社、一九七四年
『勝海舟全集22　秘録と随想』勝海舟全集刊行会、講談社、一九八三年
『勝海舟全集　別巻　来簡と資料』勝海舟全集刊行会、講談社、一九九四年
『勝海舟全集18〜21　海舟日記Ⅰ〜海舟日記Ⅳほか』勝部真長・松本三之助・大口勇次郎（編）、勁草書房、一九七二〜一九七三年
『家禄奉還諸事綴込　明治七年』一八七四年（宮城県公文書館蔵）
『神田孝平略傳』神田乃武（編）、神田乃武（出版者）、一九一〇年（国立国会図書館デジタルコレクション、永続的識別子 info:ndljp/pid/781275）
『還禄願書綴　明治七年分弐冊ノ内二』（宮城県公文書館蔵）
『木戸孝允日記二』日本史籍協會（編）、東京大學出版會、一九三三年（一九六七年再刊覆刻）
『近世名醫傳』松尾耕三、一八八六年（『蘭学者傳記資料』北沢正誠・今村亮・松尾耕三、青史社、一九八〇年に所収）
『近代洋画の先駆者　川村清雄』馬頭町広重美術館（編集・発行）、二〇〇二年
『クララの明治日記（上）（下）』クララ・ホイットニー（一又民子（訳））、講談社、一九七六年
『慶應義塾大学三田キャンパス　建築プロムナード——建築特別公開日』慶應義塾大学アート・センター（パンフレット）、二〇一五年一一月二七日
『校定　蘭學事始』杉田玄白（和田信二郎（校定））、東西醫學社、一九五〇年
『国史大辞典』国史大辞典編集委員会（編）、吉川弘文館、一九八七年
『S・R・ブラウン書簡集』高谷道男（編訳）、日本基督教団出版部、一九六五年

『春城筆語』市島春城、早稲田大学出版部、一九二八年（国立国会図書館デジタルコレクション、永続的識別子 ndljp/pid/1117503）
『指路教会百年の歩み』横浜指路教会創立百周年記念事業実行委員会（編）、日本基督教団横浜指路教会、一九七四年
『新訂 福翁自伝』福沢諭吉（富田正文（校訂））、岩波書店（岩波文庫）、二〇一七年
『図説 沼津兵学校』樋口雄彦（監修）、沼津市明治史料館、二〇〇九年．
『仙台市史 通史編5 近世3』仙台市史編さん委員会（編）、仙台市、二〇〇四年
『仙臺先哲偉人錄』仙臺市教育會（編）、一九三八年
『仙台ハリストス正教会史』教会史編纂委員会（編）、仙台ハリストス正教会、二〇〇四年
『仙臺藩戊辰史』下飯坂秀治（編）、蝸牛堂、一九〇二年（国立国会図書館デジタルコレクション、永続的識別子 info:ndljp/pid/763367）
『仙臺藩戊辰殉難小史』仙臺藩戊辰殉難者五十年祭弔祭會（編）、杉沼修一、一九一七年
『仙臺戊辰史』藤原相之助、荒井活版製造所、一九一一年
『高木三郎翁小傳』高木正義、高木事務所、一九一〇年
（国立国会図書館デジタルコレクション、永続的識別子 info:ndljp/pid/781603）
『高橋是清自傳』高橋是清、千倉書房、一九三六年
『高橋是清傳』麻生大作（編）、高橋是清傳刊行會、一九二九年
『男爵目賀田種太郎』故目賀田男爵傳記編纂會（編）、故目賀田男爵傳記編纂會、一九三八年（復刻版、ゆまに書房、二〇〇二年）
「但木成行君履歴書」『宮城県史写本資料62』一九五〇年に所収（宮城県公文書館蔵）
『忠義公史料』公爵嶋津家編輯所（編）（東京大学史料編纂所・島津家文書マイクロ版集成（Hdup.M-38-367））．
『寺島宗則自叙傳』（『伝記』第三巻第四・五・六号、伝記学会、一九三六年（復刻版、『寺島宗則自叙伝／榎本武揚子』ゆまに書房、二〇〇二年）
『東京開成學校一覧』東京開成學校（編）、一八七五年二月（国立国会図書館デジタルコレクション、info:ndljp/pid/992865）
東京高等商業学校調査部（原稜威雄調査）「横浜開港当時之貿易状態並洋銀相場取引之沿革」一九一四年一〇月（服部一馬（校訂）、『経済と貿易（横浜市立大学経済研究所）』第一〇一号、九三—一二六頁、一九七〇年三月復刻）

『東京府知事履歴書（富田鐵之助履歴）』（東京都公文書館蔵）
『東藩史稿』作並清亮（編）、渡邊弘（発行）、一九一五年
『東北学院百年史』東北学院百年史編集委員会（編）、学校法人東北学院、一九八九年
『東遊雑記』古川古松軒、平凡社（東洋文庫27）、一九六四年
『ドクトル・ホイトニーの思ひ出』ホイトニー夫人・梶夫人、基督教書類會社、一九三〇年（大空社、一九九五年復刻）
『特命全権大使米欧回覧実記』久米邦武（編）・田中彰（校注）、岩波書店、一九八五年（原著は、一八七八年一〇月、博聞社発行）
『都史紀要7 七分積金』東京都公文書館、東京都、一九六〇年
『都史紀要8 商法講習所』東京都公文書館（編）、東京都、一九六〇年
『都史紀要14 東京の幼稚園』東京都公文書館（編）、東京都、一九六六年
『長崎医学百年史』長崎大学医学部（編）、長崎大学医学部、一九六一年
『奈良養斎傳 附 奈良孝斎傳』奈良眞志、一八九四年（岩手県立図書館蔵、図書名『奈良養斎伝』）
『新島襄全集3 書簡編Ⅰ』新島襄全集編集委員会（編）、同朋舎出版、一九八七年
『新島襄全集4 書簡編Ⅱ』新島襄全集編集委員会（編）、同朋舎出版、一九八九年
『新島襄全集6 英文書簡編』新島襄全集編集委員会（編）、同朋舎出版、一九八五年
『新島襄全集8 年譜編』、新島襄全集編集委員会（編）、同朋舎出版、一九九二年
『新島襄全集9 来簡編（上）（下）』新島襄全集編集委員会（編）、同朋舎出版、一九九四年
『日本銀行百年史 第一巻』日本銀行百年史編纂委員会、日本銀行、一九八二年
『沼津兵学校とその時代』樋口雄彦（監修）、沼津市明治史料館、二〇一四年
『藩報きずな』第一五号、仙台藩志会（編）、仙台藩志会、一九九五年一二月
『氷川清話』勝海舟、江藤淳・松浦玲（編）、講談社学術文庫、二〇〇〇年
『一橋大学年譜Ⅰ 明治八年八月〜昭和二一年三月』一橋大学、一九七六年（識別子 hermes-ir.lib.hit-u.ac.jp/da/handle/123456789/5842）
『一橋大学百二十年史』一橋大学学園史刊行委員会（編）、

一橋大学、一九九五年（識別子右に同じ）
『福澤手帖』一〇五・一〇六、福沢諭吉協会（編）、福沢諭吉協会、二〇〇〇年六月・二〇〇〇年九月
『福澤諭吉書簡集 第一巻』慶應義塾（編）、岩波書店、二〇〇一年
『福澤諭吉全集 第一巻』慶應義塾（編）、岩波書店、一九五八年
『福澤諭吉全集 第四巻』慶應義塾（編）、岩波書店、一九五九年
『福澤諭吉全集 第七巻』慶應義塾（編）、岩波書店、一九五九年
『福澤諭吉全集 第一〇巻』慶應義塾（編）、岩波書店、一九六〇年
『福澤諭吉全集 第一七巻』慶應義塾（編）、岩波書店、一九六一年
『福澤諭吉全集 第一九巻〜第二一巻』慶應義塾（編）、岩波書店、一九六二年〜一九六四年
『福澤諭吉全集 別巻』慶應義塾（編）、岩波書店、一九七一年
『福澤諭吉著作集 第三巻 学問のすゝめ』福澤諭吉、慶應義塾大学出版会、二〇〇二年
『フルベッキ書簡集』高谷道男（編訳）、新教出版社、一九七八年
『ヘボン在日書簡全集』岡部一興（編）、高谷道男・有地美子（訳）、教文館、二〇〇九年
『ヘボン書簡集』高谷道男（編訳）、岩波書店、一九五九年
『宮城縣黒川郡誌』黒川郡教育會（編）、一九二四年（復刻版『黒川郡誌』名著出版、一九七二年）
『宮城県姓氏家系大辞典』宮城県姓氏家系大辞典編纂委員会（編著）、角川書店、一九九四年
『宮城縣史2 近世史』宮城縣史編纂委員会（編）、宮城縣史刊行会、一九六六年
『宮城縣史12 学問・宗教』宮城縣史編纂委員会（編）、宮城縣史刊行会、一九六一年
『明治維新人名辞典』日本歴史学会（編）、吉川弘文館、一九八一年
『明治史料館通信』第六巻第三号（通巻二三号）、一九九〇年
『森有禮全集 第一巻〜第三巻』大久保利謙（編）、宣文堂書店、一九七二年
『洋學先哲碑文』北沢正誠（編）、一八八二年（『蘭学者傳記資料』北沢正誠・今村亮・松尾耕三、青史社、一九八〇年に所収）
『洋方醫傳』今村亮、一八八四年（『蘭学者傳記資料』北沢

正誠・今村亮・松尾耕三、青史社、一九八〇年に所収）
『横井小楠 遺稿篇』、山崎正董（編著）、明治書院、一九三八年（大和学芸図書出版、一九七七年復刻）
『横井小楠關係史料一・二』日本史籍協會（編）、東京大學出版會、一九三八年（一九七七年再刊覆刻）
『吉田清成関係文書一〜四 書翰篇1〜4』京都大学文学部国史研究室（編）、思文閣出版、一九九三〜二〇〇八年
『吉田清成関係文書五 書類篇1』京都大学文学部国史研究室（編）、思文閣出版、二〇一三年
『蘭學事始』杉田玄白（天真樓蔵版）、一八六九年（早稲田大学図書館蔵デジタルアーカイブ）
『蘭學事始』杉田玄白、（出版者）林茂香、一八九〇年（国立国会図書館蔵デジタルコレクション、永続的識別子info:ndljp/pid/826051）
『蘭學事始』杉田玄白（緒方富雄（譯））、大澤築地書店、一九四一年
『蘭學事始』杉田玄白（緒方富雄（校註））、岩波書店、一九五九年
『輒誌 明治七年』柳原前光（手記）、臨時帝室編修局、一九二二年（宮内庁書陵部蔵）
『歴代総裁肖像画関係書類』日本銀行金融研究所アーカイブ（検索番号1139）
『渡辺崋山・高野長英・佐久間象山・横井小楠・橋本佐内 日本思想大系55』佐藤昌介・植手通有・山口宗之（校注）、岩波書店、一九七一年
東京日日新聞（明治五年二月二一日、明治六年二月一二日、明治六年三月二日、明治六年四月六日、明治六年六月二・一〇日、明治六年七月九日、明治六年九月一八日、明治七年二月九日、明治七年五月一九・二二日、明治七年六月五・一五・一六・一七日、明治七年七月二四日、明治七年一二月二日、明治八年一月三日、明治八年二月七日）
The Illustrated London News.（一八五三年五月七日号、横浜開港資料館・リプリント版）

公文書等のデジタルアーカイブ

【国立公文書館】

太政官・内閣関係文書及び枢密院文書

『公文録・明治元年』第三四巻（庚午・各県公文十（盛岡県・山形県））

『公文録・明治二年』第九巻（己巳四～六月・外国官伺）

『公文録・明治五年』第五巻（明治五年四・五月・外務省伺）、第七巻（明治五年九・一〇月・外務省伺）、第八巻（明治五年一一月・外務省伺）、第四六巻（明治五年一～三月・文部省伺）、第四七巻（明治五年四～六月・文部省伺）、第八四巻（明治五年五～七月・東京府伺地）

『公文録・明治六年』第一〇巻（明治六年一〇月・各課伺）、第五一巻（明治六年五月・文部省伺二）、第九一巻（明治六年一～二月・外務省伺録）、第九二巻（明治六年三月・外務省伺録）、第九三巻（明治六年四月・外務省伺録）、第九四巻（明治六年五月・外務省伺録）、第九九巻（明治六年九月・外務省伺録）、第一〇三巻（明治六年一一月・外務省伺録（二））、第一〇四巻（明治六年一二月・外務省伺録一）、第二一二巻（明治六年一一月・東京府伺（一））

『公文録・明治七年』第二一巻（明治七年二月・外務省伺二）、第二五巻（明治七年五月・外務省伺一）、第二六巻（明治七年五月・外務省伺一）、第二七巻（明治七年六月・外務省伺一）、第二七ノ二巻（明治七年六月・外務省伺附録（郵便交換始末））、第二八巻（明治七年六月・外務省伺二）、第二九巻（明治七年七月・外務省伺）、第三〇巻（明治七年八月・外務省伺）、第三一巻（明治七年九月・外務省伺一）

『公文別録・太政官』第五巻（明治五～一〇年）

『職務進退・叙任録』明治五年一～五月、明治五年六～一二月、明治六年一～八月、明治六年九～一二月、明治七年一～三月、明治七年八・九月、明治七年九月二九日～一二月二九日

『諸官進退・諸官進退状』第六巻（明治五年四月）、第七巻（明治五年五～六月）、第一〇巻（明治五年九月）、第一一巻（明治五年一〇～一一月）、第一七巻（明治六年一〇～一一月）、第一二巻（明治六年一～二月）

『職員録』明治元年十二月官員録改、明治二年二月官員録改、明治五年二月官員録改、明治五年五月官員全書改（外務省）、明治六年一月袖珍官員録改

『太政類典　第一編・慶応三年～明治四年』第一五巻（官制・文官職制一）、第一一九巻（学制・生徒第一）、第一二〇巻（学制・生徒第二）

『太政類典 第二編・明治四年～明治一〇年』第一五巻（官制二・文官職制二）、第一八巻（官制五・文官職制五）、第八三巻（外国交際二六・公使領事差遣一）、第一五四巻（産業三・農業三）
『枢密院文書・枢密院高等官転免履歴書 明治ノ一』

【国立公文書館アジア歴史資料センター】
防衛省防衛研究所所蔵文書（海軍省公文備考）
『公文類纂』明治四年巻37（本省公文学術部）、明治五年巻22（本省公文理財部7）、明治六年巻5（本省公文黜陟部）、明治九年巻21（本省公文学術部）、明治一〇年前編巻27（本省公文学術部1）
外務省外交史料館所蔵文書（条約集・戦前期外務省記録）
『旧條約彙纂 第一巻（各国之部）第一部』昭和五年五月 外務省条約局編
『高知県士族沢辺数馬外数名宮城県下ニ於テ耶蘇教講談一件』

【国立国会図書館】
『法令全書 明治二年』～『法令全書 明治七年』内閣官報局、明治二〇～二一年
『官員録 明治七年 毎月改正』西村隼太郎（編）、明治七年
『郵便条約彙纂』逓信省外信局、明治二一年

【大学共同利用機関法人・国文学研究資料館】
『官省規則全書 四篇・五篇』

【アメリカ海軍兵学校】
USNA Digital Collections
Annual Register of the United States Naval Academy for the Academic Year 1869-'70.
——— *for the Academic Year 1870-'71.*
——— *for the Academic Year 1871-'72.*
——— *for the Academic Year 1872-'73.*
——— *for the Academic Year 1873-'74.*

【アメリカ国立公文書館】
National Archives Microfilm Publications, Microcopy No.593. *Population Schedules of the Ninth Census of the United States, 1870.*
Reel 888 : Somerset County, New Jersey.（スライド番号463/610：コーウィン牧師と富田鐵之助）
Reel 852 : Bergen County, New Jersey.（スライド番号246/784：バラとその家族）
Reel 873 : Middlesex County, New Jersey.（スライド

番号413/615：Bartle Isaac, スライド番号431/615：旭小太郎（岩倉具定）ほか）

Reel 881：Essex County, New Jersey.（スライド番号479/856：ホイットニーとその家族）

Reel 620：Hampshire County, Massachusetts.（スライド番号57/465：新島襄）

Reel 109：City of New Haven, Connecticut.（スライド番号598/650：大原令之助（吉原重俊））

Reel 123〜127：District of Columbia.

明白な神意　124, 125
明六雑誌　318
明六社　256, 302
メキシコ・ドル　65
模擬商業実践　198-200
モンソン・アカデミー　139
文部省評議　287, 290

【ヤ】
洋銀　65
洋銀相場　67, 68
洋書調所　332
横浜正金銀行　49
輿地航海図　326

【ラ】
ラトガース・カレッジ　87, 109, 137, 147, 151, 174
蘭學事始　326, 338, 342
陸軍総裁　14, 60
領事館報告書　293
領事心得　247, 267, 271, 286
リンカーン暗殺　15
連鎖方式　195
ロング・アイランド　163

【ワ】
割増通用令　71

大辨務使　271
鯛味噌屋　362, 363, 365, 366
代理公使　269, 271, 284
代領事　271
太政官　224
但木成行招魂之碑　40, 41
致遠館　129, 239
茶　295, 296
チャーチ・ストリート　87, 90, 139, 140, 142
チャイナ号　135
長老派　123, 124, 127
勅旨　245
妻携帯願　312, 319, 361
ドイツ改革派　124
東華学校　49, 258
東華義会　49
東華女学校　49
東京会議所　364-368, 373, 378
東京日日新聞　295, 296, 301, 311, 379
東京府知事　iii, 3, 49
同種同量の原則　67, 77
特命全権公使　271
鳥羽伏見の戦い　14, 33, 60

【ナ】

長崎海軍伝習所　243
長崎丸　45
南北戦争　15, 150, 212
日米修好通商条約　67, 125, 126, 238
日米郵便交換条約　284, 298-300, 302
日米和親条約　66, 125
日本銀行総裁　3, 49
日本銀行創立委員　iii, 10
日本鉄道株式会社　49
日本のビスマルク　225
ニューアーク　121, 194
ニューブランズウィック　19, 72, 74, 87, 90, 93, 109, 120, 121, 135, 137, 138, 141, 145, 149, 150
沼津病院　326, 336, 337
沼津兵学校　326, 337

【ハ】

廃藩置県　233
跛行金本位制　72
箱館戦争　47
ハリス教団　138
ハリストス正教　46, 47
蕃書調所　325, 331, 340
ビジネス・カレッジ　121, 194, 197, 198, 200, 360, 368
一橋大学年譜　362, 364, 365, 367
氷解塾　7, 8, 10, 12, 119, 323
兵部大丞　204
飛龍丸　35
不換紙幣　78
福翁自伝　42, 337, 342
副領事　267, 269, 291, 292, 302
ブリーフ・スケッチ　239
辨理公使　271
簿記　199
戊辰以来会計記　62, 86, 109

【マ】

三田演説館　217
宮城英学校　258
ミルストーン　120, 158, 159, 168, 173
無血開城　15, 142
明道館　218

廉書　251, 280
紙ドル　76, 79, 212
為替レート　64
観光丸　147
官費留学規則取締　286
官費留学規則取調　107, 121, 245
生糸　295, 296
銀貨の自由鋳造　80
金銀比価　71
金銀複本位制　72
金相場　68
銀相場　68
金ドル　76, 79, 80, 212
グラマースクール　87, 109, 149
グリーンバック　78-80, 212
軍艦奉行　5, 147
軍艦奉行並　8
慶應義塾　336
公債発行　281
公債比較表　281
公定比価　66
神戸海軍操練所　35, 147
校務商議委員　257
五か国条約　332
黒龍丸　35
古典コース　174
コロラド号　13, 119, 143
婚姻契約　267
婚姻契約書　314, 315, 318, 319, 321, 345

【サ】

妻妾論　318
済美館　129, 151, 239
薩摩藩第一次留学生　138, 139, 151, 170, 171, 252, 280
薩摩藩第二次留学生　138, 139, 144, 148, 156, 194, 210, 252, 257
佐土原藩知事　205
三貨体制　66
蚕紙　297
三多摩の東京府編入　49
私願留学規則　228
静岡学問所　220, 222, 224, 226
七分積金　358, 367
自由之理　226
商學校を建るの主意　198, 217, 314, 318, 361
少辨務使　269, 271, 284
商法学校　322, 355, 356, 358
商法學校科目竝要領　198-200, 318, 372
商法講習所　121, 198, 256, 268, 314, 358, 360, 362-369, 371, 372, 374, 378, 379
商法講習所設立趣意書　198, 217, 314, 318, 319, 361, 369, 372
条約改正　279
ジョージタウン　196, 345
信仰復興運動　123
振天府　232
正貨兌換法　212
聖公会（監督派）　125, 127
政府紙幣　79
精養軒　362
仙台神学校　258
仙台藩奉行　6, 40, 323
専門学校　357

【タ】

大江丸　35, 45
第七十七国立銀行　49
大政奉還　14, 33

吉野作造　226
吉野俊彦　ii, 3
吉原重俊（大原令之助）　iii, 3, 9, 56, 87, 92, 107, 138, 139, 172, 194, 211, 246, 248, 249, 257, 259

事項索引

【ア】
会津藩追討令　33, 38
亜行日記　78, 81, 121, 135, 188, 211
足尾銅山事件　261
アナポリス　173
（アメリカ）海軍兵学校　88, 90, 91, 104, 106, 150, 151, 173, 174, 235, 308, 310
（アメリカ）人口センサス　159, 167, 191, 195, 197, 211
アメリカン・ボード　123, 124
アラスカ号　21, 143, 144
一分銀　65
一夫一婦論　318
岩倉使節団　238, 240, 245, 271, 279, 280, 283, 285, 307
ウォルシュ・ホール商会（亜米一商会）　155, 206
美わしい師弟関係　i, iv, 407
江戸城明渡の帰途　232
奥羽越列藩同盟　i, 3, 39
奥羽列藩同盟　16
王政復古　33
オーバン神学校　128, 129
オランダ改革派　56, 88, 94, 110, 120, 123, 124, 127, 129, 135, 138, 148, 219, 241

【カ】
海外宣教　120
海外留学規則　107, 228
海外留学推進策　186
海外留学生規則　286, 291
皆既日食　312
海軍省　278
海軍奉行並　14, 60
会計荒増　27, 62
外国為替　69, 80
外国銀行　69, 70
外国商社　69
外国伝道　165, 169
外国奉行所　334, 340
外国奉行翻訳方　328
海舟日記　i, 5, 10, 15, 44, 58, 72, 96, 121, 143, 145, 202, 208, 216, 223, 228, 242, 253, 307, 312, 336, 375, 379
海舟年譜　7
会衆派（組合派）　56, 123
開成学校　225, 226, 239, 310
開成所　340
外務大丞　204
科学コース　174
学制　286, 356
学制二編　286, 291, 357, 358, 372
学費等配達方　106, 172, 226
学問のすゝめ　318
形見の直垂　232
勝海舟肖像　232

307, 314, 318, 319, 326, 328, 330, 333, 334, 336, 338-340, 342, 360, 363, 364, 369, 372, 373, 376
福地源一郎　242
伏見満宮　229
ブラウン　129, 138
フルベッキ　72, 73, 76, 88-90, 93, 94, 110, 124, 127, 129, 130, 139, 148, 169, 174, 204, 219, 239
ヘボン　23, 124, 127
ペリー　124
ホイットニー，アンナ　195, 197, 198, 316, 361, 378
——，ウィリアム・C　195, 198, 268, 360, 368-373
——，ウィリス　196, 197, 380
——，クララ　29, 196, 197, 362, 370, 373, 377, 380
星恂太郎　23, 43, 46
本間英一郎　96, 106, 108, 172

【マ】
前島密　277, 301
益田孝　257, 342, 368, 373
町田啓次郎　205, 207, 210, 227
松浦玲　39
松方正義　3, 49
松倉恂　35, 43
松平春嶽　218, 219
松村淳蔵　55, 87, 89, 90, 92, 104, 105, 107, 110, 138, 143, 144, 151, 156, 158, 170-174, 235, 246
松本壮一郎　78, 81, 121, 135, 188, 211
松屋伊助　231, 232
丸岡武郎　177, 205, 226
マレー　309, 310
箕作阮甫　331
箕作秋坪　333, 334, 339, 364, 373
宮島誠一郎　36, 37
村田新八　243
目賀田種太郎　121, 188, 211, 227
森有禮　9, 46, 55, 107, 121, 197, 198, 217, 219, 227, 241, 251, 256, 258, 260, 267-269, 271, 274-276, 279, 283-285, 287, 298, 299, 307, 308, 314, 317-321, 338, 357, 360, 364, 366, 370, 371

【ヤ】
安場一平　243
矢田部良吉　261
柳原前光　271, 273
矢野次（二）郎　299, 300, 302, 342, 368, 379
山口尚芳　242, 275, 284
山本覚馬　32
山本重輔　167, 190, 246
湯地定基　9, 56, 94, 139, 210, 211, 257
横井兄弟　89, 99, 120, 143, 144, 156, 158
横井左平太（伊勢佐太郎）　20, 55, 87, 90, 92, 104-106, 110, 137, 144-146, 151, 162, 172-175, 218, 235,
横井小楠　19, 20, 60, 72, 89, 90, 93, 100, 110, 119, 146, 218
横井大平（沼川三郎）　20, 55, 87, 92, 110, 137, 145, 146, 170, 206, 218, 235
吉田清成（永井五百介）　55, 87, 89, 92, 106, 110, 122, 138, 143, 144, 151, 156, 158, 170-173, 175-177, 214, 226, 248, 251, 257, 273, 275, 280, 283, 299
吉田伴七郎 → 種子島敬輔

谷元道之　143
種子島敬輔（吉田伴七郎）　9, 87, 92, 139, 157, 171, 172
玉蟲左太夫　11
津田梅子　345
津田亀太郎　177, 227
津田真道　99, 110
津田仙　i, 312, 342, 345
手島精一　227
手塚律蔵　331, 333
寺島宗則　219, 271, 283, 285, 287, 293, 296, 302, 331, 333, 335
徳川家定　125
徳川家達　103
徳川慶喜　96, 202, 244
富田一之進　47
富田小五郎　45, 46
富田實保　6, 40, 45
富田實行　45
富田貞次郎　229
富田鐵之助　i, iii, 3, 6, 10, 13, 16, 18, 23, 28, 40, 45, 48, 55, 59, 60, 95, 99, 106-108, 119-121, 137, 140, 143, 145, 155, 158, 172, 175-177, 188, 194, 197, 200, 202, 210, 214-217, 227, 232, 233, 246, 247, 251, 256, 257, 260, 261, 267-269, 271, 274-276, 286, 291-293, 307, 308, 311, 312, 314-318, 322, 324, 327, 328, 330, 341, 345, 346, 360, 363, 369, 372, 376
外山正一（外山捨八）　230, 246, 247, 261, 276, 277

【ナ】

永井五百介 → 吉田清成
長沢鼎　55, 87, 172
中浜万次郎　342
中村正直　59, 220, 226, 317
奈良真志　190, 208, 227, 312
成瀬隆蔵　365
名和道一（名和緩）　246, 247, 261, 275-277
南部英麿　190, 227, 312
新島襄（新島七五三太）　9, 32, 55, 107, 227, 235, 246, 248, 249, 257, 258, 268, 342, 344, 345
新島民治　343
ニコライ　47
仁礼景範　93, 99, 139, 143, 144
沼川三郎 → 横井大平
ノースロップ　155, 156

【ハ】

橋口宗儀　177, 207, 226
長谷川雉郎　188
畠山義成（杉浦弘蔵）　55, 87, 89, 92, 93, 99, 107, 110, 121, 135, 138, 142-144, 151, 156-158, 162, 170, 172, 175-177, 191, 219, 225, 241, 246, 248, 249, 310, 317, 338
服部一三　167, 246
林玄助　177, 227
バラ　127, 164, 169, 240, 343
ハリス　125
東伏見宮　229
肥田浜五郎　243
平賀磯三郎　106
平山太郎　177, 207, 226
廣瀬常　267, 321
フェリス　72, 73, 88, 90, 94, 148, 204, 219, 241
福澤諭吉　7, 42, 121, 198, 215-217, 268,

菊池大麓　59, 232
木戸孝允　242, 275, 279, 285, 358, 359
木藤市助　139
木村熊二　230
日下部太郎　56, 87, 89, 92, 99, 110, 137, 144, 151, 156, 158, 162, 174, 177, 190, 219
楠本正隆　379
工藤精一　168
クラーク　222-224
グリフィス　169, 218, 219-222
江夏蘇助（栄方）　93, 99, 139, 143
コーウィン 120, 159, 162, 164, 168, 169, 190, 316
ゴーブル　240
古賀謹一郎　331
児玉淳一郎　177
児玉章吉　227
後藤常　46, 260, 307
小松帯刀　89, 93, 98, 99, 110, 206, 340

【サ】
西園寺公望　229
西郷隆盛　15, 37
坂英力　34, 36, 40
坂本龍馬　i, 9, 19, 146
佐藤与之助　7, 14, 323
佐野常民　273
鮫島尚信　271, 279, 283
澤邊数馬　47
三條實美　98, 296, 298, 359
塩田篤信　242
品川忠道　271
渋澤栄一　257, 281, 364, 368, 373
島津忠寛　205
島津又之進　177, 205, 207, 227
白峰駿馬　107, 177, 208-210, 246
杉浦弘蔵 → 畠山義成
杉田玄端　i, 268, 312, 326, 327, 331, 333, 334, 336-338, 340, 344, 375, 376
杉田玄白　268, 325, 326, 340, 346
杉田成卿　268, 325, 330, 331, 340
杉田縫　217, 267, 268, 307, 314, 316, 319, 324, 325, 327, 330, 345-347, 360, 362, 363, 373
杉田立卿　325
杉田廉卿　268, 325, 333, 334, 337, 341-346
鈴木知雄　13, 18, 46, 119, 155, 260, 328
尺振八　342, 343, 345
世良修蔵　36, 38
副島種臣　93, 284, 292, 299, 302

【タ】
高木三郎　i, 6, 12, 55, 59, 60, 95, 99, 106-108, 119, 137, 145, 146, 158, 172, 177, 188, 210, 214, 227, 232, 246, 247, 251, 267, 269, 274, 275, 277, 284, 298-300, 302, 307, 308, 311, 312, 314, 319, 368-370, 374
高木貞作　368, 377, 378
高島須磨　267, 320
高橋是清　13, 18, 23, 32, 46, 119, 155, 260, 310, 328
高畠五郎　334
武田簡吾　326
竹村謹吾　231, 232, 243
但木土佐　23, 33, 34, 40, 41
龍小次郎 → 岩倉具経
伊達宗基　45
田中正造　261
田中不二磨　108, 249, 345
田辺太一　242, 345

人名索引

【ア】

浅野辰夫　231, 232
旭小太郎 → 岩倉具定
新井奥邃（常之進）　32, 43, 47, 122, 227, 260, 261
伊勢佐太郎 → 横井左平太
市川文吾　96
伊藤博文　242, 249, 279, 287, 301
井上馨　275, 358
井上六三郎　96, 106, 108, 172
岩男内蔵允　20, 146
岩倉具定（旭小太郎）　94, 120, 167, 190, 203, 204
岩倉具経（龍小次郎）　94, 167, 203, 204
岩倉具視　48, 94, 97, 99, 108, 167, 202, 203, 239, 241, 242, 249, 275, 286, 310, 359
岩淵（渕）英喜　31, 32, 47
岩淵廉　32
上野景範　172, 273, 283, 284, 298, 299
ウォルシュ　60, 76, 155, 206, 231, 232
内ケ崎作三郎　32
鵜殿団次郎　209
榎本武揚　23, 271
大木喬任　287, 358
大儀見元一郎　230
大久保一翁　i, 231, 312, 322, 358, 359, 364, 365, 368, 373
大久保三郎　231, 232
大久保利通　93, 99, 103, 110, 202, 241-243, 249, 279, 359
大隈重信　238
大倉喜八郎　364
太田盛　36, 43
大槻玄沢　340, 346
大槻磐渓　23, 41, 43, 346
大槻文彦　23, 45, 346
大鳥圭介　373
大原令之助 → 吉原重俊
大山格之助　38
大童信太夫　16, 18, 20, 23, 34, 35, 41, 43, 74, 137, 140, 142, 155, 215, 216, 328, 329
緒方洪庵　330
小田又蔵　331
乙骨太郎乙　341, 344
音見清兵衛　106, 171
小野弥一　232
折田彦市　122, 161, 167, 190

【カ】

華頂宮博経親王　188, 190, 208
勝（梶）梅太郎　5, 197, 380
勝海舟（安房）　3, 5, 15, 35, 39, 58, 86, 99, 119, 142, 146, 170, 174, 197, 202, 204, 205, 210, 218, 221, 267, 307, 308, 310, 331, 364, 375, 376, 380
勝小鹿　3, 13, 55, 58, 90, 95, 99, 106, 119, 137, 143, 145, 158, 172, 174, 175, 177, 203, 210, 214, 218, 227, 232, 243, 267, 274
香月経五郎　188
加藤弘之　61, 99, 110
河瀬真孝　271, 273
川村清雄　231, 232, 365
川本幸民　332
神田孝平　168, 234, 339, 340, 344
神田乃武　168, 234
金成善左衛門　23, 32, 43, 46, 47, 260

初出一覧

第Ⅰ部　「「海舟日記」に見る「忘れられた元日銀總裁」富田鐵之助――戊辰・箱館戦争後まで」『東北学院大学経済学論集』第182号、2014年3月、93-124頁の構成を改め、全面的に修正加筆

第Ⅱ部　「幕末・明治初期のアメリカ留学の経済学――「海舟日記」に見る「忘れられた元日銀總裁」富田鐵之助(2)」『東北学院大学経済学論集』第183号、2014年12月、1-39頁を一部修正

第Ⅲ部　「幕末維新のアメリカ留学と富田鐵之助――「海舟日記」に見る「忘れられた元日銀總裁」富田鐵之助(5)」『東北学院大学経済学論集』第186号、2016年3月、1-91頁を一部修正・加筆

第Ⅳ部　「富田鐵之助のニューヨーク副領事就任と結婚と商法講習所――「海舟日記」に見る「忘れられた元日銀總裁」富田鐵之助(6)」『東北学院大学経済学論集』第187号、2016年12月、15-92頁を一部修正・加筆

著者紹介

高橋 秀悦（たかはし しゅうえつ）

1950年　宮城県生まれ
1977年　一橋大学大学院経済学研究科博士後期課程単位取得満期退学
一橋大学経済学部助手、東北学院大学経済学部講師、助教授を経て、1988年、教授。日本地域学会副会長（2015-2018年）

主な業績：
日本地域学会第12回論文賞受賞「グローカル・エコノミーのマクロ経済分析」2003年
A. B. エーベル／B. S. バーナンキ『マクロ経済学（下）――マクロ経済政策編』（伊多波良雄らと共訳）、シーエーピー出版、2007年

海舟日記《かいしゅうにっき》に見《み》る幕末維新《ばくまついしん》のアメリカ留学《りゅうがく》
日銀総裁《にちぎんそうさい》 富田鐵之助《とみたてつのすけ》のアメリカ体験《たいけん》

2018年9月20日／第1版第1刷発行

著　者　高橋 秀悦
発行者　串崎 浩
発行所　株式会社日本評論社
〒170-8474　東京都豊島区南大塚3-12-4
電話　03-3987-8621（販売）　03-3987-8601（編集）
https://www.nippyo.co.jp/
印刷所　精文堂印刷
製本所　松岳社
装　幀　銀山 宏子

ISBN 978-4-535-55911-0